BON APPÉTIT !

DU MÊME AUTEUR

Bienvenue en France ! Six mois d'enquête clandestine dans la zone d'attente de Roissy, Le Cherche Midi, 2005

Anne de Loisy

BON APPÉTIT !

Quand l'industrie de la viande nous mène en barquette

DOCUMENTS

PRESSES DE LA CITÉ

Collection dirigée par Abel Gerschenfeld

ISBN 978-2-258-10211-8

Presses de la Cité | un département **place des éditeurs**

place des éditeurs

A Rachid Douidi
et aux cent cinquante personnes qui meurent
chaque année en France
des suites d'une infection
ou d'une intoxication alimentaire.

Aux sept cent cinquante mille personnes qui en souffrent.

Aux femmes et hommes
qui travaillent dans la filière viande
pour satisfaire nos pulsions de carnivores omnivores.

A tous ceux qui ont l'audace
de croire qu'une alimentation meilleure est possible.

Que ta nourriture soit ta seule médecine.

HIPPOCRATE

Au cours de sa vie, un Français consomme en moyenne :

7 bovins
33 cochons
9 chèvres et moutons
1 300 volailles
60 lapins
32 000 litres de lait
20 000 œufs

Chaque année, en France, sont abattus[1] :

974 millions de volailles
32 millions de lapins
24 millions de cochons
4,7 millions de bovins
4,2 millions de moutons
800 000 chèvres
20 000 chevaux

1. Source : FranceAgriMer 2013 d'après le Service de la statistique et de la prospective (SSP) du ministère de l'Agriculture, in *Données et bilans – Les produits carnés, avicoles et laitiers*, août 2014.

Sommaire

Ré-enchanter l'alimentation française

Derrière la carte postale bucolique de l'agriculture française se cache une réalité beaucoup moins poétique. Pourtant, lorsque j'ai commencé cette enquête sur la filière viande en préparant un reportage pour l'émission *Envoyé spécial* sur France 2, j'y croyais encore ! Mes découvertes et investigations au cœur des élevages, des abattoirs, des ateliers de transformation et des boucheries m'ont rapidement détrompée. Cette époque est désormais révolue. L'industrialisation de la production, de l'abattage et de la transformation, développée depuis l'après-guerre pour nourrir la France, a conduit à des pratiques qu'il a fallu cacher au citoyen de peur qu'il ne cesse de consommer de la viande.

Le 17 décembre 2014, le Conseil national de l'alimentation[1] a rendu un avis qui incite à « réconcilier progressivement les représentations que se fait le grand public avec les réalités des modes de production alimentaire ». Il était temps ! Pour cette instance consultative, cela « implique de montrer et de partager les pratiques, en cessant de

1. Le Conseil national de l'alimentation rassemble depuis trente ans tous les acteurs de la filière alimentaire : associations de consommateurs, syndicats de salariés, producteurs, transformateurs, distributeurs, restaurateurs, ministères, agences de recherche et d'expertise.

véhiculer des images passéistes déconnectées de la réalité, mais aussi de faire évoluer certaines d'entre elles. Une ouverture compatible avec le ré-enchantement de l'alimentation à la française. »

Bon appétit ! Quand l'industrie de la viande nous mène en barquette permettra, je l'espère, de contribuer à cet élan. Au cours de cette enquête qui s'est étendue sur trois années, j'ai eu accès à de nombreux documents confidentiels, j'ai recueilli des dizaines de témoignages et j'ai acquis une réelle connaissance de cet univers. Autant d'éléments qui, faute de place, n'avaient pu être repris dans le cadre du reportage télévisé. Il aurait été dommage de ne pas les partager avec vous.

Cet ouvrage est conçu comme une boîte à outils. Les chapitres thématiques permettent de dessiner un fidèle portrait de ce que cette industrie est aujourd'hui devenue. Quels en sont les tenants et les aboutissants ? Quelles sont ses forces, ses faiblesses, ses nécessités ? L'objectif est de vous aider à faire des choix en tant que consommateur.

J'ai tout d'abord exploré la face cachée des abattoirs. Créés au début du XIXe siècle, ces lieux se sont rapidement implantés hors des murs des grandes villes en raison des dangers sanitaires qu'ils représentent et du spectacle peu réjouissant qu'offre l'abattage en série. Du coup, qui sait à quoi ressemble un abattoir des temps modernes ? Les conditions de travail et d'hygiène y sont-elles mieux respectées qu'il y a deux siècles ? Autant de réponses dérangeantes, qu'il m'a fallu obtenir de haute lutte, tant ces abattoirs sont difficiles d'accès.

Pour dresser un état des lieux de la filière viande française, il m'est apparu nécessaire de rencontrer des éleveurs avant d'enquêter sur le reste de la chaîne de production. D'où vient la viande que nous mangeons ? De nos régions, de celles de nos voisins européens, ou bien encore de plus loin ? Qui la contrôle ? Quelles sont les règles européennes censées garantir à tous une alimentation saine et de qualité ? Comment ces règles sont-elles appliquées ?

Quelles leçons tirer des plus gros scandales alimentaires des dernières décennies ? Si la crise de la vache folle a été le point de départ de la mise en place d'une traçabilité sanitaire, aussi bien en France qu'en Europe, le « cheval-gate » démontre les limites de ce système. Lasagnes au cheval, steaks hachés, nuggets ou encore saucisses et merguez, les procédés de fabrication adoptés par certains industriels pour gagner quelques centimes de plus par barquette ne sont pas toujours très ragoûtants.

En contrepoint émergent tous les paradoxes qui animent les Français dans leur relation à l'alimentation. Manger est devenu une activité tellement banale qu'on en oublie presque que se nourrir est vital et qu'une bonne alimentation est essentielle pour préserver sa santé et celle de ses proches.

Quels risques prenons-nous aujourd'hui en mangeant de la viande ? Comment lutter contre la bactérie *Escherichia coli*, responsable de nombreuses intoxications alimentaires, notamment chez les jeunes enfants et chez les personnes âgées ? Ou contre la bactérie *Campylobacter*, beaucoup moins connue, alors qu'elle est pourtant responsable chaque année de près de 9 millions d'infections alimentaires en France et en Europe ? Quant à la problématique liée au ténia et à l'hépatite E, qui se transmettent lors de la consommation de porc cru ou insuffisamment cuit, vous vous rendrez compte, là encore, que les ministères de la Santé et de l'Alimentation ont de nombreux progrès à réaliser pour informer les consommateurs. Si tout le monde connaît le ténia du porc, qui a déjà entendu parler de celui du bœuf ?

La question de l'abattage rituel (halal et casher) et de sa prédominance actuelle sur le marché doit être clairement posée. Il ne s'agit pas de relancer ici une vaine polémique, mais de montrer de façon factuelle le décalage entre les discours officiels et les réalités du terrain, afin de vous aider à choisir votre alimentation selon vos propres convictions.

Bien que la sécurité alimentaire soit la principale préoccupation de la majorité des industriels de la viande, il suffit d'observer le nombre grandissant d'infections et d'intoxications alimentaires pour se rendre compte que certains d'entre eux ne sont pas assez scrupuleux. Que font les services vétérinaires ? Il faut aussi parler de leur désarroi. Comment assurer une sécurité sanitaire optimale alors que les effectifs ne cessent de décroître, que les budgets pour effectuer des analyses diminuent et que les possibilités de sanctions envers les contrevenants frisent le ridicule ?

Ami lecteur, j'espère que ce livre vous aidera à mieux comprendre le fonctionnement actuel de l'industrie de la viande et à démêler le vrai du faux. N'est-ce pas là la première étape pour nous permettre de l'améliorer ensemble ? Au point où nous en sommes, le plus tôt sera le mieux ! Il est urgent de prendre des mesures pour garantir à tous une alimentation saine et de qualité. Renforcer les services vétérinaires et les doter de moyens adaptés à l'enjeu sanitaire est une nécessité. Les enquêtes le prouvent : 1 euro dépensé en prévention et en surveillance, c'est 5 à 6 euros économisés dans la lutte contre les maladies et la réparation des préjudices.

Arrêtons de nous laisser mener en barquette ! La malbouffe n'est pas une fatalité. Nous sommes tous individuellement responsables des aliments que nous mangeons. Alors, renonçons à la facilité des plats cuisinés de qualité médiocre, posons des questions à nos fournisseurs habituels, renseignons-nous sur les modes d'élevage, d'abattage et de transformation des animaux que nous consommons. Varions notre alimentation, mangeons moins de viande mais de meilleure qualité. Pour cela, privilégions les circuits courts qui garantissent une traçabilité optimale, un niveau de revenu qui permette aux éleveurs de vivre de leur travail et une viande de choix. Gardons toujours en mémoire que notre « pouvoir d'achat » est un bulletin de vote !

De l'autre côté de la Manche, les Britanniques y sont parvenus. A titre d'exemple et en à peine un an, à la suite de la diffusion de sept émissions de télévision[1] destinées à montrer aux téléspectateurs la face cachée de l'industrie de la viande, les ventes de poulets de batterie ont diminué de 11 % et celles des poulets élevés en liberté ont augmenté de 36 %[2]. Le temps du changement est venu. Parions sur le fait que notre génération sera celle de la reconquête de nos assiettes.

1. « The Big Food Fight » sur *Channel 4,* émissions présentées par les chefs de renom Jamie Oliver, Gordon Ramsay et Hugh Fearnley-Whittingstall, 2008.

2. RSPCA, « Shoppers ditch standard chicken », 14 avril 2010.

1

La face cachée des abattoirs

4 h 30 du matin. Parking d'une zone industrielle morne et triste, comme il en existe des milliers en France. Le ciel est noir comme de l'encre, la température extérieure proche de zéro. Je suis transie de froid et plutôt stressée. Mais je suis contente car je vais enfin toucher à mon but : pénétrer dans un de ces antres dont on me refuse l'accès depuis des mois... Je vais visiter un abattoir.

En enquêtant sur la filière viande pour l'émission *Envoyé spécial*, je savais qu'il me faudrait visiter plusieurs de ces lieux volontairement cachés aux regards, où les animaux passent de vie à trépas afin de satisfaire nos pulsions carnivores d'omnivores. Avant d'accepter, j'ai longtemps pesé le pour et le contre. Toute investigation réputée difficile m'a toujours titillée, mais la vue du sang m'est profondément désagréable. Je suis incapable de vider un poulet ou même de toucher de la viande crue avec mes mains. Un vrai dilemme...

L'envie de savoir l'a emporté. La première étape a tout naturellement consisté à demander à la plupart des 270 abattoirs français de boucherie (bovins, ovins, caprins, équins) et des 699 (164 abattoirs « officiels » + 535 salles d'abattage agréées à la ferme) abattoirs de volailles et lagomorphes (lapins), petits et grands, l'autorisation de visiter et/ou de filmer dans leurs locaux.

Les réponses se sont succédé, malheureusement toutes du même tonneau : « La direction n'autorise pas ce genre de visite » ou encore : « Aucune autorisation de tournage n'est accordée » !

Les industriels français auraient-ils des choses à cacher ? Ou ont-ils peur que l'ex-Beatle Paul McCartney ait raison quand il affirme : « Si les abattoirs avaient des vitres, tout le monde serait végétarien ! » ? Il faut dire que la vision bucolique et artisanale des consommateurs n'a plus rien à voir avec la réalité sordide de l'élevage et de l'abattage industriels.

A l'étranger, certains abattoirs sont ouverts au public

Pourtant, dans d'autres pays européens, certains ont fait le pari de la transparence. C'est le cas notamment du fleuron du groupe danois Danish Crown. Cet abattoir, l'un des plus modernes et robotisés au monde et le deuxième plus grand d'Europe, est situé à Horsens, au Danemark. Il abat près de 20 000 porcs par jour. Chaque année, plus de 20 000 visiteurs – dont des élèves en sortie scolaire – y observent, depuis une galerie vitrée, le parcours des cochons jusqu'à leur transformation en jambons. D'abord étourdis avec du gaz carbonique, les porcs sont tués d'un coup de couteau sous les yeux des visiteurs, à qui on interdit tout de même de photographier la mise à mort. Les carcasses sont analysées à l'aide d'ultrasons selon 127 paramètres. Après avoir été refroidies, elles sont ensuite découpées, désossées et emballées, le tout en moins de dix minutes !

En France, il m'a fallu de nombreux mois de démarches avant d'obtenir l'autorisation de visiter un abattoir de volailles dernier cri fleuron de la filière, et plus tard un abattoir de bovins, à la condition expresse de ne pas donner son nom et de ne pas le situer.

L'OABA et moi !

Impossible cependant de décrire cet univers sans avoir pu l'explorer en long, en large et en travers. Pour pouvoir pénétrer dans ces zones fermées, j'ai donc dû trouver une autre approche. J'ai demandé aux dirigeants de l'Œuvre d'assistance aux bêtes d'abattoirs (OABA), association française protégeant les animaux de ferme depuis cinquante-quatre ans et seule organisation de protection animale reconnue d'utilité publique habilitée à visiter les abattoirs, de me permettre de les accompagner lors de leurs visites.

Ce matin, je suis donc en compagnie de Frédéric Freund, le directeur de l'OABA. Nous avons convenu de taire mon statut de journaliste. Il me présentera comme une de ses assistantes. Frédéric Freund est un habitué de ce genre de visites. Tout comme les nombreux inspecteurs de l'association, il veille à la bonne application de la réglementation en termes de protection animale. Il s'assure que les animaux sont bien traités avant et pendant leur mise à mort. J'ai eu beau consulter toutes les vidéos d'abattage industriel disponibles sur le Net, histoire de me blinder, j'avoue que je ne suis pas très rassurée.

Le directeur de l'OABA m'a prévenue. Contrairement aux idées reçues, il est recommandé de prendre un solide petit déjeuner. Les cris des animaux, les bruits des machines, le sang et l'odeur sont souvent rédhibitoires et ont parfois raison des estomacs les plus solides. Mais dans tous les cas il vaut mieux avoir mangé. C'est moins douloureux !

Nous regardons nos montres. C'est l'heure d'y aller. Je respire un grand coup et avance d'un pas que je veux assuré. L'entrée du personnel est peu avenante. Une pâle lumière grésille au fond d'un couloir. Une odeur de désinfectant nous assaille. C'est bien là ! Nous nous présentons à la première personne rencontrée. Celle-ci nous conduit à travers d'innombrables coursives vers l'entrée du public.

Rencontre avec le directeur de l'abattoir

Le directeur de l'abattoir nous rejoint et nous accueille d'un large sourire. Il nous attendait. Il sait qu'en cas d'infractions répétées et non corrigées les visites de l'association donnent lieu à des rapports qui sont communiqués aux services vétérinaires. Si les manquements relevés sont importants, ils peuvent même aboutir à des procédures judiciaires et à des sanctions pouvant aller jusqu'à la fermeture temporaire ou définitive de l'établissement.

Je me remémore les différents documents qui m'ont poussée à enquêter. Tout d'abord un rapport de la Cour des comptes sur les services vétérinaires[1], qui n'a étrangement jamais été rendu public et que j'ai réussi à me procurer grâce à certaines sources. Serait-ce parce que les enquêteurs de cette institution chargée du contrôle des comptes publics y déclarent que la situation sanitaire des abattoirs français est préoccupante ? Ou parce qu'il précise qu'en 2008 41 % des établissements où l'on abat veaux, vaches, cochons et moutons, et 46 % de ceux où l'on tue volailles et lapins ne sont pas conformes ? Ces abattoirs sont pour la plupart de petites structures produisant moins de 5 000 tonnes par an, mais ils représentent respectivement 20 % et 28 % des tonnages abattus en France. Ou serait-ce parce que le même rapport reconnaît l'absence de vétérinaires sur la chaîne et les difficultés rencontrées pour contrôler certains établissements ?

Dans un courrier confidentiel du 23 juin 2010 adressé à Bruno Le Maire, alors ministre de l'Agriculture, Didier Migaud, premier président de la Cour des comptes, évoque non seulement « une situation sanitaire préoccupante » mais surtout « l'incapacité de l'Etat à faire pleinement respecter la réglementation sanitaire des abattoirs ». Selon lui, la situation est catastrophique : « Si l'exploitant reste le seul responsable de la mise aux normes d'un abat-

1. Réalisé entre 2003 et 2008 et finalisé en 2010.

toir, l'action de l'Etat vise à s'assurer que la réglementation est respectée et à garantir par là un niveau de sécurité suffisant pour le consommateur. Force est de constater que l'Etat a failli dans ce domaine. »

Des rapports plus alarmants les uns que les autres

En 2009, les inspecteurs de l'Office alimentaire et vétérinaire (OAV) de la Commission européenne contrôlent six abattoirs français. Dans leur rapport[1], ils signalent des déficiences majeures dans la moitié d'entre eux. Ils relèvent des « traces de rouille », des « saletés », des « moisissures », des « toiles d'araignée » sur des lignes de production, « des insuffisances en matière de nettoyage et de désinfection », « des équipements de froid largement givrés » et inopérants, « un dépouillement et un processus d'éviscération entraînant des contaminations nombreuses et étendues »... La liste est effrayante, mais les inspecteurs, pourtant habitués à rédiger des rapports en langage « circonstancié », ne sont pas au bout de leurs surprises...

Ils s'indignent et l'écrivent : « La situation trouvée dans un troisième abattoir [celui de Mâcon en Saône-et-Loire] dépasse l'entendement ! Cet établissement se trouve dans un état de délabrement et de saleté impressionnants en différents endroits et spécialement dans le hall d'abattage et les locaux destinés au traitement des têtes de veaux et des abats blancs. »

Les vétérinaires européens sont outrés : « Les constatations faites sur place attestent de processus de travail non hygiéniques : toute une série de carcasses de bovins et de chevaux stockées présentaient des signes visibles de conta-

1. Rapport final concernant une mission effectuée en France du 15 au 26 juin 2009 en vue d'évaluer les contrôles officiels relatifs à la sécurité des denrées alimentaires d'origine animale, en particulier la viande, le lait et leurs produits dérivés.

mination (poils, matières fécales) ; des carcasses de porcs étaient mal épilées ; des bidons de sang stockés (pour la consommation humaine) laissaient apparaître des croûtes séchées, mélange de sang et de saletés ; de surcroît, le matériel utilisé pour la récolte du sang de porc était inapproprié, corrodé, sale. Le local de vidange des intestins était dans un état encore plus désastreux, avec du fumier et des déchets animaux à de très nombreux endroits, une parmentière [c'est-à-dire une machine destinée à vider les intestins] couverte de poils, déchets, saletés. De surcroît, on y stockait des déchets animaux des catégories 1 [classés comme dangereux] et 3 [définis comme non dangereux]. Le vestiaire du tripier était dégoûtant et la toilette attenante repoussante. La situation était telle que l'équipe d'inspection a demandé (et obtenu) l'arrêt de la production des abats blancs et de certains abats rouges [...]. »

Grâce à leur intervention, l'abattoir de Mâcon a depuis été fermé. Merci à eux, car il semblerait que les services français ont parfois du mal à faire respecter la loi. Dans leur rapport, les vétérinaires européens indiquent que si « la liste des non-conformités dans ces trois établissements avait été en général correctement dressée [...] hormis des courriers adressés à l'exploitant, aucune mesure contraignante n'avait été prise pour contraindre celui-ci à corriger les non-conformités identifiées »... Etrange, vous ne trouvez pas ?

Des établissements encore ouverts malgré des avis défavorables

Dans un autre abattoir, « l'équipe d'inspection a mis en évidence que cet établissement avait été agréé conditionnellement par le préfet du département contre l'avis des autorités vétérinaires et des services économiques, qui jugeaient l'abattoir non conforme ». Si, si, vous avez bien lu... Les vétérinaires en poste considèrent que l'abattoir ne répond plus aux normes et qu'il ne peut donc plus abattre dans des conditions d'hygiène acceptables. Qu'à cela ne tienne, le préfet, au nom de la sauvegarde de l'emploi et de la proximité entre éleveurs et abatteurs, a passé outre et maintenu l'autorisation !

Fort heureusement, là encore, l'intervention des vétérinaires de la Commission européenne a porté ses fruits. Ils racontent : « L'équipe d'inspection partage tout à fait le point de vue des autorités vétérinaires et en a fait part à la représentante de la préfecture qu'elle a rencontrée à sa demande. Celle-ci a confirmé son intention de ne pas délivrer l'agrément définitif. »

Une situation ubuesque. Comment se fait-il qu'il faille attendre le rappel à l'ordre des inspecteurs européens pour que certains préfets prennent enfin en compte les mises en garde des services vétérinaires et ferment ces abattoirs insalubres ? Ces préfets auraient-ils eu la même attitude face à des compagnies proposant des cars scolaires considérés comme dangereux ? Outrepasseraient-ils les décisions de la prévention routière et/ou de la gendarmerie ? Ou serait-ce parce que les abattoirs sont des lieux cachés de tous qu'ils s'autorisent de telles dispositions ?

Une liste noire des abattoirs existe !

En enquêtant, j'ai découvert que la direction générale de l'Alimentation (DGAL) – qui dépend du ministère de l'Agriculture – possédait une liste noire des abattoirs français non conformes et que ceux-ci auraient tous dû être fermés avant fin 2010.

Chaque abattoir y est répertorié selon quatre catégories. En haut du classement, les catégories I et II recensent les bons élèves. Les abattoirs de classe I sont conformes à la réglementation. Ceux classés II présentent quelques points de non-conformité. Les abattoirs de classe III et IV ne répondent pas aux exigences sanitaires de la Communauté européenne en vigueur depuis 2006. La catégorie III présente des « défauts importants de non-conformité ». La IV des « défauts graves de non-conformité [...] pouvant justifier la suspension de l'agrément », c'est-à-dire la fermeture de l'établissement.

Obtenir cette liste noire tenait de la gageure, mais, après avoir approché de nombreux acteurs de la filière, j'ai fini par me la procurer[1]...

Afin de mieux appréhender la signification de ces classements, je me suis rendue, en compagnie du directeur de l'OABA, à l'abattoir de Saint-Affrique, dans l'Aveyron. Classé III, puis IV, puis à nouveau III, ce site est resté ouvert malgré les rapports successifs des services vétérinaires, tous plus alarmants les uns que les autres.

Sur place, outre des problèmes de mise aux normes des équipements, des défauts d'hygiène manifestes et un manque de formation évident, le spectacle était désolant... Un mouton mort était en train de se décomposer dans un coin et un autre, malade, fiévreux et incapable de se déplacer, était porté devant nous sur la chaîne d'abattage : une infraction lourde, car personne ne savait de quoi souffrait cet animal. En cas de maladie grave, il risquait de contaminer les suivants et donc toute la chaîne.

Ce sont les images de ces infractions, que j'ai tournées en caméra cachée et qui ont été diffusées sur France 2 le 16 février 2012 dans le reportage *La Viande dans tous ses états*, qui ont finalement poussé le ministère de l'Agriculture et le préfet à fermer le site et à imposer une mise aux normes. Après un suivi « attentif » des services vétérinaires, l'abattoir de Saint-Affrique a été rouvert, un mois plus tard. Mais pour une remise aux normes sanitaires et la rationalisation du processus d'exploitation, le site nécessiterait tout de même 2,7 millions d'euros d'investissements !

1. Note de service du 21 novembre 2007. L'objectif défini par la DGAL était d'arriver à ce que tous les abattoirs classés IV soient fermés au 31 décembre 2008 et tous ceux classés III le soient au 31 décembre 2010.

Un an après, malgré quelques aménagements urgents et peu coûteux, le compte n'y est toujours pas. D'ailleurs, la Cour des comptes de Midi-Pyrénées[1] ne semble pas prête à parier ne serait-ce qu'un kopeck sur l'avenir de cet abattoir : « Compte tenu tant de l'ampleur du risque financier que de l'absence de véritable perspective de retour de l'exploitation à l'équilibre », la communauté de communes du Saint-Affricain devrait « soit renoncer à l'acquisition du capital de l'entreprise s'il n'y a pas encore été procédé, soit prononcer la fermeture de l'établissement si l'acte de cession du capital est déjà intervenu ».

Qu'à cela ne tienne, les élus s'accrochent à cet outil et sont prêts à tout pour le faire perdurer... En septembre 2014, l'abattoir de Saint-Affrique a été repris par Patrice Monguillon. Ancien directeur de production de l'usine de cassoulets, de steaks et de saucisses chez Spanghero au moment du « chevalgate », ce dernier a été mis en examen, tout comme le directeur général Jacques Poujol, pour « tromperie sur une marchandise », « tromperie sur l'origine française ou étrangère d'un produit », « tromperie sur une marchandise entraînant un danger pour la santé de l'homme ou de l'animal », « faux et usage de faux », « escroquerie en bande organisée », « altération des preuves d'un délit », « introduction sur le territoire d'animaux vivants, de produits ou sous-produits ou aliments pour animaux non conformes aux conditions sanitaires »... Qui dit mieux ? L'instruction est toujours en cours, donc rien ne lui interdisait de proposer ses services à l'abattoir de Saint-Affrique.

1. Rapport d'observations définitives sur la gestion de la communauté de communes du Saint-Affricain (partie relative à la reprise de l'abattoir de Saint-Affrique), département de l'Aveyron, juillet 2013.

Effets d'annonce du ministère de l'Agriculture

Combien d'abattoirs fonctionnent encore aujourd'hui alors qu'ils ne sont pas conformes ? En 2012, selon des chiffres communiqués par le ministère à la Cour des comptes, la France compte encore 16 abattoirs de boucherie (bovins, ovins, caprins, équins) et 31 abattoirs de volaille classés III et IV. En clair, un établissement de boucherie sur seize ne répond toujours pas aux normes européennes, tout comme un établissement de volaille sur vingt-deux. Préoccupant, non ?

D'autant plus que les autorités françaises ont visiblement quelques problèmes de mémoire, et n'hésitent pas à s'arranger avec la réalité... Le 4 septembre 2013, Patrick Dehaumont, directeur général de la DGAL, déclarait, au cours d'une conférence de presse : « Le taux de conformité par rapport à la réglementation dans le secteur des productions animales, c'est-à-dire l'absence d'anomalies, s'est établi entre 98 % et 100 % en 2012[1] », précisant que parmi les facteurs de conformité figuraient bien entendu les normes des abattoirs.

Quel que soit son interlocuteur, la DGAL est adepte de ce type de déclarations à « sincérité successive ». Dans un rapport[2] de 2013, les inspecteurs européens de l'OAV notent que le gouvernement a « déclaré qu'aucun établissement classé en catégorie IV [donc non conforme aux normes de l'UE] n'était en activité sur le territoire français au 1er janvier 2010. Toutefois, l'équipe d'audit a été informée qu'un tel établissement a été en activité jusqu'en avril 2012 [date de sa suspension] en étant classé en catégorie IV depuis 2010 ». La direction générale de l'Alimentation ose tout, c'est même à ça qu'on la reconnaît !

1. *Agrapresse*, « Qualité sanitaire : les productions animales conformes à 99 %, les productions végétales à 88,4 % », 5 septembre 2013.

2. Rapport d'un audit effectué en France du 3 au 14 septembre 2012 afin d'évaluer les contrôles officiels concernant l'abattage et la transformation des viandes fraîches, en particulier chevalines.

Plongée au cœur de l'abattoir

L'abattoir multi-espèces dans lequel je me trouve avec le directeur de l'OABA est classé III depuis plus de dix ans, c'est-à-dire qu'il présente des « défauts importants de non-conformité ». Frédéric Freund ne l'a pas visité depuis cinq ans. Nous nous attendons au pire... Le directeur du site a donc tout intérêt à ce que la visite se passe en bonne intelligence. Tout en nous conduisant vers le vestiaire, il nous explique qu'il est toujours preneur de conseils et de recommandations. Un point positif.

Pour des raisons d'hygiène, nous enfilons chacun une veste et un pantalon blanc, mettons des bottes, protégeons nos cheveux dans une charlotte en papier et nous équipons d'un casque de sécurité. Nous voilà parés ! La visite peut commencer... Nous suivrons le même parcours que les animaux, ce qui est en fait une aberration hygiénique : dans un abattoir, on doit toujours se déplacer du propre vers le sale et non le contraire. Ou alors changer de bottes et de tenue. Sinon vous ramenez la contamination des étables dans le hall de l'abattoir censé être propre. Qu'à cela ne tienne, le directeur de l'abattoir nous conduit vers l'étable. Nous pataugeons dans la bouse de vache. Jusqu'ici tout va bien... Les vaches sont installées soit dans des box, soit dans des stalles – emplacements isolés par des cloisons latérales.

Tout commence dans les étables

Nous constatons que certaines vaches sont couvertes de boue et de bouses et sont vraiment très sales. Visiblement, elles patientent là depuis plusieurs jours. Elles devraient être nettoyées et séchées avant abattage car il est impossible d'obtenir des carcasses propres avec des vaches sales, mais sur place rien n'est prévu pour ce faire. Frédéric Freund vérifie l'arrivée d'eau des distributeurs installés à l'intérieur des box. Si certains fonctionnent, d'autres sont visiblement grippés depuis fort longtemps. Dans ces conditions, impossible pour les bovins de s'abreuver. Une infraction à la réglementation à laquelle il faudra vite remédier. Le directeur de l'abattoir nous assure qu'il est conscient du problème, que les fonds ont été débloqués et que les travaux sont pour bientôt... En attendant, Frédéric Freund lui suggère d'installer des bacs d'approvisionnement d'eau, et lui rappelle que cette solution doit rester temporaire. L'eau risque d'être très vite souillée par les fèces des animaux.

La visite se poursuit par l'entrée du couloir d'amenée. Béton au sol et barrières sur les côtés. C'est là que le bouvier, la personne en charge des bêtes dans l'étable, mène les bovins, un par un, après avoir relevé leur numéro de boucle et vérifié qu'il correspond bien au numéro à dix chiffres du passeport de l'animal en sa possession.

Trois bovins sur quatre n'ont pas de papiers en règle

Un document d'accompagnement bovin indique le numéro et la provenance du bovin, les codes de sexe, de race : 34 pour une Limousine, 38 pour une Charolaise, 66 pour une Prim'Holstein ou encore 79 pour une Blonde d'Aquitaine, la catégorie (à viande, laitière ou mixte), la date de naissance de l'animal et même parfois le prénom de l'animal. Ce passeport contient aussi le nom de son propriétaire, ainsi que des mentions qui attestent que son cheptel bovin est reconnu officiellement indemne d'un certain nombre de maladies telles que la tuberculose, la brucellose ou la leucose enzootique.

Ce passeport contient également des « informations sur la chaîne alimentaire » (ICA), qui permettent au vétérinaire de l'abattoir d'anticiper son inspection des viandes et de rechercher d'éventuels signes de maladies sur les animaux, puis sur les carcasses. Une bonne nouvelle, car cette recommandation européenne s'est transformée en obligation depuis le 1er juillet 2013. Désormais, seuls les animaux dont l'ICA est disponible lors de leur arrivée sur site peuvent être abattus.

Il était plus que temps ! Selon une enquête[1] effectuée par la Fédération nationale de l'industrie et du commerce en gros de la viande (FNICGV) auprès des abattoirs, 75 % des zones ICA des documents d'accompagnement des bovins étaient mal remplies. Ce qui signifie que trois bovins sur quatre n'étaient pas en règle ! Ce chiffre était de 60 % pour les documents accompagnant les porcins, soit un peu plus d'un cochon sur deux, et de 50 % pour les ovins.4

Absence de vétérinaires pour les contrôles ante mortem

Sur place, le bouvier effectue un premier tri des animaux en fonction de leur destination commerciale, un premier contrôle qualité. Le véritable contrôle sanitaire est dévolu au vétérinaire chargé de l'inspection *ante mortem*. Nous ne croiserons aucun vétérinaire lors de notre visite, mais le directeur de l'abattoir nous confiera que le vétérinaire est passé la veille et qu'il a donné son feu vert à l'abattage de l'ensemble des animaux. Une solution conforme à la réglementation lorsque l'inspection des animaux remonte à moins de vingt-quatre heures. Dans ce cas-là, les documents d'inspection doivent être signés par le vétérinaire et disponibles pour tous contrôles.

Dans d'autres abattoirs visités en compagnie de Frédéric Freund, certains directeurs reconnaîtront que cela fait bien longtemps qu'il n'y a plus de contrôles vétérinaires *ante mortem*, alors que c'est pourtant une obligation réglementaire : aucun animal ne doit être abattu sans avoir été

1. Bulletin hebdomadaire d'information *Le Flash*, du 5 juillet 2013.

vu par un vétérinaire. Or, dans certains abattoirs, les vétérinaires n'arrivent que vers 8 h 30 – après avoir déposé leurs enfants à l'école – alors que les abattages commencent généralement à 5 heures !

Ici, c'est la caissière qui fait office de vétérinaire !

Dans l'abattoir de Jossigny, en Seine-et-Marne, que j'ai également visité en caméra cachée, le directeur de l'établissement nous avouera que faute de contrôle vétérinaire c'est la caissière qui se charge dudit contrôle. C'est elle qui s'occupe de faire un premier diagnostic de l'état sanitaire des animaux et de mettre de côté les animaux malades, blessés ou fiévreux... Impossible d'imaginer qu'une caissière, malgré toute sa bonne volonté, puisse effectuer le même travail qu'un vétérinaire qui a suivi sept ans de formation ! D'autant plus que cela constitue une infraction passible de poursuites pénales.

Mais là encore la DGAL fait l'autruche. En 2013, son directeur général déclarait : « En tout état de cause, il n'y a jamais d'abattage sans inspection préalable. Je pense que le système est très fiable même si nous sommes aujourd'hui confrontés à une fraude de grande ampleur sur la viande de bœuf. Il y a beaucoup de sécurité au niveau des abattoirs et nous devrions vraiment être en mesure de rassurer le consommateur sur ce point[1]. » Faut-il recommander aux membres du ministère de l'Agriculture de se rendre plus souvent sur le terrain... ou faudra-t-il que la Commission européenne prononce de réelles sanctions pour que la France se mette enfin en conformité et assure par là même la sécurité sanitaire des citoyens-consommateurs ?

1. Audition de Patrick Dehaumont le 11 avril 2013 par la commission viande du Sénat, qui l'interrogeait sur le scandale du « chevalgate ».

Les inspecteurs européens ne cessent d'alerter la France sur ces manquements répétés, qui constituent une infraction au regard des exigences de la réglementation communautaire. En 2012, ils l'écrivent même noir sur blanc : « Dans tous les abattoirs visités, les examens *ante mortem* ne se déroulaient pas conformément à la législation de l'Union européenne, comme cela avait déjà été noté au cours des audits de 2006, 2009 et 2012, l'inspection *ante mortem* est effectuée par le personnel auxiliaire sur tous les animaux entrant dans l'enceinte des abattoirs, et seuls les animaux "à problèmes" peuvent être présentés au vétérinaire officiel pour un examen approfondi[1]. »

Les critiques sont répétées et de plus en plus acerbes. En 2013, les inspecteurs vétérinaires européens déclarent que « le niveau actuel de supervision officielle n'est [toujours] pas suffisant[2] ». Pour preuve, ajoutent-ils, « dans aucun des deux grands abattoirs [produisant plus de 30 000 tonnes de viande par an] visités le vétérinaire officiel n'est resté en permanence sur place pendant l'abattage : dans l'un des cas, le vétérinaire officiel était sur place un à deux jours par semaine, et dans l'autre cas il était sur place tous les jours mais seulement pendant un tiers de la journée de travail. Dans le troisième abattoir [produisant entre 15 000 et 30 000 tonnes par an], le vétérinaire officiel était présent sur place un à deux jours par semaine. Dans le quatrième [produisant 10 000 tonnes par an], la fréquence des visites du vétérinaire vacataire[3] était

1. Rapport d'un audit effectué en France du 3 au 14 septembre 2012 afin d'évaluer les contrôles officiels concernant l'abattage et la transformation des viandes fraîches, en particulier chevalines.

2. Rapport d'une mission effectuée en France, du 11 au 20 juin 2013, en vue d'évaluer les systèmes de contrôle en place régissant la production et la mise sur le marché de viande de volaille et de produits dérivés.

3. Il existe deux sortes de vétérinaires vacataires : ceux qui exercent en clientèle et qui consacrent quelques heures aux abattoirs, et les vétérinaires inspecteurs fonctionnaires rémunérés à la vacation qui travaillent exclusivement pour l'Etat.

généralement hebdomadaire ». Un constat très éloigné du discours prétendument rassurant tenu par le directeur général de la DGAL.

D'ailleurs, lors d'une conférence de presse du ministère de l'Agriculture au cours de laquelle j'interrogeais les membres de son équipe au sujet de ce décalage, l'un d'entre eux m'avait avoué qu'au moins ils ne trichaient pas lors de la venue des inspecteurs européens. Bel esprit !

L'Europe menace d'interdire les exportations de volaille

Le phénomène n'est pas nouveau. En 2009, l'Europe avait déjà tapé du poing sur la table et menacé d'interdire toute exportation de poulets, de dindes et de canards français au vu des « défaillances récurrentes constatées au niveau de l'inspection *ante* et *post mortem*[1] ». Après ce coup de semonce, il eût été souhaitable que le gouvernement réagisse et qu'il prenne les mesures nécessaires pour renforcer les contrôles sanitaires... Que nenni ! La France a essayé de gagner du temps en présentant, fin 2009, un projet pilote afin d'expérimenter « une réforme de l'inspection vétérinaire en abattoir ». Sous cette jolie appellation se cache en fait un principe simple et radical : « la présence non permanente d'un vétérinaire officiel dans les abattoirs de volailles et de lagomorphes [lapins] ».

Autant dire les choses simplement, cette réforme permet de légaliser l'absence des vétérinaires sur toute la chaîne d'abattage et de réaliser par conséquent des économies sur le dos des consommateurs. Si, si, vous avez bien lu : ce sont les exploitants eux-mêmes qui devront assurer l'ins-

1. Rapport d'une mission effectuée en France du 17 au 26 novembre 2008, en vue d'évaluer les systèmes de contrôle en place régissant la production et la mise sur le marché de la viande de volaille et de produits à base de viande de volaille.

pection *post mortem* et peut-être même aussi l'inspection *ante mortem*. Le personnel de l'abattoir, après avoir suivi une formation de deux jours, écartera les lots de poulets à risques et contactera dans le meilleur des cas les services vétérinaires officiels pour qu'ils viennent émettre un avis spécialisé. L'exploitant se retrouvera donc en situation de juge et partie. Qui dit mieux ?

La proposition a été retoquée par la Commission européenne, mais le gouvernement français n'a pas dit son dernier mot. En janvier 2012, la France a fourni quelques informations complémentaires aux autorités européennes. Et avant même que ces nouvelles dispositions ne soient analysées et évaluées par l'Europe, la France publiait, le 9 février 2012, un premier décret immédiatement applicable, suivi d'un deuxième le 27 août 2012, applicable à compter du 1er septembre 2012, qui « autorise » le personnel de douze abattoirs de volailles et de lapins à participer aux opérations de contrôle. Formidable, n'est-ce pas ? Surtout si on considère qu'il s'agissait d'un projet pilote !

C'est sûr qu'il y a de quoi être rassuré ! Que se passera-t-il en l'absence de contrôles officiels dits « permanents » ? Les opérateurs auront-ils les compétences suffisantes – et la ténacité nécessaire face à leurs employeurs – pour faire retirer un lot de volailles douteuses de la chaîne ? Autre problème : la proposition faite par les services de l'Etat pour justifier la baisse du nombre de vétérinaires présents dans les abattoirs était approximative et faussée... Selon le Syndicat national des inspecteurs en santé publique vétérinaire (SNISPV), pour arriver à effectuer les contrôles aléatoires décrits dans les dossiers remis à la Commission européenne, la DGAL n'aurait pas dû licencier mais embaucher des vétérinaires supplémentaires ! Une nécessité au regard de leur nombre dans notre pays : moins de 1 000 vétérinaires officiels, contre environ 4 200 en Allemagne et près de 6 000 en Italie. Cherchez l'erreur !

Il semblerait, heureusement, que les rappels à l'ordre successifs de la Commission européenne et de la Cour des comptes aient finalement été entendus par la DGAL. Il faut dire que la Corée du Sud, l'un de nos principaux importateurs de volaille, a décidé, début 2014, d'annuler ses contrats avec les industriels français. Lors de la présentation du budget 2015 de l'agriculture (4,7 milliards d'euros), le ministre Stéphane Le Foll s'est engagé à inverser la courbe de l'emploi et à embaucher 60 agents de plus, notamment pour les contrôles vétérinaires dans les abattoirs de volailles, et ce malgré une baisse du budget de son ministère de 4,1 % par rapport à 2014. Le SNISPV salue l'effort consenti, mais souligne que « dans les faits les équipes de contrôle reviennent seulement à leurs niveaux de 2012, puisque 60 postes avaient été supprimés en 2012 ».

Pour le syndicat des inspecteurs vétérinaires, des efforts supplémentaires sont indispensables : « A ce rythme et à périmètre constant, il faudra attendre l'année 2033 pour retrouver les capacités opérationnelles de l'année 2005[1] pour des consommateurs toujours plus nombreux, des procédés de fabrication toujours plus complexes et des échanges toujours plus globaux[2]. »

Après la volaille, place à l'autocontrôle pour la viande porcine...

Et ce n'est pas le seul secteur où des efforts de recrutement sont non seulement urgents mais indispensables... Après son projet pilote sur la volaille, le gouvernement a lancé, dès 2011, un projet équivalent d'autocontrôle par les exploitants dans les deux plus gros abattoirs de porcs bre-

1. Soit 5 623 ETP (équivalent temps plein), jargon administratif pour désigner le nombre d'agents. Ce chiffre comprend les vétérinaires ainsi que les techniciens et auxiliaires vétérinaires.

2. *La Semaine vétérinaire*, « Le budget de l'agriculture de nouveau à la baisse », 10 octobre 2014.

tons. Les organisations syndicales vétérinaires sont montées au créneau et ont réussi à faire capoter ce projet, qu'elles jugeaient inquiétant pour la santé des consommateurs. Mais les autorités n'ont pas abandonné l'idée, loin de là !

Un document[1] de la DGAL l'atteste : certains abattoirs de boucherie participent désormais au projet pilote. Ils ont signé un protocole qui stipule que le marquage de salubrité incombe à leur propre personnel. En échange, l'administration, bon prince, leur accorde une ristourne de 20 % sur la redevance sanitaire destinée normalement à financer la mission des vétérinaires. Plus surprenant : d'autres assument le marquage de salubrité sans participer « officiellement » au projet pilote. Dans ce cas-là, ces abattoirs n'ont droit qu'à une réduction de 15 %. Les subtilités de l'administration française mériteraient un ouvrage à elles seules, n'en déplaise aux inspecteurs européens !

Disparition des petits abattoirs au profit de mégastructures

Il serait peut-être temps que les autorités françaises réagissent, avant qu'une catastrophe sanitaire ne détruise ces structures déjà lourdement fragilisées. Jusqu'en 1995, le nombre d'abattoirs avait beaucoup diminué, puis une relative stabilité s'était installée autour de 300-500 établissements. Entre 2001 et 2010, 1 abattoir sur 5 a fermé ses portes (21 %). La plupart d'entre eux étaient trop petits pour être rentables. Ils étaient incapables de consentir les investissements nécessaires à leur mise aux normes, notamment sanitaires.

La restructuration du réseau, encouragée par l'Etat pour gagner en compétitivité et pour reprendre des parts de marché sur les concurrents européens – allemands et

1. « Etablissements d'abattage et d'ateliers de découpe – Actualité réglementaire et sanitaire », 10 avril 2013.

espagnols surtout, en développement croissant depuis dix ans –, a accéléré la concentration et la modernisation des abattoirs industriels. Elle a par exemple engendré la création de gigantesques abattoirs comme celui de Cuiseaux, en Saône-et-Loire. Il compte 2 000 salariés, 3 restaurants, 1 pharmacie et même 1 salon de coiffure. D'autres sites emploient jusqu'à 5 000 salariés.

Seuls os au tableau : des distances parcourues de plus en plus longues qui augmentent le stress des animaux, et nuisent à la qualité de leur viande. Vu l'augmentation du prix de l'essence, ces trajets sont de plus en plus coûteux pour la filière, et risquaient de l'être encore plus avec l'écotaxe qui s'applique aux transporteurs en vertu du principe pollueur-payeur. Pas étonnant dans ces conditions que le monde agricole ait été un des premiers à se soulever contre ce dispositif. Les régions les plus agricoles et les plus excentrées avaient pourtant négocié des tarifs privilégiés : – 30 % d'écotaxe pour les entreprises midi-pyrénéennes et – 50 % pour les bretonnes. Mais les industriels de la viande ne voulaient pas en entendre parler. Ils ont eu gain de cause, grâce à leurs actions de lobbying et au mouvement des Bonnets rouges[1] bretons. En octobre 2014, les projets d'écotaxe puis de péage de transit poids lourds ont été définitivement suspendus par la ministre de l'Ecologie, Ségolène Royal. Coût de l'opération selon les estimations : entre 900 000 et 1,5 milliard d'euros !

Centralisation des pouvoirs, quand tu nous tiens... En 2009[2], 39 abattoirs industriels (dont 4 publics) sur les 270 existants traitaient plus de 71 % du tonnage abattu en

1. Mouvement de protestation apparu en Bretagne en octobre 2013, en réaction aux mesures fiscales relatives à la pollution des véhicules de transport de marchandise et aux nombreux plans sociaux de l'agroalimentaire.

2. Rapport n° 10205 d'avril 2011 du Conseil général de l'alimentation, de l'agriculture et des espaces ruraux (CGAAER) : analyse stratégique de la filière bovine française par bassin de production. En 2009, Bigard-Socopa représentait 35,8 % du tonnage et 19 abattoirs, Elivia 13,2 % du tonnage et 7 abattoirs, SVA 8,8 % du tonnage et 3 abattoirs.

France. Ils étaient majoritairement exploités par trois groupes privés : Bigard-Socopa-Soviba-Charal en tête, suivi d'Elivia-Terrena et de SVA-Jean Rozé, filiale d'Intermarché. Les abattoirs industriels de ces trois groupes se sont développés au détriment des abattoirs de taille intermédiaire comme ceux de Blois, Pau ou Castelnaudary, qui ont fermé leurs portes ces dernières années, tout comme certains établissements des groupes Doux, Tilly-Sabco pour la volaille et Gad pour le porc.

Les petits abattoirs de proximité ont également souffert de la concurrence des groupes dominants alors qu'ils jouent pourtant un rôle primordial en permettant une bonne valorisation de la production locale. Dorénavant, certaines régions souffrent d'un maillage trop dense et d'autres subissent un manque d'abattoirs de proximité qui rend le développement de la vente directe en circuit court difficile, alors que les Français en sont de plus en plus demandeurs. Une démarche qui ne correspond ni à un effet de mode, ni à un comportement « élitiste » ou « bobo » : quatre Français sur dix effectuent chaque mois un ou plusieurs achats en circuit court[1], que ce soit directement auprès d'un producteur ou sur un marché. Si les fruits et les légumes reçoivent les faveurs des consommateurs, 30 % de ceux qui font leurs courses sur les marchés achètent directement leur volaille aux éleveurs et 20 % d'entre eux leur viande rouge.

Le stress du couloir d'amenée

Retour dans le couloir d'amenée. Les vaches, peu rassurées, rechignent à avancer. Le bouvier les encourage de la voix et pousse les récalcitrantes à l'aide d'un aiguillon électrique qui leur envoie des petites décharges sur la croupe, ce qui est extrêmement stressant pour l'animal et

1. Baromètre « Société & Agriculture » réalisé par IPSOS pour le compte du Crédit agricole, février 2014.

ne devrait être utilisé qu'exceptionnellement. Frédéric Freund repère tout de suite que le couloir d'accès est glissant, ce qui ne facilite pas leur progression. Il vérifie alors les notes qu'il avait prises quelques années auparavant. Il constate qu'il avait recommandé de créer des mouvements d'aspérités sur le sol bétonné. Rien n'a été fait. La solution est pourtant facile à mettre en place et peu coûteuse.

Ce couloir est conçu selon le principe de la marche en avant. Impossible pour les bêtes de se retourner, encore moins de reculer. Elles sont contraintes de progresser jusqu'au piège, une sorte d'énorme tambour de machine à laver. Une fois la bête à l'intérieur, une paroi s'abaisse derrière elle. Grâce à un savant mécanisme, les parois latérales se resserrent et l'animal est totalement pris au piège.

Le directeur de l'OABA note que la vache terrorisée a, depuis le piège, une vue plongeante sur le hall d'abattage et sur ses congénères en train de se faire tronçonner. Une source de stress supplémentaire pour l'animal et une infraction de plus à la réglementation. Il recommande à l'abattoir d'installer un rideau de douche opaque devant le piège. Là encore une proposition simple et abordable, qui présente l'avantage de moins angoisser l'animal et de faciliter le travail du personnel.

Un manque d'hygiène manifeste

Nous quittons les parties souillées pour entrer dans le secteur dit propre. Nous changeons de veste et nettoyons nos bottes à l'aide d'un mécanisme prévu à cet effet. Nous aurions également dû changer de pantalon. Afin de minimiser au maximum les risques de transfert des bactéries d'un univers à l'autre, aucun entrecroisement n'est normalement autorisé. Pourtant, pendant notre visite, les ouvriers passeront à plusieurs reprises d'un espace à l'autre sans se changer. Une attitude, là encore, en totale infraction avec la réglementation.

Le hall d'abattage est un univers oppressant et glacial. Le sol est recouvert de sang et de matières fécales, les murs aussi. Couteaux rotatifs, scies, fendeuses, arrache-cuir… Les outils pneumatiques associés aux vérins des plates-formes élévatrices font un bruit assourdissant. Le niveau sonore dépasse souvent les 110 décibels. Pour communiquer, les ouvriers sont obligés de crier.

Un ouvrier surplombe le piège, depuis une passerelle. Il arme son « matador » – sorte de cylindre à tige perforante –, le place à un endroit précis du front de l'animal et déclenche le percuteur. La tige pénètre dans la boîte crânienne. La bête perd conscience sur-le-champ et tombe sur le flanc. L'ouvrier active une porte latérale, la bête s'affale alors sur le sol.

L'homme descend de sa passerelle et attache une patte arrière de l'animal, grâce à une chaîne, au-dessus de la première articulation. Il appuie ensuite sur une télécommande qui entraîne le hissage des 500 kilos de l'animal au-dessus du sol. La vache se retrouve désormais suspendue à la chaîne au-dessus d'une sorte de pédiluve rempli de sang.

L'étape délicate de la saignée

Un deuxième ouvrier, appelé « sacrificateur » ou « tueur », approche, maintient la tête de la bête et lui enfonce une lame de couteau des deux côtés de la gorge afin de lui sectionner les veines jugulaires et les artères carotides pour que la saignée soit rapide. Il aurait également pu couper les vaisseaux qui irriguent le cœur de la bête en enfonçant son couteau à l'entrée de la poitrine de la vache. Elle se vide alors de son sang à grands flots. L'ouvrier pousse ensuite l'animal, qui poursuit son parcours sur la chaîne. Tressaillant, parfois prise de mouvements de pédalage incontrôlés ou réflexes, la bête agonisante vient rejoindre celles qui attendent déjà, langue pendante.

Deux à trois fois plus d'accidents du travail que dans les autres professions

La saignée est une des étapes les plus délicates pour les ouvriers, qui risquent à tout moment de prendre un mauvais coup. Ils payent d'ailleurs un lourd tribut dans leur chair. Selon l'Institut national de recherche et de sécurité, la filière viande est deux à trois fois plus exposée aux risques d'accident du travail que la moyenne nationale des autres activités. Selon leur dernier rapport, qui remonte à 2008, l'abattage et la découpe présentent les risques les plus élevés : 15 % des salariés y étaient victimes d'un accident avec arrêt de travail alors que la moyenne nationale, toutes filières confondues, est de 3,8 %.

Les employés souffrent également d'un nombre croissant de troubles musculosquelettiques (TMS) liés au port de charges lourdes aussi bien qu'aux gestes répétitifs. L'augmentation des cadences, les positions articulaires extrêmes, le travail au froid ou les vibrations des machines jouent également en leur défaveur. Glissades et chutes représentent 20 % des accidents avec arrêts de travail. Elles sont favorisées par la présence de déchets et de liquides au sol ainsi que par des revêtements de sol glissants ou usés. S'ajoutent à ces difficultés des risques liés aux machines et aux équipements de travail (scies, trancheuses...) à l'origine d'accidents graves, ainsi que des risques routiers lors des livraisons et des risques chimiques liés au contact avec des produits de nettoyage et de désinfection. Sans compter les multiples coupures quasiment quotidiennes dans chaque abattoir.

Un travail à la chaîne qui rend malade

Le documentaire *Entrée du personnel* de Manuela Frésil, sorti en 2011 et réalisé à partir des récits de vie des ouvriers de grands abattoirs industriels, donne la parole à ces travailleurs de l'ombre. « Ils m'ont raconté comment le geste de tuer, dépecer, couper, désosser, répété et répété, use leur propre corps, témoigne-t-elle. J'étais particulièrement émue quand ils m'expliquaient les gestes qu'ils faisaient sur la chaîne de découpe, et qu'ils se prenaient pour exemple. Ils me disaient : "Il faut couper le tendon là, entre ces os-là...", en me montrant leur épaule, leur bras, leur dos. Ce n'était pas de la mort des bêtes qu'ils me parlaient, ni de leur propre dégoût, ni de la viande. Mais de choses plus concrètes, plus précieuses et plus douloureuses encore : le cauchemar de leur vie à l'usine. »

Et la réalisatrice de poursuivre en ces termes : « Le travail à la chaîne rend malade. Ce n'est certes pas une spécialité de l'industrie agroalimentaire. Mais à l'abattoir, c'est un fait avéré, les ouvriers tombent malades plus souvent et plus rapidement. Les corps des animaux sont démembrés par la chaîne de production ; celui des hommes aussi. Les ouvriers souffrent de là où l'on coupe les bêtes. »

La réalisatrice avoue avoir mis près de sept ans pour finaliser son documentaire faute d'autorisation pour filmer l'intérieur des abattoirs. Elle se souvient de rencontres avec les salariés et plus précisément de Rozenn, 40 ans, qui en paraissait 60 : « Une femme n'arrêtait pas de pleurer. Elle parlait de la bosse de "calcaire" qui s'était formée sur son épaule et de sa main qui ne pouvait plus serrer. Elle parlait de son licenciement et de son invalidité à jamais. Elle parlait de son désespoir, elle disait : "Je sais que je ne peux plus travailler, mais je n'arrive pas à accepter que je ne pourrai plus jamais travailler, alors qu'il me manque encore vingt ans à travailler." »

Dans le film, Yves regardait Rozenn pleurer. Il disait : « L'abattoir maintenant c'est le bout. C'est là où on va lorsqu'on ne peut plus travailler ailleurs. On ne peut pas imaginer comment travailler, ça pourrait être pire... », surtout au regard des rythmes infligés aux hommes et aux bêtes. Pour les bovins, les cadences varient de quelques unités à 50 ou 70 bovins à l'heure, soit un bovin saigné toutes les minutes. Les rythmes sont infernaux et peuvent aller jusqu'à 400 moutons, 600 porcs ou 12 000 poulets à l'heure !

La chaîne du petit abattoir dans lequel je me trouve tue en moyenne une quinzaine de bovins à l'heure. Un rythme qui permet à ses salariés d'effectuer un travail soigné. Un troisième opérateur découpe les pieds de la bête au niveau des articulations. Un autre détoure le rectum et l'ensache afin d'éviter toute fuite de matières fécales, tandis qu'un autre ligature l'œsophage à l'aide d'un élastique. Leur objectif ? Fermer les deux extrémités du rumen afin d'en empêcher le déversement. Celui-ci étant porteur de bactéries invisibles, ennemies des abattoirs. Parmi elles : les *Campylobacter,* responsables de gastro-entérites, les salmonelles, à l'origine des fameuses salmonelloses, les *Escherichia coli*, qui peuvent entraîner de graves infections rénales et même des décès.

L'absence répétée de stérilisateurs fonctionnels

Après chaque manipulation à l'aide d'un couteau, les ouvriers se doivent de le désinfecter en le faisant tremper dans un stérilisateur d'eau à 82 °C disposé à côté de leur poste de travail. Dans cet abattoir classé III, de nombreux stérilisateurs étaient défectueux, et pendaient lamentablement le long du mur. Une habitude hexagonale, si l'on en croit les inspecteurs vétérinaires européens...

En 2012, ils écrivent : « Certains équipements, tels que des stérilisateurs et une canalisation appropriée des eaux usées, faisaient systématiquement défaut dans tous les abattoirs visités. » Si l'un d'entre eux était classé en catégorie III, les trois autres étaient comptabilisés dans la catégorie II, c'est-à-dire conformes aux normes européennes. Et le pire, selon les inspecteurs, c'est que « ces déficiences n'avaient pas été identifiées par les autorités compétentes ». Scandalisés, ils ajoutent : « Cela questionne la capacité des autorités compétentes à effectuer des contrôles officiels de façon efficace. » Même en langage diplomatique, cette fois-ci, les choses sont dites !

Un habillage qui porte bien mal son nom

L'animal continue son parcours sur la chaîne pour arriver au poste d'habillage. C'est là que la bête va être déshabillée puis dépecée. Une personne déjointe la tête de l'animal, une autre découpe, avec un couteau tranchant, la peau de l'animal de haut en bas au milieu du ventre puis retourne les bords du cuir, afin que ce dernier n'entre pas en contact avec la chair de l'animal. L'arrache-cuir entre alors en action.

L'opération suivante consiste à fendre le ventre de l'animal en évitant de percer les viscères. L'ouvrier suivant plonge ensuite son torse et ses mains dans le ventre de la bête afin de la délester de ses intestins. Une opération extrêmement délicate puisque, là encore, il faut éviter tout accident d'éviscération. Un autre opérateur enfonce alors un long tube dans la colonne vertébrale, afin d'aspirer la moelle épinière de l'animal, susceptible de contenir des prions-poison responsables de la maladie de la « vache folle ».

La trilogie cœur-foie-poumon est alors récupérée puis accrochée à une ligne parallèle, devant laquelle se tient la plupart du temps un technicien ou un auxiliaire vétérinaire, faute de vétérinaire officiel présent. Au rythme d'une trilogie toutes les trois à quatre minutes, cet agent de l'Etat est censé s'assurer que la carcasse qui l'accompagne ne présente aucun risque. Du gâteau !

Ensuite un opérateur, juché sur une plate-forme, découpe la carcasse en deux avec une sorte de tronçonneuse géante. Ce n'est qu'après cette étape et une dernière vérification rapide – cinq secondes par demi-carcasse en tout et pour tout – qu'un auxiliaire vétérinaire tamponne les carcasses avec une estampille sanitaire ovale autorisant la commercialisation de l'animal.

Un steak qui a le goût du sang et des larmes

Les carcasses seront ensuite orientées vers des ateliers de découpe ou de transformation. Là des tâcherons, souvent étrangers, qui travaillent pour des entreprises comme Arc Force, Atlanco, Codeviande, Euroviande, Global Interim ou Boucher Service, apportent leur concours aux salariés du site. Contrairement aux permanents, dont le salaire est très bas – l'un d'entre eux m'a avoué toucher 1 522 euros brut après trente-trois ans de maison –, ces salariés indépendants reçoivent un salaire fixe minimal auquel est ajoutée une prime calculée au kilo de viande débitée. Un moyen d'augmenter la productivité.

Comme me l'expliquait ce même salarié : « En 2000, il fallait compter 7 personnes par jour pour désosser et découper entre 11 et 12 vaches de 380 à 420 kilos, plus une autre – une femme en général – pour emballer les morceaux en barquette. Aujourd'hui, avec le même nombre de personnes et le même type d'équipement, on travaille entre 15 et 16 vaches, qui font chacune entre 50 et 70 kilos de plus. »

Un autre, qui travaille dans un abattoir de porcs, me racontait : « Il y a vingt ans, la chaîne produisait 360 porcs par heure, désormais notre objectif quotidien est d'atteindre les 420. Nos chefs sont de plus en plus tendus. Quand on arrête le tapis à cause d'un abcès, ils gesticulent, courent dans tous les sens et nous mettent la pression pour remettre en route le plus vite possible. J'ai été opéré du canal carpien et d'une épaule. Je me demande combien de temps je vais encore pouvoir tenir… Parfois, je veux partir, mais pour faire quoi ? Ma retraite est encore loin et il me paraît de moins en moins probable que je puisse être en bonne santé pour en profiter. »

Dans ces conditions, pas étonnant que pour bon nombre des 50 000 personnes travaillant dans l'industrie de la viande en abattoir, en atelier de découpe ou de transformation, le steak qu'elles produisent ait le goût du sang et des larmes… Et pour vous ?

2

Ze French Paradoxe

Le 16 novembre 2010, les repas gastronomiques à la française se voyaient enfin inscrits au patrimoine mondial immatériel de l'Unesco. Une excellente nouvelle pour les Français, car s'il est bien un sujet qui les rassemble, quels que soient leur niveau de revenu, leur catégorie sociale, leur pratique religieuse et leur sensibilité politique, c'est la gastronomie. Et il n'y en a pas beaucoup d'autres… Aujourd'hui, 95 % des Français estiment, tout comme moi, qu'elle fait partie de leur patrimoine et de leur identité.

Chez nous, les chefs réputés sont aussi populaires que les vedettes de football. Les émissions de cuisine, en particulier les compétitions culinaires de type *Top Chef* ou *MasterChef*, se sont multipliées au point que devenir cuisinier est aujourd'hui à la mode chez les jeunes, ce qui constitue une exception dans la sphère des métiers manuels.

Cette inscription est une première pour l'Organisation des Nations unies, qui considère désormais que la gastronomie mérite – au même titre que deux cent douze autres pratiques et coutumes culturelles – de figurer au panthéon du patrimoine de l'humanité. Les Français sont de fins gastronomes et ne se nourrissent pas comme les autres : un repas, surtout de fête, c'est toute une affaire, avec une préparation et des rituels inscrits dans la culture populaire.

Le repas reconnu par l'Unesco comporte au moins quatre services pour célébrer l'art du « bien manger » et du « bien boire ». Un apéritif pour commencer, une entrée suivie d'un mets de poisson et/ou de viande accompagné de légumes, puis un plateau de fromage, un dessert et un digestif pour conclure le tout en beauté.

L'idée de la candidature française est lancée, fin 2006, par un groupe de gastronomes et de chefs convaincus que « la cuisine, c'est de la culture ». Le comité de soutien recueille près de quatre cents signatures de chefs, parmi lesquels de nombreuses célébrités comme Paul Bocuse, Joël Robuchon, Alain Ducasse, Pierre Troisgros, Marc Veyrat, ou encore Michel Guérard... Les produits utilisés se doivent d'être de qualité, les recettes choisies avec soin, et ce en accord avec les vins. Les mets sont humés avec délicatesse afin d'en magnifier le goût. Le tout doit être présenté avec élégance sur une belle table soigneusement décorée.

La filière agricole française est l'une des grandes gagnantes de cette inscription. Pour feu Jean-Michel Lemétayer, alors président de la Fédération nationale des syndicats d'exploitants agricoles (FNSEA), premier syndicat français du secteur, cela représente une « formidable reconnaissance parce qu'il y a un lien très fort entre agriculture, produits de terroir et gastronomie[1]. Cette inscription « va forcément donner un plus à l'image de la France dans le monde ». Mais pour les deux ministères concernés par cette excellente nouvelle, cela signifie qu'il va falloir agir...

Il faut préserver les repas gastronomiques à la française !

Le jour même de l'annonce de la décision de l'Unesco, dans un communiqué de presse conjoint, Bruno Le Maire

1. *Le Point*, « La gastronomie française au patrimoine mondial, un atout économique », 16 novembre 2010.

et Frédéric Mitterrand, respectivement ministres de l'Agriculture et de la Culture, déclarent que cette inscription « implique la mise en œuvre d'un certain nombre de mesures concrètes visant à assurer la préservation du repas gastronomique des Français, notamment en matière d'accompagnement éducatif dans les écoles, de recensement des éléments constitutifs de ce patrimoine immatériel et de manifestations culturelles[1] ». Vous avez bien lu : il s'agit de « préserver » nos repas gastronomiques et d'en transmettre la spécificité à nos enfants... Le mot est fort, mais il faut bien reconnaître qu'il y a urgence !

Neuf écoliers sur dix ignorent à quoi ressemble une betterave[2]. Un enfant sur trois ne sait pas non plus identifier un poireau, une courgette, une figue ou un artichaut. Un sur quatre ignore que les frites sont faites à partir de pommes de terre. Quant aux chips, jambon et autres nuggets, près de la moitié d'entre eux ne savent pas avec quoi ils sont fabriqués... Quant à préciser à partir de quelles viandes les steaks hachés sont préparés, deux enfants sur trois fournissent de mauvaises réponses.

L'analyse de l'évolution de l'alimentation et de nos pratiques culinaires ne manque pas d'étonner tant elles peuvent paraître paradoxales et contradictoires. Les quatre plats préférés[3] des Français sont, dans l'ordre : le magret de canard, les moules-frites, le couscous et la blanquette de veau. Mais ces préférences varient en fonction de l'âge des personnes interrogées. Si chez les personnes de 65 ans et plus, ce sont le gigot d'agneau puis la blanquette de veau qui sont plébiscités, chez les moins de 35 ans ce sont tout d'abord la raclette, la pizza, puis la tartiflette et le steak-frites. Nous sommes bien loin des repas gastronomiques à

---

1. *Le Point*, « La gastronomie française au patrimoine mondial, un atout économique », 16 novembre 2010.

2. Association santé environnement France, « L'assiette des enfants : l'enquête des médecins de l'ASEF », mai 2013.

3. Sondage TNS Sofres pour *Vie pratique Gourmand*, août 2011.

la française, et cela semble donner raison aux ministres : il est temps d'agir !

Les Français parmi les plus gros consommateurs de viande au monde

Les Français sont de grands carnivores : parmi les huit plats qu'ils préfèrent, sept sont à base de viande. Il n'est donc pas surprenant que leur consommation de viande soit deux fois plus importante que la moyenne mondiale. En 2013, les Français en ont mangé près de 84 kg chacun, soit l'équivalent d'un steak de 230 grammes par personne et par jour[1].

Si la population mondiale a doublé entre 1970 et 2013 pour atteindre 7 milliards d'habitants, l'élevage mondial a été multiplié par trois sur la même période. Le cheptel représente désormais près de 30 milliards de têtes, et la production de viande, toutes espèces confondues, 299 milliards de kilos. Selon les projections de la FAO, l'Organisation des Nations unies pour l'alimentation et l'agriculture, avec 9 milliards d'habitants en 2050, ce chiffre devrait même atteindre les 450 milliards de kilos.

L'explosion de la consommation de viande est l'une des principales conséquences de l'essor des classes moyennes. Dès que le niveau de vie d'une population augmente, sa consommation de produits carnés fait de même, et les disparités se creusent... Les Nord-Américains et les Européens avalent en moyenne près de 83 kilos de viande par personne et par an, alors que les Latino-Américains en mangent 58 kilos, les Asiatiques et les Océaniens 28 kilos, et les Africains subsahariens seulement 11 kilos.

1. FranceAgriMer, « Les filières de l'élevage français », août 2014.

Une surconsommation de viande qui rend malade

Si des quantités modérées de viande, d'œufs et de lait peuvent être des éléments précieux d'une alimentation saine, nous – consommateurs des pays riches – avons clairement tendance à dépasser les doses dont nous avons besoin du point de vue métabolique et à mettre du même coup notre santé en danger[1]. Le temps est loin où les Français se nourrissaient pour assurer leur survie, à présent ils mangent pour se faire plaisir... et trop ! En cinquante ans, la ration alimentaire quotidienne est passée de 2 200 à plus de 3 000 calories dans notre pays[2]. L'hyperconsommation de viande, et plus particulièrement de viande transformée (charcuterie, plats préparés), est devenue un véritable problème de santé publique car elle a, selon l'OMS, des conséquences sur la prévalence de maladies chroniques évitables d'origine nutritionnelle comme l'obésité, le diabète de type 2, les maladies cardiovasculaires, les cancers. De mauvaises habitudes, régulièrement dénoncées par cette organisation, qui coûteraient tout de même 5 milliards d'euros par an au système de santé français[3] !

1. D'après l'Institut international de recherche sur les politiques alimentaires.

2. Jean-Paul Charvet, « L'alimentation dans le monde », Petite Encyclopédie Larousse, 2007.

3. Ministère de la Santé, programme national nutrition santé 2006-2010, « Les pathologies associées à une mauvaise nutrition (les maladies cardiovasculaires entraînent 170 000 morts par an, le diabète "gras" touche plus de 2 millions de Français mais aussi les cancers, l'ostéoporose, l'anorexie...) pèsent très lourd dans les dépenses de l'Assurance maladie et coûtent 5 milliards d'euros par an. La part attribuée à la mauvaise nutrition atteindrait 800 millions d'euros. »

Notre pays n'est plus autosuffisant en viande

Grâce à ses terres riches et fertiles et à son climat tempéré, la France est, et a toujours été, un grand pays d'élevage. C'est même le premier producteur européen de viande bovine avec 19 millions de têtes[1]. Notre pays est aussi le premier producteur européen de viande de volaille avec 974 millions de poulets, dindes et canards, ainsi que le troisième producteur de viande de porc avec 24 millions de têtes (derrière l'Allemagne et l'Espagne), le troisième producteur de moutons avec 4,2 millions de têtes (derrière le Royaume-Uni et l'Espagne) et le troisième producteur de chèvres avec 800 000 têtes (derrière la Grèce et l'Espagne[2]).

Pourtant, malgré ce palmarès impressionnant, notre pays n'est plus autosuffisant. En matière de viande bovine par exemple, nos éleveurs produisaient, il y a encore trente-cinq ans, 10 % de bovins de plus que nos besoins. Aujourd'hui, notre pays produit 1 430 000 tonnes équivalent carcasse (tec) de viande bovine alors que nous en consommons 1 545 200 tec, ce qui signifie que nous importons près de 7,5 % de notre consommation[3].

Le plus surprenant est que nous exportons non seulement des pièces de bovins abattus sans étourdissement mais aussi une grande partie de nos bonnes races à viande mieux valorisables (Salers, Aubrac, Charolaises, Limousines, Blondes d'Aquitaine ou autres Bazadaises) et importons de la viande de vaches laitières des Pays-Bas, d'Allemagne, de Belgique, d'Irlande ou d'Italie. En France comme dans le reste de l'Europe, deux tiers des bovins sont en fait des vaches laitières – consommation de laitages et fromages oblige ! Epuisées par la production de milliers de litres de lait (jusqu'à 60 000 litres de lait en six ans !), ces vaches de réforme de type Holstein ou

1. FranceAgriMer, « Les filières de l'élevage français », août 2014.
2. *Id.*
3. *Id.*

Prim'Holstein, sont arrivées au terme de leur capacité de production de lait ou de reproduction et sont engraissées quelques semaines avant d'être menées à l'abattoir.

Ces « sous-produits de l'industrie laitière » sont de moins bonne qualité gustative et organoleptique[1], mais ils présentent un énorme avantage pour les restaurateurs peu regardants : ils sont moins chers ! En France, le kilo de viande issue d'une Holstein se négocie, auprès de l'éleveur, plus de deux fois moins cher que celui d'une « belle » Salers : 2,80 euros en moyenne au lieu de 6. A l'étranger, encore moins !

Pas surprenant dans ces conditions qu'il soit de plus en plus difficile de déguster de la viande française – l'indication de l'origine est obligatoire depuis 2002 pour la viande bovine – dans les restaurants de l'Hexagone ! En ce qui concerne les cantines et autres lieux de restauration collective, on estime que plus de 70 % de la viande rouge – tout comme 87 % de la volaille servie[2] – provient de l'étranger. Etonnant, pour un pays qui a transformé la gastronomie en raison d'être !

Quant aux viandes de mouton et de chèvre, la France n'a jamais été autosuffisante et nous en importons près de 100 000 tec[3], majoritairement d'Australie et de Nouvelle-Zélande, mais aussi d'Espagne, des Pays-Bas, de Roumanie et du Royaume-Uni.

Maintenant, si les Français font partie des plus gros amateurs de viande au monde, ils en apprécient les espèces différemment. Notre steak quotidien de 230 grammes serait composé de 88 grammes de porc, 70 grammes de volaille,

1. Se dit d'une substance (en particulier absorbée par voie buccale) capable d'impressionner un récepteur sensoriel.

2. Chiffres de l'Institut de l'élevage, 2014.

3. Pour « tonne équivalent carcasse ». Unité employée pour pouvoir agréger des données en poids concernant les animaux vivants et les viandes sous toutes les présentations : carcasses, morceaux désossés ou non, viandes séchées, etc. Un coefficient propre à chaque forme de produit est appliqué au poids brut : 1 pour une carcasse entière, 0,5 pour un gros bovin vivant, 1,3 pour les morceaux désossés, 1,8 pour les saucissons.

63 grammes de bœuf, juste 8 grammes de mouton… et une lichette de cheval[1]. Au cours de sa vie, un Français mange en moyenne 7 bovins, 33 cochons, 9 chèvres et moutons, 1 300 volailles, 60 lapins, boit 32 000 litres de lait et consomme près de 20 000 œufs… Impressionnant !

Recherche bouchers désespérément

Cela n'empêche pas l'industrie de la viande de souffrir d'un déficit d'image auprès des jeunes, puisqu'elle peine à recruter des apprentis bouchers alors qu'il y aurait des milliers de postes[2] à pourvoir. Si les entreprises d'abattage, de découpe et de transformation embauchent, les besoins sont importants dans les boucheries traditionnelles et dans les grandes enseignes comme Leclerc, Carrefour, Intermarché ou Super U, qui ont bien compris qu'un rayon boucherie alléchant attirait la clientèle. Aujourd'hui, les ménages achètent deux tiers de leur viande dans les rayons des hypermarchés et des grandes surfaces.

Le secteur offre pourtant des débouchés importants et stables. Une boucherie dégage, en moyenne, un chiffre d'affaires annuel de 370 000 euros pour un résultat net de 36 000 euros, et les revenus d'un boucher salarié sont d'environ 1 700 euros net pour 35 heures de travail par semaine.

Le temps où chaque village de l'Hexagone avait sa boucherie au même titre que sa boulangerie et son bureau de poste est loin. Depuis l'après-guerre, le nombre de boucheries artisanales a été divisé par deux : il n'est plus que de

1. FranceAgriMer, « Les filières de l'élevage français », août 2014. En 2013, un Français a consommé en moyenne 32 kg de porc ; 25,8 kg de volaille ; 22,9 kg de bœuf ; 3,1 kg de mouton et 0,27 kg de cheval.

2. 5 000 postes d'ici à 2022 d'opérateurs dans les métiers des première et deuxième transformations (abattage, mise en carcasse, découpe, désossage, parage…) selon le SNIV-SNCP et 4 000 dans les boucheries selon la CFBCT.

20 000, dont 3 500 en Ile-de-France. La profession a décidé de réagir et multiplie désormais les opérations à destination du grand public pour convaincre les jeunes d'embrasser les métiers de la viande. On se souviendra de ce jour d'avril 2013 où les artisans bouchers ont organisé une dégustation spectaculaire sur le parvis de l'Hôtel de Ville de Paris. Au menu : trois bœufs, un veau et dix agneaux rôtis à la broche servis gratuitement aux passants. Ou encore de cette semaine d'octobre 2014[1], où pour la première fois la filière a ouvert en grand les portes des boucheries aussi bien que celles des marchés aux bestiaux, des ateliers de découpe et des abattoirs. Prouver son exemplarité a cependant des limites puisque les chaînes étaient toutes à l'arrêt pour accueillir le public !

Les ventes de burgers explosent

Autre paradoxe et pas des moindres. En un peu plus de dix ans, les Français ont profondément modifié leur comportement alimentaire et adopté le modèle nord-américain. Ils grignotent tout au long de la journée des hamburgers, sandwichs, kebabs, pâtes précuites, bagels, sushis et pizzas. Ce marché du snacking a enregistré des niveaux de croissance phénoménaux : près de 75 %[2] entre 2004 et 2012. Désormais, plus d'un repas sur deux hors domicile se prend dans un fast-food, une saladerie ou une sandwicherie.

D'ailleurs, toujours dans le registre des paradoxes, les Français sont devenus les plus gros consommateurs européens de burgers : ils en avalent 970 millions chaque année, soit 15 par an et par personne. Ces pains ronds et moelleux garnis de viande ont détrôné les traditionnels

1. Rencontres « Made in Viandes » du 25 au 31 octobre 2014.

2. Etude de Gira Conseil (un institut au service de la filière agroalimentaire). Les ventes de burgers à la viande ont augmenté de 40 % entre 2011 et 2013.

sandwichs jambon-beurre. Et les restaurants traditionnels s'y sont mis aussi : les trois quarts d'entre eux proposent aujourd'hui un burger à leur carte !

Pas étonnant dans ces conditions que notre pays soit le deuxième marché le plus rentable du numéro un mondial de la restauration rapide McDonald's, alors que, selon le très sérieux indice Big Mac[1], en France ce célèbre sandwich est un des plus chers au monde : 3,90 euros en 2014 contre 3,68 euros en moyenne dans la zone euro. Qu'à cela ne tienne ! Après trente-cinq années de présence, la filiale possède 1 285 restaurants sur l'ensemble du territoire, et malgré une récente baisse de régime, elle affiche encore en 2013 des ventes en progression de + 2,4 % par rapport à l'année précédente (4,46 milliards d'euros hors taxes). Les 370 restaurants Quick et les 150 établissements Kentucky Fried Chicken sont loin derrière, très loin même...

Il faut dire que « McDo » s'efforce constamment d'adapter ses produits et sa communication aux consommateurs hexagonaux, réputés si « particuliers ». Ainsi, les restaurants de la firme américaine proposent des recettes francisées, censées être à base de produits français, comme le McBaguette ou le Casse-croûte... La chaîne n'hésite pas à en faire un argument marketing et à afficher ouvertement que plus de la moitié de la viande cuisinée dans ses enseignes provient de la production nationale. Or, plusieurs opérations coup de poing, menées par des éleveurs ayant revêtu des uniformes de la « police de la viande », ont permis de démontrer, notamment à Nantes en octobre 2013, que les trois quarts de la viande stockée dans les frigos des fast-foods étaient en fait d'origine... irlandaise. Depuis, McKey, principal fournisseur de steaks hachés de McDonald's France, a réagi et annoncé, à l'occasion du Salon de l'agriculture 2014, un nouveau partena-

1. Indice de parité de pouvoir d'achat créé en 1986 par l'hebdomadaire britannique *The Economist*.

riat contractuel avec des éleveurs de l'Allier, du Centre, de l'Auvergne et du Limousin.

Des restaurants qui, de plus en plus, réchauffent des plats tout prêts

Notre consommation s'américanise… et pas seulement dans les fast-foods… Pendant que les téléspectateurs français plébiscitent les émissions à la gloire de l'art culinaire et que l'Unesco inscrit notre gastronomie au patrimoine mondial de l'humanité, les restaurants et auberges cèdent chaque jour un peu plus de terrain aux plats préparés fournis par l'industrie : entrées fabriquées en laboratoire, plats sous matière plastique et desserts surgelés. Un secret de Polichinelle pour les restaurateurs… mais un pavé dans la mare pour les consommateurs. Désormais, près de huit établissements sur dix proposent de la nourriture toute faite. Réfléchissez-y, la prochaine fois que vous entrerez dans un restaurant !

Il faut dire, autre bizarrerie française, qu'à la différence des salons de coiffure, dont l'ouverture est soumise à l'obtention d'un diplôme d'Etat, l'ouverture d'un restaurant n'en requiert aucun. Selon le président de l'Union des métiers et industries de l'hôtellerie-restauration, un restaurateur sur cinq n'aurait ni compétences ni formation en matière d'hygiène[1]… Non, non, vous ne rêvez pas !

Certes, il y a une différence entre la carte 100 % industrielle des chaînes et celle des tables classiques dont la proportion de produit « tout fait » est moindre, mais dans tous les cas, c'est une forme de supercherie. L'arnaque est même double : non seulement le client ne sait pas ce qu'il mange, mais en plus il paie son plat sur-

1. Depuis le 1er octobre 2012, les responsables d'établissements de restauration doivent avoir dans leur effectif au moins une personne ayant suivi une formation à l'hygiène alimentaire.

gelé réchauffé au micro-ondes, ou son sachet sous vide porté à température, au prix d'un plat cuisiné avec amour ! Ces produits permettent aux « restaurateurs » de majorer, l'air de rien, les prix d'un plat de 500 à 1 000 % et d'accroître d'autant les marges de l'établissement... Un bœuf bourguignon sous vide acheté 1,80 euro se retrouvera sur la carte à 18 euros !

Transgourmet, qui se décrit comme « le fournisseur des professionnels de la restauration et de la boulangerie-pâtisserie », annonce qu'il offre 12 000 références à 60 000 clients professionnels en France. Brake, son homologue britannique, bien implanté sur notre territoire, déclare proposer un catalogue de 3 424 produits frais ou surgelés et affirme même que « son pôle innovation crée un nouveau produit tous les trois jours ». C'est dire si le secteur est en pleine expansion.

L'allemand Metro, le français Promocash – filiale du groupe Carrefour – et Davigel Nestlé se partagent le reste du marché avec le groupe Cuisine Solutions, spécialisé dans les produits sous vide. Cuisine Solutions annonce sur son site que sa « large gamme de produits cuits sous vide offre une flexibilité infinie pour tous les chefs professionnels », et ne s'en cache pas : « Utilisez nos produits déjà cuits pour vos plats et ajoutez simplement votre propre imagination pour des présentations étonnantes. » Ben voyons...

Ce phénomène a pris une telle ampleur en France qu'il est dorénavant mondialement connu... En 2013, le *Washington Post* publiait un article alarmant sur les restaurants français. Le journaliste Edward Cody écrivait : « C'est le beau souvenir de beaucoup de personnes parties en vacances en France : un petit restaurant parisien où un garçon vêtu d'un tablier blanc vous sert un plat du menu, comme si vous étiez de la famille : une blanquette de veau façon grand-mère, suivie d'une crème brûlée qui a juste le bon mélange de craquant et d'onctueux. Le problème avec cette image, c'est que, dans la France du XXIe siècle, les chances que le plat aussi bien que le dessert aient été assemblés et cuits sur une ligne de production d'une usine située en lointaine banlieue sont élevées. Ils ont été surgelés puis livrés au restaurant avant d'être passés au four à micro-ondes pour être servis à des convives naïfs qui pensaient déguster une cuisine française traditionnelle[1] »...

La restauration française est devenue un chef-d'œuvre en péril

Heureusement les grands chefs, qui se sont longtemps laissé envoûter par les sirènes des industriels de la restauration professionnelle, ont décidé de réagir. Ils en ont eu assez d'entendre les médias étrangers déclarer que « la France n'était plus ce qu'elle était » en termes de cuisine. Ils ont réalisé que la situation devenait « dangereuse » pour son rayonnement international.

A la tête de cette nouvelle croisade, le chef triplement étoilé Alain Ducasse, aujourd'hui coprésident avec Joël Robuchon du Collège culinaire de France. Cette association, créée en avril 2013, réunit quinze des plus grands chefs français, dont Michel Guérard, Paul Bocuse, Yannick Alléno ou encore Anne-Sophie Pic. Elle a pour « vocation de promouvoir la qualité de la restauration en France et dans le monde ». Il était temps !

Joël Robuchon oppose les « commerçants restaurateurs » aux « artisans restaurateurs », qui cuisinent des produits frais. Avec ses confrères, il souhaite faire de ces derniers des « militants de la qualité ». Il ne s'agit pas là d'une idée saugrenue : l'appellation « boulanger » étant d'ores et déjà réservée aux artisans qui pétrissent et cuisent leur pain sur place, le même principe pourrait s'appliquer au terme « restaurateur ». Alain Ducasse confirme :

1. *The Washington Post*, « French restaurants acknowledge serving factory-frozen food », 9 juillet 2013.

« Nous voulons utiliser notre notoriété et notre expérience de grands chefs pour servir toute la profession[1] », insistant sur le fait que ce secteur est un réel « vecteur d'emploi » et qu'il attire le tourisme. En un an, 800 « restaurants de qualité » ont été reconnus par le Collège culinaire de France[2]. Les gourmands disposent désormais d'une indication qui leur garantit que les plats qu'ils vont déguster ont été confectionnés avec des produits frais et préparés sur place.

La guerre des labels « fait maison » est ouverte

D'autres labels existent, et c'est désormais à nous consommateurs d'agir avec notre pouvoir d'achat pour inverser la balance. Tout d'abord, le titre de « maître restaurateur[3] », créé en 2007 par l'Etat afin de labelliser le « fait maison ». Cette démarche n'a connu qu'un succès mitigé auprès des chefs, qui devaient au départ s'engager à utiliser au moins 80 % de produits frais. Malgré un allègement du cahier des charges, qui exige désormais que la moitié des produits soient préparés sur place, à peine 3 000 restaurants peuvent se permettre aujourd'hui d'afficher ce titre. Ensuite, le label « restaurateur de France[4] », reconnu par l'Etat en 1999 et qui rassemble 400 restaurants avec des critères assez similaires à ceux de « maître restaurateur ». Enfin, une initiative privée, l'appellation « restaurant qui fait à manger[5] », créée en 2012 par un couple de particuliers excédé à l'idée de payer très cher de la cuisine industrielle de mauvaise qualité, réunit 400 res-

1. *20 Minutes*, « Quinze grands chefs lancent une appellation couronnant le "fait maison" », 8 avril 2013.

2. www.college-culinaire-de-france.fr

3. www.maitresrestaurateurs.com

4. www.restaurateursdefrance.com

5. www.restaurantsquifontamanger.fr

taurateurs qui ont choisi d'adhérer volontairement à leur réseau. Seule contrainte : autoriser la clientèle à visiter la cuisine si elle le demande et lui permettre ainsi de vérifier que les plats sont réellement du fait maison.

Malgré cette multitude de labels et d'appellations, le constat est terrible : seuls 3 % des 150 000 restaurants français se sont engagés à servir des plats préparés avec des produits frais, de saison et/ou locaux. Ce que la majorité des consommateurs payent aujourd'hui très cher, en plus d'un cadre et d'un service, n'est bien souvent qu'une cuisine d'assemblage car jusqu'à présent rien n'obligeait légalement ces restaurants à préciser l'origine de leurs plats. Le simple fait d'ajouter une feuille de laurier pour décorer un bœuf bourguignon passé au bain-marie, ou une branche de persil sur une blanquette de veau toute prête, permet au restaurateur de déclarer le plat comme étant « fait maison », du moins au sens de la réglementation. Cette pratique est interdite chez nos voisins italiens. Ils sont parvenus à imposer un véritable label « fait maison » pour les établissements qui proposent réellement une cuisine maison. Ils ont même l'obligation de mentionner sur les menus si les plats sont préparés avec des surgelés ou des produits frais !

Dans notre pays, les quelques tentatives menées par les gouvernements de droite comme de gauche se sont toutes révélées infructueuses. La dernière en date est même un véritable fiasco. Pourtant tout semblait bien parti, puisque l'obligation d'indiquer sur les cartes des restaurants les plats « faits maison » entièrement cuisinés sur place à partir de produits bruts ou de produits traditionnels de cuisine avait été adoptée par le Parlement, le 13 février 2014. C'était compter sans le travail acharné des lobbies de l'industrie agroalimentaire, prêts à tout pour défendre leur pré carré. Selon le décret d'application publié le 13 juillet 2014, un restaurateur peut désormais afficher la mention « fait maison » sous forme d'un logo noir, représentant grossièrement une casserole surmontée d'un toit de maison en face de chaque plat « élaboré sur place à partir de produits bruts ». La précision est importante, car, toujours selon le même décret, un « produit brut » peut être réceptionné par le professionnel « épluché, pelé, tranché, coupé, découpé, haché, nettoyé, désossé, dépouillé, décortiqué, taillé, moulu, broyé, fumé, salé » et/ou « réfrigéré, congelé, surgelé ou conditionné sous vide ». Seule exception à la règle, les pommes de terre devront arriver entières et être épluchées sur place pour que le restaurateur puisse avoir le droit d'utiliser la mention « frites maison » !!! En gros, tous les restaurants – à l'exception des fast-foods qui utilisent des frites surgelées – peuvent désormais revendiquer l'appellation « fait maison » !

L'industriel McCain doit en pleurer de rage, lui qui écrivait, en juillet 2013, sur sa page Internet : « On n'en finit plus d'entendre parler de "fait maison", de pointer du doigt la restauration et ses mauvais élèves, les méchants "industriels" et leurs plats préparés, l'opacité et les tromperies sur les provenances… mais au fond qu'en est-il vraiment ? […] Qui préférera payer plus cher sous prétexte de "fait maison" ou de "sans surgelé, 100 % frais" pour manger un mauvais légume frais en état de fraîcheur avancée, plutôt qu'un légume certes surgelé mais cultivé dans de bonnes conditions (en France, pourquoi pas !), minutieusement sélectionné et transformé, offrant un niveau qualitatif satisfaisant ? » Un argumentaire douteux qui n'a semble-t-il pas convaincu le gouvernement… Les frites dites belges méritent semble-t-il plus d'attention que les plats gastronomiques à la française ! Ne suffirait-il pas d'ailleurs que le consommateur exige tout simplement des produits frais de bonne qualité ?

L'industrialisation de notre alimentation est en marche et, signe révélateur, nos écoles hôtelières s'y sont mises aussi ! Elles consacrent une bonne partie de leur formation à enseigner aux jeunes cuisiniers comment travailler les produits industriels… Que voilà une bonne idée ! Le consommateur, par ailleurs contribuable, qui a déjà vu les restaurateurs obtenir une baisse de la TVA, appréciera...

Baisse de la TVA : un cadeau fiscal inespéré aux chaînes de fast-foods

En juillet 2009, le gouvernement a fait passer le taux de TVA de la restauration de 19,6 % à 5,5 %, et ce malgré un avis négatif de la Commission européenne. En contrepartie, les organisations professionnelles se sont engagées à réduire leurs prix de 3 % en moyenne, à créer 40 000 emplois en deux ans, à moderniser leurs établissements et à augmenter les salaires de leurs employés. Pour Xavier Denamur, propriétaire de plusieurs restaurants à Paris, la baisse de la TVA dans la restauration était une erreur, un cadeau de l'ancien président Nicolas Sarkozy aux grandes enseignes qui, ainsi plus à l'aise, « peuvent asseoir leur monopole et écraser davantage encore ceux qui tentent de faire de la bouffe, de la vraie, dans des arrière-salles de restaurant avec des légumes et de la viande du jour[1] ». Si, si, souvenez-vous...

Excédé, Xavier Denamur est entré en croisade et a avancé ses arguments dans un film documentaire intitulé *République de la malbouffe*, sorti en 2012, dans lequel il raconte son périple anti-baisse de la TVA. Par la suite, les faits lui donneront raison : selon un rapport de la Cour des comptes, cette « ristourne » représente un manque à gagner de 3,2 milliards d'euros par an depuis 2009 pour l'Etat. Une broutille en temps de crise ! En janvier 2012, le taux de TVA a été remonté à 7 %. En 2012, un rapport[2] de la commission des Finances à l'Assemblée nationale a proposé de relever la TVA à 12 %. Selon Thomas Thévenoud,

1. Rue89Lyon, « Malbouffe : un film et un débat ce mardi soir avec Rue89Lyon », 11 juin 2012.

2. Rapport relatif aux conséquences de la baisse du taux de TVA dans la restauration, 30 octobre 2012.

député[1] PS de Saône-et-Loire et rapporteur, le compte n'y était pas : « Les engagements n'ont pas été tenus : seuls 11 000 emplois supplémentaires ont été créés alors que chaque nouvel emploi a été subventionné à hauteur de 150 000 euros, et les restaurateurs n'ont baissé leurs prix que de 2,15 %. » Après la publication dudit rapport, François Hollande a annoncé que ce taux passerait finalement à 10 % au 1er janvier 2014. C'est maintenant chose faite. Le quatrième changement en cinq ans est officiel. Qui a dit qu'il n'y a que les imbéciles qui ne changent pas d'avis ?

Pour Thomas Thévenoud toujours, il y avait urgence, car « ce n'est pas aux contribuables de financer la rénovation des restaurants, la création de terrasses fumeurs ou encore la décoration des McDonald's ». En effet, les restaurants à avoir le plus bénéficié de cette baisse de la TVA sont... les grandes enseignes de fast-foods. Au détriment des restaurants traditionnels, dont les chefs font encore la cuisine avec les produits du marché du jour.

Halte au gaspillage !

Au chapitre des nombreuses bizarreries françaises, notons qu'« entre 30 et 50 % de la nourriture produite en France, comme dans les autres pays européens, finit dans une poubelle[2] ». Ce gaspillage représente entre 20 et 30 kilos de nourriture par an et par personne, dont 7 kilos sont encore emballés, soit près de 400 euros pour une

---

1. Membre du gouvernement Hollande en tant que secrétaire d'Etat au commerce extérieur, il a démissionné début septembre 2014 suite à la révélation d'une série d'« oublis » fiscaux dus, selon ses explications, à une « phobie administrative ». Malgré les prises de position du président de la République et du Premier ministre, Thomas Thévenoud occupe toujours son poste de député.

2. Rapport « Global Food : Waste Not, Want Not » de l'Institute of Mechanical Engineers, un organisme qui vise à promouvoir l'ingénierie dans le monde, janvier 2013.

famille de quatre personnes. Des chiffres choquants, à l'heure où tant de familles dépendent de l'aide alimentaire et où tant d'autres ne mangent pas à leur faim à travers le monde. Cette nourriture sera jetée en raison des exigences de perfection esthétique mises en œuvre par les industriels, de promotions du type « un acheté, un offert », de dates limites de consommation dépassées, mais aussi du fait des comportements peu réfléchis des consommateurs.

La viande représente un cinquième de la masse totale des pertes alimentaires, et chaque Français en jette chaque année entre 4 et 6 kilos. A l'échelle d'une nation comme la nôtre, cela représente environ 300 000 tonnes de bidoche qui finiront à la poubelle, soit 114 000 tonnes de viande de porc, 85 000 tonnes de viande de volaille, 83 000 tonnes de viande de bœuf, 11 000 tonnes de viande de mouton et de chèvre et près de 6 000 tonnes de viande de cheval. Des bêtes nourries, abattues, découpées et transformées pour rien. Pas de quoi pavoiser.

Des prix toujours plus bas... au détriment de la qualité

Les Français sont intarissables quand il s'agit de déplorer la fin de la France rurale et authentique de leur enfance, la perte de goût et de qualité des produits qu'ils consomment, et ce tout en ne cessant de chercher à se nourrir au moindre coût. Notre pays a beau mettre en avant, et à juste titre, la haute qualité de sa gastronomie, il n'en demeure pas moins qu'en cinquante ans la part du budget des ménages consacrée à l'alimentation a été divisée par deux[1]. Le temps quotidien consacré à la préparation des repas a suivi la même évolution : en 1960, les Français y passaient cinq heures et demie par jour, mais en 2010 ce chiffre

1. Selon l'INSEE, entre 1960 et 2010, la part du budget des ménages consacrée à l'alimentation est passée de 32 % à 15 %.

n'atteint même plus une heure (cinquante-trois minutes[1]) ! En revanche, le temps consacré à s'alimenter est passé durant la même période de deux heures et deux minutes à deux heures vingt-deux minutes !

Comment, dans ces conditions, s'étonner du manque de goût et de qualité de la viande proposée ? Prenons l'exemple d'un poulet vendu 3 euros le kilo : pour ce prix il a fallu le nourrir pendant un minimum de trente-neuf jours, le soigner, le chauffer, rémunérer son éleveur, le transporteur, l'abatteur, le découpeur, l'emballeur, puis le mettre en rayon et donner au consommateur l'envie de l'inscrire à son menu à grand renfort de publicité ! Lorsque les industriels de l'agroalimentaire estiment que ce poulet est encore trop cher pour satisfaire leur clientèle exigeante sur les prix, ils vont se fournir dans des pays où ces animaux sont vendus moins cher, ce qui a pour effet de faire encore baisser le prix de la viande française, et le niveau de rémunération des éleveurs.

Les revenus des éleveurs baissent aussi

Depuis des décennies, les éleveurs ne cessent de tirer la sonnette d'alarme face aux prix qui leur sont imposés par les abattoirs et par les centrales d'achat de la grande distribution. C'est simple, ils n'arrivent plus à vivre de leur métier, et derrière ces chiffres se cachent des familles en détresse. Un grand nombre de paysans travaillent sans compter et ne partent jamais en vacances. Sur 800 000 exploitants français, un tiers ne peuvent pas s'offrir un revenu décent. Une incongruité !

Désormais, 42 % des éleveurs de vaches laitières et 40 % des éleveurs de porcs et de volailles vivent dans une situation financière détériorée[2]. Les chiffres sont révélateurs.

1. INSEE, « Le temps de l'alimentation en France », 2010.

2. Selon un baromètre de conjoncture agricole réalisé par l'Ifop pour la FNSEA en avril 2013.

En 2013, le revenu moyen des éleveurs était de 16 000 euros par an[1]. Pire ! Nombre d'entre eux ne voient pas d'issue positive à cette situation, d'autant plus qu'en dix ans leur revenu a baissé de 20 à 50 %. Leur situation se dégrade année après année, en raison d'augmentations importantes des charges d'exploitation (alimentation, carburant, personnel), sans augmentation proportionnelle des prix de vente. Une bonne partie des éleveurs travaillent à perte et sont par conséquent au bord de la faillite... Une situation indécente quand on sait que l'élevage bovin par exemple fait travailler plus de 180 000 éleveurs et près de 50 000 personnes dans le secteur de la transformation.

« Pour engraisser une vache limousine, il en coûtait 600 euros en 2011 ; on en est maintenant à 800 euros, explique Jean-Marc Larrieu, éleveur gersois, lors d'une journée de mobilisation nationale des éleveurs, organisée à l'appel de la FNSEA en 2013. Pour le lait, le coût de production pour 1 000 litres était estimé à 370 euros, or nous le vendions à... 320 euros[2]. » Les producteurs de lait réclament depuis plusieurs années une hausse du tarif afin de compenser la hausse du prix des aliments des bovins... Après d'âpres négociations, ils ont obtenu, le 1er mars 2014, un prix de 380 euros les 1 000 litres, mais il a fallu attendre plusieurs mois pour que ce tarif soit véritablement appliqué. De quoi refaire un peu les trésoreries, mises à mal par des années difficiles, de quoi aussi préparer l'avenir... Aujourd'hui, un litre de lait sur deux est produit par un éleveur de plus de 55 ans, donc, si les industriels veulent du lait demain, il faudra des agriculteurs et ils devront les payer[3] !

---

1. Chambres d'agriculture, 2014.
2. *La Dépêche du Midi*, « Les agriculteurs ne veulent pas finir sur la paille », 13 avril 2013.
3. *France3 Bretagne*, « Embellie sur le prix du lait : accord trouvé à 38 centimes le litre », 1er mars 2014.

Pourtant, d'après un sondage[1] réalisé dans la foulée du scandale du « chevalgate », deux Français sur trois se déclarent prêts à payer leur viande de bœuf un peu plus cher, que ce soit pour permettre aux éleveurs de vivre de leur métier, ou pour pouvoir acheter des bœufs élevés près de chez eux, ou encore pour voir s'améliorer la traçabilité et les contrôles qualité. L'occasion de rappeler que la France est importatrice de viande bovine en provenance d'Allemagne, des Pays-Bas, de Belgique, d'Espagne, d'Italie et d'Irlande… Seul bémol à ce constat encourageant pour les éleveurs, les trois quarts des personnes interrogées ne sont pas prêtes à accepter une hausse du prix de la viande de plus de 5 %. Il faudrait donc que les centrales d'achat et la grande distribution acceptent elles aussi de réduire leurs marges, histoire de ne pas tuer la poule aux œufs d'or… Mais il semblerait que ce ne soit pas pour tout de suite. En septembre 2014, à la veille de la période de négociation des prix entre fournisseurs et distributeurs, les centrales d'achat de Système U et Auchan se sont alliées afin d'obtenir des prix encore plus bas de la part des entreprises agroalimentaires. Celles de Casino et d'Intermarché se sont regroupées en octobre 2014.

Suicide : chaque jour, au moins un éleveur jette l'éponge

Selon FranceAgriMer, le nombre d'éleveurs et d'éleveuses de bovins a chuté de 16 % sur les six dernières

1. Sondage Toluna/Quicksurveys réalisé auprès de 1 000 personnes pour l'hebdomadaire *Economie Matin* du 21 février 2013 : 69 % des Français se déclarent prêts à payer leur viande de bœuf un peu plus cher. Parmi ceux-ci, 45,3 % le feraient pour permettre aux éleveurs de vivre de leur métier, 35,6 % pour pouvoir acheter des bœufs élevés près de chez eux. De même, 34,8 % des personnes interrogées sont disposées à payer plus cher pour voir s'améliorer la traçabilité et 31,3 % pour voir s'améliorer les contrôles qualité.

années. Ils n'étaient plus que 180 000 en 2011. Certains subsistent un temps grâce aux salaires de leurs conjoints. D'autres se battent face aux emprunts, cernés par les difficultés, coincés par les hausses spéculatives du cours des céréales, avant de jeter l'éponge. Les estimations a minima sont là : chaque jour, entre un et deux éleveurs se suicident. Selon les déclarations de l'ancien ministre de l'Agriculture Bruno Le Maire en 2011 relayées par son successeur, chaque année près de 400 agriculteurs, majoritairement des éleveurs, finissent par se suicider. Des chiffres largement sous-estimés si l'on en croit l'Association des producteurs de lait indépendants, qui avance un chiffre de 800 suicides dans le monde agricole rien que pour l'année 2009[1].

François-Régis Lenoir, docteur en psychologie sociale et agriculteur, dénonce lui aussi cette situation : « Le taux de suicide est plus élevé chez les éleveurs. Ils sont en première ligne : surcharge de travail, horaires décalés, crises successives, prix du lait instable... La situation de celui qui possède aujourd'hui 100 hectares de céréales (et bénéficie donc des aides financières substantielles de la Politique agricole commune) n'a rien à voir avec celle de celui qui détient 100 hectares, 50 vaches, de l'ensilage à faire, du maïs, etc.[2] » L'isolement des éleveurs aggrave la situation. Autrefois, ils vivaient à plusieurs dans les villages. Aujourd'hui, ils sont isolés géographiquement, personnellement et professionnellement.

La Mutualité sociale agricole (MSA) – la Sécurité sociale des agriculteurs – reconnaît que le suicide est la troisième cause de mortalité chez les agriculteurs, après les cancers et les maladies cardiovasculaires, mais elle se refuse à toute communication chiffrée sur le nombre de suicides,

1. *Est républicain*, « Suicide chez les agriculteurs : les chiffres explosent », 12 décembre 2011.

2. France 3 Pays de la Loire, « Le suicide chez les agriculteurs, l'Ouest particulièrement touché », 21 février 2013.

alors qu'elle est pourtant en première ligne… Un fléau social inacceptable et d'autant plus effrayant qu'il est tabou. Comment un pays peut-il accepter que les personnes en charge de nourrir sa population se suicident en masse ?

Seule certitude : le taux de suicide chez les exploitants agricoles est trois fois plus élevé que chez les cadres. C'est la conclusion de l'unique enquête officielle sur les suicides d'agriculteurs[1], réalisée par l'Institut national de veille sanitaire (INVS). Aucune région n'est épargnée, même si les plus touchées sont celles qui recensent le plus d'éleveurs : la Bretagne et la Haute-Loire en tête, suivies par la Normandie et la région Poitou-Charentes. « C'est un problème d'ampleur nationale, que personne ne peut nier, parce qu'il se voit et s'entend sur le terrain. C'est comme un bruit de fond recouvert d'une chape de plomb[2] », s'indigne Bernard Lannes, président de la Coordination rurale – syndicat agricole français créé en 1992 qui se veut indépendant de toute organisation économique et politique, et défenseur de tous les agriculteurs –, qui tente depuis des années de briser cette loi du silence.

Depuis les nombreux cris d'alarme lancés par les éleveurs et relayés par les ministres de l'Agriculture, un plan national d'action contre le suicide destiné aux agriculteurs a enfin été lancé, début 2013. En plus des groupes de parole, des réunions d'information et des cellules de prévention mises en place dans certaines régions par les syndicats et par la MSA, un numéro d'assistance national d'urgence, « Agri'écoute[3] », a été mis en service en octobre 2014.

---

1. *Revue d'épidémiologie et de santé publique,* « Suicide et activité professionnelle en France », avril 2010.

2. *Le Monde,* « Chez les agriculteurs, le taux de suicide est trois fois plus élevé que chez les cadres », 25 janvier 2011.

3. Le 09 69 39 29 19, joignable vingt-quatre heures sur vingt-quatre, sept jours sur sept, au prix d'un appel local.

Des aides de la PAC inégalement réparties

Le grand paradoxe de la Politique agricole commune (PAC), qui représente tout de même 40 % du budget de l'Union européenne et dont la France demeure le principal bénéficiaire en termes de subventions, devant l'Allemagne et l'Espagne, c'est que 20 % des céréaliers les plus riches touchent 80 % des subventions. Créé à l'origine pour « accroître la productivité de l'agriculture », et « assurer ainsi un niveau de vie équitable à la population agricole, notamment par le relèvement du revenu individuel de ceux qui travaillent dans l'agriculture », ce dispositif a été, selon la Cour des comptes européenne, totalement détourné de son objet initial[1].

Et il n'y a pas que les céréaliers français qui en bénéficient outrageusement. Certains pays d'Europe de l'Est, comme la Hongrie, la Pologne ou la Bulgarie, en profitent effrontément et empochent des subventions pour des golfs et des terrains militaires seulement traversés par du bétail ou des animaux sauvages, pour des associations de skieurs ayant des terres sous les remonte-pentes, ainsi que pour des chasseurs et des pêcheurs propriétaires de vastes domaines forestiers et autres étendues d'eau ! On est bien loin des subventions permettant d'« assurer un niveau de vie équitable à la population agricole »...

Dans un autre rapport, la Cour des comptes européenne va plus loin[2]... Elle dénonce le fait que les Etats membres n'orientent pas les financements vers les projets pour lesquels la nécessité d'une aide publique est avérée. Du coup, ces aides manquent d'efficacité ainsi que d'objectifs perti-

1. Rapport de la Cour des comptes européenne, « L'efficacité du régime de paiement unique à la surface en tant que système transitoire d'aide aux agriculteurs dans les nouveaux Etats-membres », 27 novembre 2012.

2. Rapport de la Cour des comptes européenne, audit réalisé en France, en Espagne, en Italie, en Lituanie, en Pologne et en Roumanie, 10 avril 2013.

nents et mesurables, et se transforment en « subvention générale aux entreprises qui investissent dans le secteur agroalimentaire, avec les risques associés de distorsion de concurrence et de gaspillage de fonds publics ».

La Cour déplore que la Commission européenne ait approuvé ces programmes de subventions sans ciblage précis et recommande un certain nombre de mesures censées apporter une réelle valeur ajoutée aux produits agricoles. Il ne faut en effet pas oublier que la PAC est un cadre général d'actions financé par une partie de nos impôts nationaux : 100 euros par citoyen et par an. Son budget total s'élève tout de même à 363 milliards d'euros pour la période 2014-2020 !

2013 a été l'année de réforme de la PAC, 2014 celle de la validation des choix nationaux, tandis que 2015 sera celle de la mise en œuvre de la réforme applicable jusqu'en 2020. Les négociations entre les syndicats et le ministère de l'Agriculture concernant la déclinaison française de la PAC ont été l'occasion de franches empoignades, car elles traduisent des visions divergentes de l'agriculture, et les critiques s'élèvent déjà concernant les pressions exercées sur la Commission européenne par certains Etats membres, les lobbies de l'industrie et les plus grosses exploitations, qui préfèrent évidemment un statu quo. Verrons-nous un jour la PAC remplir ses missions originelles ? L'espoir fait vivre...

Des variations du prix des céréales dues à des facteurs purement financiers

Si la situation des éleveurs est à ce point critique, c'est notamment à cause de l'envolée du prix des céréales, qui représente aujourd'hui plus de la moitié du coût de l'élevage. Les consommateurs français ne mangent qu'une petite partie de la production végétale de l'Hexagone. Près des trois quarts des surfaces agricoles françaises sont désormais consacrées à l'alimentation animale. Les vaches, tout comme les cochons et les volailles, consomment les sous-produits des filières alimentaires, par exemple les sous-produits de la fabrication d'huile (pulpes et résidus) ou de lait (petit-lait), ainsi que des céréales et des tourteaux[1] de pois, de colza, de maïs ou encore de soja.

En 2012, FranceAgriMer s'alarmait des conséquences d'une année qui, « pour la troisième fois en cinq ans, allait être marquée par des prix exceptionnellement élevés des céréales[2] ». Faute de pouvoir trouver des débouchés qui couvrent l'intégralité des coûts de production, les éleveurs de bétail pourraient être contraints d'abattre une partie de leur cheptel de façon prématurée. Une réalité dans certaines régions françaises où, faute de fourrage suffisant pour les nourrir à court terme, les éleveurs envoient vaches et veaux à l'abattoir avec un mois d'avance, alors qu'ils sont forcément moins gras et donc moins rentables.

L'année suivante, le Comité des producteurs et des coopératives agricoles de l'Union européenne tirait à nouveau la sonnette d'alarme. Selon Pierre Chevalier, président du groupe de travail du comité en charge de la viande bovine : « La situation est très délicate dans le secteur en raison des mauvaises conditions climatiques – hivers tardifs, importantes précipitations – dans plusieurs Etats membres qui rendent difficile l'approvisionnement en aliments pour animaux. La disponibilité des aliments d'hiver est très mauvaise et les stocks sont presque épuisés. Les producteurs européens de viande bovine sont pris en étau entre des coûts de production élevés et de faibles marges, dans un secteur où les agriculteurs ont l'un des revenus les plus bas[3]. »

---

1. Résidus solides riches en protéines, obtenus lors du traitement des graines et des fruits oléagineux en vue de l'extraction d'huile, très utilisés dans l'alimentation du bétail.

2. FranceAgriMer, « Flambée du marché mondial des céréales et des oléagineux – Eléments d'analyse au 21 août 2012 ».

3. Copa-Cogeca, communiqué de presse du 15 avril 2013.

Coup du sort ? Mauvaises conditions météorologiques ? Que nenni ! Un rapport[1] conjoint de la Cnuced, un organisme des Nations unies basé à Genève, qui vise à rééquilibrer les échanges commerciaux afin de favoriser l'essor des pays en développement, et de l'Ecole polytechnique fédérale de Zurich démontre que les variations des prix mondiaux des matières premières comme le blé, le maïs et le soja, tout comme celles du bétail, sont dues pour les deux tiers à des facteurs purement financiers.

Depuis dix ans, les matières premières ont acquis une réelle popularité auprès des traders, et les experts sont formels : « Moins d'un tiers des variations de prix, à court terme, de ces matières premières peuvent être expliquées par des événements liés à l'économie réelle, comme les propos tenus par le ministre saoudien du Pétrole, ou les prévisions de récoltes dans le Midwest américain. » Aujourd'hui, ces produits évoluent de concert avec d'autres marchés financiers sur de brèves périodes, ne dépassant parfois pas plus de quelques secondes. « Des fluctuations synchrones à très haute fréquence entre les matières premières et les marchés boursiers ne peuvent refléter des changements dans les conditions économiques, qui ne varient pas à un tel rythme. »

Il s'agit d'ailleurs d'un autre secret de Polichinelle pour les spécialistes du secteur… A l'automne 2012 par exemple, FranceAgriMer déclarait : « L'ajustement des bilans mondiaux se fera par l'intermédiaire d'un rationnement de la demande. Il pourrait en résulter, particulièrement au Proche- et au Moyen-Orient, de nouvelles tensions alimentaires comme en 2007-2008 [année des émeutes de la faim dans trente-sept pays : Egypte, Haïti, Sénégal, Côte d'Ivoire…]. »

1. UNCTAD, « The synchronized and long-lasting structural change on commodity markets : evidence from high frequency data », 3 avril 2013.

Des récoltes désormais cotées en Bourse

Eh oui ! Aujourd'hui, les récoltes céréalières sont cotées en Bourse et font l'objet d'intenses spéculations. En quelque sorte, les opérations régies par ces fameux traders sont à l'origine de certaines famines… Un constat qui laisse sans voix quand on sait que toutes les 5 secondes un enfant de moins de 10 ans meurt de faim et qu'un humain sur neuf souffre de sous-alimentation à travers le monde[1].

Pour Jean Ziegler, ancien rapporteur spécial de l'ONU et auteur de *Destruction massive – géopolitique de la faim :* « La pyramide des martyrs augmente. Ils ne sont pas victimes d'"une loi de la nature". Chaque humain qui meurt de faim est assassiné. […] Les spéculateurs boursiers qui ont ruiné les économies occidentales par appât du gain et avidité folle devraient être jugés pour crime contre l'humanité[2]. » Et il poursuit : « Nous avons un impératif catégorique moral, au-delà des partis, des idéologies, des institutions, des syndicats : l'éveil des consciences. Nous ne pouvons pas vivre dans un monde où des enfants meurent de faim alors que la planète croule sous les richesses [qui peuvent nourrir 12 milliards d'humains alors que nous ne sommes que 7 milliards[3]]. La France est une grande et puissante démocratie, comme la plupart des Etats dominateurs d'Europe et d'Occident. Il n'y a pas d'impuissance en démocratie. Nous ne voulons plus du banditisme bancaire. Nous voulons que l'Etat à nouveau exprime la volonté du citoyen, et ne soit pas auxiliaire des entreprises multinationales. » Il est temps d'agir.

Certaines récoltes sont désormais prévendues plusieurs années à l'avance. Quand on sait que les céréales

1. FAO, deuxième conférence internationale sur la nutrition.

2. *Bastamag,* « Les spéculateurs devraient être jugés pour crime contre l'humanité », 19 décembre 2011.

3. Chiffres de la FAO, selon les critères de l'OMS, qui tablent sur 2 200 calories par individu et par jour.

représentent entre la moitié et les trois quarts des coûts de production du bétail, et que le prix des aliments a doublé sur les quatre dernières années, on comprend mieux la situation absurde dans laquelle se trouvent les éleveurs. D'autant plus que si le tarif de la viande bovine n'a pas évolué pendant quinze ans[1], il a, durant la même période, augmenté de 40 % pour les consommateurs. Etonnant, n'est-ce pas ?

En 2011, à la suite de nombreuses opérations de blocage des abattoirs – la porte d'entrée de cette industrie de la viande – organisées par les éleveurs excédés, la viande bovine en vif (animal vivant) a fini par atteindre péniblement une moyenne de 3,15 euros le kilo. En 2014, elle est désormais vendue autour de 3,70 euros le kilo. Une revalorisation louable, mais d'autant plus insuffisante que dans le même temps le prix des céréales atteignait des sommets inégalés et que le coût de production est désormais de 4,50 euros. Comment en est-on arrivé là ?

Une filière productiviste lancée dès la fin de la Seconde Guerre mondiale

La Seconde Guerre mondiale a été le conflit militaire le plus meurtrier de l'histoire. Le bilan humain est dramatique : entre 60 et 80 millions de morts à travers le monde, dont plus de 560 000 Français, et notre pays à reconstruire. L'agriculture française aussi a subi de nombreux dommages : bâtiments agricoles détruits ou endommagés, terres bouleversées par les bombardements, les mines, les constructions d'ouvrages militaires et le passage des armées. A cela s'ajoutent les prélèvements de l'occupant allemand entre 1940 et 1944 : 890 000 tonnes de viande (plus de 16 % des ressources

1. Selon FranceAgriMer, la viande bovine était encore achetée aux éleveurs français 2,89 euros le kilo en 2010.

françaises), 5 millions de tonnes de céréales (11 % des ressources en blé et 20 % des ressources en avoine), plus de 26 millions d'hectolitres de lait (7 % des ressources) ont été envoyés outre-Rhin[1]. Les troupeaux français ont été décimés. Qu'ils aient été mangés par les Français ou par l'ennemi, le constat est inquiétant : la moitié des cochons ont disparu, tout comme un tiers des chevaux et des ovins et un septième des bovins.

Au lendemain de la guerre, la France met en place un dispositif législatif et crée le Commissariat général au Plan afin, notamment, de structurer le secteur agricole. L'Institut national de recherche agronomique (INRA) voit le jour dès 1946 et prend la suite du volet agricole du plan Marshall[2] : expérimentations sur l'hybridation des céréales, cultures hors-sol ainsi que cultures en plein champ de plantes génétiques modifiées dites OGM, farine animale, amélioration génétique des races et mise en œuvre de la mécanisation. Les compétences de l'INRA sont désormais mondialement reconnues par l'ensemble des filières agroalimentaires.

L'année 1946 est aussi celle de la création de la Fédération nationale des syndicats d'exploitants agricoles (FNSEA), qui se fixe comme objectif d'« encourager les agriculteurs à accentuer leurs efforts pour la reconstruction du pays ». En 1949, la disparition des tickets de rationnement alimentaire (200 grammes de pain par jour et moins de 200 grammes de viande par semaine) marque la fin de la pénurie, des privations et du spectre de la famine, ainsi que le début d'un essor économique exceptionnel.

L'Europe meurtrie doit relever deux défis majeurs : reconstruire ses pays et, parallèlement, assurer l'alimentation de

1. Source : Commission consultative des dommages et des réparations.

2. Le plan Marshall est une aide économique et financière proposée par les Etats-Unis à tous les pays européens en 1947, afin de leur permettre de se reconstruire. En contrepartie, les pays s'engageaient à acheter en priorité des produits américains.

toute sa population, quitte à favoriser à terme une hyperconsommation de viande. La reconstruction passe par la création de la Communauté européenne du charbon et de l'acier (CECA) en 1951, mais aussi par celle de la Politique agricole commune (PAC) en 1962. Une politique qui institue l'unicité des prix, la préférence communautaire, la solidarité financière, l'organisation des marchés ainsi que le financement des aides à l'exportation, pour gérer les excédents.

Un programme « aux petits oignons » concocté dans le bureau d'Edgard Pisani, ministre de l'Agriculture de 1961 à 1966. Ses collaborateurs s'inspirent des expériences américaines d'industrialisation de la production de viande, notamment en matière d'élevage intensif, d'abattage, de dépeçage et de découpe. C'est d'ailleurs à cette époque que les terminologies changent : on ne parle presque plus d'« élevage » mais de « production de viande », et on utilise souvent le terme « exploitant agricole » à la place d'« éleveur ».

Naissance d'un modèle productiviste

Année après année, les autorités impulsent la création de structures chargées d'organiser le secteur de l'agriculture et de l'agroalimentaire. Les politiques, les chercheurs, les éleveurs et les industriels œuvrent de concert pour mettre la viande à la portée de toutes les bourses. De la ferme familiale on passe ainsi à l'exploitation agricole, dont l'objectif est économique, puis à la ferme-usine, par l'intensification des modes de production, la rationalisation, l'amélioration scientifique, technologique et génétique. Au final s'opère un changement d'époque qui conjugue « croissance agricole » et « construction et développement des filières agroalimentaires ».

Cet ambitieux programme de modernisation de l'agriculture portera ses fruits, mais pas sans contrepartie. Ce modèle dit « productiviste » a déshumanisé la relation des hommes avec les animaux en développant l'élevage intensif. Edgard Pisani, son instigateur, l'a remis en cause : « Ce qui se passe aujourd'hui m'inspire plus d'inquiétudes que d'espoir. A vouloir forcer la terre, nous prenons, en effet, le risque de la voir se dérober. A vouloir mondialiser le marché, nous faisons fi du besoin que tous les peuples ont de vivre à leur manière du travail de leurs terres. A industrialiser le travail agricole, nous chassons des paysans dont les villes et les usines ne savent plus que faire[1]. »

D'autant que ce modèle garantit aussi la mainmise totale des grands groupes sur le marché. A cet égard, la filière viande est un bel exemple de centralisme et de collusion entre l'Etat et les intérêts privés. D'ailleurs, l'industrie des produits carnés reste, de très loin, le premier employeur de l'industrie agroalimentaire française, avec 115 342 salariés, soit 20 % des emplois de la branche.

Un marché de la viande plus que centralisé

Les professionnels de la viande qui détiennent les centrales d'achats, les abattoirs ainsi que les ateliers de découpe et de transformation se comptent sur les doigts d'une main. Cinq abatteurs hexagonaux : Bigard, Elivia-Terrena, Sicarev, SVA-Jean Rozé (qui travaille, on l'a dit, pour l'enseigne Intermarché) et Kermené (pour les supermarchés Leclerc), fournissent près de 70 % de la viande de bœuf consommée en France. Cette situation fait immanquablement penser à celle d'entreprises du BTP ou d'opérateurs de téléphonie mobile[2] se partageant un marché

1. Extrait de *Le Vieil Homme et la Terre* (2004). Les références de cet ouvrage comme celles des suivants sont présentées dans la bibliographie à la fin de ce livre.

2. Le 1er décembre 2005, le Conseil de la concurrence condamne les opérateurs SFR, Orange et Bouygues Telecom à une amende de respectivement 220, 256 et 58 millions d'euros pour entente de 1997 à 2003.

qu'ils régulent et réglementent eux-mêmes. C'est quand même plus pratique, on en conviendra...

Le Syndicat national de l'industrie des viandes (SNIV) et le Syndicat national du commerce du porc (SNCP), tous deux créés au lendemain de la guerre par des grossistes et des abatteurs, ont fusionné en 2010 – et ont été rebaptisés French Meat Association. Aujourd'hui, le SNIV-SNCP est le plus important groupement du secteur, un interlocuteur incontournable des pouvoirs publics.

En 2013, ce double syndicat rassemble 80 entreprises ainsi que 150 établissements industriels et emploie 35 000 salariés qui travaillent chaque année près de 3,4 millions de tonnes de viande bovine, porcine et ovine. Cela représente un chiffre d'affaires de 11,6 milliards d'euros. Le SNIV-SNCP revendique aussi 96 % de l'abattage des porcs, 67 % des gros bovins, ainsi que 80 % de la production nationale de viande hachée et 93 % des exportations françaises de viande bovine et porcine fraîche et congelée.

A la tête de ce syndicat se trouve un conseil d'administration dont le président n'est autre que... Jean-Paul Bigard, président du directoire du groupe Bigard, leader français du secteur et troisième industriel européen de la viande. Centralisation des pouvoirs, quand tu nous tiens...

Bigard, tout le monde connaît... le groupe possède notamment les marques Bigard, Charal, Socopa et Soviba... En 2013, Jean-Paul Bigard a été classé cent vingt-cinquième fortune de France par le magazine *Challenges*. Son groupe, qui emploie 17 000 personnes et abat 1,5 million de bovins chaque année, est le poids lourd du secteur, avec près de 40 % de parts de marché en viande de bœuf. Il se classe par ailleurs en deuxième position sur le marché européen du bœuf et dispose de 61 implantations industrielles et commerciales. Son chiffre d'affaires est de 4,2 milliards d'euros, dont 15 % à l'export.

A la tête du SNIV-SNCP, cet homme – dont on murmure qu'il fait la pluie et le beau temps au sein du ministère de l'Agriculture – est secondé par Emmanuel Commault, vice-président de la Cooperl Arc Atlantique, co-leader du marché du porc. Bigard et la Cooperl détiennent chacun 20 % de parts de marché. La coopérative Cooperl Arc Atlantique, qui regroupe 2 700 éleveurs-adhérents et 4 800 salariés, a réalisé en 2013 un chiffre d'affaires de 2,1 milliards d'euros, dont 30 % à l'export. Elle maîtrise l'ensemble de la filière, de l'élevage à l'abattage, puis la découpe, la transformation, et jusqu'à la charcuterie-salaison. Elle abat 100 000 porcs par semaine, soit près de 5 millions de porcs par an, dans ses trois abattoirs situés en Bretagne.

A ces deux poids lourds, incontournables pour toute décision concernant la réglementation ou le contrôle, vient s'ajouter le groupe LDC, leader français et européen du marché de la volaille, depuis le placement du groupe Doux en redressement judiciaire, au printemps 2012. LDC regroupe notamment les marques Loué, Le Gaulois et Maître Coq, et compte plus de 16 000 collaborateurs répartis sur 62 sites de production aussi bien en France qu'en Pologne et en Espagne. En 2013, son chiffre d'affaires a progressé de 3,5 % et atteint les 3 milliards d'euros.

Mais le groupe Doux revient sur le devant de la scène, avec ses marques Père Dodu pour la France et Doux pour l'export. Après une période de redressement judiciaire longue de dix-huit mois, pendant laquelle le groupe s'est séparé d'un millier de salariés à la suite de la liquidation de son pôle frais très déficitaire, le tribunal de commerce de Quimper a validé fin octobre 2013 le plan de continuation de l'entreprise présenté par ses actionnaires Didier Calmels et le groupe saoudien Al-Munajem (la marque Doux est numéro un en Arabie saoudite). Premier exportateur européen de volaille avec une production de 1 million de volailles par jour – soit 75 % de l'export français et 27 % de la production française –, Doux est également le troisième acteur mondial, avec 15 % des exportations de poulets entiers. Le groupe, qui emploie près de 2 000 personnes, dispose de quatre sites de production en France, un site industriel, trois couvoirs et deux usines d'aliments. En 2013, son chiffre d'affaires s'est élevé à 475 millions d'euros.

Un lobbying à toute épreuve

A l'heure où la question de la transparence se pose dans les filières agroalimentaires, l'industrie de la viande demeure la plus opaque du secteur. Ses dirigeants mettent d'ailleurs un point d'honneur à refuser toute interview ou visite de leurs locaux de production aux journalistes, qualifiés d'« empêcheurs de tourner en rond ». J'en ai moi-même fait les frais puisque je me suis vu refuser une bonne dizaine de demandes d'interviews de la part des différents responsables de la filière. Ces derniers organisaient régulièrement jusqu'en 2012 des campagnes d'opinion auprès des décideurs à travers leur structure de lobbying connue sous le nom de Centre d'information des viandes (CIV), puis via le site www.la-viande.fr.

Ce lobby – ou plutôt, pour être plus précis, cette association loi 1901 –, dirigé jusqu'en mai 2012 par le très emblématique Louis Orenga (nommé depuis directeur général de l'Interprofession des fruits et légumes), était financé à hauteur de 5 millions d'euros par an par les organisations professionnelles de la filière : Interbev et Inaporc. Il recevait aussi 10 % de fonds publics. Le CIV se présentait comme une « plate-forme d'échanges et d'information » et était à l'origine de nombreuses campagnes de publicité à destination des citoyens-consommateurs. Objectif : les rassurer sur l'irréprochabilité de la filière et lutter contre tout ce qui pourrait être préjudiciable au développement du secteur.

Comme le rappelle Sébastien Arsac, porte-parole de l'association L214, qui tire son nom de l'article du Code rural qui considère depuis 1976 que les animaux sont des êtres sensibles : « Lorsque en décembre 2009 le chanteur anglais Paul McCartney et le chercheur indien Rajendra

Pachauri sont venus plaider pour une réduction de la consommation de viande devant le Parlement européen, pas moins de 57 pages de publicité ont été achetées par le CIV dans les quotidiens français, pour une facture de 400 000 euros[1]. » Une somme à la hauteur de l'enjeu...

Le CIV organisait régulièrement des campagnes à destination des écoles, « appuyées par la diffusion, avec la complicité de l'Education nationale, de brochures différenciées pour les garçons et pour les filles, et de jeux-concours pour les écoles primaires et les collèges, avec consoles Wii à gagner », précise Sébastien Arsac, outré. Les étudiants n'étaient pas oubliés. Une des dernières opérations du CIV a eu lieu à l'heure du déjeuner au restaurant universitaire de l'université de technologie de Troyes, à l'occasion du vendredi saint 2013. Comme l'écrivait le quotidien *L'Est-Eclair*, qui relatait les faits : « Une opération autour de la viande ce jour-là, il fallait oser, tout de même ! » Mais le CIV osait tout, c'était même devenu sa principale marque de fabrique !

Liberté gustative contre liberté d'expression ?

Après la diffusion, le 27 mars 2012 sur Arte, d'un documentaire intitulé *L'Adieu au steak – doit-on encore manger des animaux ?*, le conseil d'administration du SNIV-SNCP avait décidé d'analyser « les nombreuses conséquences de la montée en puissance d'une société "anti-viande"[2] ». Il annonçait mettre désormais « au premier rang de ses priorités la nécessité de traiter la dimension médiatique [...] et d'envisager des voies contentieuses quand nécessaire ». En résumé, toute remise en question de la consommation et

1. *Rue 89*, « Le Centre d'information des viandes nous prend pour des enfants », 4 mars 2010.

2. Communiqué de presse du SNIV-SNCP intitulé « Trop c'est trop ! », 2012.

des conditions de production de la viande ne pouvait être perçue que comme une attaque, sur le modèle de ce qui se passe aux Etats-Unis. Depuis 2012, une douzaine d'Etats américains ont proposé et/ou adopté des lois criminalisant la dénonciation de pratiques cruelles dans les élevages et les abattoirs. La plupart de ces projets de loi punissent non seulement les militants qui prennent des photos et des films, mais aussi les médias et les organisations de défense des droits des animaux qui diffusent des documents. Le monde à l'envers. Les pratiques de l'industrie agroalimentaire sont-elles si sombres et si moches qu'il faille maintenir les consommateurs dans l'ignorance pour qu'ils continuent à acheter ?

Certes, la consommation globale de produits carnés baisse d'environ 1 % par an depuis dix ans, diminution que la filière juge alarmante. Pour Jean-Paul Bigard, « les filières viande françaises sont en grand danger d'amorcer un déclin irréversible[1] ».

Dans un communiqué de presse du 4 avril 2012 intitulé « Trop, c'est trop ! », le SNIV-SNCP dénonçait les traitements médiatiques guidés par des activistes, réfutait le qualificatif de « gros mangeurs de viande » concernant les Français, s'insurgeait contre l'appel à un jour sans viande dans les cantines, et contestait l'idée que l'augmentation des élevages porte préjudice aux équilibres planétaires. Il appelait à la liberté gustative avec ce slogan : « Oui, la viande est un plaisir des sens. Quand défendra-t-on la liberté gustative comme on défend la liberté d'expression ? »

Dans le documentaire *L'Adieu au steak*, des images filmées en 2008 par des enquêteurs de l'association L214 à l'abattoir Charal de Metz montraient des vaches encore vivantes partant à la découpe. Ces images avaient choqué l'opinion publique. Si le groupe Charal n'avait jamais sou-

1. Extrait du rapport d'orientation du SNIV-SNCP présenté lors de l'assemblée générale du 2 octobre 2011.

haité communiquer à leur propos, il n'avait pas hésité à attaquer en justice L214 et son porte-parole, ainsi qu'Arte[1], pour « atteinte à la présomption d'innocence », « atteinte à [son] image de marque et à [sa] réputation auprès du public ». Fin 2013, le tribunal de grande instance de Paris a déclaré les demandes de Charal irrecevables et a condamné le groupe au paiement de 1 500 euros à chacune des parties, soit une somme totale de 6 000 euros. Une vétille au regard des frais d'avocats engagés par l'entreprise, mais une victoire pour les enquêteurs militants. Une victoire qui nous conforte dans l'idée que la liberté d'expression est toujours un principe fondamental dans notre pays.

En 2012, sur son site Internet, le CIV avançait un chiffre de 390 grammes de viande – bœuf, veau, agneau, cheval et porc hors charcuterie – consommés par Français et par semaine. Il insistait sur ce faible chiffre et déclarait : « Nous ne mangeons de la viande que trois fois par semaine. » Pure désinformation, puisque ce chiffre ne tenait pas compte de la consommation de charcuterie et de volaille. Or chaque Français consomme par an 26 kilos de jambon, saucisson et pâté, ainsi que 25 kilos de volaille. Les statistiques de FranceAgriMer sont formelles : les Français consomment 230 grammes de viande par jour.

Lors de la réorganisation stratégique d'Interbev en 2012, le CIV a été recentré sur des missions de veille, d'information et de prospective destinées à des publics de professionnels : éleveurs, vétérinaires, bouchers, industriels, médecins, nutritionnistes, restaurateurs... L'enjeu du nouveau CIV désormais dirigé par Pierre-Michel Rosner, un ingénieur agronome, sociologue et docteur en sciences économiques et sociales, est de devenir un centre reconnu d'informations scientifiques.

En mai 2012 paraît le livre *La viande voit rouge*, plaidoyer pro-viande signé René Laporte, ancien ingénieur à

1. Arte France et la société de production GEIE.

l'Institut de l'élevage, et Pascal Mainsant, ancien ingénieur à l'INRA. Tous deux agronomes, zootechniciens et économistes, ils sont aujourd'hui consultants pour cette filière. Dans leur livre, on retrouve toute l'argumentation élaborée et défendue par les lobbies de la viande, notamment par l'« Académie de la viande », dont ils sont membres. Cette instance remet un prix littéraire annuel dont ils ont été honorés... avec une mention spéciale, tant qu'à faire...

Végétariens contre carnivores : la guerre aura lieu dans les cantines !

Dans un communiqué de presse[1], dont l'objectif affiché était de lutter contre les « contre-vérités », le SNIV-SNCP clamait haut et fort : « NON, la viande n'est pas "imposée" dans les cantines. [...] A noter : il n'y a jamais eu de viande "tous les jours" à la cantine. Pour cette raison, en appeler à un jour "sans viande" n'a pas de sens. » Pourtant, c'est bien grâce à ses efforts soutenus auprès du gouvernement qu'un décret et un arrêté publiés le 30 septembre 2011 et applicables dès le 3 octobre 2011 réglementent désormais la restauration scolaire.

L'arrêté suit la recommandation du Groupement d'étude des marchés de la restauration collective et de la nutrition (GEMRCN). Il impose la présence quotidienne de produits d'origine animale dans les menus, omettant les sources de protéines végétales. Comme l'explique l'association L214 : « Sous couvert de santé publique, cet arrêté laisse entendre que le calcium ne peut être issu que des produits laitiers, les protéines uniquement des produits animaux, le fer et les oligoéléments uniquement de la viande ou du poisson. »

Les lobbies de la viande ont pris une belle longueur d'avance, puisque les cantines n'ont théoriquement plus le droit de proposer des repas végétariens. Si elles persistent

1. 4 avril 2012.

à en servir, elles se placent en infraction. Cet arrêté est bien mieux qu'une victoire sur ce que le SNIV-SNCP appelle le « lobby anti-viande » : les militants et associations de protection animale qui souhaitaient promouvoir des journées sans viande dans les cantines, comme cela se fait, par exemple, dans les écoles de Los Angeles aux Etats-Unis, d'Amsterdam et de Wageningen aux Pays-Bas, ou de Gand en Belgique.

Et il n'y a pas que dans notre pays que cette question crée un débat houleux. En Allemagne, l'appel à une journée sans viande par semaine dans les cantines figurait en 2013 dans le programme électoral des Verts, qui souhaitaient s'associer aux sociaux-démocrates (SPD) pour chasser Angela Merkel de la chancellerie. Dans ce pays où 8 % de la population se déclare végétarienne[1] et où les autres consomment en moyenne 60 kilos de viande par personne et par an, cette proposition a réveillé de vieux démons... Un député libéral FDP est allé jusqu'à comparer les Verts allemands aux nazis, et un dirigeant de Die Linke, l'équivalent du Front de gauche, a évoqué une « éducation de la dictature ». Tous deux faisant référence au végétarisme supposé ou avéré d'Adolf Hitler. Affligeant.

En France, les associations One Voice, Ecologie sans frontières, L214, la société Végane et l'Association végétarienne de France ont engagé le 2 décembre 2011 un recours en annulation devant le Conseil d'Etat. Elles invoquaient la violation de la liberté de conscience, la non-durabilité du modèle alimentaire imposé, ainsi que l'incompétence du pouvoir réglementaire en la matière, mais leur recours a finalement été retoqué.

L'origine de ce décret n'a pourtant rien d'étonnant quand on sait que le GEMRCN, initiateur de cette réglementation,

1. Il existe un énorme biais dans les déclarations concernant le végétarisme. Selon une étude du Humane Research Council aux Etats-Unis, 53 % des végétariens consomment à nouveau de la viande au bout d'un an. Décembre 2014.

compte parmi ses membres de nombreux représentants des puissantes industries agroalimentaires, comme le CIV, le Syndicat des entreprises françaises des viandes (SNIV-SNCP), l'Association nationale des industries alimentaires (ANIA), ou encore Nestlé, etc. Les mauvaises langues parleront de conflits d'intérêts...

Cet arrêté impose désormais dans les cantines scolaires des seuils de consommation minimaux de viande de bœuf, de veau et d'agneau, de poisson et de produits laitiers, obligatoires lors de l'élaboration de chaque repas. L'article premier de l'arrêté indique notamment que chaque menu doit comprendre un plat principal, dont il est précisé en annexe qu'il s'agit du plat protidique : « plat principal à base de viandes, poissons, œufs, abats ou fromages ». Bon appétit !

3

De la vache folle…

Quoi de plus vital que la viande ? L'origine même du mot l'atteste : en latin, *vivenda* signifie « ce qui sert à la vie », et *vivere,* « vivre ». Au XIe siècle, ce terme désigne « tout aliment qui entretient la vie ». Pourtant, jamais une filière de l'agroalimentaire n'a autant été sujette à polémique que celle des produits carnés. La crise de la vache folle, déclenchée par une maladie neurodégénérative des bovins, l'encéphalopathie spongiforme bovine (ESB), est d'ailleurs le scandale alimentaire le plus médiatisé de ces trente dernières années.

La maladie de la vache folle explose en 1986 au Royaume-Uni, où elle fait des ravages dans les troupeaux (200 000 bêtes atteintes), avant de connaître le même phénomène en France puis dans le reste de l'Europe[1]. Les images de vaches incapables de se déplacer, diffusées en boucle par les journaux télévisés, créent l'effroi. La crise

1. Les premiers cas de vache folle ont été étudiés au Royaume-Uni en 1985 sur des vaches nées en 1971 et en 1991 en France (Bretagne) sur des vaches nées en 1983 (un cas aurait cependant été décrit près de Toulouse en 1883). Ils ont pris de l'ampleur dans le cheptel bovin britannique dès 1985 et ont été diagnostiqués formellement comme des cas d'encéphalopathie spongiforme bovine en novembre 1986.

prend alors une ampleur médiatique semblable à celle engendrée par la catastrophe de Tchernobyl. La psychose s'installe dès que les consommateurs sont informés – à tort – de la possible transmission de l'ESB à l'homme via l'ingestion de viande contaminée (muscle), puis plus tard – à raison – via la consommation de matériaux à risques spécifiés (MRS) comme de la cervelle contaminée. La forme humaine de la maladie – aussi appelée « nouveau variant de la maladie de Creutzfeldt-Jakob » – se déclenche généralement pour les plus susceptibles génétiquement après une période d'incubation de huit ans. Pour les autres, cette période peut être beaucoup plus longue. Elle est incurable et se traduit à brève échéance – environ six mois – par des troubles de la sensibilité, une dépression, des troubles du comportement et de l'équilibre, une démence puis la mort. Selon un bilan global dressé en mars 2014, cette maladie est responsable de la mort de 177 personnes au Royaume-Uni, de 27 personnes en France et d'au moins 225 personnes de plus à travers toute l'Europe[1].

Le véritable point de départ de la crise médiatique se situe au printemps 1996, lorsque le Royaume-Uni admet officiellement que l'ESB peut se transmettre à l'homme. Le 20 mars très exactement, le ministre de la Santé britannique Stephen Dorell déclare, au cours d'une conférence de presse, que dix personnes ont développé une forme nouvelle de la maladie de Creutzfeldt-Jakob et que huit sont déjà décédées. L'information provoque alors un véritable vent de panique, d'autant plus que les encéphalopathies spongiformes animales et humaines sont alors décrites comme des maladies nouvelles.

1. Source : Organisation mondiale de la santé animale (OIE).

Une maladie pas si nouvelle que ça...

Pourtant, comme le rappelle le docteur Jean-Louis Thillier, physiopathologiste, spécialiste de l'analyse et de l'évaluation des risques en santé publique et animale, consultant européen et auteur du livre *Le procès de la vache folle n'aura pas lieu*, en 1947, une maladie neurologique progressive fatale a été détectée dans 11 fermes d'élevage de visons du Midwest aux Etats-Unis. En 1965, les chercheurs établissent que cette maladie a les mêmes caractéristiques que l'encéphalopathie spongiforme de la tremblante du mouton et que la maladie de Creutzfeldt-Jakob chez l'homme. Grâce à leurs analyses, ils constatent qu'elle est d'origine alimentaire. Dans cinq des onze fermes étudiées, cette maladie fatale est transmise par voie naturelle digestive : les visons consomment en effet des aliments issus de la viande fraîche de vaches impropres à la consommation humaine.

... à l'origine de nombreux décès

De plus, une autre maladie humaine appelée kuru se déclare sous la forme d'une encéphalopathie spongiforme mortelle après une longue période d'incubation, et elle peut se transmettre d'homme à homme via l'alimentation. Connue depuis les années 1960, elle est documentée grâce aux travaux du docteur Daniel Carleton Gajdusek. Ses recherches lui vaudront même le prix Nobel de médecine en 1976. Le kuru – qui signifie « tremblement » – est découvert en Nouvelle-Guinée au sein de la tribu des Fores, qui se livre à un rituel cannibalesque sur les personnes venant de décéder. Les hommes de cette tribu, qui consomment des organes considérés comme nobles (muscles), ne développent pas la maladie, tandis que les enfants, qui consomment les abats (cerveau, foie, rein), en sont atteints. Les femmes en charge de récupérer les cerveaux sur les cadavres sont elles aussi contaminées : en fendant les crânes, elles se blessent et leurs plaies deviennent des voies d'entrée idéales pour l'agent contaminant. A l'époque de sa découverte, le kuru touche jusqu'à 10 % de la population de certains villages, et provoque près de 200 décès par an. Ce constat permet alors au docteur Gajdusek d'établir un lien formel entre les pratiques alimentaires de cette tribu et cette maladie neurodégénérative. Depuis l'arrêt de ces pratiques, l'incidence de la maladie a décru, et seuls 5 à 10 cas par an sont rapportés depuis plusieurs années, apparaissant chez des adultes contaminés pendant leur enfance.

Mais ce n'est pas tout ! Dès la fin des années 1970, les scientifiques émettent l'hypothèse que la tremblante – connue depuis 1732 – n'est pas seulement transmissible entre ovins, mais qu'elle est aussi transmissible à l'homme via la consommation de mouton atteint de la tremblante[1]. L'hypothèse est confirmée puisque en 1987 ils sont formels : le risque est négligeable, moins d'un cas par million d'habitants et par an, mais il n'est pas nul pour autant[2].

A peu près au même moment, deux équipes américaines, l'une dirigée par le vétérinaire Richard Marsh et l'autre par le neurologue Stanley Prusiner, révèlent que l'agent pathogène de l'ESB américaine (deux souches identifiées) ou de la tremblante du mouton (une vingtaine de souches connues) n'est pas un microbe, mais une protéine naturelle ancrée sur la surface des neurones. Cette protéine se transforme en poison mortel par modification de sa forme. Une découverte qui a valu au docteur Prusiner le prix Nobel de médecine en 1997 après beaucoup de controverses car l'idée qu'une simple protéine puisse être infectieuse contredisait le paradigme médical en vigueur à l'époque selon lequel il n'existait que trois types d'agents infectieux : les virus, les bactéries et les parasites.

1. *Neurology*, travaux du docteur Françoise Cathala et de Paul Brown, collaborateurs du Pr Gajdusek, juin 1987.

2. *Agriculture & Environnement*, « Après la vache, la chèvre devient folle », février 2005.

Enfin, les scientifiques américains établissent que cette protéine franchit la barrière d'espèces dans des conditions naturelles par voie digestive, du bovin au vison et du vison au singe macaque, très proche de l'homme.

D'ailleurs, au début des années 1980, une forme de maladie de Creutzfeldt-Jakob (encéphalopathie spongiforme humaine) voit le jour chez des enfants traités quelques années auparavant pour nanisme avec l'hormone de croissance, extraite d'hypophyses prélevées sur des cadavres humains. L'étude de cette maladie, qui provoque une neuro-dégénérescence du système nerveux central, permet d'établir que, dans le cas d'injection intramusculaire, la période d'incubation est plus courte et que la transmission d'homme à homme est bien réelle. Les conséquences seront dramatiques, puisque 120 jeunes Français en mourront au terme de terribles souffrances.

Le bœuf britannique est placé sous embargo

Face à l'inquiétude suscitée par les révélations du ministre de la Santé britannique, la réaction des gouvernements ne se fait pas attendre... La France et l'Allemagne décrètent, le 22 mars 1996, soit deux jours plus tard, un embargo immédiat sur le bœuf britannique. La semaine suivante, la Commission européenne édicte à son tour un embargo total sur tous les bovins britanniques et sur leurs produits dérivés (gélatines, embryons et semences reproductives)[1].

1. L'embargo sera levé, par la même Commission, le 1er août 1999, mais la France évoquant le « principe de précaution » refusera d'appliquer cette décision. Ce n'est qu'à la suite d'une procédure devant la Cour européenne de justice que le gouvernement français y consentira, le 25 octobre 2002, après avoir acquis la certitude que les produits issus des bovins britanniques sont désormais aussi sûrs que leurs équivalents hexagonaux.

Le 5 avril 1996, la Direction générale de la santé annonce le premier décès français causé par le nouveau variant de la maladie de Creutzfeldt-Jakob.

La France constitue un comité d'experts

Le 17 avril 1996, le gouvernement français crée le comité Dormont, qui tire son nom de celui de son responsable : le docteur Dominique Dormont, aujourd'hui décédé, qui dirige alors un laboratoire commun au Commissariat à l'énergie atomique (CEA) et au Centre de recherche du service de santé des armées (CRSSA). Le comité est intéressé par la résistance du prion à l'irradiation. Il émet l'hypothèse que ce prion, une fois inoculé à l'homme, pourrait protéger la santé des militaires et des populations civiles en cas d'attaque nucléaire. Ce comité se consacre aussi aux risques biologiques et chimiques.

C'est d'ailleurs à ce titre que le ministre de la Recherche et de l'Espace, Hubert Curien, lui avait demandé en 1992 un rapport sur les encéphalopathies spongiformes bovines. Quatre ans plus tard, c'est donc l'interlocuteur idéal des pouvoirs publics. Ce comité, placé sous la tutelle des ministères de l'Agriculture, de la Santé et de la Recherche, réunit alors plusieurs experts des encéphalopathies subaiguës spongiformes transmissibles (ESST) et des prions afin d'étudier cette épidémie de vache folle et d'en comprendre les raisons. Mais malgré les avancées scientifiques énoncées plus haut, le docteur Dormont s'accroche à l'hypothèse que cette maladie est due à un virus et non pas au prion.

Les Européens découvrent l'existence de la farine animale

Pour les Français comme pour les Européens, qui jusque-là vivaient encore dans le mythe de l'agriculture rurale, le réveil est brutal. Les citoyens-consommateurs découvrent à cette occasion que les éleveurs utilisent des farines animales dans l'alimentation de leurs bovins. Elles sont fabriquées à partir des os, sang, plumes et abats d'animaux tués à l'abattoir (entre un tiers et la moitié du poids des carcasses suivant les espèces) ainsi – et c'est là que le bât blesse – qu'à partir des cadavres d'animaux morts de maladies ou d'accidents pendant leur élevage à la ferme. Le tout réduit en poudre.

Pourquoi nourrit-on des vaches avec ce type de farine ? En élevage, les conditions climatiques aussi bien que l'organisation de l'espace sont primordiales. Certains pays comme la Nouvelle-Zélande n'utilisent pratiquement pas de compléments alimentaires, car les ruminants disposent de pâturages en nombre suffisant et accessibles presque toute l'année. En revanche, l'espace de pâturage est plus limité aux Pays-Bas : le fourrage y est rare et la part des compléments dans l'alimentation des bêtes y est d'autant plus importante. La France, comme d'autres pays européens, se trouve dans une situation intermédiaire, et complète l'alimentation de ses animaux avec des tourteaux de soja, de colza et/ou de maïs.

Sachant que l'alimentation des bêtes représente entre la moitié et les trois quarts du coût de l'élevage, l'objectif des éleveurs est de répondre au mieux aux besoins de leurs animaux, tout en tenant compte des contraintes financières. L'Institut national de la recherche agronomique (INRA) se garde bien de le dire, mais il fait partie de ceux qui ont recommandé l'usage de ces farines animales...

La Seconde Guerre mondiale, on l'a vu, a provoqué une hécatombe dans les troupeaux français et européens, et il s'agit pour l'institut d'aider les éleveurs à reconstruire leur cheptel au plus vite, puis à le développer. Les premières farines animales, riches en protéines, en calcium (14 %) et en phosphore (6 %), sont lancées en France dans les années soixante, avant d'être progressivement utilisées dans la majorité des élevages. A cette époque, seuls les bovins adultes reçoivent une alimentation complémentée en farines. Selon l'INRA, leur concentration ne dépasse jamais les 2 à 3 % dans les mélanges industriels distribués aux vaches françaises, et jusqu'à 10 % dans ceux donnés à leurs cousines britanniques.

Les citoyens-consommateurs s'indignent qu'on puisse donner des protéines animales à des ruminants, pourtant le docteur Jean-Louis Thillier insiste sur le fait que, contrairement à une idée très répandue, si la vache mange de l'herbe, elle n'est pas un « herbivore au sens propre du terme » : « Les vaches ne sont pas capables de digérer les végétaux en tant que tels. Elles les accumulent d'abord dans leur rumen, une grosse poche d'au moins 70 litres située juste avant l'estomac dans laquelle des micro-organismes, ingérés en même temps que les végétaux, les digèrent. Les protéines végétales ne sont pas digestibles en l'état par les mammifères, elles sont transformées par les micro-organismes en protéines animales pour être facilement assimilées par le tube digestif. » Par conséquent, « les protéines apportées par les farines animales sont mieux absorbées que les protéines d'origine végétales. Ce n'est donc pas contre nature de leur donner des farines animales ».

Un embargo sur le soja américain suscite le développement de nouveaux compléments alimentaires

Les efforts de l'INRA et de la filière portent progressivement leurs fruits. La France devient autosuffisante en viande bovine et arrête d'importer du bœuf américain, ce qui n'est pas du tout du goût du président des Etats-Unis.

En 1973, Richard Nixon décrète un embargo sur le soja. Le cheptel européen se trouve alors privé de sa principale ressource en protéine végétale. Les conséquences sont dramatiques : entre 15 et 20 % des bêtes européennes sont abattues faute de nourriture suffisante[1].

L'INRA et les spécialistes de la nutrition animales sont à nouveau mandatés pour trouver des solutions et remplacer le soja par d'autres aliments riches en protéines. Ils proposent alors un changement des pratiques d'élevage et recommandent d'introduire des laits maternisés (lactoremplaceurs) chez les veaux et des granulés starters chez les jeunes bovins afin de raccourcir le temps de sevrage. Le lait de leur mère étant utilisé pour fabriquer du beurre et de la crème pour la consommation humaine, le petit-lait restant est enrichi en corps gras issus de la cuisson des os du crâne et de la colonne vertébrale des bovins envoyés à l'équarrissage (les os sont composés à 40 % de matière grasse). Les granulés, quant à eux, sont enrichis à la fois en farine animale (protéines) et en graisse animale.

Ces nouvelles pratiques sont efficaces. La France devient le plus grand producteur européen de bovins (elle l'est encore aujourd'hui !). Par voie de conséquence, elle devient aussi le premier pays producteur de farines animales : 600 000 tonnes par an contre 275 000 tonnes pour le Royaume-Uni.

Retrait des MRS

Il faut attendre la première crise médiatique française de 1996 pour que la France soit contrainte par la Commission européenne et par l'OMS de se pencher véritablement sur le problème. C'est donc à partir de cette année-là seule-

1. Il faudra attendre le début des années 1980 pour que l'Europe prenne sa revanche sur les Etats-Unis en bloquant l'entrée du bœuf aux hormones.

ment qu'elle interdit tout d'abord l'utilisation des animaux morts et accidentés dans les farines, puis l'ensemble des matériaux à risques spécifiés (MRS) de ruminants (cervelle, moelle épinière, amygdales, yeux, puis intestins, thymus, rate, qui sont les lieux de prédilection du prion-poison) pour la fabrication des farines animales et pour la consommation humaine (l'encéphale et la moelle épinière étaient utilisés depuis 1983 comme liants dans les viandes hachées et les plats cuisinés). La France proscrit ensuite l'utilisation des farines animales chez l'ensemble des ruminants. La majorité des autres pays européens adoptent cette mesure la même année.

Pourtant, les Britanniques avaient déjà pris ces mesures... Sept ans plus tôt que les Français, dès 1989, ils avaient interdit l'alimentation des bovins avec ces farines d'origine animale, puis proscrit l'utilisation des MRS. Ils s'étaient mis en relation avec les Américains qui avaient pris l'initiative de leur côté, et ce, dès 1985, de faire travailler plusieurs équipes de scientifiques, dont le docteur Thillier, et avaient suivi leurs recommandations.

D'ailleurs en 1979, déjà, le docteur David M. Taylor, spécialiste de la destruction du prion, avait tiré la sonnette d'alarme au cours d'une intervention auprès de l'Académie royale des sciences de Londres. Il estimait qu'il ne fallait pas recycler les carcasses de vaches pour l'alimentation car le prion s'avérait indestructible.

Petite anecdote en passant – s'il en est de petites, eu égard aux conséquences –, la décision avait été prise par le ministère de l'Agriculture, de la Pêche et de l'Alimentation britannique le 18 juillet 1988, mais seulement à compter du 31 décembre. Les industriels qui souhaitaient écouler leurs stocks avaient apparemment su trouver les arguments pour convaincre les responsables politiques.

Bizarrement, les exportations de ces mêmes farines britanniques contaminées restaient autorisées vers l'Irlande et l'Europe continentale. Les Irlandais et les Européens étaient-ils des citoyens de seconde zone ? Pourquoi refuser aux autres des produits déclarés dangereux pour sa propre population ? En 1989 donc, le Royaume-Uni en a exporté 16 000 tonnes vers la France !

Le 28 juillet 1989, la Communauté européenne décide de placer sous embargo ces farines et certaines catégories de vaches : celles nées avant le 18 juillet 1988 ou celles suspectées d'ESB. Dix-sept jours plus tard, la France interdit l'importation de farines animales britanniques, sauf... sauf si l'entreprise s'engage à ne pas les distribuer à des ruminants ! Ben voyons...

La responsabilité de l'Etat français serait-elle engagée ?

Pourquoi avoir attendu si longtemps pour appliquer en France les principes de précaution adoptés par les Britanniques ? Tout simplement parce que les autorités françaises, comité Dormont en tête, restaient persuadées que l'agent infectieux était un virus et non pas un prion. Pour elles, chauffer les farines à 125 °C sous pression pendant vingt minutes devrait suffire à éradiquer la maladie comme dans le cas du sang contaminé. D'autant qu'il était désormais établi que le procédé de fabrication des farines dans les usines d'équarrissage avait changé au Royaume-Uni.

Or, les farines n'étaient plus chauffées à 120 °C en présence de solvants à base d'eau de Javel ou de soude concentrée, mais chauffées à 80 °C et sans solvant ! Une température et une durée de cuisson largement insuffisantes. Les Français accusaient donc la perfide Albion d'être à l'origine de la crise sanitaire.

L'enquête prouvera pourtant que les Français et les Britanniques avaient modifié en même temps les procédés de fabrication. Le président de la société Glon-Sanders[1],

1. Dont l'Etat était actionnaire à 23 % jusqu'en 1999.

fabricant d'aliments pour bovins, a déclaré qu'à partir du choc pétrolier de 1983, la compression des coûts fixes a conduit en France, comme en Angleterre, à une diminution de l'utilisation du pétrole pour chauffer les farines aussi fort et aussi longtemps[1]. Les Britanniques appelaient cette nouvelle méthode le « procédé français ». En réalité, cette technique (Stord Bartz system), permettant d'abaisser trois paramètres (durée, température et pression), faisait l'objet d'un brevet américain pour la fabrication de farine de poissons. Elle avait été adaptée par les Français aux autres farines animales. Les marchands d'aliments savaient donc qu'en France, comme au Royaume-Uni, on « ne chauffait pas » !

Mais l'Etat, garant de la santé des consommateurs par le biais du ministère de l'Agriculture, était aussi propriétaire depuis le milieu des années 1970, et ce jusqu'en 1994, de deux entreprises de l'équarrissage français représentant près de 80 % du marché : Sanofi Vème quartier et Caillaud. Toutes deux filiales de grands groupes chimiques et pétroliers appartenant à l'Etat français, Elf pour la première et l'Entreprise minière et chimique propriétaire des Mines de potasse d'Alsace pour la seconde. Il y avait donc conflit d'intérêts et il était semble-t-il plus facile d'accuser nos voisins britanniques que de regarder de plus près ce qui se passait chez nous.

Une protéine indestructible

Or, le prion est une protéine très résistante à la chaleur. Une étude des docteurs Gajdusek et Brown l'a prouvé. Des organes contaminés chauffés à 600 °C pendant quinze minutes révélaient encore une persistance de la contagiosité de l'ordre de 5 %, donc penser que la contamination

1. Audition d'Alain Glon par la commission d'enquête du Sénat, 15 mai 2001.

était due à une baisse des températures de cuisson était une hérésie.

En réalité, selon le docteur Thillier, « cette analyse justifiait l'attitude des autorités françaises, qui était de ne rien faire, et qui se fondait sur l'idée erronée que l'agent pathogène de l'ESB était une sorte de virus lent. Pourtant, la communauté scientifique internationale savait pertinemment que ce n'était pas le cas, les arguments s'accumulant depuis longtemps en faveur d'un agent pathogène non conventionnel (ni virus, ni bactérie)[1] ». Le prion du mouton est quasiment indestructible sur une durée de quatre-vingts ans, d'où sa dangerosité : il est aussi résistant au formol et à l'irradiation par ultraviolets, contrairement par exemple au virus du sida. Un phénomène qui aurait dû alerter le gouvernement français. Pour l'expert : « Dès le début de la crise, il était parfaitement clair qu'il ne s'agissait pas d'un virus ; et donc qu'une faible diminution de la température n'aurait aucune incidence sur l'épidémie. »

Selon lui, l'Etat français a eu une attitude laxiste dès le début de l'épidémie. Le président du syndicat des industries françaises de coproduits animaux[2] a, par exemple, déclaré que les industries françaises n'étaient pas prêtes techniquement à assurer le processus d'autoclave (traitement de type Cocotte-Minute) imposé par Bruxelles à partir de 1990. Il n'a d'ailleurs été mis en pratique en France qu'en février 1998 suite aux pressions de la Commission européenne (traitement à 133 °C pendant vingt minutes et à 3 bars pour des déchets de moins de 50 mm[3]). Ce système, qui ne fonctionne pas pour un organe hautement contaminé, reste néanmoins efficace pour de petites zones

1. *Agriculture & Environnement,* « Entretien avec le docteur Thillier », juillet 2004.

2. Audition par le Sénat de Bruno Point, 20 décembre 2000.

3. Audition par le Sénat de Jean-Yves Kervaillant de la DGAL, 31 janvier 2001.

résiduelles éventuellement souillées, si tant est que les MRS très contaminants ont bien été enlevés.

Autre phénomène démontrant le laxisme des autorités françaises : les contrôles des fabricants d'aliments français de la part de la Direction générale de la concurrence, de la consommation et de la répression des fraudes (DGCCRF)[1] et de la Direction générale de l'alimentation (DGAL)[2] n'ont commencé qu'en 1999. Avant cette date, les marchands d'aliments n'étaient tout simplement pas contrôlés par l'Etat. Rassurant, n'est-ce pas ?

Crise morale chez les éleveurs et hécatombe chez les bovins

Pour les éleveurs comme pour l'ensemble de la filière, la maladie de la vache folle est une véritable catastrophe financière et morale. Les ventes de viande bovine s'effondrent : jusqu'à – 40 % en France (il faudra attendre 2002 pour que la consommation revienne à son niveau initial). L'abattage de leurs troupeaux entiers lorsqu'un animal est testé positif à l'ESB est non seulement un déchirement, mais c'est aussi une catastrophe. Accusés à tort d'être responsables de la crise, certains éleveurs ont été mis au ban de la société, ce qui les a parfois poussés jusqu'au suicide.

Selon les statistiques de l'OIE, 4 millions de bovins britanniques ont été abattus puis incinérés avant le début de l'année 2001 alors que, dans la même période, seuls 190 000 d'entre eux avaient été testés positifs à l'ESB. Une hécatombe... Alors que, toujours d'après le même organisme, entre le début de la crise et 2013, 1 023 vaches françaises seront testées positives, tout comme 1 654 de

1. Audition par le Sénat de Jérôme Gallot, directeur de la DGCCRF.
2. Audition par le Sénat de Daniel Hulaud, chef de bureau produits d'origine animale de la DGAL.

leurs cousines irlandaises, 1 072 portugaises, 785 espagnoles, 467 suisses et 419 allemandes.

Selon le docteur Thillier, « l'hypothèse virale défendue à l'époque par les autorités françaises était d'autant plus commode que face à une opinion publique inquiète, elle justifiait l'adoption d'une mesure prophylactique spectaculaire : l'abattage systématique des troupeaux, logique dans le cas d'une contamination virale. Le gouvernement montrait ainsi qu'il appliquait le principe maximal de précaution, alors qu'il savait que ces mesures étaient inutiles[1] ! »

Un avis de l'Agence française de sécurité sanitaire des aliments (AFSSA) affirmait en 2001[2] que l'abattage systématique de tout le troupeau était en fait inutile, seuls la bête contaminée et ses descendants devaient être incinérés. Qu'à cela ne tienne ! La décision est maintenue par le gouvernement, pour répondre à l'émotion médiatique. Il faudra attendre décembre 2002 pour que l'abattage partiel soit enfin privilégié[3]. Etant donné qu'il n'existe pas de transmission de mère à fille, désormais seule la bête contaminée et la cohorte d'animaux nés, élevés et nourris dans la ou les mêmes exploitations dans les douze mois précédant ou suivant la date de naissance de ladite bête contaminée sont abattues.

Le second électrochoc remonte à l'automne 2000

La seconde crise française de la vache folle commence à la fin de l'année 2000. Le 10 octobre, un bovin présentant des signes suspects est testé positif à l'ESB à l'abattoir de

1. *Agriculture & Environnement*, « Entretien avec le docteur Thillier », juillet 2004.

2. AFSSA, avis du 25 juin 2001.

3. Parution au *Journal officiel* du 10 décembre 2002 d'un arrêté (signé le 29 novembre) modifiant celui du 3 décembre 1990 et fixant les mesures de police sanitaire relatives à l'ESB.

Villiers-Bocage dans le Calvados. Conformément aux consignes sanitaires, sa carcasse est immédiatement retirée de la chaîne alimentaire. Toujours selon les consignes, toutes les bêtes du troupeau doivent être euthanasiées puis incinérées sur-le-champ. Or, l'enquête lancée par les services vétérinaires d'Etat révèle que onze bovins issus du même élevage mais contrôlés négatifs ont été abattus la semaine précédente. Deux tiers de la viande de ces bêtes est encore présente à l'abattoir et y est immédiatement consignée. Le problème, c'est que l'autre tiers a déjà été distribué dans trente-neuf supermarchés Carrefour. L'enquête est longue et l'abattoir n'en informera le groupe Carrefour que dix jours plus tard. La grande enseigne fait alors immédiatement procéder au retrait des viandes potentiellement contaminées, mais le mal est fait : certains lots, notamment des steaks hachés – dont les dates limites de consommation (DLC) sont courtes –, ont déjà été consommés.

Le procureur du tribunal de Bernay, dans l'Eure, révèle l'affaire au grand public le samedi 21 octobre 2000. Les médias s'en emparent. *Le Journal du dimanche* titre « La vache folle vendue dans nos supermarchés ». Lenteur de la procédure de rappel des lots contaminés ? Mauvaise communication de la filière et du ministère de l'Agriculture sur la dangerosité des parties consommées ? Les consommateurs se sentent trompés et la machine médiatique s'emballe.

Lactoremplaceurs et granulés starters mis en cause

Le phénomène s'accentue encore en 2001 lorsque les autorités françaises révèlent l'existence d'un premier cas « super NAIF », c'est-à-dire d'un veau né après l'interdiction des farines en 1998 et atteint de l'ESB.

A cette époque, les farines de viande et d'os, encore données aux cochons et aux volailles, sont censées être totalement sécurisées. Le comité Dormont s'interroge alors sur une possible contamination croisée et pousse le gouvernement à interdire les farines animales pour tous les animaux, porcs, volailles et poissons compris.

Plusieurs cas de « super NAIF » sont également décrits au Royaume-Uni. En étudiant l'âge des bovins atteints, le docteur Thillier constate alors que si le nombre de cas stagne, les bovins atteints sont de plus en plus jeunes. Il émet alors l'hypothèse d'une seconde source de contamination et soupçonne les corps gras animaux issus de l'équarrissage, utilisés dans les laits maternisés ou comme liants pour les granulés starters. Une hypothèse qui s'avérera exacte.

Ces corps gras étaient, on l'a vu, issus de la cuisson des os du crâne et de la colonne vertébrale de ruminants susceptibles d'héberger le fameux prion-poison. Cet agent pathogène n'aimant pas l'eau, il se réfugiait dans les corps gras donnés aux veaux et aux agneaux.

Une information qui concorde avec le fait que le comité Dormont reconnaisse, et ce, depuis 1996, que les bovins ne peuvent pas être contaminés par voie digestive après l'âge de huit mois. La partie distale de l'intestin du veau est perméable à cette protéine-poison, ce qui n'est plus le cas chez le bovin adulte.

Cette seconde crise permet de compléter le dispositif d'épidémiosurveillance active sur les animaux à risques puis sur les animaux sains : des tests sont mis en place sur les bovins de plus de 30 mois. En plus de l'interdiction générale des farines de viande et d'os (FVO) pour toutes les espèces d'animaux, elle conduit, en 2001, à l'interdiction des corps gras utilisés dans les lactoremplaceurs et les granulés starters.

Principes de précaution ?

C'est également en 2001 que les autorités françaises prennent un arrêté pour interdire la fabrication de viandes séparées mécaniquement à partir d'os de bovins et destinées à la fabrication des saucisses et raviolis à bas coût qui contiennent des ganglions nerveux rachidiens prouvés potentiellement contaminés dans les encéphalopathies subaiguës spongiformes transmissibles. Elles interdiront également la gélatine issue d'os de bovins largement utilisée dans les bonbons, mousses au chocolat, yaourts et gélules de médicaments. Il était temps ! Pour le docteur Thillier, ces mesures auraient dû être prises dès 1991.

La cervelle de mouton et de bovin utilisée comme liant dans les petits pots de bébé n'avait-elle pas été interdite en 1992 à la suite d'une très forte pression du ministre de la Santé de l'époque ?

Les chèvres aussi deviennent folles

Début janvier 2005, nouveau coup de tonnerre. Le ministère de l'Agriculture annonce qu'il a maintenant la certitude qu'une chèvre abattue en 2002 était atteinte de tremblante. Une émulsion de son cerveau injectée par voie intracérébrale chez une souris vient de confirmer qu'il s'agissait bien de l'agent pathogène de l'encéphalopathie spongiforme bovine. La chèvre née en 2000 avait été contaminée par les corps gras encore utilisés cette année-là pour l'alimentation des ruminants.

Or, comme l'explique le docteur Thillier : « Le professeur Frazer a prouvé en 1996 que les petits ruminants sont très susceptibles à la contamination par voie orale par l'agent de l'ESB. Il est donc très probable que de nombreux ovins et caprins aient été atteints par l'ESB jusqu'à ce que les deux sources de contamination soient interdites, c'est-à-dire jusqu'en 2001. »

Une situation qui posait de sérieux problèmes. Premièrement, il était impossible, à l'époque, de distinguer un mouton touché par la tremblante, a priori non dangereuse pour l'homme, d'un mouton contaminé par l'agent de l'ESB qui pouvait lui transmettre la maladie (un risque négligeable, certes, mais qui n'est pas nul puisqu'il représente, on l'a vu, moins de un cas par million d'habitants et par an). Deuxièmement : chez les moutons atteints, les gènes du prion agissent différemment en fonction de critères génétiques : « Pour le génotype de faible susceptibilité, le mouton se trouverait dans la même situation que le bovin : le poison ne se diffuserait pas dans l'organisme, mais cheminerait jusqu'au cerveau par le nerf contrôlant le tube digestif. Comme chez le bovin, le muscle et le lait ne pourraient pas être contaminés. A l'opposé, dans les génotypes de fortes susceptibilités, le prion-poison se diffuserait silencieusement dans l'ensemble de l'organisme (le sang, la rate, les nerfs périphériques, le tube digestif, les organes lymphoïdes et même le muscle) avant d'atteindre le cerveau, phase des symptômes visibles. Ainsi, le muscle ovin serait contaminé avant qu'apparaissent les signes neurologiques. Or, le test pratiqué actuellement de façon aléatoire à l'abattoir dans l'obex[1] des ovins et des caprins peut se révéler négatif, donc sécurisant pour le consommateur, alors que l'organisme est hautement contaminé[2]. »

Par précaution, chèvres et moutons devraient être systématiquement testés

L'expert et auteur de « Les tremblantes du mouton, maladies neurodégénératives fatales transmissibles à l'homme. Les contaminations, que l'on cache au consommateur, obligent à réexaminer d'urgence la question du potentiel zoonotique des petits ruminants », à paraître, est inquiet. Selon lui, les tests tels qu'ils sont pratiqués actuel-

1. Région située dans le tronc cérébral, au-dessus de la moelle épinière.

2. *Agriculture & environnement,* « Après la vache, la chèvre devient folle », février 2005.

lement ne garantissent pas la sécurité alimentaire du consommateur. Le principe de prudence impose que tous les ovins et caprins, quel que soit leur âge, soient testés, et que ce test s'effectue au niveau de la rate.

Une nécessité, car il est désormais prouvé que l'agent de la tremblante peut se maintenir, se propager et être recyclé par contamination des prés, notamment au moyen des excréments ou à travers les placentas contaminés et expulsés lors des mises-bas. Le prion-poison étant quasiment indestructible, il peut persister plus de dix ans dans le sol et être source de recontamination par broutage. Un phénomène très connu dans certaines campagnes, et plus précisément en Irlande, où l'on parle de « prés maudits ».

Le docteur Thillier insiste : « Dans le cas de la tremblante naturelle, transmissible à l'homme, il faut renforcer d'urgence les précautions car il existe aussi des tremblantes dites atypiques, issues d'une déformation du prion naturel. Si l'ESB se propageait dans les troupeaux ovins et caprins, le prion-poison s'accumulerait de plus en plus dans l'environnement et il ne serait alors pas possible d'éradiquer les sources de contamination malgré toutes les précautions, sauf en ayant recours à de lourds moyens de désinfection dans les locaux, prés, prairies et dans les chemins de transhumance. »

Malheureusement, il ne semble pas qu'il ait été entendu... L'option privilégiée par la Commission européenne guidée par l'INRA a consisté à sélectionner des espèces de moutons résistantes aux encéphalopathies et à abandonner celles qui ne l'étaient pas. Or cette stratégie qui semble belle sur le papier a non seulement provoqué une diminution de la biodiversité génétique mais aussi favorisé l'apparition de nouveaux types de prions pathogènes, capables de contourner la résistance. Ainsi, un prion a été redécouvert en 1998 en Norvège. Capable d'atteindre les moutons résistants à la tremblante classique, ce même prion a depuis été détecté lors de tests aléatoires pratiqués à l'abattoir dans le reste de l'Europe, France y compris, chez des moutons de plus de 18 mois.

Une étude de l'INRA menée sous la direction du docteur Olivier Andreoletti et publiée en décembre 2014 vient renforcer les inquiétudes du docteur Thillier. Le chercheur est formel : la tremblante du mouton peut passer la barrière d'espèces, et certains cas dits sporadiques de la maladie de Creutzfeldt-Jakob pourraient être liés à des petits ruminants[1]. Tester les moutons au niveau de la rate est donc indispensable. Ce n'est pourtant pas l'option choisie par la Commission européenne, puisque aujourd'hui les moutons ne sont pas testés systématiquement à l'abattoir et, quand ils le sont, cela se pratique toujours au niveau de l'obex. Cette fois-ci, on ne pourra pas dire qu'on ne savait pas !

Un manque criant de vétérinaires

Comment expliquer une telle crise ? Comment se fait-il que les garde-fous que sont censés constituer les services de l'Etat n'aient pas pris la mesure, en temps et en heure, d'une telle catastrophe ? Et qu'il ait fallu attendre que cette crise suscite une émotion sans précédent pour que les gouvernements européens réagissent ? Pour Michel Courat, un vétérinaire qui a travaillé pendant neuf ans, en pleine épidémie de vache folle, dans les abattoirs britanniques et qui est aujourd'hui membre d'Eurogroup for Animals, la seule fédération européenne d'organisations non gouvernementales de protection animale, la réponse est simple : « Les directives appliquées entre 1975 et 1990 par le gouvernement de Margaret Thatcher sont responsables de la réduction drastique d'effectifs chez les fonctionnaires. » Le vétérinaire précise : « Cette situation a entraîné l'affaiblissement du dispositif de contrôle et de

1. *Nature Communications*, « Evidence for zoonotic potential of ovine scrapie prions », 16 décembre 2014.

surveillance de l'état sanitaire des élevages et des abattoirs au Royaume-Uni avec les conséquences que l'on sait... Faute de personnel en nombre suffisant, les vétérinaires britanniques n'effectuaient plus qu'une seule visite hebdomadaire dans certains abattoirs. »

Une situation qui n'est pas sans rappeler celle que connaît la France depuis l'application, sous la présidence de Nicolas Sarkozy, de la fameuse Révision générale des politiques publiques (RGPP), devenue Modernisation de l'action publique (MAP) sous la présidence de François Hollande, dont le but est pour l'essentiel de réduire les dépenses publiques[1] et donc le nombre de fonctionnaires, vétérinaires et techniciens vétérinaires y compris ! Pourtant, la sécurité sanitaire, aussi bien en France qu'en Grande-Bretagne, fait bien partie des fonctions régaliennes[2] de l'Etat...

« La politique de Margaret Thatcher est désormais considérée comme responsable de trois crises majeures au Royaume-Uni, poursuit Michel Courat. Tout d'abord l'ESB, ensuite la peste porcine en 2000, qui sera rebaptisée par la suite "grippe A de sous-type H1N1", et enfin la fièvre aphteuse en 2001. Ces crises ont contraint les autorités britanniques à réembaucher des vétérinaires pour la plupart venus d'Espagne ou d'Europe centrale et à leur demander d'assurer une présence accrue voire permanente au sein des abattoirs. Mais les dégâts au sein de la filière ont été considérables et il a fallu du temps aux autorités britanniques pour reconstruire un maillage sanitaire digne de ce nom. »

L'attitude des autorités britanniques frappe par son cynisme et sa désinvolture face à un problème dont les effets demeurent certes imprévisibles mais dont les réper-

1. Selon le ministère des Finances, au 30 septembre 2014, la dette publique de la France s'élevait à plus de 2 000 milliards d'euros.

2. Se dit des fonctions politiques et administratives (police, justice, défense, etc.) qui dépendent directement de l'Etat et de son représentant suprême.

cussions potentielles ont pourtant été rapidement mises en lumière. L'exportation de produits interdits sur le territoire national, la rétention d'informations de la part du gouvernement britannique, les pressions politiques, autant d'éléments qui ont aggravé la situation européenne. Le manque de réactivité des partenaires communautaires, français y compris, a fait le reste.

Est-ce à dire que les crises sont le moteur des progrès de la société en matière de gestion du risque sanitaire, notamment dans le cas de l'encéphalopathie spongiforme bovine ? En tout cas, chaque soubresaut sanitaire et médiatique correspond à une nouvelle étape dans la mise en place de dispositifs de prévention. Cette crise a bien constitué un tournant dans la gestion des risques sanitaires, déclenchant une réorganisation de la scène sanitaire française.

Dans leur ouvrage intitulé *Qui contrôle ce que nous mangeons ?*, la sociologue Laure Bonnaud et le vétérinaire Jérôme Coppalle citent le témoignage assez révélateur d'un inspecteur vétérinaire : « 1996. On s'est mis à avoir des notes de service pas possibles. D'un seul coup, la DGAL[1] découvre les abattoirs, d'un seul coup les abattoirs découvrent la DGAL. Extraordinaire ! C'est un peu comme le cousin d'Amérique qui revient, on ne savait pas qu'il existait. Donc, ça, ça a été un truc dur. »

En plus de la supervision du retrait des matériaux à risques spécifiés (yeux, cerveau, moelle épinière) au sein des abattoirs, les vétérinaires sont désormais mandatés pour examiner les animaux à leur arrivée. Pour mettre en œuvre cette inspection *ante mortem*, plusieurs centaines d'agents sont recrutés par l'Etat afin de renforcer les services vétérinaires. Tout d'abord 246 équivalents temps plein (ETP)[2] en 2000, puis 300 supplémentaires au 1er janvier 2001.

1. La direction générale de l'Alimentation, qui dépend, rappelons-le, du ministère de l'Agriculture.

2. Beaucoup de contrats étant à temps partiel, le nombre de personnes embauchées est donc supérieur.

Un coût exorbitant

Quels autres bilans tirer de la crise de la vache folle ? Tout d'abord son coût exorbitant pour la collectivité, même s'il est difficile, voire quasi impossible, de dresser un bilan financier précis vingt-cinq ans après le début de cette crise. Selon le ministère de l'Agriculture français, pour la seule période s'écoulant de fin 2000 à début 2002, soit une année pleine, les aides versées par la France et l'Europe aux éleveurs français s'élevèrent à 5 milliards d'euros. Elles comprenaient le financement des mesures de retrait des MRS, la destruction des farines, l'instauration d'une traçabilité de la viande, la restructuration des professions de l'abattage et de l'équarrissage.

Un coût qui n'incluait pas l'indemnisation des victimes, la mobilisation du personnel soignant, celle, massive, des forces de l'ordre réquisitionnées pour établir des périmètres de sécurité et contrôler la réelle destruction des farines animales et l'élimination des troupeaux... A en croire Philippe Baralon, responsable du cabinet de conseil Phylum et spécialiste en stratégie des filières agroalimentaires : « Si une partie de cette somme a servi à protéger les populations, en retirant par exemple les MRS de la préparation des farines animales... une grosse moitié a servi à rassurer la population, pour un coût extrêmement élevé ; ce qui peut être regardé aujourd'hui d'un œil critique[1]. »

Au Royaume-Uni, les crises de l'ESB et de la fièvre aphteuse auraient coûté plus de 20 milliards d'euros. En Europe, selon les estimations, le coût global de cette crise de la vache folle (qui incluait les mesures de prévention, de surveillance et d'éradication systématique des troupeaux ainsi que les pertes commerciales) s'élèverait à

1. www.agrobiosciences.org, « Quand la vache folle fait le grand écart : autopsie d'une crise par Philippe Baralon », extrait de l'émission du 5 février 2007 organisée par la mission Agrobiosciences, le restaurant J'GO et diffusé sur Radio Mon Païs.

92 milliards d'euros. Le chiffre astronomique de 150 milliards d'euros a même parfois été prononcé. Si l'on se risque à comparer cette somme pharaonique au nombre de morts européens (429 au total, dont, on l'a dit, 27 Français et 177 Britanniques), chaque décès aura coûté entre 215 et 350 millions d'euros à la communauté. Des morts tragiques, qui auraient pu être évitées si les Etats européens avaient maintenu un contrôle vétérinaire et un maillage sanitaire et efficace – lesquels auraient coûté, somme toute, beaucoup moins cher.

La crise mène à la mise en place d'un système de traçabilité

Cette crise de la vache folle aura au moins eu un côté bénéfique. Elle a incité l'Europe à mettre en place un système de traçabilité censé placer la viande bovine sous haute surveillance. Théoriquement donc, il est désormais possible de suivre chaque pièce d'un bovin de l'abattoir à l'atelier de découpe et/ou de transformation jusqu'à l'étal du boucher ou au rayon du supermarché.

Au début des années 1990, le Code de la consommation imposait déjà plusieurs mentions sur l'étiquette des viandes bovines. Tout d'abord, le nom du morceau : onglet, pavé, basse côte, faux filet... ensuite son poids, son prix au kilo, son prix net, sa date d'emballage et sa date limite de consommation. Depuis les règlementations européennes de 2000 et 2002, trois indications supplémentaires sont obligatoires. Premièrement : l'origine de la viande. Si une seule origine est mentionnée, cela signifie que l'animal est né, a été élevé et abattu dans un même pays. Dans le cas contraire, l'étiquette doit préciser le pays de naissance, le pays d'élevage et le pays d'abattage. Deuxièmement : le numéro d'agrément de l'abattoir, ainsi que le pays et le numéro d'agrément de l'établissement de découpe de la carcasse, afin de permettre l'identification des établissements concernés. Troisièmement : le numéro d'identification du lot[1] qui permet de caractériser une pièce dans un lot de carcasses.

Deux autres mentions rendues obligatoires en 1992 sont redevenues optionnelles à partir de 2002 sous la pression des industriels : le type de race, race laitière, race à viande ou race mixte, ainsi que la catégorie de l'animal, en quelque sorte son sexe et son âge. Génisse pour une femelle âgée de 12 à 20 mois et n'ayant pas encore eu de veau. Vache pour les autres. Jeune bovin pour un mâle non castré élevé jusqu'à 18 mois. Bœuf pour un mâle adulte castré. Taureau pour un mâle adulte non castré. Autant d'indications pertinentes lors de contrôles mais totalement illisibles pour les citoyens-consommateurs non initiés.

Chaque bovin possède désormais un passeport

Autre conséquence de la crise : chaque bovin dispose depuis 1998 d'un passeport vert sur lequel figurent deux lettres et quelques chiffres. Les deux lettres correspondent au pays d'origine, en l'occurrence « FR » si le bovin est né en France, puis le numéro du département, soit 2 chiffres, puis 6 chiffres liés au code correspondant à l'élevage et enfin un numéro individuel. Lors de l'abattage, ce passeport mentionnera également les résultats des tests sanitaires pratiqués. Un précieux sésame censé garantir une traçabilité et une sécurité sanitaire absolues.

Depuis l'affaire de la vache folle, des directives européennes ont instauré une obligation de traçabilité et d'information concernant la viande bovine, on l'a vu, mais rien n'avait été prévu à l'époque pour les autres filières animales. Un règlement européen publié en décembre 2013 doit cependant rendre cet étiquetage obligatoire pour les viandes de porc, de mouton, d'agneau, de

1. Un lot caractérise un nombre de bêtes fourni en même temps par un même éleveur à un abattoir.

chèvre et de volaille. Il entrera en vigueur le 1er avril 2015, soit près de treize ans après celui de la viande bovine ! Seulement voilà : ce règlement ne concerne que la viande « fraîche ou congelée ».

Contrairement à ce qui se fait pour la viande de bœuf, la mention du lieu de naissance a été écartée, car jugée trop complexe et trop coûteuse à mettre en place... Dans le cas où les viandes sont issues d'animaux nés, élevés et abattus dans un même pays, les industriels pourront, s'ils le souhaitent, indiquer le pays d'« origine ». Sinon, les étiquettes ne préciseront que le pays d'élevage où l'animal aura passé « une part substantielle de sa vie » et le pays d'abattage. Pas simple quand on sait que les animaux parcourent désormais des milliers de kilomètres : nés en France, ils sont souvent engraissés en Italie, en Espagne ou en Belgique, avant d'être ramenés en France. Ces bêtes auront-elles droit à l'origine française, italienne, espagnole ou belge ? Un choix cornélien... confié aux industriels à la barbe des consommateurs. Connaître l'origine exacte de sa viande n'est pas encore pour demain... Outré, le Parlement européen a demandé à la Commission européenne, dans une résolution du 6 février 2014, de modifier cette réglementation qu'il juge insuffisante. Pour les députés, il est impératif que ce texte réponde aux attentes des consommateurs et rende obligatoire pour toutes les viandes la mention des lieux de naissance, d'élevage et d'abattage. Affaire à suivre...

Les tests ESB chez les bovins sont finalement supprimés

Sous la pression des Etats membres, qui dénoncent régulièrement les coûts des campagnes de dépistage à l'aide de tests ESB, la Commission autorise vingt-cinq pays dont le Royaume-Uni à lever l'obligation de ces tests chez les bovins de plus de 6 ans. Depuis le 1er janvier 2013, on ne procède plus qu'à des dépistages aléatoires.

En France, c'est d'ailleurs une demande de la filière viande depuis de nombreuses années. En 2008, le président de Sicarev – un groupe coopératif spécialisé dans l'abattage et la transformation de viande bovine – résumait très bien la position de la profession : « Les tests ESB sont en place depuis sept ans. Ils ont permis de rassurer les consommateurs, de rétablir la confiance et de retrouver de bons niveaux de consommation. Mais, sept ans après, pourquoi ne pas se poser les vraies questions : combien coûtent-ils aux consommateurs ? Combien coûtent-ils à l'Etat ? Combien coûtent-ils à la filière ? Et, surtout, pour quel résultat ? Cet argent pourrait être mieux utilisé ailleurs[1]. » Selon la commission qui les subventionne, ces dépistages coûtent en effet près de 36 millions d'euros par an. Leur abandon est donc un moyen de réaliser de sérieuses économies.

Dès janvier 2013, les pays autorisés à cesser les tests ont tous utilisé cette possibilité, à l'exception de la France et de trois autres pays, dont l'Allemagne, qui a élevé l'âge des tests obligatoires à l'abattoir aux animaux âgés de plus de 8 ans. Les autorités françaises s'appuyaient alors sur un avis de l'Agence nationale de la sécurité sanitaire de l'alimentation, de l'environnement et du travail (ANSES[2]), qui soulignait l'intérêt des tests pour détecter des cas atypiques. Il faut dire qu'en 2007, déjà, l'AFSSA avait confirmé l'existence non pas d'une seule « souche » d'ESB

1. *Alliances*, « Entre risques biologiques et dérives médiatiques – Sécurité alimentaire : la filière bovine en fait-elle trop ou trop peu ?... », interview de Philippe Dumas, mai 2008.

2. Créée en 2010 par la fusion de l'Agence française de sécurité sanitaire des aliments (AFSSA) et d'une autre agence, l'Agence française de sécurité sanitaire de l'environnement et du travail (AFSSET). L'ANSES est chargée de la sécurité sanitaire.

dite « anglaise[1] » (C) mais aussi d'autres souches dites « atypiques » (H et L) alors que ces dernières sont d'origine naturelle et endémique et ne seront par conséquent jamais éradiquées. L'AFSSA puis l'ANSES avaient raison, il est donc fort dommageable que ces deux agences n'aient pas suffisamment insisté sur le maintien de ces tests. Si les cas d'ESB notifiés annuellement au Royaume-Uni ont nettement diminué, passant de 37 280 bovins contaminés en 1992 à 1 144 en 2002, on en dénombrait encore 3 en 2012 et 3 en 2013[2]. Une baisse également constatée dans le reste du monde, même si on recensait encore 18 cas en 2012 et 4 en 2013, dont 2 cas français atypiques (H), 1 irlandais et 1 polonais. Début 2014, l'Allemagne en confirmait 2 de plus (H et L).

Mais, du fait de la libre circulation des viandes européennes, les professionnels français considèrent que cette exception française constitue une distorsion de concurrence. Ils affirment que le maintien des tests lors de l'équarrissage ainsi que le retrait des MRS à l'abattoir assurent la sécurité du dispositif. Le gouvernement les a entendus, puisque les tests de dépistage de l'ESB à l'abattoir ont été définitivement supprimés en octobre 2014 au grand dam du docteur Jean-Louis Thillier. Pour le scientifique, l'arrêt des tests représente une épée de Damoclès : « En 2004, l'équipe italienne dirigée par Cristina Casalone a apporté la preuve que la souche atypique L est potentiellement plus toxique pour l'homme que la souche anglaise C. En 2008, la transmission d'isolats bovins "atypiques"

1. Attention, les termes communément utilisés pour désigner les différentes souches d'ESB sont inadaptés : la souche « anglaise » est « atypique » puisqu'elle a été provoquée par la technologie agroalimentaire, alors que celles dites « atypiques » sont en fait des souches « sporadiques classiques » qui constituent le bruit de fond de l'ESB depuis de nombreuses décennies.

2. Rapport de l'Organisation mondiale de la santé animale (OIE), novembre 2014.

(souche L), qui a été réalisée sur différents modèles de souris génétiquement "humanisées", indique en outre une plus grande transmissibilité de ce type d'agent à l'homme que dans l'ESB classique. Pire, la transmission d'isolats bovins "atypiques" (souche L) a été rapportée chez le primate (macaque), qui est génétiquement très proche de l'homme. C'est pourquoi il existe un risque zoonotique pour cette nouvelle souche. Le danger est d'autant plus important qu'à l'opposé de la souche C, qui ne contaminait que le liant des viandes hachées, la souche L diffuse aux muscles, donc au fameux beefsteak[1]. » Cette fois-ci, on ne pourra pas prétendre qu'on ne savait pas !

Bientôt l'arrêt du retrait des MRS ?

L'Office international des épizooties (OIE) classe tous les pays à l'égard du statut ESB en trois critères : risque négligeable, risque maîtrisé ou risque indéterminé. La France est encore classée dans la catégorie « risque maîtrisé », mais elle pourrait, tout comme l'Allemagne, la Grèce, l'Italie, la Roumanie et la Hongrie demander son changement de statut pour passer dans la catégorie « risque négligeable ».

La grande différence entre l'Europe et le reste du monde, c'est qu'en Europe les pays à risques négligeables continuent à retirer les MRS, alors que cela n'est pas exigé pour les pays à risques négligeables du reste du monde. Des discussions européennes sont engagées sur un possible alignement complet des règles européennes sur les règles de l'OIE, mais l'abandon des mesures de maîtrise des MRS demeure contesté en Europe. Pour le docteur Thillier, ce serait même une catastrophe puisque les matériaux à risques spécifiques, on l'a vu, sont justement ces

1. *Agriculture & Environnement,* « ESB : le maintien du dépistage s'impose », juin 2013.

principaux tissus dans lesquels la protéine prion est capable de s'accumuler chez un animal contaminé. Un avis partagé par le chercheur de l'INRA Olivier Andreoletti, pour qui il est indispensable de maintenir cette mesure chez les caprins et les ovins[1]. Ne pas retirer les MRS, c'est prendre indiscutablement le risque de faire entrer ces prions-poison dans la consommation humaine et dans le circuit de l'équarrissage.

Quand la farine animale devient PAT…

La question des farines animales fait à nouveau l'objet de débats passionnés aux niveaux national, européen et mondial. En atteste cette nouvelle mesure prise par l'Union européenne le 14 février 2013, après consultation des experts des Etats membres, qui autorise, à compter du 1er juin de la même année, l'utilisation des farines de porc et de volaille dans l'alimentation des poissons d'élevage. Ces farines restent théoriquement sous étroit contrôle et catégoriquement interdites à la filière bovine. La Commission européenne entend également réintroduire, à terme, l'utilisation des protéines animales transformées (PAT) de porc et de volaille pour les volailles et les porcs. Pour éviter tout risque de cannibalisme, les volailles seraient nourries avec de la farine de porc, et vice versa.

On le voit, l'appellation « farines animales » a subi un toilettage. Le ministre de l'Agriculture rappelle qu'« il ne s'agit pas des farines animales dont on parlait pendant la crise de l'ESB, mais de protéines animales provenant de porcs et de volailles propres à la consommation ». Le texte européen précise quant à lui qu'il s'agit de protéines animales transformées, définies comme « des protéines animales qui dérivent en totalité de co-produits d'abattage propres à la consomma-

1. *Le Monde*, « La tremblante du mouton, un risque infectieux potentiel pour l'homme », 16 décembre 2014.

tion humaine excluant les animaux malades et n'incluant aucun produit à partir de sang, lait, colostrum, gélatine [...], œufs, collagène ». Cela suffira-t-il à faire la différence ?

Pour le docteur Jean-Louis Thillier, cette décision est logique et pleine de bon sens : « Les PAT pourraient être utilisées sans problème chez les poissons carnassiers, qui ont de plus la capacité de décontaminer le prion au niveau de leur tube digestif. Elles pourraient être employées pour les volailles, qui sont insensibles aux agents pathogènes des encéphalopathies spongiformes transmissibles aux ruminants. Ceci est d'autant plus important que les volailles ont un besoin physiologique naturel en protéines animales. Dans la nature les deux tiers de leur alimentation proviennent d'insectes, d'escargots, de limaces, de vers de terre et même de vipères. Enfin, elles pourraient être utilisées dans l'élevage industriel des porcs à durée de vie courte, ainsi qu'en complément de l'alimentation des vaches laitières[1]. » En revanche le spécialiste insiste sur le fait qu'il faut impérativement continuer de proscrire les PAT aux veaux, aux agneaux et aux chevreaux.

L'expert ajoute : « D'un point de vue technique, nous avons acquis aujourd'hui un état de connaissance remarquable et nous disposons de tous les moyens scientifiques pour revaloriser les protéines animales transformées et les corps gras tout en garantissant un degré de sécurité sanitaire exemplaire. » Les farines de volaille et de porc seraient donc sûres. Reste à convaincre l'opinion, ce qui semble loin d'être gagné.

Les syndicats nationaux de l'industrie des viandes et du commerce du porc (SNIV-SNCP) sont également favorables à leur utilisation. Dans leur newsletter du 20 février 2013 titrée « PAT sécurisées produites localement ou soja importé : il faut choisir ! », ils n'hésitent pas à s'arranger avec la réalité des chiffres. Ils indiquent notamment que

1. *Agriculture & Environnement,* « Farines animales : le point en 2013 », avril 2013.

« grâce à la mise en place des tests ESB à l'abattoir depuis janvier 2001 on sait que le nombre de cas d'ESB est devenu nul en France depuis 2010 »... Le SNIV-SNCP n'aurait-il pas accès aux statistiques de l'OIE, qui précise pourtant dans son dernier rapport que si les cas d'ESB chez les bovins ont diminué de façon drastique ils ne sont pas nuls ? La France a recensé 5 cas en 2010, 3 en 2011, 1 en 2012 et encore 2, on l'a dit, en 2013.

Ces syndicats accusent au passage « les médias, tout comme certains responsables politiques, d'entretenir volontairement la confusion entre les "farines" et les protéines animales transformées ». Ils ajoutent : « Aujourd'hui nos propres PAT, ainsi que nos graisses animales, sont détournées vers d'autres usages ou exportées vers l'Allemagne, la Belgique... tandis que les fabricants d'aliments français importent du soja : un vrai non-sens écologique ! » Les auteurs concluent ainsi leur démonstration : « La formulation des aliments sans PAT est plus onéreuse. Non seulement l'aliment du bétail est plus cher – donc la viande produite est également plus chère – mais, en plus, l'abattoir valorise moins bien ses sous-produits animaux : un véritable gaspillage alimentaire ! Ne pas utiliser les PAT en France serait un triple non-sens : de la qualité, de l'environnement et de l'économie. »

Les farines animales seront-elles à nouveau utilisées en France ?

Pour le député européen José Bové, également vice-président de la commission Agriculture et Développement rural au Parlement européen, la question est grave et il ne mâche pas ses mots : « On n'a jamais vu un poisson manger un cochon ! Abandonner les tests et réintroduire les farines animales dans le même temps, c'est irresponsable. Nous savons que les farines animales font l'objet de trafics et sont difficiles à contrôler. Lever l'interdiction est suicidaire, car le coût peu onéreux de la farine va entraîner une multiplication de cette pratique et forcément des dérapages. »

Certains spécialistes évoquent les risques liés aux méthodes de fabrication et de livraison des aliments pour bétail. Ce sont les mêmes camions qui livrent à la fois les produits carnés et les produits végétaux. Des mélanges pourraient se produire lors du transport dans des bennes mal nettoyées : c'est la contamination croisée. Des risques qui n'ont pas été prouvés dans le cas de la vache folle, mais qui l'ont été dans d'autres affaires. Les enquêtes menées depuis 2008 par le Service national des enquêtes (SNE) de la direction générale de la Concurrence, de la Consommation et de la Répression des fraudes (DGCCRF), rattachée au ministère des Finances, ont démontré l'existence de transports alternés en citernes alimentaires alors que c'est interdit (lait puis jus d'orange par exemple) et d'autre part dénoncé des pratiques à risques dans le transport alterné des aliments pour animaux. Des pratiques dangereuses en raison du risque de contamination des aliments pour animaux par des produits toxiques, tels que des déchets de plomb, des poussières d'aciéries, de la terre polluée aux hydrocarbures ou encore des fertilisants organiques.

En 2012, les enquêteurs ont constaté que « les procédures de nettoyage et de désinfection des bennes étaient insuffisamment appliquées et découvert de fausses déclarations de lavage[1] ». Ils ont noté que « la recherche de marchandises pour ne pas revenir à vide avait pu conduire des transporteurs à charger des produits à risques qui n'auraient pas dû être transportés dans ce type de benne » et que « certains sous-traitants ne présentaient pas toutes les garanties de sécurité ». Une centaine d'entreprises ont été contrôlées et une vingtaine d'entre elles ont fait l'objet de procès-verbaux pour tromperie, ce qui signifie qu'un

1. Communiqué de presse : « L'action de la DGCCRF : prévenir les fraudes économiques aux effets sanitaires potentiels », 23 octobre 2014.

transporteur sur cinq n'était pas dans les clous. Difficile dans ces conditions de s'assurer que des résidus de farine animale de bovin ne finiront pas dans les rations quotidiennes d'un autre élevage... de bovins.

A l'occasion du Salon de l'agriculture de 2013, François Hollande a déclaré que la France « s'opposerait aux farines animales [...] et ne les introduirait pas » ! Une position bien difficile à tenir, puisque le marché du poisson est tout aussi mondialisé que celui de la viande et soumis à une circulation quasi libre. Il s'en consomme d'ailleurs de plus en plus à travers le monde. En 2012, 66 millions de tonnes de poissons d'élevage ont été produites, contre 63 millions de tonnes pour la viande de bœuf[1]. Et cette tendance ne cesse de progresser. Selon les projections de la FAO, en 2020 les produits aquatiques seront les premiers produits animaux les plus consommés par l'homme. Aujourd'hui, chaque habitant en consomme 18,8 kilos par an, ce qui est deux fois plus qu'il y a cinquante ans !

Françoise Médale et Sadavasivam Kaushik, deux chercheurs de l'INRA, rappellent que des farines de plumes de volailles et des farines de sang sont permises depuis quelques années. « Mais elles sont très peu utilisées par les professionnels en France, en raison de l'image négative de ces produits[2]. » Pour Delphine Batho, ancienne ministre de l'Ecologie, il est « très important que la filière piscicole française s'organise pour qu'il y ait un label "sans farine animale" qui puisse faire son apparition sur les étalages, pour dire aux consommateurs français : le poisson que vous achetez n'a pas été nourri avec de la viande[3] ».

1. Enquête de l'organisation environnementale américaine Earth Policy Institute, 2012.

2. *Sud-Ouest*, 22 février 2013.

3. *Le Figaro*, 17 février 2013.

Le procès de la vache folle n'aura pas lieu

Il n'y aura pas de procès du scandale alimentaire de la vache folle. Jean-Louis Thillier avait vu juste. Après dix-sept ans de procédure, le tribunal de Paris a délivré un non-lieu général en juillet 2014. Les quatre personnes (l'une d'entre elles est décédée en 2010) du secteur de la fabrication ou du négoce d'aliments pour bétail mises en examen en 1997 pour « tromperie sur la qualité d'un produit » ou « falsification » ont été lavées de tout soupçon. Selon le tribunal, si le lien entre le fait d'avoir mangé du bœuf et cette maladie est bien reconnu, « aucun lien objectif et irréfutable ne peut être établi entre les éléments en cause et les décès ».

Pour la juge d'instruction du pôle santé publique Marie-Odile Bertella-Geffroy, qui a instruit le dossier entre 2005 et 2013 – date à laquelle elle a été déchargée de ses dossiers par la garde des Sceaux –, cette décision n'est pas étonnante : « Il est tellement difficile d'établir un lien de causalité entre telle victime de l'ESB et la consommation de viande en particulier. En droit pénal, il faut trouver un lien de causalité entre le décès d'une personne et tel bifteck, si je puis dire. Il faut retrouver le bovin contaminant mais aussi faire le lien avec les négligences commises dans la gestion du cheptel ou chez les décideurs[1]... » Pour les familles des victimes, c'est évidemment la douche froide. Pour l'UFC-Que Choisir, qui pointe « une lenteur coupable et inadmissible de la justice [...] c'est décourageant[2] ».

Pour Jean-Louis Thillier, en revanche, cette décision n'est pas surprenante : « Les juges d'instruction ont persisté à chercher des boucs émissaires, au lieu de mener

1. Newsletter *Pourquoi docteur,* « Affaire de la vache folle : "Le non-lieu n'est pas un scandale" », 15 avril 2014.

2. *Journal international de médecine,* interview d'Alain Bazot, président de l'UFC-Que Choisir, 15 avril 2014.

leur instruction du côté des véritables décideurs, c'est-à-dire de l'Etat français et des gouvernements à l'origine des différentes directives. Les mises en examen, souvent spectaculaires, ont *de facto* permis de protéger l'Etat, notamment grâce à un égarement volontaire dans un dossier complexe aux implications multiples. Souvent, ces mises en examen reflétaient un aveu d'impuissance alors que, politiquement, l'enjeu était de montrer aux consommateurs que l'Etat obtenait rapidement des résultats, quitte à procéder à des raccourcis scientifiques révoltants. Ce procès n'a pas eu lieu car une accumulation de dissimulations et de contrevérités, véhiculées par certains conseillers scientifiques des décisionnaires et diffusées par les médias, l'en ont tout simplement empêché. Et ce, au risque de mettre en péril la santé des consommateurs[1]. »

Depuis, l'expert judiciaire et consultant scientifique plaide au niveau européen « pour la création de plates-formes expertales interdisciplinaires indépendantes qui ne devront pas, lors de crises sanitaires, rechercher le consensus qui risquerait d'appauvrir la réflexion mais viser à susciter la controverse et prendre les avis de scientifiques du cercle non officiel et d'ONG[2] ». Selon lui : « Toute décision doit reposer sur les informations dont dispose le décideur qui doit connaître les effets de son choix. Ainsi l'expert "systémique" doit être apte à communiquer et à participer à des débats ouverts avec des décideurs et avec la société civile. » De son côté, Marie-Odile Bertella-Geffroy milite pour la création d'un tribunal pénal européen de l'environnement et de la santé.

1. *Agriculture & Environnement,* « Vache folle : les raisons d'un non-lieu », mai 2014.

2. *Recueil Dalloz,* « Entretien avec Jean-Louis Thillier. Crises sanitaires : nouveaux enjeux de l'expertise scientifique et de l'expert », 2 octobre 2014.

Equarrisseur : un métier devenu hyper rentable

Une mission interministérielle pour l'élimination des farines animales est créée en novembre 2000. Elle sera discrètement dissoute quatre ans plus tard sans que le problème ait été réglé. Cette mission préconisait la construction de quatre incinérateurs dédiés à l'élimination des stocks. En 2006, aucune de ces usines n'avait vu le jour, alors que le ministère de l'Agriculture avait promis que les stocks seraient détruits dans les trois ans. Si une partie des farines animales a été écoulée notamment en Allemagne jusqu'à l'application de l'interdiction, et une autre partie utilisée comme combustible pour chauffer les cimenteries, qu'en est-il des stocks restants ?

Depuis le désengagement de l'Etat et la privatisation de cette activité en 2009, la gestion des déchets d'abattoir et des cadavres d'animaux morts représente une charge importante pour les éleveurs (un quart du coût total) et plus généralement pour l'ensemble de la filière (les trois quarts restants). Aujourd'hui, dans un nouveau contexte réglementaire et technologique, les entreprises d'équarrissage se disputent ce marché devenu bien lucratif : 120 millions d'euros pour 420 000 tonnes collectées annuellement.

Les sociétés privées d'équarrissage, en situation d'oligopole (Saria et Atemax détiennent 80 % du marché, Monnard et Sopa les 20 % restants), se disputent une marchandise devenue très valorisable afin de s'assurer un double profil : être rémunérées une première fois pour enlever la matière première, puis une deuxième fois pour la vendre. Fantastique, n'est-ce pas ?

En plus de la transformation des cadavres d'animaux morts en engrais ou en combustible destiné à chauffer les cimenteries, les graisses animales sont désormais transformées en biocarburant pour les véhicules à moteur Diesel. Une nouvelle disposition fiscale permet en effet de doubler le taux d'incorporation de biocarburants non issus d'huile végétale dans le gazole. Une anecdote, en passant : Xavier

Beulin, président de la FNSEA et de Sofiproteol – l'entreprise leader du biodiesel français issu d'huile de colza (85 % du marché) –, s'est rapproché d'Atemax pour construire une nouvelle unité de production de 70 000 tonnes à Compiègne, laquelle devait être opérationnelle fin 2014.

Faut-il craindre une nouvelle vague de forme humaine de la vache folle ?

D'après une étude britannique relayée par Jean-Marie Aynaud, vétérinaire-chercheur à l'INRA, pendant la crise de la vache folle pas moins de 500 000 bovins contaminés seraient malgré tout passés dans la chaîne alimentaire en Grande-Bretagne, et près de 7 000 en France[1].

Des chiffres que semble confirmer une autre étude[2] : un Britannique sur deux mille serait porteur du prion-poison, la protéine de la variante humaine de la vache folle. Les chercheurs ont récupéré dans 41 hôpitaux anglais plus de 32 000 appendices prélevés au cours d'appendicectomies sur des patients de tous âges entre 2010 et 2012. Ces appendices sont en effet des lieux de passage des prions-poison avant d'atteindre le cerveau. La bonne nouvelle, c'est que, sans doute grâce à leurs profils génétiques, ces « porteurs sains » n'ont pas développé la pathologie qui a causé la mort de 177 Britanniques. La mauvaise, c'est que cette maladie peut avoir de longues périodes de latence...

En France, le docteur et expert en santé animale et humaine Jean-Louis Thillier sonne le tocsin : « J'estime que ce chiffre est d'environ 1 sur 5 000, voire 1 sur 10 000. En tout, je pense que 1 000 à 2 000 malades français devraient se déclarer d'ici dix ou quinze ans. Pour en être

1. Mémento « Des vaches cannibales ! Des brebis qui tremblent ! Des prions mystérieux ! Des farines britanniques ! : l'histoire d'une crise folle (1996-2001) », version 2, octobre 2012.

2. *British Medical Journal*, octobre 2013.

sûr, il faudrait effectuer le même type de campagne de dépistage que celui mis en place au Royaume-Uni. Mais les autorités françaises, qui tiennent sans doute à préserver les intérêts de la filière bovine, ne veulent pas s'y risquer[1]. »

Le responsable de la cellule nationale de référence sur la maladie se voulait, quant à lui, rassurant : « En raison de leur profil génétique, les maladies de Creutzfeldt-Jakob après traitement par hormones de croissance sont survenues en deux vagues séparées de cinq ans. Pour la variante liée à la viande contaminée, les premiers cas sont apparus il y a seize ans, il est étonnant que la deuxième vague, si elle doit survenir, ne soit pas encore apparue[2]. » Mais l'hypothèse n'est pas exclue pour autant. « Quarante ans après avoir consommé des éléments du système nerveux de parents malades, des Papous sont décédés du kuru – la maladie proche de Creutzfeldt-Jakob », ajoute-t-il.

Les projections des statisticiens prévoient, quant à elles, qu'une seconde épidémie entre 2020 et 2035 devrait voir le jour chez certains « porteurs sains » et chez des personnes contaminées par transmissions secondaires (transfusion sanguine, greffe). En effet, il n'existe pas de test de dépistage de la maladie, et le risque lors de transfusions sanguines a été démontré par une étude toulousaine[3]. Selon Juliette Coste, spécialiste des prions à l'Etablissement français du sang, « les résultats anticipés par les modélisations mathématiques se sont souvent avérés exacts ». Affaire à suivre… sachant que la vingt-sixième victime française de l'ESB est décédée en juin 2012, la vingt-

1. *Le Parisien*, « On sous-estime le nombre de morts à venir », 14 avril 2014.

2. *Sciences et Avenir*, « Maladie de Creutzfeldt-Jakob : faut-il craindre une 2e vague ? », interview de Jean-Philippe Brandel, 5 novembre 2013.

3. Etude conjointe de l'INRA et de l'Ecole nationale vétérinaire de Toulouse parue dans le journal *Emerging Infectious Diseases*, en décembre 2013.

septième française et la cent soixante-dix-septième britannique en 2013. Cette même année, quatre Américains et quatre Canadiens sont morts des suites de leur contamination à la vache folle.

Autre phénomène inquiétant révélé récemment par plusieurs études[1] américaines, mexicaines et grecques, biopsies et autopsies à l'appui : près de 14 % des malades diagnostiqués Alzheimer sont en fait atteints du nouveau variant de la maladie de Creutzfeldt-Jakob. Au nom du fameux principe de précaution, il serait bon de prendre enfin le taureau par les cornes.

1. *Neurology Clinical Practice,* « Diagnosis and treatment of rapidly progressive dementias », septembre 2012.

4

... au cheval clandestin

Le préfet de la Seine savait-il, en autorisant la consommation de cheval à partir du 9 juin 1866 – avec l'aval de la Société protectrice des animaux (SPA) –, que cette viande serait l'objet, cent cinquante ans plus tard, d'un énorme scandale alimentaire paneuropéen ?

Cette viande était interdite depuis le XVIIe siècle par l'Eglise catholique – sauf en période de famine et de disette – car elle était associée à des pratiques rituelles païennes. Le naturaliste Geoffroy Saint-Hilaire relance le débat au début du XIXe siècle : il considère, comme de nombreux médecins et vétérinaires, que la viande de cheval peut apporter une alimentation carnée à ceux, trop nombreux, qui en sont privés. De son côté la SPA – créée en 1845 et reconnue d'utilité publique quinze ans plus tard – estime que les arguments « utilitaires » sont les meilleurs garants de la protection animale : un animal bien soigné sera d'un meilleur rendement... Un propriétaire de cheval désireux de vendre son animal à un boucher en prendra davantage soin, et cela évite, de surcroît, un gaspillage inutile.

Comme le rappelle Damien Baldin, auteur d'une *Histoire des animaux domestiques*, la première loi française de protection animale, la loi Grammont, date de 1850. Elle dénonce la violence sur les animaux dans les lieux publics, même si, précise l'historien, elle vise plus particulièrement les brutalités des charretiers, omniprésents dans les villes, et prend moins en compte la souffrance animale que la sensibilité du spectateur involontaire.

Les premières boucheries chevalines ouvrent leurs portes dès la fin du XIXe siècle. La consommation de viande de cheval rencontre dès lors un franc succès et se banalise, poussée par la mécanisation de l'agriculture et par l'arrivée de la voiture. Ce n'est qu'après la Seconde Guerre mondiale qu'elle décroît au profit de la viande bovine, le cheval devenant avant tout un animal de loisirs et de compagnie. Manger du cheval est aujourd'hui tabou au Royaume-Uni, et interdit dans certains Etats américains. C'est sans doute pour cette raison que le scandale de la viande de cheval a pris une telle ampleur dans l'opinion publique…

Début du « chevalgate »

Le 16 janvier 2013, la viande de cheval fait la une des journaux quand les Britanniques découvrent que de la viande de cheval a été retrouvée dans des hamburgers à base de bœuf. Dans ce pays où le cheval est presque un membre de la famille, c'est un outrage… Bien que la viande incriminée ne présente « aucun danger pour le consommateur » et ne fasse par conséquent l'objet d'aucune alerte sanitaire, les distributeurs et les chaînes de supermarchés britanniques retirent sur-le-champ 10 millions de burgers de la vente. Trois semaines plus tard, le 7 février 2013, les Français apprennent, à leur tour, que des lasagnes Findus estampillées « pur bœuf », vendues dans leurs supermarchés, contiennent aussi de la viande de cheval.

Le lendemain, l'entreprise Comigel, sous-traitante de Findus, retire tous ses produits et met en cause un de ses fournisseurs : l'entreprise Spanghero. La fraude concernerait 800 tonnes de viande de cheval. La crise devient européenne et marque le début du « chevalgate »... Les Européens découvrent que près de 4,5 millions de plats cuisinés contenant du « cheval clandestin » ont été distribués dans une quinzaine de pays européens, principalement la France, l'Allemagne, l'Espagne, la Grèce, la Hollande, l'Irlande, l'Italie, la Lettonie, la Norvège, la Pologne, le Portugal, le Royaume-Uni, la Russie, la Suède ou encore la Suisse, et jusqu'à Hong Kong. Selon les services des fraudes européens, ce trafic durait depuis plus de six mois et les consommateurs trompés se comptent désormais par dizaines de millions...

En France, Findus n'est pas la seule marque incriminée. Toutes les grandes marques sont concernées par cette affaire[1] : Auchan, Carrefour, Cora, Grand Jury, IKEA, Monoprix, Nestlé, Panzani, Picard, Système U, Thiriet, Toupargel et William Saurin.

Les Européens découvrent le manque de traçabilité des produits préparés...

Au début de l'affaire, Barthélemy Aguerre, le PDG de Spanghero – débarqué quelque temps plus tard –, avoue son incompréhension. Il affirme aux journalistes venus l'interroger que « la magouille vient d'ailleurs », que « nous n'avons pas changé les étiquettes », que « nous recevons du bœuf et nous revendons du bœuf, sans le toucher[2] »... Toutefois, après avoir saisi près de mille cinq cents factures, les enquêteurs de la Brigade nationale d'enquêtes vétérinaires et phytosanitaires – les super-

1. *60 Millions de consommateurs,* « Viande de cheval : la liste des produits incriminés », 2 avril 2013.

2. *Paris Match,* « Pour Spanghero, "la magouille vient d'ailleurs" », 15 février 2013.

inspecteurs de la DGAL – sont formels. Ils disposent de suffisamment d'éléments pour établir « les faits de tromperie ». Selon eux, l'entreprise ne pouvait ignorer que la viande utilisée était du cheval, et non du bœuf. Le code douanier « 0205 0080 », qui correspond à la viande chevaline, apparaissait bien sur les documents. Celui de la viande bovine commence par « 0201 » ou « 0202 ».

Leur conclusion est immédiatement suivie de sanctions. Spanghero se voit signifier le retrait de son agrément sanitaire pour le négoce de viande, dès le 14 février 2013. Mais, selon nombre de professionnels de l'agroalimentaire, les pratiques frauduleuses de l'entreprise de Castelnaudary étaient un secret de Polichinelle. La profession des industriels charcutiers et traiteurs français[1] avait été alertée trois ans plus tôt. Cette information faisait suite à une enquête lancée à la demande des autorités néerlandaises concernant 4 000 tonnes de viande de cheval écoulées entre 2006 et 2009 en lieu et place de viande de bœuf. Et ô surprise, cette affaire impliquait déjà les personnes mises en cause par la suite lors du « chevalgate » ! Le groupe Picard avait pris ses précautions et demandé par écrit à ses sous-traitants, notamment à Comigel, de ne pas se fournir en viande chez Spanghero.

Les consommateurs européens, consternés par ces révélations, prennent alors conscience que contrairement à la viande bovine, qui bénéficie, depuis l'affaire de la vache folle, d'une traçabilité de la fourche à la fourchette, les plats préparés, qu'ils soient surgelés ou non, ne sont soumis à aucune réglementation européenne. Ils réalisent alors qu'il en va de même des produits utilisés pour la restauration rapide comme pour la restauration collective, et que c'est aussi le cas d'une grande partie de ces fameux plats « tout prêts » servis dans les restaurants et les bras-

1. Audition de Robert Volut, président de la Fédération des industriels charcutiers et traiteurs, par la commission Viande du Sénat en 2013.

series. S'il est désormais possible de suivre chaque pièce d'un bovin de l'abattoir à l'atelier de découpe et/ou de transformation jusqu'à l'étal du boucher, au rayon du supermarché, ou à l'assiette servie dans un restaurant, impossible en revanche de savoir d'où vient le jambon de sa pizza surgelée ou de son sandwich jambon-beurre, le poulet de son cordon-bleu ou de ses nuggets, le bœuf de sa moussaka, de son chili con carne ou de ses lasagnes...

Il n'est pas non plus possible de savoir si les ingrédients annoncés par les étiquettes sont réellement ceux contenus dans le produit, tant les affaires de tromperie aggravée, selon la terminologie juridique, sont nombreuses et pleines de surprises. Du porc ou du cheval dans des raviolis pur bœuf, ou des boulettes d'élan, de la chèvre ou de l'âne dans des merguez, du chien dans des kebabs... Certains industriels ne s'embarrassent pas d'états d'âme, lorsqu'il s'agit d'optimiser les vides juridiques et les dividendes de leurs actionnaires.

D'autres fabricants sont désormais plus circonspects. Le docteur John O'Brien, responsable de la sécurité du centre de recherche du groupe Nestlé, reconnaissait que son entreprise effectuait désormais de nombreux tests ADN et recherchait non seulement la présence de cheval et de chèvre, mais aussi... de chien et de kangourou[1] !

... la complexité des circuits...

Revenons à nos lasagnes... Ce scandale est également l'occasion pour les Européens de découvrir la complexité des circuits. Partie de Roumanie, stockée aux Pays-Bas, puis réceptionnée à Castelnaudary par l'entreprise Spanghero, qui l'a achetée via Jan Fasen – un trader chypriote l'ayant lui-même sous-traitée à un autre trader néerlandais –, la viande de cheval rebaptisée « viande de bœuf » a

1. *Irish Times*, 28 décembre 2013.

atterri dans une usine luxembourgeoise appartenant au français Comigel. La viande de cheval utilisée dans les désormais célèbres lasagnes Findus a donc parcouru près de 4 500 kilomètres, avant d'être cuisinée au Luxembourg ! Une fois emballés, les plats sont redirigés vers les plates-formes de distribution, pour être transportés en camion jusqu'aux supermarchés, avant d'atterrir *in fine* dans les assiettes des consommateurs.

A la suite de cette affaire, les ministres français de l'Agriculture, de la Santé et de la Consommation se sont empressés de rassurer les consommateurs français : à les en croire, la présence de viande chevaline – qui coûte 30 % de moins que la viande de bœuf – ne représentait « aucun danger pour le consommateur ». Mais pour les vétérinaires garants du contenu de nos assiettes, cette affirmation était un peu rapide car en termes de sécurité sanitaire il est impossible de dissocier qualité et traçabilité. C'est presque une lapalissade ! Difficile en effet de garantir au consommateur que la viande est conforme aux normes microbiologiques et qu'elle ne présente pas de médicaments interdits, puisqu'il s'agit d'un trafic et qu'elle n'a pas été contrôlée...

Face aux médias, le ministre de l'Agriculture, Stéphane Le Foll, a poussé des cris d'orfraie et demandé qu'on lui laisse le temps de prendre connaissance du dossier. Le 11 février 2013, il déclarait : « Je découvre la complexité des circuits et de ce système de jeux de trading entre grossistes à l'échelle européenne. » Ce qui a de quoi surprendre, de la part d'un ministre issu du sérail, petit-fils de paysan breton, qui a obtenu un BTS agricole, puis une maîtrise et un DEA d'économie, avant d'enseigner l'économie dans plusieurs lycées agricoles comme à l'université de Nantes, pour finalement se lancer en politique... En 2004, Stéphane Le Foll est élu député européen et siège à la commission de l'Agriculture et du Développement rural. En 2006, il crée, avec Edgard Pisani, ministre de l'Agriculture de 1961 à 1966, et avec d'autres chercheurs, le groupe

Saint-Germain, un cercle de réflexion sur les politiques alimentaires et agricoles, dont le but affiché est de contribuer à repenser le projet agricole. En 2010, il est l'auteur d'un rapport sur l'agriculture et le changement climatique. En 2012, il devient ministre de l'Agriculture ainsi que porte-parole du gouvernement. Il est entouré d'une équipe qu'il peut consulter à tout moment... Mais bon... le ministre n'en tombe pas moins de haut !

... l'existence des traders...

Le « chevalgate » a conduit à une autre prise de conscience brutale : le marché de la viande, tout comme le marché des céréales, est dorénavant entre les mains de spéculateurs. Une petite remontée dans le temps s'impose... Les contrats à terme – qui permettent à l'acheteur et au vendeur de déterminer à l'avance le prix d'un produit – apparaissent à la fin du XIXe siècle à Chicago. L'idée est de permettre aux agriculteurs de limiter les risques de pertes liés aux fluctuations des prix. Lorsque les prix chutent, l'agriculteur est protégé. Lorsque les prix flambent, les investisseurs réalisent des profits.

Entre les deux guerres mondiales, afin de circonscrire les excès de la spéculation sur les produits agricoles, le président américain limite le nombre de transactions des spéculateurs n'ayant aucun lien direct avec le commerce physique des céréales. Jusqu'en 1973, les échanges de capitaux internationaux sont scrupuleusement contrôlés, mais, sous la pression du financement de la guerre du Vietnam, le gouvernement américain cède au lobby financier. Dès lors, le commerce mondial passe aux mains des financiers, puis d'investisseurs extérieurs n'ayant parfois aucune idée de ce qu'est une matière première.

Jusqu'à la fin des années 1990, les contrats purement spéculatifs ne représentent que 20 % du marché. Les contrats à terme remplissent leur mission : ils protègent les agriculteurs, les négociants et les entreprises de transformation alimentaire. Avec l'éclatement de la bulle Internet[1] en 2000, la crise des subprimes[2] en 2007 et la crise financière mondiale qui a suivi, le marché des matières premières devient à 70 % spéculatif. Les spéculateurs ont alors migré de façon massive de la finance vers l'alimentation. En dix-huit mois, le cours du blé a doublé, celui du maïs a augmenté de 93 % et celui du riz de 104 %[3], et la viande est également l'objet d'intenses spéculations.

Désormais, c'est indubitablement la loi du prix le plus bas qui prime, et ce au détriment de toute considération écologique, la viande s'échange par téléphone et par Internet, quelle que soit l'absurdité des kilomètres parcourus. Barthélemy Aguerre, également vice-président de la coopérative Lur Berri – maison mère de la société Spanghero depuis 2009 dont il est aussi le PDG – ne s'en cachait pas : « Une partie de notre activité repose sur le fait d'être des intermédiaires. Il y a plusieurs centaines d'abattoirs en

1. La bulle Internet se forme à la fin des années 1990 sur les marchés boursiers autour des valeurs des secteurs des technologies de l'information, des nouveaux médias et des télécommunications. Une faible inflation et des taux d'intérêt trop bas gonflent artificiellement le cours des actions, aux Etats-Unis mais aussi dans le monde entier. Elle commence à éclater en mars 2000, avec la remontée des taux d'intérêt à long terme.

2. Les subprimes sont des crédits immobiliers à taux variables pratiqués aux Etats-Unis. Ils étaient jugés risqués mais rentables tant que le cours de l'immobilier américain était en hausse rapide. De nombreux ménages furent séduits par ces crédits à long terme qui leur permettaient d'accéder à un logement assez aisément. Néanmoins, lorsque les ménages, ne pouvant plus faire face aux taux d'intérêt variables, n'ont pas pu rembourser leurs crédits, c'est tout le système qui s'est effondré. Ce qui a eu des répercussions sur le marché mondial.

3. En 2010, selon Jean Ziegler, la multinationale Cargill basée à Minneapolis/USA a contrôlé 26,8 % de tout le blé commercialisé dans le monde, le groupe français Louis Dreyfus basé à Paris a géré 31 % du commerce mondial du riz. Cf. *Bastamag*, « Les spéculateurs devraient être jugés pour crime contre l'humanité », 19 décembre 2011.

Europe. Nous achetons à celui qui fait la meilleure offre et nous revendons aux industriels[1]. » D'après l'enquête de la Brigade nationale d'enquêtes vétérinaires et phytosanitaires (BNEVP), la société Spanghero reçoit des « pièces découpées dans la masse » qu'elle ne « déballe pas », avant de les rediriger – après les avoir réétiquetées sous l'appellation « bœuf » – vers l'entreprise Tavola, sise au Luxembourg et chargée par le français Comigel de cuisiner des lasagnes pour la marque suédoise Findus.

Finalement, le plus alarmant, c'est que le ministre de l'Agriculture Stéphane Le Foll ait semblé découvrir l'existence des traders... Dans son relevé d'observations provisoires sur la sécurité sanitaire de l'alimentation[2], rapport qui n'a pas été rendu public et que j'ai réussi à me procurer, la Cour des comptes s'émeut du fait qu'« alors que les abattoirs et les établissements de production/transformation sont soumis à des règles strictes et à des inspections régulières, les courtiers en produits d'origine animale ne sont soumis à aucun encadrement ».

Tout en soulignant que « l'affaire Spanghero a montré les risques inhérents aux négociants et traders », le document rappelle néanmoins que, dans deux rapports successifs[3], les enquêteurs de la BNEVP avaient déjà tiré la sonnette d'alarme : « Les courtiers ne sont ni connus des services de contrôles ni recensés dans le SIGAL [le système d'information de la DGAL] comme un maillon de la traçabilité. »

Ces rapports mettaient en exergue, bien avant les scandales sanitaires récents, les dérives potentielles de l'indus-

1. *L'Obs*, « Viande de cheval : zoom sur les 4 principaux acteurs du scandale », 11 février 2013.

2. L'exercice par le ministre chargé de l'agriculture de ses missions relatives à la sécurité sanitaire des aliments, exercices 2009-2013, 17 juillet 2013.

3. Rapports sur la viande hachée en 2007 et sur la viande séparée mécaniquement (VSM) en 2008.

trie agroalimentaire. Ils donnaient l'exemple d'un opérateur vendant des produits destinés à l'alimentation animale entre 0,10 et 0,20 euro le kilo à un courtier, qui les revendait ensuite, sous la dénomination « parure », 1,10 euro le kilo à un atelier de produits transformés... Alléchant !

Après avoir précisé qu'elle avait réussi, dès 2007, à identifier une cinquantaine d'établissements de courtage en viande, la BNEVP précisait : « Les courtiers sont difficiles à joindre car ils n'ont pas de locaux spécifiques et ne voient jamais les denrées. Les produits dans les ateliers de préparation des viandes proviennent de France et de toute l'Union européenne : d'Italie, d'Espagne, des Pays-Bas, d'Irlande et de Belgique. Les circuits sont assez complexes. » Les enquêteurs ajoutaient : « Les contrôles de ce type de circuit sont impossibles à réaliser, la fraude est donc facile à mettre en œuvre », avant de recommander de recenser les courtiers et de soutenir au niveau européen un encadrement de leur activité, afin d'améliorer la traçabilité des produits alimentaires. Sept ans après leurs recommandations, force est de constater que rien n'a été fait.

... et le minerai

Après avoir découvert l'existence des farines animales, les citoyens-consommateurs ont appris l'existence d'une nouvelle spécialité : le « minerai de viande ». Ce « délice du chef » est composé de petits morceaux invendables au consommateur en l'état : des chutes de muscles striés, des petits morceaux de muscles bas de gamme (parure) et des tissus graisseux, ainsi que parfois, même si cela ne devrait pas être le cas, des nerfs, des tendons et des cartilages. L'ensemble des parties compactées est ensuite vendu aux industriels par blocs conditionnés réfrigérés, sous vide ou surgelés, allant de 10 à 25 kilos. Ce minerai, vendu à faible coût, peut ensuite être haché afin de constituer des steaks. Il peut aussi être utilisé dans la préparation de plats surgelés tels que les lasagnes, la moussaka, les boulettes de viande ou la sauce bolognaise. Si, si !

Attention, le minerai de viande ne doit pas être confondu avec un procédé poétiquement appelé « viande séparée mécaniquement » (VSM), d'une qualité qui réussit à être encore inférieure. La recette : contrairement au minerai, la VSM s'obtient en raclant les restes de viande encore présents sur les os des animaux abattus, découpés et désossés. En plus des restes de viande, elle contient donc de la graisse, du collagène, ainsi que des bouts d'os et de cartilage agglomérés. Comme le rappelle Constantin Sollogoub, ancien inspecteur des abattoirs à la retraite : « Ce sont des bouts de machin, de gras notamment. En fait, c'est catégoriquement de la merde. Il y a quarante ans, cette matière allait à l'équarrissage pour être brûlée. Les industriels n'osaient même pas en faire de la bouffe pour chats[1] »... Mais voilà, la VSM est encore moins chère que le minerai... et on peut l'utiliser aussi bien dans les raviolis que dans les saucisses. Miam miam !

A la suite de ce scandale, Guillaume Garot, alors ministre délégué chargé de l'Agroalimentaire, a relayé la demande des industriels qui souhaitaient redorer leur image et faire du passé table rase en mettant en place un nouveau code qualité. De nouvelles dénominations professionnelles devaient ainsi voir le jour. De façon globale, l'appellation « minerai », qui avait choqué l'opinion publique, devait disparaître au profit d'une nouvelle nomenclature en dix catégories, répertoriées sous le nom « matières premières de viandes ». Les types de viandes devant y figurer seraient « mieux décrits afin d'être mieux utilisés ». Le problème, c'est, que faute de consensus euro-

1. *Rue 89*, « Minerai de viande : "Avant, on n'osait pas en faire de la bouffe pour chats" », 14 février 2013.

péen, l'encadrement de la composition du minerai de viande a été renvoyé aux calendes grecques. C'est donc à nous consommateurs d'utiliser les armes constitutionnelles dont nous disposons – mobilisation populaire, vote, grève générale – pour forcer les ministres de l'Agriculture à entendre nos voix.

Le scandale est découvert six mois plus tôt, en Irlande

La première analyse qui a mis la puce à l'oreille des services sanitaires européens a été effectuée, six mois plus tôt, en avril 2012, par l'Autorité de sécurité alimentaire irlandaise. Le professeur Alan Reilly, directeur de cette agence, est intrigué par les tarifs ridiculement bas de certains burgers vendus en supermarché. Il décide alors de lancer une série de tests ADN afin de s'assurer que les industriels ne trichent pas en essayant de faire passer de la viande de cheval pour de la viande bovine. Les résultats sont pires que ce qu'il imaginait... Le premier burger pur bœuf analysé, vendu par la chaîne de supermarché Tesco, se révèle contenir 29 % de viande de cheval. Il poursuit alors ses investigations en faisant analyser 27 marques de hamburgers prétendument 100 % pur bœuf : 10 contiennent de l'ADN de cheval, et l'alerte sanitaire est lancée le 15 janvier 2013. Les marques Aldi, Co-op ou encore Burger King sont également mises en cause.

Encore plus surprenant : 23 des 27 burgers analysés contiennent de l'ADN de porc. Vous remarquerez au passage que le grand public n'a absolument pas été informé de la présence de viande de porc dans des steaks hachés... Par peur de susciter le courroux des consommateurs soucieux de respecter leurs obligations religieuses ? Les convictions religieuses – et donc culinaires – des juifs ou des musulmans pratiquants ne méritent-elles pas l'intérêt de la Commission européenne ?

Après l'Irlande... les Pays-Bas !

Un scandale en cache souvent un autre. Le 10 avril 2013, soit quelques semaines à peine après la découverte du « chevalgate », les autorités sanitaires néerlandaises (NVWA) informent leurs homologues européens que 50 000 tonnes de viande de bœuf, vendues à travers l'Europe, « pourraient avoir été mélangées avec de la viande de cheval ». Une quantité de viande soixante fois supérieure à celle en cause dans le « chevalgate »... En France, ce commerce frauduleux aurait été mené de main de maître par Willy Selten – un autre grossiste néerlandais. Selon Jan Bult, l'avocat de l'Etat néerlandais dans cette deuxième affaire, « il y avait un décalage dans l'administration façon Selten : il y avait plus de viande qui sortait de son usine que de viande qui y entrait ». Les autorités sanitaires néerlandaises recommandent, par conséquent, son retrait du marché.

Willy Selten tente alors de s'opposer au rappel de la viande en saisissant la justice. Une tentative vaine puisque le tribunal de La Haye maintient, dans un jugement en référé rendu le 18 avril 2013, la décision des autorités sanitaires. La semaine suivante, le grossiste place son entreprise en liquidation[1].

Le 22 mai 2013, Willy Selten reconnaît à la télévision néerlandaise avoir mélangé de la viande de bœuf et de cheval. Il assure l'avoir fait à la demande d'un de ses clients et nie tout étiquetage frauduleux[2]. Il risque jusqu'à six ans de prison.

Mais il y a plus grave encore... « La vente de viande faussement étiquetée concerne la période entre le 1er janvier 2011 et le 15 janvier 2013 »... Malgré un système de traçabilité européen, censément sans faille, l'origine de la

1. Fox News, « Dutch authorities investigating horse meat scandal arrest owner of meat processing business », 23 mai 2013.

2. *Le Monde*, « Scandale de la viande de cheval : arrestation d'un grossiste néerlandais », 23 mai 2013.

viande vendue par cette société est « peu claire ou inconnue »... Pire, il faudra attendre avril 2013, soit plus de deux ans après le début des faits, pour apprendre que cette viande était non conforme, et qu'une grande partie avait sans doute été déjà consommée...

Faute avouée, faute à moitié pardonnée ?

On apprendra ensuite, lorsque les langues se délieront, que le phénomène n'avait rien de nouveau. Entre 2007 et 2009, le négociant néerlandais Jan Fasen, directeur de la société Draap Trading, avait acheté de la viande chevaline au Mexique et au Brésil, puis l'avait fait passer pour de la viande bovine halal. Ladite viande avait été stockée dans une chambre froide, à Breda aux Pays-Bas, avant d'être revendue une première fois, sur le papier tout du moins, à un abattoir de bœuf halal d'Amsterdam, puis, une deuxième fois, à deux importateurs français.

Suite à cette première affaire, Jan Fasen – installé en Belgique mais dont l'entreprise est domiciliée à Chypre – a été condamné le 18 janvier 2012 par le tribunal de Breda à un an de prison, dont trois mois avec sursis, pour fraude à l'étiquetage. Dans le but d'éviter la prison ferme à son client, son avocat a alors fait valoir que la sécurité alimentaire des consommateurs n'avait pas été menacée. Il a aussi assuré que les deux importateurs français à qui la viande de cheval avait été vendue « savaient très bien ce qu'ils avaient acheté », ajoutant : « En France, Jan Fasen était d'ailleurs surnommé "le Roi des chevaux". Tout le monde savait ce qu'il vendait et personne n'était dupe. » D'ailleurs, le nom donné à sa société, *draap*, est l'anagramme de *paard*, qui veut dire « cheval » en néerlandais. A la suite de cette condamnation, le parquet a interjeté appel, afin d'obtenir une peine plus lourde, dix-huit mois d'emprisonnement, dont douze ferme, assortis de la confiscation du produit du trafic, soit 3,8 millions d'euros.

Le tribunal n'a pas suivi ces réquisitions. Le 2 mai 2013, les juges de la cour d'appel de Den Bosch, dans le sud des Pays-Bas, ont estimé qu'il n'avait pu être établi que le grossiste avait profité de la vente de cheval en tant que bœuf halal, ni que la santé publique avait été mise en danger. Par ailleurs, selon les avocats du négociant, puisque la norme « halal » ne fait l'objet d'aucune définition juridique, il ne pouvait y avoir « de victime dans cette affaire ».

Les juges de la cour d'appel ont souligné que le suspect, âgé de 63 ans, avait avoué sa faute. C'est bien connu : faute avouée, faute à moitié pardonnée. Ils ont donc condamné le négociant à une peine bien plus légère qu'en première instance : 6 mois de prison avec sursis, et une amende de 50 000 euros.

Une affaire qui rappelle étrangement le scandale des lasagnes au cheval. On y retrouve les mêmes personnes : Jan Fasen et son associé Hans Windmeijer, qui a écopé de travaux d'intérêt général. Tous deux avaient notamment pour client Jacques Poujol, à qui ils avaient vendu du faux bœuf halal, avant que celui-ci ne prenne la direction de l'entreprise Spanghero[1].

Il est important de noter qu'à l'époque où le scandale a été découvert les autorités sanitaires néerlandaises avaient averti leurs homologues français. Bizarrement, la DGAL et les deux importateurs indélicats n'ont pas jugé utile d'informer les Français consommateurs de viande halal. Mohammed Moussaoui, alors président du Conseil français du culte musulman (CFCM), s'en étonnait à juste titre et déplorait que ces faits n'aient pas été portés à la connaissance des consommateurs à l'époque et demandait par conséquent aux autorités compétentes de « divulguer les noms des industriels impliqués dans ce scandale[2] ». Une demande restée sans réponse.

1. *Paris Match*, « Le trader hollandais au cœur du scandale mis en examen », 29 avril 2014.

2. Communiqué de presse du CFCM, 14 février 2013.

D'ailleurs, si une enquête confiée aux gendarmes de l'Office central de lutte contre les atteintes à l'environnement et à la santé publique (Oclaesp) et aux inspecteurs de la Brigade nationale d'enquêtes vétérinaires et phytosanitaires (BNEVP) a bien été ouverte en 2009 par le parquet de Paris, elle sera classée sans suite en 2011. Selon le ministère de l'Agriculture : « Rien ne permettait d'incriminer les sociétés françaises qui travaillaient avec Fasen. Toutes étaient de bonne foi. » Pourtant, aucune des entreprises touchées par le scandale n'a porté plainte contre le grossiste hollandais[1].

Comme un air de déjà-vu…

Comment se fait-il que la substitution de viande de bœuf par de la viande de cheval n'ait pas été détectée plus tôt ? Au Royaume-Uni, le National Audit Office – l'équivalent de notre Cour des comptes – a sa petite idée sur la question[2]. Il estime que la crise de la viande de cheval aurait pu être prévenue et assurément mieux gérée si les services chargés des contrôles n'avaient pas vu leurs budgets réduits. En l'occurrence, aucun test sur la présence de viande de cheval dans l'alimentation n'avait été réalisé en dix ans. Difficile d'en trouver dans ces conditions, et ce « malgré des indications de risques élevés », comme les prix très bas de la prétendue viande bovine. De plus, souligne l'organisme, la situation sanitaire s'est encore aggravée au gré des coupes budgétaires successives. Par exemple, depuis 2010, le nombre d'experts dédiés à la sécurité sanitaire au Royaume-Uni est passé de 40 à 29. Les Britanniques, sous couvert de réduction budgétaire due à la crise, ont oublié que le « démaillage sanitaire » avait précédemment conduit

1. *Paris Match*, « Le trader hollandais au cœur du scandale mis en examen », 29 avril 2014.
2. Rapport du 10 octobre 2013.

leur pays droit à la crise de la « vache folle » et à la catastrophe sanitaire qui en a découlé.

En France aussi, la Cour des comptes tire la sonnette d'alarme[1] et aboutit aux mêmes constats : insuffisance des contrôles, irrégularités dans les inspections, manque de moyens, absence de sanctions. Pour la Cour, l'affaire Spanghero a été facilitée par la dégradation du réseau de sécurité sanitaire français et la baisse des contrôles : « Ces enquêtes très utiles pour mieux connaître les filières, les fraudes et anticiper les crises demeurent trop rares depuis 2009 [...] et leur utilité est minorée. »

La fréquence à laquelle l'entreprise Spanghero – qui compte quatre ateliers – a été contrôlée par les services sanitaires est très révélatrice. L'un d'entre eux – l'entrepôt frigorifique – a été inspecté en 2008. Malgré la constatation de nombreuses non-conformités puis l'envoi d'un simple avertissement, il n'a fait l'objet de la part des services de l'Etat d'aucune revisite afin de s'assurer que les mesures correctives demandées avaient bien été prises. Pourtant, si le rapport faisait état de non-conformités mineures des locaux, du matériel, du fonctionnement, il constatait aussi des non-conformités majeures. Parmi celles-ci, l'absence de date limite de consommation sur certains produits congelés par l'atelier, et sur les listings récapitulatifs de certains produits transformés. Ce n'est qu'en février 2013, juste après le début de la crise, que cet entrepôt a à nouveau reçu la visite des services sanitaires, et plus précisément celle des inspecteurs de la BNEVP. Deux autres ateliers ont été contrôlés en 2012 alors qu'ils ne l'avaient pas été pendant les quatre années précédentes. Là encore, aucune revisite. Le quatrième n'a fait l'objet d'aucune inspection.

1. Rapport de février 2014.

Après la « vache folle », le « mouton fou » ?

Cette même enquête a conduit la brigade à découvrir deux lots de 57 tonnes de viande séparée mécaniquement (VSM) de mouton, d'origine britannique. Une fraude particulièrement grave, puisque ce procédé est interdit sur les moutons, afin d'éviter les risques potentiels de transmission de la tremblante – le pendant de la vache folle – par l'alimentation. Lors de la fabrication de la VSM, les os sont raclés par une machine et le risque d'incorporer des bouts de moelle et des éclats d'os – susceptibles de contenir du prion-poison – est tout sauf nul. L'entreprise Spanghero n'avait pas le droit d'importer de la viande de mouton traitée par ce procédé. Mais le plus inquiétant est sans doute la raison pour laquelle un abattoir a transformé de la viande ovine de cette manière, alors qu'il n'avait pas le droit de la commercialiser en Europe.

Et devinez quoi ? Cette VSM a été vendue à Spanghero par le fameux trader néerlandais Jan Fasen, déjà incriminé dans le scandale du « chevalgate ». Cette fois-ci, la viande devait entrer dans la composition de merguez et de charcuterie et était facturée sous l'appellation « agneau haché », avec l'étiquette « viande dénervée d'agneau ». L'entreprise audoise a plaidé la « négligence ». Pourtant, les professionnels de la viande sont formels : impossible de se tromper, la VSM ressemble davantage à une « pâte » rosâtre qu'à de la viande hachée.

L'affaire prend alors un nouveau tournant. Deux dirigeants de Spanghero, Jacques Poujol et Patrice Monguillon, sont mis en examen, notamment pour « escroquerie en bande organisée », « tromperie sur une marchandise entraînant un danger pour la santé de l'homme ou de l'animal » et « faux et usage de faux ». L'enquête judiciaire est toujours en cours.

Les pays européens auraient-ils la mémoire courte ? Le coup de semonce provoqué par la crise de la vache folle ne leur aurait donc pas suffi ? Pourtant, l'équation est simple.

L'économie réalisée sur les emplois supprimés au sein des services sanitaires devrait être comparée au coût des crises mal maîtrisées, qui peut atteindre – voire dépasser – plusieurs centaines de millions d'euros et entraîner la destruction de filières d'élevage, de production, de distribution et de commercialisation entières. Il est pourtant bien établi que le coût de la prévention est non seulement acceptable mais même très faible, comparé à celui de la gestion de crises sanitaires. Les « Etats généraux du sanitaire » conduits par le ministère de l'Agriculture en 2010 ont ainsi rappelé que « 1 euro dépensé en prévention et surveillance, c'est 5 à 6 euros économisés dans la lutte contre les maladies et la réparation des préjudices ». A bon entendeur...

De nombreux salariés sur le carreau

Les preuves sont là... Cette crise a coûté cher. Les entreprises directement liées à cette affaire ont dû baisser leur cadence de production et, par conséquent, licencier ou mettre au chômage partiel une partie de leur personnel. L'entreprise Spanghero a subi de plein fouet les conséquences de ses agissements et mis une partie de ses 360 salariés en chômage partiel. Placée en redressement judiciaire, l'entreprise de Castelnaudary a été reprise in extremis, en juillet 2013, par Laurent Spanghero, avant d'être renommée « La Lauragaise ». L'ancien rugbyman, qui avait créé l'entreprise en 1972 avec un de ses frères – avant de la céder à la coopérative basque Lur Berri en 2009 pour un euro symbolique –, n'a pas hésité, malgré ses 74 ans, à se lancer dans ce nouveau challenge. A travers son plan de sauvetage, il s'est engagé avec deux autres repreneurs à sauvegarder 90 emplois, pendant au moins deux ans. En février 2014, Laurent Spanghero annonçait que La Lauragaise comptait désormais 107 employés mais ne tournait qu'à 75 % de sa capacité de production. Avec l'arrivée des beaux jours, il misait sur la consommation de grillades pour sortir enfin la tête de l'eau. Mais le compte n'y est pas, et La Lauragaise a déposé le bilan fin mai 2014, avant d'être reprise une semaine plus tard par la CA Holding, qui commercialise ses produits sous les marques Loste, Melli, Noxfine, Jean Larnaudie, Sapresti Traiteur, Grand Saloir Saint Nicolas et TLC. Après cette nouvelle reprise, seuls 86 salariés sont maintenus. Conséquence : 274 salariés sur le carreau.

Ceci dit en passant, le fait qu'une coopérative comme Lur Berri fasse du négoce en toute légalité est pour le moins surprenant... Pour Bernard Lannes, président de la Coordination rurale : « Il est extrêmement choquant de voir des outils industriels aux mains de coopératives s'approvisionner en viande sur le marché extérieur. Ces organismes, qui se revendiquent de l'économie sociale et solidaire, se comportent comme des groupes privés et ne remplissent plus leur mission première : améliorer le revenu de leurs éleveurs-adhérents », mission qui leur permet d'être exonérés de l'impôt sur les sociétés.

D'autres industriels, indirectement liés à cette affaire, en ont également subi les conséquences. Les ventes de lasagnes fraîches – et non pas surgelées comme celles de Findus – de l'entreprise Fraisnor, installée dans le Pas-de-Calais, près d'Arras, ont chuté de 60 % en quelques jours. Dans un premier temps, la direction de l'entreprise, qui en produisait 500 tonnes par semaine, a été contrainte de mettre une partie des 110 employés au chômage technique, avant de tous les licencier lorsque la liquidation de Fraisnor a été prononcée en mai 2013. Depuis, le groupe JB Viande a annoncé que l'entreprise allait être reconvertie en unité de transformation de viande de porcelet. Depuis septembre 2014, 2 salariés ont été repris et une quinzaine d'autres devraient potentiellement faire l'objet d'un second recrutement courant 2015. Résultat : 108 salariés sans emploi.

A Manosque, dans les Alpes-de-Haute-Provence, la société Gel Alpes, qui s'approvisionnait aussi auprès du trader hollandais Draap Trading pour fabriquer des lasagnes de marque William Saurin et des raviolis Panzani, a vu ses effectifs passer de 77 à 50 personnes. Et Nestlé, qui n'a pas été directement touché par la fraude, a décidé de fermer son unité de production de hachis parmentier et de lasagnes Maggi de Beauvais, supprimant au passage 120 postes.

Après le cheval roumain, le cheval privé de retraite

Quand y en a plus, y en a encore... Après le cheval clandestin et le cheval halal, le cheval détourné et le cheval médicamenté... En septembre 2013, la découverte d'un trafic de chevaux de selle, abattus et écoulés illicitement dans l'alimentation humaine, fait à nouveau les gros titres des journaux. Au moins 3 000 chevaux seraient concernés, ils auraient été achetés par un réseau mafieux franco-belge qui promettait à des propriétaires privés ou à des centres équestres de leur offrir une retraite paisible.

Un ex-entraîneur de trotteurs des Ardennes, repérait ses proies sur le site Le Bon Coin, où des jeunes femmes, pour une grande majorité, proposaient de donner des équidés contre bons soins, car elles n'avaient plus les moyens financiers d'entretenir des chevaux de selle âgés. Convaincant car connaisseur du monde équestre, il leur promettait qu'elles pourraient venir visiter leur compagnon à quatre jambes dans ses pâturages. Avec son comparse marchand d'équidés à Carignan, ils expédiaient les chevaux en Belgique, où leur carnet de santé était falsifié, avant de les orienter vers des abattoirs du nord (Valenciennes et Laon) et du sud de la France (Alès, Narbonne et Pézenas).

Selon Patrick Dehaumont, directeur général de la DGAL, ce trafic ne « présente [là encore] pas de risque pour la santé humaine ». Les chevaux, étant « en retraite », « n'ont donc pas été traités dans les jours précédant leur abattage ». Difficile à croire, quand on sait que seulement 65 recherches d'anti-inflammatoire sont effectuées en abattoir sur les 17 000 chevaux abattus chaque année en France. Si, si, vous avez bien lu : la France contrôle 0,38 % des chevaux abattus. Puisqu'on vous dit qu'il n'y a aucun risque…

Pourtant Jacques Largeron, président de la Fédération nationale des éleveurs professionnels d'équidés, est formel : « Les trois quarts des chevaux de selle ont reçu un traitement médicamenteux qui les rend impropres à la consommation humaine. » Les raisons de la supercherie sont faciles à comprendre : nourrir et soigner un cheval coûte cher, l'incinérer encore plus – entre 500 et 600 euros par animal suivant les départements –, alors que le revendre à un abattoir rapporte en moyenne 700 euros pièce.

Tests ADN

Entre février et mars 2013, pour rassurer les consommateurs inquiets, la Commission européenne lance une série de tests ADN qu'elle cofinance à hauteur de 75 %. Des plats préparés « pur bœuf » sont analysés dans toute l'Europe. Et ô surprise, la France est le plus mauvais élève européen : 13,3 % des 353 analyses effectuées en France – ce qui ne fait somme toute qu'un peu plus de 3 analyses par département – sont positives à la viande de cheval. Mais si l'on en croit les ministres, il n'y a pas de quoi fouetter un chat… puisqu'ils se sont, une nouvelle fois, empressés de déclarer que la présence de viande d'équidé, si elle relevait de la tromperie, ne représentait pas de danger sanitaire. Toutefois, sur notre territoire, un produit sur sept est non conforme aux indications présentes sur l'emballage, pour un sur vingt en moyenne dans le reste de l'Europe. Mais quelle importance, me direz-vous, puisque notre pays est censé avoir le meilleur système de traçabilité au monde !

Une deuxième campagne de tests ADN à venir

En février 2014, la Commission européenne annonce le lancement d'une seconde campagne de tests ADN cofinancée à 50 %. Cette fois-ci, les contrôles ne sont pas inopinés : les Etats doivent réaliser les tests entre le 21 avril et le 16 juin 2014 et les industriels sont prévenus ! Les résultats sont donc sans surprise et même encourageants si l'on en croit la Commission... Parmi les 2 622 tests effectués en Europe ainsi qu'en Norvège, en Islande et en Suisse, seuls 16 contenaient des traces d'ADN de cheval, soit une moyenne de 0,61 % au lieu des 4,6 % relevés en 2013. Parmi les pays concernés par ces analyses positives : l'Allemagne, l'Espagne, la Bulgarie, la Lettonie, la Hongrie, le Portugal et la Slovénie. La France n'en faisait pas partie. Cocorico !

La phénylbutazone est interdite dans la consommation humaine

Lors de la première série de tests, réalisés en 2013, 150 carcasses de cheval sur les 3 115 testées en Europe contenaient de la phénylbutazone, un anti-inflammatoire interdit dans l'alimentation humaine, notamment à cause de ses effets toxiques sur les reins et les cellules sanguines, qui peuvent à terme entraîner des fausses couches. Ce constat avait fait dire à Tonio Borg, alors commissaire européen en charge de la Santé et des Consommateurs (DG SANCO), que cela confirmait qu'il s'agissait bien d'une fraude et non pas d'un problème de sécurité alimentaire. La bonne nouvelle, c'est qu'aucune carcasse n'a été testée positive en France. La mauvaise, c'est que les autorités sanitaires britanniques en ont détecté 14 sur leur territoire.

Si l'organisme européen d'alerte rapide pour les denrées alimentaires et les aliments pour animaux (le RASFF, pour « Rapid Alert System for Food and Feed ») – qui permet d'effectuer en urgence le retrait des produits signalés comme impropres à la consommation – mentionne 9 alertes à cet anti-inflammatoire en 2012 et 2013, ces cas pourraient ne constituer que la partie émergée de l'iceberg. En 2012, 6 % des carcasses testées de façon aléatoire au Royaume-Uni étaient imprégnées par ce médicament. Or, les Britanniques ne consomment pas de viande de cheval et exportent chez nous la majorité des 9 000 chevaux qu'ils abattent chaque année. Ce sont donc près de 540 carcasses contaminées qui ont atterri dans nos assiettes, au nez et à la barbe des autorités françaises. La Food Standards Agency, l'agence britannique de sécurité alimentaire, a pris l'affaire très au sérieux. Depuis janvier 2013, les tests de phénylbutazone sont désormais pratiqués sur toutes les carcasses, et non plus de façon aléatoire, comme c'était le cas précédemment. Les résultats sont maintenant connus en quarante-huit heures, alors qu'ils nécessitaient jusque-là deux semaines.

La présence de phénylbutazone prouve que le Système d'information relatif aux équidés (SIRE) n'a pas porté ses fruits, et ce malgré l'obligation communautaire instaurée en 2008. Dorénavant, chaque cheval européen doit porter une puce électronique contenant un numéro d'identification qui permet de le relier à son passeport. Ce document papier autodéclaratif doit notamment indiquer sa provenance, son état de santé, les traitements médicamenteux suivis au cours de sa vie, ainsi que son éventuelle exclusion du circuit alimentaire.

Mais que le citoyen-consommateur se rassure… alors que la phénylbutazone ne doit pas être administrée à des chevaux destinés à la consommation humaine, une évaluation à l'échelon européen[1], réalisée par deux organismes européens après le scandale du « chevalgate », conclut « que la présence illégale de résidus de cet antidouleur dans la viande de cheval est peu préoccupante pour les consommateurs, en raison de la faible probabilité d'exposition et de la faible probabilité globale d'effets toxiques »...

A lire cela, on ne peut que s'étonner que cet anti-inflammatoire aux effets toxiques « peu probables » ait été interdit, en 1997, dans les produits alimentaires d'origine animale ! Pour une fois que l'ensemble des Etats membres arrivaient à se mettre d'accord sur la dangerosité d'un produit, c'est à en perdre son latin ! Malgré cette annonce, allègrement reprise par l'ensemble des gouvernements européens, les experts des deux agences, prudents, confirment « qu'il n'est pas possible de fixer des niveaux sûrs pour la phénylbutazone dans les produits alimentaires d'origine animale et que, par conséquent, son utilisation dans la chaîne alimentaire doit rester interdite ». Ils recommandent « une amélioration de la traçabilité et du contrôle des résidus de médicaments vétérinaires ». En gros, les deux agences disent à peu près tout et son contraire. Le citoyen-consommateur appréciera de pouvoir compter sur la compétence d'experts européens « indépendants »...

Disparitions de chevaux inexpliquées

Ce n'est pas tout ! En Suède, l'Association de l'industrie équine évoque des disparitions inexpliquées de 4 000 à 9 000 chevaux par an. Près de 100 000 chevaux en une

1. Etude réalisée conjointement par l'Autorité européenne de sécurité des aliments (EFSA) et par l'Agence européenne des médicaments, le 15 avril 2013.

quinzaine d'années. Un représentant des autorités d'inspection animale, interrogé par la presse suédoise, évoque la possibilité de leur acheminement vers l'étranger, notamment au Danemark, en Belgique ou en Italie, où les abattoirs achètent les chevaux deux à quatre fois plus cher qu'en Suède. Quid des passeports et des puces électroniques de ces 100 000 canassons ?

Par ailleurs, en Irlande, le pays d'Europe qui a la plus grande concentration de chevaux, 25 000 équidés ont, par exemple, été envoyés vers les abattoirs au cours de l'année 2012, contre... 822 en 2006. Dès lors, comment s'étonner que l'on trouve de la viande chevaline à toutes les sauces ? Quatre nouveaux abattoirs chevalins y ont en effet vu le jour depuis 2010.

En Roumanie, si la situation est légèrement différente, le résultat est identique. Une loi interdisant la circulation de carrioles tirées par des chevaux sur les routes nationales a rendu inutiles de très nombreux équidés. Près de 30 000 chevaux se sont donc retrouvés à la boucherie en 2012, et 6 000 tonnes de viande chevaline ont été exportées dans la foulée.

En France, le passage de la TVA le 1er janvier 2014 de 7 à 20 % sur les centres équestres fait craindre une nouvelle vague de fraudes. Eric Giraud, président de la Chambre syndicale du commerce de chevaux, estime que cela pourrait pousser un certain nombre de propriétaires, qui confiaient jusqu'à présent leur animal à ce type de centres, à essayer de se débarrasser de leurs chevaux devenus trop coûteux. Il est encore trop tôt pour dresser un bilan mais, à l'en croire, cette situation est d'autant plus critique que, malgré l'obligation légale, 40 % des chevaux français ne sont toujours pas identifiés à l'aide d'un passeport et d'une puce électronique.

Des faux papiers pour des chevaux-médicament

En décembre 2013, un nouveau scandale éclate. Cette fois-ci, il concerne la commercialisation dans des boucheries du sud de la France et de Belgique, pendant trois ans, de viande chevaline identifiée comme telle mais provenant de 200 animaux non destinés à la filière alimentaire. Au lieu de finir à l'équarrissage, ces chevaux ont atterri dans l'assiette des consommateurs. Une soixantaine de ces bêtes seraient passées par des laboratoires de recherche pharmaceutique, et notamment par ceux de Sanofi-Pasteur, qui produit des anticorps contre la rage, le tétanos et différents venins de serpent, depuis sa ferme laboratoire d'Alba-la-Romaine en Ardèche.

L'opération consiste, par exemple, à injecter chaque semaine à un cheval du venin détoxifié, prélevé chez dix espèces de serpents parmi les plus dangereuses – de la vipère du Gabon au naja cracheur à cou noir –, afin de booster sa production d'anticorps, lesquels serviront ensuite à fabriquer l'anti-venin que le laboratoire vend en Afrique. Au bout de trois ans, le cheval, usé, est réformé et revendu 10 euros sous couvert que l'acheteur s'engage à ne pas l'envoyer à l'abattoir. La réglementation est stricte en la matière. Le problème, dans cette affaire, c'est que le maquignon du Gard qui les a achetés les a revendus à la société Rochette, ex-Narbonnaise des viandes, après leur avoir, avec l'aide de faussaires et de quatre vétérinaires peu scrupuleux, fabriqué de faux papiers.

Le procureur de Marseille en charge de l'enquête l'affirme : « Ce n'est pas parce que ces chevaux sont impropres à la consommation qu'ils sont nuisibles à la santé de l'homme. Il s'agit d'une fraude aux normes sanitaires, pas d'une fraude sanitaire. Je n'ai absolument pas de preuve que ces animaux étaient toxiques ou nuisibles pour la santé. » De son côté, Sanofi-Pasteur jure, haut et fort : « Les animaux ne présentaient pas de danger pour la consommation humaine[1]. » Ce qui est sûr, c'est que nous ne saurons jamais s'ils disaient vrai : les chevaux ayant tous été mangés, impossible d'analyser leur viande pour savoir ce qu'elle contenait réellement. Reste le cas des 140 autres chevaux achetés par les mêmes maquignons à des particuliers et à des centres équestres afin qu'ils finissent leur vie au pré et qui ont, si l'on en croit les estimations de la profession, reçu pour les trois quarts d'entre eux un traitement médicamenteux qui les rend impropres à la consommation humaine.

L'enquête a commencé fin 2012, lorsque les services sanitaires de l'Aude ont reçu une lettre anonyme pour des faits ayant débuté en mai 2011. Elle s'est poursuivie mi-décembre, lorsqu'une centaine de membres des forces de l'ordre ont interpellé 21 personnes dans 11 départements. Mais cette affaire pose une nouvelle fois la question de la pertinence des contrôles effectués dans les abattoirs, puisque aucun des vétérinaires d'Etat présents sur les sites n'avait détecté la fraude.

Le responsable serait un maquignon, condamné à plusieurs reprises

Patrick Rochette, 59 ans, propriétaire de la société de demi-gros qui porte son nom et de plusieurs boucheries chevalines, fait figure de responsable. Il aurait déjà été condamné deux fois par la justice : une première fois en 1998 à 18 mois de prison dont 2 avec sursis pour fausse monnaie, et une deuxième fois à 13 mois de prison avec sursis en 2007 pour avoir, dans le cadre de son activité de négoce de viande, importé des denrées animales non conformes aux normes sanitaires (une infraction de tromperie). Cette fois-ci, il a été mis en examen pour « faux et

1. *Le Canard enchaîné,* « Ah, je trouve ça beau (de cheval) », 27 décembre 2013.

usage de faux, tromperie et association de malfaiteurs pour établissement de faux documents administratifs ».

Ce trafic aux ramifications européennes porte à ce stade sur 200 chevaux revendus bien qu'étant impropres à la consommation, mais, selon le procureur de Marseille, ce n'est que le début de l'enquête et la fraude pourrait en concerner bien plus : « 50 chevaux par semaine, donc 200 par mois, transitaient par l'abattoir de Narbonne, d'autres étaient envoyés à Gérone en Espagne pour y être abattus »... Rebondissement : le 27 décembre 2013, soit dix jours après le coup de filet des autorités sanitaires françaises, les autorités sanitaires belges indiquent avoir saisi 16,8 tonnes de viande en provenance du trafic mis au jour dans le sud de la France. Cette viande a été intégrée en Belgique à un lot cinq fois plus important (82 tonnes), mêlant de la viande issue d'une filière d'élevage normale et des produits dudit trafic ; 1,6 tonne a été vendue comme viande fraîche en Belgique, les trois quarts ont été distribués dans toute l'Europe, en particulier en France et aux Pays-Bas (63,3 tonnes). Le reste a été saisi.

Les autorités néerlandaises ont confirmé qu'au moins 11 tonnes de cette viande « impropre à la consommation » avaient été vendues à des restaurants en tant que viande de cheval, ou transformées en croquettes et saucisses pour animaux de compagnie, mais qu'il n'en avait été retrouvé qu'une seule tonne, le reste ayant déjà été mangé. Qui peut encore dire, au vu de l'accumulation des affaires récentes, que la France, tout comme l'Europe, jouit d'une sécurité sanitaire optimale ?

La fin de l'âge d'or des surgelés ?

Le scandale de la viande de cheval a laissé des traces et pénalisé toute une filière : selon diverses études, non seulement sept Français sur dix se méfient de plus en plus des plats préparés, mais nos concitoyens en achètent aussi de moins en moins. Selon le cabinet Nielsen, un institut au service de l'agroalimentaire, les ventes de plats surgelés à base de bœuf auraient même chuté de 43 % entre la mi-janvier (début du scandale) et la fin mars 2013, avec un manque à gagner chiffré à près de 2 millions d'euros pour les seules grandes surfaces.

Selon une autre étude menée par Kantar Worldpanel, un autre institut au service de l'agroalimentaire, auprès de 12 400 ménages français en mars 2013, 60 % des personnes interrogées affirment pouvoir réduire leurs achats de plats tout prêts et 72 % d'entre elles déclarent qu'elles vont désormais préparer plus souvent des plats à la maison. Pourtant, dans la pratique, les industriels constatent que, si l'attractivité des plats cuisinés a été légèrement entamée pendant l'affaire, en réalité seul un acheteur sur dix s'est réellement détourné de ces plats dans cette même période. Paradoxe, quand tu nous tiens...

Cet épisode a malgré tout mis fin à l'âge d'or du marché des surgelés, en recul pour la première fois depuis vingt ans. En 2013, les ventes ont ainsi baissé de 2,2 % en volume, ce qui représente tout de même une diminution de 2,1 millions de tonnes. Cela a entraîné un manque à gagner de 5,5 milliards d'euros. Les plats préparés de type lasagnes et raviolis sont ceux qui ont le plus souffert : – 19 % en volume dans les super- et hypermarchés en un an[1] !

Autre signe inquiétant : selon une étude du ministère de l'Agriculture, le déficit commercial des produits à base de viande s'est accru de 140 millions d'euros en 2013, du fait d'importations en hausse (+ 122 millions d'euros) et de ventes en baisse (– 16 millions d'euros). Au final, ce déficit s'élève à 852 millions d'euros.

1. *Process alimentaire*, « Plats cuisinés : faire face à la chute des ventes », 11 mars 2014.

Les ventes de viande bovine et chevaline augmentent

Le secteur qui s'en sort bien – vive les paradoxes à la française ! – est celui des boucheries traditionnelles, qui a vu ses ventes de bœuf augmenter de 10 %. Mais les grandes gagnantes de ce scandale sont... les 750 boucheries chevalines françaises ! Selon Eric Vigoureux, président de la Fédération des bouchers chevalins, « les ventes de viande de cheval ont augmenté de 15 % ». Une bonne nouvelle pour cette branche en perte de vitesse. Le nombre des boucheries chevalines a été divisé par quatre en vingt ans et la consommation de viande de cheval par habitant a été divisée par six en quarante ans. Elle ne représentait plus, avant la crise, que 0,5 % de la consommation carnée des Français.

Les laboratoires d'analyses privés gagnent encore des parts de marché face aux labos publics

Mais le grand gagnant dans cette affaire est sans conteste le groupe Eurofins – spécialisé dans la bioanalyse et plus particulièrement dans la recherche d'ADN –, qui a réussi à faire reconnaître son savoir-faire grâce à une campagne de communication savamment orchestrée auprès des médias au plus fort de la crise. La plupart des entreprises agroalimentaires ont fait appel à ses services pour contrôler la viande contenue dans leurs plats, et le prix de ses actions s'est envolé. La multinationale, qui emploie plus de 15 000 personnes à travers le monde, a réalisé en 2013 un chiffre d'affaires de 1,2 milliard d'euros. Depuis le début de l'année 2014, elle continue sur le même rythme, avec une croissance de 13 %, et s'est même lancée dans une série d'acquisitions aux Etats-Unis et en Europe.

Les grands perdants sont les laboratoires départementaux, qui sont notamment en concurrence, depuis le 30 décembre 2006, avec les laboratoires privés, concernant la réalisation des analyses liées aux contrôles officiels : pollution maritime, légionelles, ESB, listeria, *Escherichia coli*, *Campylobacter*, dioxine... Il est d'ailleurs important de noter que la France est le seul grand pays européen à être allé aussi loin sur la voie de la libéralisation concernant la surveillance des eaux. Résultat : le secteur privé n'hésite pas à se livrer à un dumping commercial acharné, avec le danger de voir se constituer des duopoles, voire des monopoles, comme le dénonçait, le 16 janvier 2013, la sénatrice communiste Marie-France Beaufils.

Selon elle[1], cette situation a par exemple abouti dans son département d'Indre-et-Loire à un effondrement des tarifs des analyses par rapport au barème « historiquement fixé par le ministère de la Santé », soit une baisse de 75 % initiée par le groupe lyonnais Carso et de 81 % par le groupe Eurofins, les deux acteurs qui se partagent désormais les contrats. Pour Philippe Grosvalet, président socialiste du Conseil général de Loire-Atlantique, le maintien d'outils publics de proximité « indépendants et impartiaux » opérationnels en permanence est indispensable : « Il en va tout autant de l'intérêt des consommateurs que de celui des industriels. »

Un avis partagé par le SNISPV, le syndicat des inspecteurs en charge de la santé publique vétérinaire, qui explique : « Cette concurrence est biaisée car les laboratoires privés ne recherchent que les analyses rentables et laisseront la continuité du service public et les prestations coûteuses aux laboratoires publics. Comment les laboratoires publics, dont la disponibilité et l'expertise sont indispensables à l'Etat, notamment lors des crises, pourront-ils équilibrer leurs comptes et entretenir leurs compétences si seules leur restent les analyses rares et non rentables ? » Une vingtaine de laboratoires publics ont déjà payé le prix fort, comme celui de la mairie de Paris, le Crecep, disparu en 2011.

1. Citée dans un article de *La Gazette des communes*, 21 février 2013.

L'étiquetage de l'origine des plats préparés : une farce !

Cette crise ne fait que souligner à quel point la relation des Français avec la viande est paradoxale : d'un côté, des exigences qualitatives en constante progression pour les morceaux du boucher (les pavés, les entrecôtes, les côtes de bœuf, etc.) et de l'autre, du moins jusqu'au scandale des lasagnes à la viande de cheval, un manque total d'intérêt quant à l'origine et à la qualité de la viande contenue dans les plats préparés. Il faut dire qu'en la matière la tâche du citoyen-consommateur est loin d'être simple... car la réglementation européenne n'impose rien. Aujourd'hui, seules les mentions « transformé dans l'UE » ou « transformé hors UE », sans précision du pays, sont obligatoires.

Contrairement à la viande bovine brute, qui doit afficher son origine nationale, il n'existe aucune obligation d'étiquetage pour les ingrédients mis en œuvre dans les produits transformés. Par conséquent, les industriels qui en indiquent la provenance sont rares. Sous couvert de difficultés économiques, les charcutiers français déclarent, par exemple, qu'ils ne souhaitent pas être les seuls en Europe à prendre cette mesure et qu'ils préfèrent attendre une décision de Bruxelles contraignant l'ensemble des pays européens à une traçabilité. Or, la Commission européenne ne prévoit pas de légiférer à court terme sur l'obligation d'étiqueter l'origine des viandes entrant dans la composition des plats préparés et des charcuteries. Le débat sera normalement ouvert au Conseil et au Parlement européens en 2015. Surprenant ? Pas vraiment, quand on sait qu'au moins 40 % du volume de la charcuterie française et 80 % de celui de la volaille entrant dans les produits transformés en France sont cuisinés à partir de viandes importées. Les producteurs semblent craindre la réaction du consommateur, s'il venait à apprendre que sa saucisse de Toulouse est fabriquée à partir de cochons roumains ou néerlandais, que son saucisson sec d'Auvergne est travaillé avec du cochon allemand ou espagnol, ou encore que son poulet basquaise est originaire du Brésil...

En février 2013, les autorités françaises demandent à la Commission européenne de remédier à cette situation. Pour le ministre Benoît Hamon, alors chargé de la Consommation, il s'agit d'envoyer « un signal fort aux consommateurs », de relancer l'élevage français et de faire progresser la réglementation communautaire, afin de rendre obligatoire l'indication de l'origine de la viande utilisée en tant qu'ingrédient dans les plats préparés et la charcuterie. Les Français sont les premiers producteurs agricoles européens et les cinquièmes exportateurs mondiaux de produits agricoles et agroalimentaires, transformés ou non, derrière les Etats-Unis, l'Allemagne, les Pays-Bas et le Brésil. Leur demande d'étiquetage devrait logiquement faire pencher la balance européenne. Sauf que les lobbys alimentaires français – et ils se gardent bien de le dire – ont jusqu'alors fait capoter les discussions sur le sujet qui se sont tenues au sein de la Commission européenne. Touché... !

Qu'à cela ne tienne, Benoît Hamon déclara qu'il était temps de faire bouger les lignes et de prendre l'initiative. Le 11 septembre 2013, les parlementaires français adoptèrent à l'unanimité un amendement au projet de loi relatif à la consommation, rendant cet étiquetage obligatoire... sous réserve que la Commission européenne déclare cette disposition compatible avec le droit de l'Union. Et là, gardons-nous d'oublier la puissance des lobbyistes européens, au moins une vingtaine rien que pour la filière viande !

Selon les lobbyistes, cette traçabilité coûterait fort cher

Par la voix du Food Chain Evaluation Consortium, les syndicats professionnels représentant les industries agroalimentaires européennes s'empressèrent d'affirmer qu'un tel étiquetage allait augmenter les coûts de production de manière faramineuse, de 15 à 50 % selon les secteurs, et impliquer des surcoûts administratifs pouvant aller jusqu'à 12 %. Au final les consommateurs seraient perdants, car ils devraient supporter 90 % des coûts additionnels !

Une offensive payante puisque, comme le souligna l'UFC-Que Choisir[1], « la Commission européenne s'est empressée de reprendre à son compte ces chiffres, jamais démontrés ni vérifiés », en déclarant que cet étiquetage « aurait un impact négatif sur la compétitivité et sur les échanges au sein de l'Union européenne ». Coulé, que dis-je, torpillé ! Un coup d'épée dans l'eau pour Benoît Hamon, qui « regrette que la Commission européenne soit toujours plus sensible au lobbying des industriels qu'à celui des consommateurs ».

Le 24 mars 2014, la Commission européenne présente finalement son rapport devant le Conseil des ministres de l'Agriculture. Il apparaît, à l'issue du tour de table, que la majorité des Etats membres s'opposent à l'obligation de la mention d'origine du pays. Qu'en est-il de la représentation européenne des citoyens ? Bonne question ! Le sujet ne fait pas l'unanimité et la Commission, sous la pression des lobbys industriels, joue la montre... Il est par exemple question de poursuivre les travaux d'études sur les coûts et leurs incidences sur le marché intérieur et le commerce international. Ces investigations pourraient notamment être affinées, suivant des seuils de pourcentage de viande incorporée. En d'autres termes, l'étiquetage obligatoire a été repoussé à la Saint-Glinglin.

Début septembre 2014, face à l'immobilisme ambiant, l'UFC-Que Choisir et quatorze autres associations européennes ont lancé « D'où vient ma viande ? », une campagne de mobilisation, via les réseaux sociaux[2], en faveur

1. Rapport du 17 décembre 2013.
2. Facebook (www.facebook.com/meatorigin) et Twitter (https://twitter.com/ufcquechoisir#meatorigin).

de l'indication obligatoire du pays d'origine pour les produits à base de viande comme les lasagnes, saucisses, nuggets, jambons ou encore raviolis. Ils rappellent à la Commission que cet étiquetage est attendu par 90 % des Européens.

Jusqu'à présent, peu d'industriels ont tenu leurs engagements de traçabilité

Sans attendre l'issue des débats, certains professionnels comme Carrefour, Intermarché, Marie, Picard et Findus, conscients de la nécessité de rassurer rapidement les consommateurs, ont, au plus fort de la crise, pris l'engagement d'indiquer l'origine de la viande utilisée dans leurs produits. Dès décembre 2013, l'UFC-Que Choisir a mené l'enquête[1] dans les rayons pour vérifier la mise en œuvre de ces engagements. Le bilan est plus que mitigé. Les deux tiers des 91 produits de consommation courante analysés sont toujours sans mention d'origine.

Seul le rayon frais se distingue, avec la présence de l'origine sur près de trois quarts des produits, devant les surgelés (48 %) et les barquettes à température ambiante (21 %). Parmi les bons élèves : Picard et Auchan (83 % et 78 % des produits portent la mention d'origine), ainsi que les marques Panzani, Marie, Findus et Fleury Michon, qui se sont tournées vers les labels « Viandes de France », lesquels garantissent que la viande est issue d'animaux nés, élevés, abattus, découpés et transformés en France. Viennent ensuite Carrefour et Magasin U (50 % chacun), Casino (43 %), Intermarché (38 %). En queue de peloton : Leclerc (seulement 18 %), et enfin Monoprix et Leader Price, chez qui aucun produit contrôlé ne donne l'origine de la viande !

1. UFC-Que Choisir, « Indication de l'origine de la viande de bœuf dans les produits transformés. Face à l'insuffisance des mesures volontaires, une obligation réglementaire s'impose. »

En pratique, le surcoût est minime

Quant à l'impact de cette transparence sur les prix, l'UFC-Que Choisir, qui en a suivi l'évolution entre décembre 2012 et novembre 2013, a constaté que ceux des produits portant l'origine de la viande de bœuf ont très peu augmenté (en moyenne de 0,67 %). Un impact minime, comparé aux chiffres inquiétants repris par la Commission. Par exemple, pour un hachis parmentier vendu au rayon frais à 3,14 euros, le surcoût s'élève à 0,0210 euro, ce qui porte le coût du plat à 3,16 euros. Pour une conserve de raviolis à 0,92 euro, le surcoût est de 0,00616 euro. Alors, posez vous la question : seriez-vous prêts à mettre cette somme – surcoût compris – pour bénéficier d'un vrai système de traçabilité ? *That is the question...*

5

« Nous ne faisons plus que gérer l'urgence »

« La France possède l'un des meilleurs systèmes de traçabilité au monde »... Le gouvernement ne cesse de le répéter aux citoyens-consommateurs, que ce soit par la voix de ses ministres de l'Agriculture, de la Santé et de la Consommation, ou par celle de ses présidents de la République, de droite comme de gauche.

En novembre 2010 déjà, *Alim'agri*, le magazine du ministère de l'Agriculture, consacre un numéro spécial à la question : « Sécurité sanitaire, vous mangez, nous contrôlons. » Le titre se veut convaincant, comme l'ensemble des articles consacrés au sujet. Le lecteur peut y découvrir des affirmations de ce type : « Par rapport aux autres pays occidentaux, la France est l'un des pays où la sécurité sanitaire est la plus élevée », ou encore : « La France a su mettre en place un système de règles, de contrôles et d'alertes qui permet aux agriculteurs et aux industriels de produire des aliments dans les meilleures conditions sanitaires possibles »...

Mangez tranquilles, citoyens-consommateurs, car « du champ à l'assiette, c'est une chaîne humaine qui garantit la sécurité sanitaire des aliments ». Le message des autorités est on ne peut plus clair : « Il n'y a pas de sécurité sans contrôle. Les services d'inspection de la DGAL sont présents sur tout le territoire. Plus un produit est à risques, plus les contrôles sont nécessaires. Leur fréquence est adaptée au niveau sanitaire de l'établissement. » Si avec ça vous n'êtes pas rassurés…

Pourtant, les scandales liés à la viande de cheval, les nombreuses affaires de fraude, de viande avariée et de « remballe » – opération qui consiste à réétiqueter et à remettre en vente une viande dont la date limite de consommation est dépassée –, tout cela incite à une certaine circonspection, et ce d'autant plus que les professionnels en charge de ces contrôles, qu'il s'agisse des inspecteurs vétérinaires ou des inspecteurs des services de la répression des fraudes, ne partagent pas vraiment l'optimisme béat de leur ministère de tutelle. Cela fait même plusieurs années qu'ils tirent la sonnette d'alarme… en vain. Aujourd'hui, ils n'ont plus peur des mots et se considèrent désormais, à leur grand désespoir, comme les « maillons faibles » de cette fameuse chaîne de sécurité sanitaire. Une situation rendue encore plus complexe par la mondialisation et le libre-échange des produits alimentaires.

La France parmi les plus mauvais élèves

De fait, il y a urgence ! Selon un classement de l'Organisation mondiale de la santé animale (OIE) réalisé en 2013, deux ans après que la profession vétérinaire eut fêté son deux cent cinquantième anniversaire, la France se situait au 97e rang mondial en nombre d'animaux suivis par vétérinaire[1], derrière l'Iran, la Tunisie et le Costa Rica ! Pourtant, il n'en a pas toujours été ainsi. La France a perdu 66 places en sept ans (elle occupait la 31e en 2005) ! Et quand

1. Nombre de vétérinaires et para-vétérinaires par 10 000 unités standard de bétail de 250 kilos, calculé sur le poids moyen de différentes espèces (OIE, novembre 2014).

on sait qu'aux Etats-Unis (41e) on recense chaque année plus de 7 000 décès pour cause d'intoxication alimentaire et que le coût des maladies infectieuses d'origine alimentaire y est estimé à 12,4 milliards d'euros par an[1], cela fait frémir !

La faiblesse de notre système de contrôle induit des conséquences à court, moyen et long terme. Par exemple, la protection des cheptels est un impératif, quand on sait que près des trois quarts des maladies infectieuses transmissibles à l'homme sont d'origine animale. Bernard Vallat, directeur général de l'OIE, le rappelle opportunément : « Les pathogènes ne connaissent pas de frontières. Il faut être conscient qu'en matière sanitaire tous les pays dépendent les uns des autres ; et que la défaillance d'un seul d'entre eux peut mettre en danger la région et même la planète. »

En cas de maladie non maîtrisée en temps et en heure, comme ce fut le cas en Grande-Bretagne avec la vache folle, les frontières peuvent rester fermées pendant une, voire plusieurs années. Pour le vétérinaire Benoît Assemat, ancien président du SNISPV : « Nous sommes à la croisée des chemins : ou ça passe, ou ça casse... » Sentiment partagé par bon nombre de vétérinaires désespérés, qui estiment que seule une crise sanitaire obligera les autorités compétentes à réagir et que ce n'est plus qu'une question de temps...

La France adepte de la roulette russe ?

Aujourd'hui, l'affaiblissement du maillage sanitaire français est tel que cela revient à jouer à la roulette russe avec l'avenir de nos industries agroalimentaires. La France, qui compte 527 000 exploitations agricoles et 22 000 entre-

1. Economic Research, un service du Département américain de l'Agriculture (USDA), 7 octobre 2014.

prises alimentaires, perd progressivement sa place de grande puissance agricole exportatrice. Après avoir occupé le deuxième rang jusqu'en 1995, puis le quatrième jusqu'en 2013, elle est désormais, on l'a vu, le cinquième exportateur mondial de produits agricoles et agroalimentaires, transformés ou non, derrière les Etats-Unis, l'Allemagne, les Pays-Bas et le Brésil. Avec une croissance de 3,3 % en 2013, c'est néanmoins le secteur de l'agroalimentaire qui a le plus contribué à la croissance des exportations. Pour autant, le déficit commercial des viandes et produits à base de viande a continué à se creuser en 2013... Il est donc urgent de réagir !

Comment expliquer cette dégringolade ? Par le transfert de responsabilité vers les industriels, depuis l'entrée en vigueur de la réglementation sanitaire dite du « paquet hygiène », en janvier 2006. Les entreprises sont désormais censées assurer la sécurité des produits qu'elles mettent sur le marché et c'est à elles que revient la responsabilité de s'autocontrôler. Cette réglementation a permis aux gouvernements européens de justifier l'allègement des contrôles étatiques qui leur incombaient jusqu'alors. Depuis, quasiment tous les pays communautaires, sauf les nouveaux entrants, ont reculé dans le classement de l'OIE. Mais la France a régressé encore plus que les autres... Alors que l'Hexagone est le premier pays européen producteur de bovins et de volailles ainsi que le troisième pays producteur de porcs, notre pays se situe aujourd'hui en queue du peloton européen en termes de personnel vétérinaire dédié, juste devant le Danemark (98e du classement), l'Irlande (103e) et la Grèce (136e). Aujourd'hui, rappelons-le, la France compte moins de 1 000 vétérinaires officiels, contre environ 4 200 en Allemagne et près de 6 000 en Italie.

RGPP, un sigle barbare pour une réduction aveugle des effectifs

Comment se fait-il que la France soit tombée si bas ? La réponse tient dans ce sigle barbare : RGPP, pour « Révision générale des politiques publiques ». Cette réforme de la fonction publique, initiée sous la présidence de Nicolas Sarkozy, s'est donné pour objectif, on l'a dit plus haut, de réduire les dépenses publiques. Pour faire simple, RGPP signifie baisse des effectifs et des coûts, tous secteurs confondus, notamment en ne remplaçant pas un départ à la retraite sur deux, vétérinaires et techniciens vétérinaires compris !

Les services sanitaires n'ont donc pas fait exception à la règle. Entre 2009 et 2012, le budget dédié à la « sécurité et à la qualité sanitaires de l'alimentation » a baissé de 12 %. Il est passé de 562 à 492 millions d'euros, avant de remonter à 504 millions en 2014.

Les conséquences de cette mesure sont catastrophiques. Dans son dernier rapport annuel, paru en février 2014, la Cour des comptes – qui a pour mission de s'assurer du bon emploi de l'argent public et d'en informer les citoyens – ne mâche pas ses mots : les réductions de postes aveugles et uniformes conduisent l'Etat à ne plus exercer certaines de ses fonctions régaliennes. La partie consacrée à la sécurité sanitaire de l'alimentation s'intitule ouvertement « L'insuffisance des contrôles du ministère de l'Agriculture ». Pour Didier Migaud, son premier président : « La méthode du rabot – largement utilisée jusqu'ici parce qu'elle était efficace pour produire rapidement des économies importantes – présente l'inconvénient d'affecter sans discernement les services les plus utiles et performants. Dans un nombre croissant de services de l'Etat, en particulier déconcentrés, elle conduit l'Etat à ne plus exercer certaines missions prévues par la loi, notamment les contrôles. »

Un manque criant d'inspecteurs sanitaires et donc de contrôles...

Résultat, dans les 500 000 établissements à la charge de la DGAL, c'est-à-dire les abattoirs, ateliers de découpe et de transformation, restaurants privés et collectifs, grandes et moyennes surfaces, marchés... le nombre des contrôles a diminué de 17 % entre 2009 et 2012. Plus inquiétant, 35 000 de ces établissements (7 %) n'ont fait l'objet d'aucune inspection dans cette même période.

Le SNISPV a fait le calcul : 43 agents seulement sont désormais dédiés au contrôle des 110 271 établissements de restauration collective français, ce qui signifie qu'un agent doit contrôler près de 2 500 cantines scolaires, maisons de retraite, hôpitaux, centres pénitentiaires et restaurants d'entreprise ! Sur une base de 200 inspections réalisées par an et par agent, cela signifie un contrôle tous les... douze ans. Alors, rassurés ?

En ce qui concerne les 371 631 établissements de remise directe, les inspecteurs sont au nombre de 60, et dans ce domaine chaque agent doit donc contrôler 6 000 restaurants, fast-foods, traiteurs, boucheries, marchés et supermarchés. Pour faire simple, ce type d'établissement peut s'attendre à la visite d'un inspecteur sanitaire tous les... trente ans. Mangez tranquilles, on vous disait...

Pourtant, le contrôle des restaurants a fait ses preuves dans la lutte contre les intoxications alimentaires, l'affichage des résultats de ces contrôles aussi ! En 2010, la ville de New York a adopté un classement ouvert, que les restaurateurs se doivent d'afficher sur leur devanture. Installation, hygiène, traçabilité, respect de la chaîne du froid... Les rapports d'inspection et les infractions constatées sont visibles sur le site Internet de la mairie de New York[1] et accessibles depuis n'importe quel téléphone portable. Les notes vont de la lettre « A » pour les restaurants

1. www.nyc.gov/html/doh/html/services/restaurant-inspection.shtml

conformes à « C » pour ceux dont l'hygiène est douteuse. En 2011, 72 % des restaurants ont obtenu un classement « A » alors qu'ils n'étaient que 65 % en 2010.

Chaque année, 6 000 New-Yorkais étaient hospitalisés et 20 000 autres admis aux urgences après des intoxications alimentaires. Depuis la mise en place de cet affichage ouvert, le nombre d'intoxications alimentaires a largement diminué. Les cas de salmonellose ont par exemple baissé de 14 %. En parallèle, le revenu des restaurants a augmenté de 9,3 %. Dorénavant, les inspecteurs, qui visitent les restaurants en moyenne deux à trois fois par an, remplissent davantage une mission de prévention que de sanction. De nombreuses villes à travers le monde ont adopté ce mode de classement. C'est notamment le cas de Los Angeles, Berlin, Genève, Shanghai ou encore Toronto. Dans chacune de ces villes, l'affichage ouvert des classements attribués par les services sanitaires a fait baisser le nombre d'intoxications alimentaires.

Au Danemark, le résultat des inspections est communiqué par un smiley souriant, neutre ou négatif, au Royaume-Uni par un score de 1 à 5, aux Pays-Bas avec un code couleur. La Belgique quant à elle annonce la mise en place d'un système à bulles et la mise en ligne des enquêtes relatives à l'hygiène dès 2015.

En France, la loi d'avenir de l'agriculture adoptée le 12 septembre 2014 prévoit la transparence des résultats des contrôles sanitaires, mais pas leurs modalités de publicité. Si Patrick Dehaumont, le directeur de la DGAL, parle de smileys (vert qui rit, orange qui fait la moue ou rouge qui pleure) et envisage de lancer une expérimentation courant 2015 dans une région ou un département, les professionnels de la restauration ne sont pas aussi enthousiastes… Pour Jean-Pierre Chedal, président de la branche restauration du Syndicat national des hôteliers, restaurateurs, cafetiers et traiteurs, le risque est de « stigmatiser » certains établissements : « Un contrôle n'est qu'une photo à un instant t. Qu'il y ait contrôle, je souscris bien sûr, mais il ne faut pas stigmatiser les gens, surtout dans la conjoncture actuelle. Pas la peine de rajouter de la confusion et de la suspicion[1]. » Dominique Bénézet, délégué général du Syndicat national de l'alimentation et de la restauration rapide, demande « que les critères retenus soient les mêmes pour tous et que chaque anomalie, majeure ou mineure, soit affectée d'un coefficient. Et qu'on nous explique comment ces contrôles officiels seront articulés avec nos autocontrôles[2]. »

Pour le directeur de la DGAL, le principe du smiley doit être affiné, notamment dans sa fréquence de révision : « On réfléchit : tous les ans ? tous les deux ans ? On ne va pas laisser un établissement au vert pendant dix ans sans vérifier. » Le problème, c'est qu'aujourd'hui les restaurants sont contrôlés en moyenne tous les trente ans... Faute de pouvoir compter sur des effectifs supplémentaires, la DGAL a sorti une proposition de son chapeau : s'appuyer sur des « organismes délégataires » rémunérés par les professionnels « comme pour le contrôle technique obligatoire des véhicules ». Une supercherie en quelque sorte, puisque les organismes délégataires seront payés par les restaurateurs et que ces derniers seront sûrement peu enclins à payer pour avoir une mauvaise note !!! Autre interrogation : la DGAL ne serait-elle pas en train de poser des jalons pouvant aboutir à la privatisation des contrôles alimentaires alors que la sécurité sanitaire est une mission qui lui incombe ?

De toute manière, les modalités de publicité seront arrêtées à la suite d'une large concertation entre le gouvernement et les professionnels, ce qui, on s'en doute, risque de prendre du temps, beaucoup de temps...

1. *Le Figaro*, « Les smileys dans les restaurants : une mesure illusoire ? », 9 septembre 2014.

2. *La Croix*, « Un smiley pour évaluer les restaurants », 11 septembre 2014.

En France, tout va très bien, madame la marquise !

D'ailleurs, à en croire une enquête réalisée en septembre 2013 par le cabinet Gira Conseil (il se revendique comme spécialiste du marketing et du développement de la restauration, nous n'avons donc aucun souci à nous faire) : « La totalité des restaurants traditionnels, fast-foods et cafétérias – qu'ils dépendent de chaînes ou qu'ils soient indépendants – évalués incognito par nos experts répondent aux normes d'hygiène établies en France ! Les prélèvements pratiqués sur les tables des restaurants ainsi que sur les menus ne révèlent la présence d'aucune bactérie porteuse de maladies, le consommateur peut donc être rassuré de ce côté-là. » Ouf ! Enfin une bonne nouvelle !

Le cabinet Gira Conseil ne donne ni le nombre de restaurants inspectés ni les résultats des prélèvements bactériologiques. Il se permet cependant un léger bémol : « Les résultats de cette enquête sont très positifs pour les professionnels du secteur. Il faut cependant être prudent, le maintien de la propreté dans un restaurant est une affaire de tous les jours qui doit être menée sans relâche. » Il suffit de consulter les résultats des contrôles sanitaires effectués pendant l'« Opération vacances » pour s'en convaincre. Pendant l'été 2013, 2 400 restaurants ont reçu un avertissement de la part des inspecteurs sanitaires, soit 50 % de plus que l'année précédente. Ah oui, et 178 ont été fermés, mais sinon, tout va bien dans le meilleur des mondes…

Pourtant, les conséquences de ces manquements sont graves et coûteuses en termes de santé publique. Selon l'ANSES, on recense chaque année en France près de 200 000 intoxications alimentaires, lesquelles conduisent à près de 150 décès. Pour le docteur Jean-Louis Thillier, spécialiste de l'analyse et de l'évaluation des risques en santé publique et animale, le chiffre est plus proche des 750 000 intoxications et 700 décès par an. Au hit-parade des causes d'intoxication : les salmonelles et *Campylobac-*

ter, mais aussi la listeria et *Escherichia coli*. Pour lui, il est donc crucial que le gouvernement réagisse.

Début février 2014, le ministre de l'Agriculture Stéphane Le Foll et le ministre délégué à l'Agroalimentaire Guillaume Garot partagent le constat de la Cour des comptes d'un manque de contrôles, mais insistent sur le fait que « ce rapport ne saurait occulter l'excellence du système de sécurité sanitaire français, parmi les plus exigeants et performants au monde ». Pour appuyer leurs dires, ils citent étrangement « les rapports de la Commission européenne et de l'Organisation mondiale de la santé animale », pourtant extrêmement critiques vis-à-vis de la France. De là à imaginer qu'ils ne les ont pas lus...

Suite aux rapports européens, la France fait un pas en avant, trois pas en arrière

Au sein de la Commission européenne, ce sont les inspecteurs vétérinaires de l'Office alimentaire et vétérinaire (OAV) qui sont chargés de s'assurer que les Etats membres mettent correctement en œuvre la législation issue de leurs engagements internationaux. Or, depuis des années, cet organisme pointe des irrégularités dans la production de viande en France, ainsi que de nombreuses défaillances du système de contrôle et de sanction mis en place par les autorités. Ses rapports mettent régulièrement en évidence l'insuffisance des contrôles et le non-respect par notre pays de ses engagements communautaires. Aujourd'hui, certaines missions des services vétérinaires ne sont plus assurées et, quand elles le sont, c'est de manière très incomplète.

Début 2009, à la suite de la visite des inspecteurs vétérinaires européens de l'OAV, fin novembre 2008, dans les abattoirs de volailles français, la Commission européenne avait fermement attiré l'attention du gouvernement français sur « des non-conformités en particulier au niveau de l'inspection *ante* et *post mortem* », précisant : « Ces défaillances récurrentes, car déjà signalées dans les précédents rapports de mission, constituent une infraction au regard des exigences de la réglementation communautaire. » La situation était telle que la Commission avait alors menacé de sanctionner la France par une clause de sauvegarde. Ce qui aurait pu signifier l'interdiction totale d'exporter des volailles françaises : une catastrophe pour la filière.

Le gouvernement avait alors réagi en débloquant un budget de 1,1 million d'euros. Ces crédits avaient permis au ministère de l'Agriculture de recruter 35 vétérinaires officiels et 100 techniciens vétérinaires en 2009. Mais, dès l'année suivante, l'enveloppe destinée à financer les vacations des vétérinaires a été supprimée. Malgré cette alerte rouge et l'annonce du recrutement en 2015 de 60 personnes supplémentaires, les effectifs consacrés à ce secteur sont aujourd'hui inférieurs à ce qu'ils étaient en novembre 2008, lors de la visite de l'OAV !

En 2012 et 2013, deux rapports publiés à la suite de missions de l'OAV en France, l'une effectuée afin d'évaluer les contrôles officiels de la sécurité des aliments et l'autre concernant l'abattage et la transformation des viandes fraîches, en particulier chevalines, étaient tout aussi alarmistes. Pour les inspecteurs européens : « Les fréquences d'inspection appliquées dans certains secteurs de transformation des aliments sont beaucoup plus faibles que celles déterminées au niveau national, et donc inadéquates. »

Les inspecteurs européens écrivent aussi : « Dans tous les abattoirs visités, comme cela avait déjà été noté au cours des audits de 2006, 2009 et 2012, les examens *ante mortem* ne se déroulent toujours pas conformément à la législation de l'Union européenne. » Cela a le mérite d'être clair, et les mêmes de préciser : « Au niveau départemental, les autorités compétentes ont souvent mentionné la pénurie de personnel officiel comme étant à l'origine des problèmes détectés. Les vétérinaires sous contrat à temps partiel dans les abattoirs n'ont pas le temps nécessaire pour accomplir toutes les tâches d'inspection et d'audit prévues par la législation. »

Des informations que les ministres de l'Agriculture qui se sont succédé ne peuvent pas ignorer. Après la publication de chacun des rapports, leurs services ont dû rédiger des notes pour expliquer comment ils allaient remédier à ces manquements. Et ce ne sont pas les seuls rapports alarmants auxquels ils ont eu accès.

Les rapports des inspecteurs de la BNEVP passés sous silence

Des rapports de la Brigade nationale d'enquêtes vétérinaires et phytosanitaires (BNEVP) – qui faisaient état de manquements graves aux conditions d'hygiène – n'ont jamais été rendus publics. L'enquête sur les steaks hachés et celle sur la viande séparée mécaniquement (VSM)[1] détaillaient les failles en matière de traçabilité, en particulier dans le cas du désormais fameux minerai de viande. Elles mettaient en évidence que les abattoirs recevaient généralement les résultats d'analyses postérieurement au départ des carcasses de l'abattoir et que les ateliers de viandes hachées réfrigérées les recevaient alors que les produits avaient déjà été expédiés... et très souvent consommés.

Le deuxième rapport soulignait que dans les ateliers de découpe les produits destinés à la VSM étaient peu contrôlés et que, dans les ateliers la produisant, les contrôles des matières premières, que ce soit par le professionnel ou par les services de contrôle, étaient très insuffisants. Encore plus réjouissant : l'enquête soulignait que la méconnaissance de la destination des produits par les opérateurs affectés à la découpe des volailles était pour le moins inquiétante, la plupart étant persuadés que les produits étaient destinés à la consommation animale !

1. Respectivement publiées en octobre 2007 et en octobre 2008.

Une autre enquête sur les matières premières dans les charcuteries premier prix[1] est encore plus effrayante : « [Dans les entreprises contrôlées] 13 % des viandes sont impropres à la consommation humaine du fait de la présence des infiltrations séro-hémorragiques et de caillots de sang résultant vraisemblablement de plaies de saignée. L'examen de ces viandes montre une couleur anormale (gris verdâtre) et dégageant une odeur putride et malodorante, signes caractéristiques de putréfaction et de décomposition des viandes. Au toucher, ces viandes sont poisseuses. Dans un établissement de fabrication de chorizos, il a été constaté, dans les étuves : le développement de moisissures indésirables sur les chorizos ; la présence de saucissons rongés par les souris ; la présence de souris vivantes, d'excréments et de plusieurs souris en état de décomposition avancée, voire momifiées. » Ah oui, quand même...

Fin de la suppression de postes liés à la sécurité sanitaire

Le ministre de l'Agriculture Stéphane Le Foll et le ministre délégué à l'Agroalimentaire Guillaume Garot reconnaissaient, début 2014, que la réduction drastique et souvent inappropriée des effectifs avait fragilisé le modèle sanitaire français. Ils précisaient s'être attachés, dès leur arrivée, « à stopper l'hémorragie », ajoutant : « Les effectifs de contrôles sont dès à présent sanctuarisés sur l'ensemble du territoire. Aujourd'hui, 4 500 agents vétérinaires et techniciens sont affectés à la mission de contrôle de sécurité de notre alimentation. » Depuis leur arrivée, le budget du ministère de l'Agriculture est resté stable, mais les faits sont là : la France ne consacre plus que 7,50 euros par an et par habitant à ses services vétérinaires, dépenses

1. Publiée en 2011.

de personnels et coûts d'analyses compris (alors qu'elle dépense 100 euros par an et par personne pour subventionner la PAC).

Si le président François Hollande a mis fin à cette très controversée RGPP, la modernisation de l'action publique qui lui a succédé poursuit dans d'autres ministères les suppressions de postes jugés « non prioritaires ». Dans le contexte économique actuel, la question est délicate pour les gouvernements de gauche comme de droite.

Lors d'une interview[1], l'ancien ministre de l'Agriculture Bruno Lc Mairc rcconnaissait, à propos des RGPP qu'il avait lui-même été chargé de mettre en place dans son ministère : « Il était temps de redéfinir le rôle de l'Etat. On ne peut plus se contenter d'une approche strictement comptable de la dépense publique. Cette logique de court terme donne le sentiment que l'effort demandé est mal réparti et nous empêche de voir la France à dix ou quinze ans. Pour être efficace, l'Etat doit se recentrer sur les politiques régaliennes et notamment celle ayant trait à la sécurité. Méfions-nous d'une décentralisation trop poussée qui conduirait à des déséquilibres encore plus forts. »

D'ailleurs, en 2011, pour pallier le manque de vétérinaires sur le terrain, Bruno Le Maire avait tenté de sortir un lapin de son chapeau : confier de plus en plus de contrôles officiels, notamment dans les abattoirs, à des vétérinaires libéraux vacataires, tout en les autorisant à conserver leur clientèle privée. Une incongruité, pour toute personne s'étant déjà rendue sur le terrain. Comment un même vétérinaire, qui a tenté de soigner sans succès une bête et qui a dû se résoudre à la faire envoyer à l'abattoir, peut-il résister à la pression de l'abatteur, ainsi qu'à celle de l'acheteur ? Comment peut-il gérer une urgence vétérinaire ? En travaillant aussi bien pour les éleveurs que pour l'abattoir, où il doit assurer une mission de

1. France Inter, 3 septembre 2012.

délégation de service public, le vétérinaire libéral se trouve juge et partie : une situation malsaine et difficilement tenable.

A la question du journaliste : « Le gouvernement [de François Hollande] a-t-il tort de stopper les suppressions de postes, de mettre fin à la règle du non-remplacement d'un fonctionnaire sur deux ? », l'ancien ministre répondait : « C'est une erreur, car c'était un facteur d'économies important. C'était aussi une politique qui permettait de se pencher sur les dysfonctionnements d'un certain nombre de nos administrations. » Il poursuivait sa démonstration, en citant l'enseignement comme exemple : « Nous dépensons beaucoup pour l'école et nos résultats ne sont pas bons. Avec le système actuel, vous pouvez rajouter autant d'enseignants que vous voulez, cela ne résoudra pas grand-chose. Le cœur du problème, c'est la nature de l'enseignement que l'on offre, la formation des enseignants, le nombre d'heures qu'ils doivent assurer, le collège unique, l'autonomie des établissements. Embaucher des enseignants est une facilité qui évite de se poser les vraies questions. »

La formation des techniciens vétérinaires s'est allégée

Ce que Bruno Le Maire oubliait de préciser, c'est que le même argument valait pour la diminution du niveau de formation des techniciens vétérinaires ! Sous ses directives, les techniciens[1] de niveau 1 qui secondent les vétérinaires ont vu leur formation passer de deux ans à douze semaines ! Avant, la formation obligatoire se déroulait à l'Institut national de formation des personnels du ministère de l'Agriculture, situé à Lyon-Corbas, de la façon suivante : 900 heures théoriques et 600 heures pratiques. Au programme : la sécurité sanitaire des produits de la pêche,

1. 241 techniciens de niveau 1 et 712 techniciens de niveau 2 sont affectés dans les abattoirs.

des laitages, du miel et de la viande. Ne serait-ce que pour la partie abattoir, la formation durait six mois.

La dernière promotion à suivre l'ancien cursus a effectué sa rentrée en octobre 2012. Dorénavant, sur douze semaines de cours, cinq sont consacrées à l'apprentissage de l'informatique et à l'expression orale ainsi qu'à la présentation générale de l'administration et de l'environnement professionnel. Les notions d'anatomie et de physiopathologie sont désormais enseignées à distance. Dans ces conditions, il est évident qu'il sera de plus en plus difficile à ces techniciens vétérinaires d'assurer leur mission sur le terrain. En outre, les postulants ne sont désormais plus des ruraux, ayant par exemple vécu à la ferme et disposant par conséquent de notions de santé animale, mais des citadins qui, pour certains, n'ont jamais vu d'animaux d'élevage !

Il y a plus grave : on assiste, en parallèle, au remplacement de ces techniciens vétérinaires par des préposés sans réelle formation sanitaire. Ces derniers suivent, en tout et pour tout, une semaine de transmission de consignes avec un technicien vétérinaire, avant de se retrouver seuls sur le terrain... Quelle efficacité espérer, dans de telles conditions ?

Qu'à cela ne tienne ! Les ministres français continuent d'avancer que nous avons un des meilleurs systèmes au monde et qu'ils vont renforcer les contrôles. Seule interrogation, et de taille : comment effectuer plus de contrôles sans effectifs supplémentaires ?

D'ailleurs, en février 2014, la Cour des comptes demandait à la DGAL de « veiller à ce que la pression sur les effectifs n'implique pas une baisse qualitative dans la réalisation des missions ». Et elle s'inquiétait en ces termes : « Les agents pourraient ne se concentrer que sur des points de contrôles incontournables, adopter un esprit routinier, qui laisse peu de place à l'investigation – celle-ci réclamant plus de temps –, faire des constats générant les suites les moins contraignantes. [...] La DGAL devrait clairement afficher, outre le nombre de contrôles contractualisés et réalisés, le nombre de contrôles qui devraient être effectués en théorie d'après sa propre analyse de risque et pour répondre aux obligations communautaires, ainsi que les effectifs qu'il aurait fallu pour les réaliser. »

La catastrophe menace

La situation est extrêmement préoccupante. Selon Benoît Assemat, ancien président du SNISPV : « Cela fait dix ans que nous tirons la sonnette d'alarme au sujet des déficits des contrôles officiels et de la catastrophe qui menace. Alors que les enjeux sanitaires et sociétaux sont toujours plus importants, la situation n'a jamais été aussi préoccupante. Aujourd'hui, faute d'effectifs suffisants, les services vétérinaires départementaux ne peuvent plus assurer correctement le contrôle du respect de la réglementation. »

Un point de vue inquiétant, qui fait écho à celui exprimé par l'ensemble des syndicats du ministère de l'Agriculture. Le 18 février 2011 déjà, dans un communiqué conjoint, les fonctionnaires de la CFDT, de la CGT, de FO, de la FSU, de SUD, de l'UNSA et du SNISPV décidaient d'« informer le grand public et les acteurs de la chaîne alimentaire des dangers d'une dérégulation sanitaire ». Ils demandaient que « l'Etat cesse de brader comme il le fait aujourd'hui la sécurité des produits alimentaires, la santé et la protection des animaux, ainsi que la compétitivité des filières agroalimentaires ». Tous dénonçaient le fait de ne plus disposer des moyens de faire de la prévention. Une mission pourtant primordiale, pour éviter d'avoir à gérer des catastrophes et de devoir passer le plus clair du temps à gérer l'urgence. Rappelons que 1 euro dépensé en prévention et surveillance, c'est 5 à 6 euros économisés dans la lutte contre les maladies et la réparation des préjudices. A bon entendeur…

D'ailleurs, insiste le SNISPV, la surveillance et la lutte contre les maladies animales, le contrôle des pesticides, dans l'alimentation des animaux et par conséquent dans la viande, et la protection animale ne sont « déjà plus assurés ou de manière incomplète ». Les chiffres parlent d'eux-mêmes. En février 2014, la Cour des comptes s'inquiète de la faiblesse des contrôles relatifs à l'utilisation des produits phytosanitaires – ou pesticides – sur les productions végétales qui seront utilisées soit dans l'alimentation animale (environ 70 % de la production), soit directement dans l'alimentation humaine. Comme le rapport l'atteste, 1,2 % seulement des exploitations sont contrôlées, notamment celles qui touchent les aides au titre de la PAC. Les arboriculteurs et les maraîchers ne reçoivent quasiment jamais la visite d'inspecteurs sanitaires. Rassurant ?

Les normes de protection animale ne sont pas garanties

En termes de respect des normes de protection animale, un rapport de la Commission européenne de février 2012 constate que le taux de contrôle des élevages de veaux, de porcs et de poules pondeuses français est de 0,68 %. Un taux inférieur à l'objectif déjà dérisoire fixé à 1 % par les autorités françaises. A ce rythme, un élevage peut se préparer à un contrôle… tous les cent quarante-sept ans. De mieux en mieux…

Régulièrement, des associations comme L214, l'Œuvre d'assistance aux bêtes d'abattoirs, la Fondation Brigitte Bardot ou la Protection mondiale des animaux de ferme portent plainte contre des élevages pour mauvais traitements ou absence de soins. Dans la très grande majorité des cas, la justice leur donne raison.

Fin 2013, près d'un tiers des 280 000 truies françaises sont encore enfermées pour toute la durée de leur gestation (3 mois, 3 semaines et 3 jours) dans des cases individuelles, alors que cette pratique est interdite depuis le 1er janvier 2013 sauf pour les quatre premières et dernières semaines de gestation. Il leur est en effet impossible de faire plus d'un ou deux pas, de se retourner ou encore de se coucher confortablement. Comme les autres pays européens, la France avait pourtant douze ans pour se mettre en conformité avec la réglementation européenne. Trop peu, sans doute ? Ces cases individuelles sont pourtant interdites au Royaume-Uni depuis 1999.

Idem pour les poules pondeuses, qui ne devraient plus être enfermées dans des cages « conventionnelles », interdites depuis le 1er janvier 2012, dans lesquelles elles ne peuvent pas étendre leurs ailes, mais dans des cages « enrichies » de 3,60 mètres par 1,20 mètre avec perchoir et bac à poussière. En France, 48 millions de poules pondent chaque année 12,5 milliards d'œufs, ce qui fait de notre pays le deuxième producteur européen. Or, les deux tiers de nos poules pondeuses sont toujours cantonnées dans des cages grillagées avec en tout et pour tout une surface équivalente à une feuille de papier A4[1] (code 3 indiqué sur l'œuf[2]). Elles peuvent être entassées jusqu'à 200 000 dans des bâtiments aveugles n'offrant aucun accès vers l'extérieur. Il leur est impossible dans ces conditions de gratter le sol, de faire des nids ou simplement d'étendre leurs ailes.

Des efforts sont indispensables pour se conformer à la réglementation européenne, encore faudrait-il que le personnel vétérinaire soit présent pour inciter fermement les producteurs à se mettre en conformité. En Italie, par exemple, où 85 % des poules pondeuses étaient encore recluses dans ce type de cages en 2009, ce taux est passé

1. Dimension d'une feuille A4 : 21 × 29,7 cm, soit 16 poules/m^2. Pas de sortie à l'extérieur, pas de lumière du jour.

2. Sur chaque œuf figure un code allant de 0 à 3 qui précise le mode d'élevage de la poule : en cage, au sol, en bâtiment fermé ou avec accès au plein air. Ce chiffre est suivi par les lettres du pays d'origine de la poule (FR par exemple pour la France), puis par un numéro qui permet d'identifier le producteur.

à 30 % en 2012. En Allemagne, 95 % des œufs vendus en grandes et moyennes surfaces proviennent désormais d'élevages au sol ou en volière[1] (code 2 indiqué sur l'œuf), ainsi que d'élevages en plein air[2] (code 1) et bio (code 0), qui permettent aux poules, pour ces deux dernières catégories seulement, d'accéder à l'extérieur.

En France, les canards ne sont pas mieux traités. Alors que les cages individuelles sont interdites en Europe depuis le 1er janvier 2011, les trois quarts d'entre eux sont toujours enfermés, sans pouvoir effectuer le moindre mouvement. Afin de satisfaire le goût des Français pour le foie gras, on continue également de les immobiliser pour les gaver à la chaîne et à la pompe hydraulique.

Les inspecteurs vétérinaires se sentent comme les dindons de la farce

Laurent Lasne, le nouveau président du SNISPV, précise : « Il ne faut pas pour autant se tromper de responsables : les vétérinaires, ingénieurs, techniciens et agents administratifs, formés, compétents et impliqués, font tout leur possible depuis dix ans pour compenser la réduction continue des effectifs, et la souffrance est désormais généralisée dans les services. »

Au comble du désespoir, les fonctionnaires des services vétérinaires adressaient un courrier solennel au ministre de l'Agriculture, le 18 octobre 2012. En leur nom, le SNISPV demandait le gel de leurs indemnités. Cette lettre faisait suite à la réalisation d'un sondage auprès des 450 inspecteurs vétérinaires publics, quelque temps plus tôt.

1. Moins de 2 feuilles A4 par poule, soit 9 poules/m^2. Pas de sortie à l'extérieur, pas de lumière du jour.

2. Pour ces deux dernières catégories (code 0 et 1) : entre 2 et 3 feuilles A4 par poule, soit entre 6 et 9 poules/m^2 en intérieur et 4 à 5 m^2 par poule en extérieur, lumière du jour.

74 % d'entre eux déclaraient être « d'accord ou plutôt d'accord » pour renoncer à une prime d'environ 2 500 euros. Ils refusaient en quelque sorte de « se faire payer pour la boucler » et privilégiaient l'embauche de personnels pour renforcer les équipes et garantir ainsi « le maintien du service public ». Geste singulièrement inhabituel...

Il faut dire que l'heure est grave. Selon le SNISPV, les effectifs vétérinaires chargés de la sécurité sanitaire ont baissé de 20 % ces dernières années. Les inspecteurs vétérinaires ne sont plus que 4 500 aujourd'hui, alors qu'ils étaient encore 5 700 en 2005. Pourtant, leur champ d'action s'est énormément élargi et leurs tâches se sont grandement complexifiées, notamment du point de vue administratif. Certains passent désormais le plus clair de leur temps à rédiger des rapports et à essayer de rendre compatibles des outils informatiques qui ne le sont pas ! Une tâche rendue encore plus ardue par le fait que le ministère de l'Agriculture a supprimé l'usage de la suite Office au profit des logiciels libres Open Office. C'est ce qu'on appelle de vraies-fausses économies !!!! Avant de partir en mission ou aussitôt après, ils doivent remplir cinq ou six formulaires (un de suivi de l'activité, un autre d'utilisation de leur temps, un troisième de frais de déplacement, un quatrième au retour pour informer le ministère de l'Agriculture, un cinquième pour la direction des fraudes, etc.) sur ces logiciels non compatibles entre eux, ce qui les oblige à tout ressaisir : ils passent ainsi plus de temps à expliquer ce qu'ils font qu'à le faire.

De fait, les inspecteurs vétérinaires disposent de moins en moins de temps pour se rendre sur le terrain. Comme l'explique Laurent Lasne, le président du SNISPV : « On ne peut pas se contenter de stabiliser les effectifs, il va falloir les augmenter et les décharger de corvées administratives trop lourdes. Certains des agents de contrôle doivent faire des rapports à plus de quatre administrations différentes ! Il faut en finir avec la concurrence entre les ministères de la Consommation et de l'Agriculture. La sécurité alimentaire doit être une priorité absolue. »

La perte de compétences est une préoccupation majeure

Un chef des services vétérinaires alsaciens confirmait la situation à Rue 89 : « La direction générale nous impose des visites sanitaires, des missions d'inspection du cheptel... mais ce ne sera pas mis en place, faute de moyens suffisants. On a déjà réduit les prélèvements dans les élevages au strict minimum, et délégué la prophylaxie [mesures visant à empêcher la propagation des maladies] aux groupements de défense sanitaires, c'est-à-dire à des associations départementales d'éleveurs. Toutes ces mesures d'économie finissent par dégrader notre savoir-faire, on a du mal à maintenir des compétences, au sein du service, lorsque la majorité des contrôles sont effectués par d'autres[1]. »

Le rapport de la Cour des comptes de février 2014 le confirme, faisant suite à un audit sur les intrants (semences, engrais, pesticides, activateurs ou retardateurs de croissance) utilisés dans la production végétale destinée à nourrir les bêtes : « Le maintien des compétences n'est pas garanti. La perte de compétences est une préoccupation majeure. [...] Il est indispensable que les agents aient une compétence suffisante, qui leur permette d'être au moins aussi qualifiés que les professionnels qu'ils contrôlent, et qu'ils puissent mener, outre des contrôles de respect de conformités prédéfinies, des contrôles aussi tournés vers l'investigation, voire la recherche de fraudes. »

D'ailleurs, tous les inspecteurs vétérinaires s'accordent à dire qu'il leur arrive régulièrement, lors de contrôles, de

1. *Rue 89*, « L'état critique de l'Etat inspecteur », 2 avril 2013.

découvrir de la viande avariée destinée à la consommation humaine. Ce qu'ils expliquent ainsi : « La tentation de la fraude est constante, et moins la peur du gendarme fonctionnera, plus les individus peu scrupuleux en profiteront. »

Les titres des journaux leur donnent malheureusement raison : « La technique de remballe de la viande périmée durait depuis dix ans[1] », « Il fallait garder 40 % de viande avariée[2] », « 1 000 euros d'amende requis contre le dirigeant d'une entreprise agroalimentaire pour détention de viande avariée[3] »... Aucune région n'est épargnée : « Une tonne de viande et de poisson avariée saisie à Aubervilliers[4] », « Démantèlement d'un commerce de viandes clandestines à Nice[5] », « Du kebab avarié saisi sur la RN 31[6] », « Bilan sécurité de la Braderie de Lille : 42 interpellés, 1 763 kilos de denrées alimentaires détruites[7] », « Bordeaux : 370 kilos de volaille avariée dans une sandwicherie[8] »... N'en jetez plus, la coupe est pleine !

L'affaire Castel Viandes

Loi des séries ou mise en lumière des pratiques peu ragoûtantes de certains industriels ? A la suite du « chevalgate », d'autres ont été médiatisées... comme celle de Castel Viandes, un abattoir-atelier de découpe et de transformation de viande bovine situé à Châteaubriant, en Loire-Atlantique. En février 2013, Pierre Hinard[9], un

---

1. *Le Progrès,* 24 avril 2013.
2. *Rue 89,* 15 février 2013.
3. *La Voix du Nord,* 4 juin 2013.
4. LCI, 19 juin 2013.
5. France 3 Côte d'Azur, 24 avril 2013.
6. *L'Union Presse,* 17 mars 2014.
7. *La Voix du Nord,* 8 septembre 2014.
8. *Sud Ouest,* 26 novembre 2014.
9. Auteur du livre *Omerta sur la viande... un témoin parle.*

ancien responsable qualité de l'entreprise, a révélé que des pratiques frauduleuses de « remballe » y ont eu lieu entre 2006 et 2008. Selon cet homme, qui aurait été licencié pour « avoir tenté de contester ces pratiques », des lots de steaks avariés avaient été revendus, notamment à des restaurants Flunch et McDonald's.

Chez Castel Viandes, on s'insurge. Pour Véronique Viol-Lévesques, directrice générale du groupe, il s'agit d'« une dénonciation calomnieuse d'un employé licencié ». Elle le certifie : « Tout est faux et nous sommes certains que la justice le reconnaîtra. » *Le Canard enchaîné*[1], qui a pu consulter le PV d'audition de l'ancien directeur qualité par la BNEVP, évoque un document édifiant, où il est question de « viandes impropres à la consommation remises dans le circuit de l'alimentation ». Des invendus de supermarchés, notamment Auchan, seraient revenus chez Castel Viandes, auraient été redécoupés et congelés avant d'être refourgués à des restaurants. Le PV mentionne aussi des « carcasses bovines contaminées fécalement » provenant d'animaux fiévreux et qui, bien que consignées, ont fini en steaks hachés ; ainsi que des « analyses bactériologiques non satisfaisantes » dissimulées au service de contrôle... Pas moins !

Dans le prolongement de ces révélations, la chaîne de restauration Flunch, après avoir constaté quatre cas d'intoxications alimentaires en 2008, a suspendu son approvisionnement auprès de l'entreprise. Castel Viandes aurait également livré à six reprises en août 2008 de la viande avariée à la société McKey, la centrale d'achats de McDonald's[2]. Par précaution, la chaîne américaine de fast-foods a également suspendu ses livraisons. Inquiets, les 330 salariés de l'entreprise se sont alors mobilisés pour sauver leurs emplois. La société fournit également la

1. En date du 24 février 2013.

2. *Le Parisien*, « McDo trompé sur la qualité de sa viande », 25 avril 2013.

grande distribution (Auchan, Système U) et des traiteurs industriels (Lustucru, William Saurin). Depuis, l'entreprise a été placée sous l'étroit contrôle des services vétérinaires – il était temps ! –, et une information judiciaire a été ouverte pour « tromperie sur la marchandise », « falsification de documents », « inexécution de procédures de retrait », « travail dissimulé », « mise sur le marché de denrées non conformes aux normes sanitaires », « mise en vente de denrées alimentaires corrompues », « non-respect du plan de maîtrise sanitaire » et « non-communication d'informations concernant des denrées alimentaires susceptibles d'être préjudiciables à la santé ». Fin juin et juillet 2014, le PDG Jeff Viol et deux cadres – dont la nouvelle responsable qualité de l'usine – ont été mis en examen pour « tromperie aggravée par un risque pour la santé de l'homme ou de l'animal » et pour « tromperie sur la qualité substantielle de la marchandise » pour des faits commis de 2010 à 2013. L'enquête est toujours en cours. Flunch, Auchan et Système U ont repris leurs approvisionnements chez Castel Viandes. Le plus rigolo, ironise *Le Canard*, c'est que Castel Viandes a pour actionnaire minoritaire Unigrains, une société qui possède Comigel, le fabricant des fameuses lasagnes surgelées au cheval...

Les inspecteurs de la répression des fraudes sont également en sous-effectifs

Du côté de la DGCCRF, rattachée, on l'a dit, au ministère des Finances, la situation n'est pas meilleure. Les 1 985 agents contrôleurs, qui se penchent essentiellement sur les conditions de mise sur le marché des produits, ont vu leurs effectifs baisser de 15 % depuis 2007. Pour les syndicats de fonctionnaires, il n'y a aucun doute : « Les suppressions de postes favorisent les tromperies et les placent dans la quasi-incapacité de remplir leurs missions. »

Pour pallier ce phénomène, l'ancien ministre délégué à la Consommation, Benoît Hamon, avait prévu de recruter 15 fonctionnaires de plus en 2014, ce qui faisait un total de 2 000 agents au service de la répression des fraudes. Un effort louable quoique insuffisant : le ministère des Finances, dont ils dépendent, est la seule administration, avec l'Education et les missions de sécurité, qui voit ses effectifs augmenter.

Une réorganisation hiératique des services de contrôle

Depuis 2009, les agents de la DGCCRF ont vu leur administration scindée en plusieurs sous-ensembles, dans le but inavoué de rendre leurs missions de plus en plus difficiles. Ces fonctionnaires sont placés sous différents contrôles : la Direction départementale de la protection des populations, à l'échelle du département (DDPP), et la Direction régionale des entreprises, de la concurrence, de la consommation, du travail et de l'emploi (DIRECCTE), en ce qui concerne la région.

Pour faire les choses simplement, les directions départementales des services vétérinaires ont été fusionnées. En fonction de la taille des départements, les vétérinaires dépendent désormais soit de la DDPP si leur département compte plus de 400 000 habitants, soit de la Direction départementale de la cohésion sociale et de la protection des populations (DDCSPP) s'il en compte moins.

Résultat de cette réforme : les citoyens qui souhaiteraient alerter l'administration d'une fraude possible ne savent plus où trouver les inspecteurs, et le nombre de réclamations a chuté. Pire, même entre eux, les fonctionnaires ont du mal à se joindre d'un département à l'autre, et à savoir qui fait quoi. Une réorganisation inaboutie, qui fait dire au SNISPV : « Quatre ans plus tard, il n'est pas admissible que les deux ministères continuent à se faire concurrence en matière de communication, que leurs instructions ne soient toujours pas concertées et que les systèmes informatiques ne soient toujours pas compatibles. » D'ailleurs avec la réorganisation, quatre vétérinaires publics sur dix considèrent qu'ils ne sont pas compétents pour leurs nouvelles missions, et la moitié d'entre eux se sentent angoissés au travail. Plus inquiétant, 16 % d'entre eux déclarent être en souffrance, au point d'avoir recours à une aide médicamenteuse ou psychologique.

La productivité de l'ensemble des inspections a baissé, bien au-delà de la suppression des postes. Pour la seule DGC-CRF, le nombre de contrôles effectués a baissé de 30 % : de 1 million en 2007 à 721 000 en 2013. Même constat pour le nombre d'entreprises visitées : de 180 000 en 2007 à 137 000 seulement en 2013. Des inspections pourtant indispensables, puisqu'un contrôle sur cinq a révélé des manquements... En 2013, les inspecteurs ont rédigé 15 400 procès-verbaux d'infractions, qui ont entraîné 176 saisies. Selon les agents du syndicat national CGT de la Concurrence, de la Consommation et de la Répression des fraudes (CCRF), leur « inefficacité » est principalement due à « l'éclatement en de multiples structures » de leur service, au niveau local.

Grande disparité entre les départements

Certains départements sont particulièrement démunis. Pour Stéphane Rozier, représentant CGT de la DGCCRF, qui s'exprimait à l'occasion d'une énième manifestation nationale organisée le 6 avril 2013 et destinée à promouvoir la reconstruction d'une administration unifiée au service des consommateurs et de l'économie, la situation est plus que critique : « Nous ne sommes plus en mesure de faire notre travail. Par exemple, le département du Tarn-et-Garonne est passé de 17 à 6 agents, l'Ariège de 13 à 6, et la Creuse de 13 à 4. » Le département des Pyrénées-Orientales est passé de 23 à 13 agents. Aucun département n'a été épargné.

« Dans le Haut-Rhin, un seul agent de la DGCCRF s'occupe du secteur alimentaire pour tout le département, explique sa collègue Edith Fratté, déléguée CFDT. On a du mal à enquêter en profondeur, dépouiller les factures, tracer les filières, etc. Tout ça prend beaucoup de temps et on nous demande des contrôles plus nombreux. Alors on doit souvent se contenter de contrôles de surface, comme une vérification des prix[1]. »

Un de leurs collègues, encore : « Chaque agent doit contrôler 140 entreprises en moyenne par an. Mais les contrôles sont très inégaux. Ainsi, je boucle six mois d'investigations sur un site Internet de vente à distance par un procès-verbal de 40 pages. Mais au final, ce ne sera compté que comme une seule "donnée d'enquête", au même titre qu'un contrôle de routine. Pour obtenir mon quota annuel, je vais devoir compenser cette enquête par des petits contrôles plus simples. Avec ce système, les magasins sont plus exposés que les entreprises qui importent et revendent, parce que c'est plus simple pour les agents. »

PIF : les importations ne sont pas mieux surveillées

Le citoyen-consommateur peut-il être plus rassuré par les produits en provenance de pays tiers ? Pas vraiment ! Aux frontières extra-européennes, des importateurs mondiaux peu scrupuleux ont pris l'habitude de faire entrer leurs marchandises par les points d'entrée réputés avoir les systèmes de contrôle les moins performants (par exemple le port de Rotterdam et l'aéroport de Schiphol). Seulement 1,8 % des marchandises entrantes font l'objet d'un contrôle[2]. Contrôle qui dure en moyenne moins de sept minutes !

1. *Rue 89*, « L'état critique de l'Etat inspecteur », 2 avril 2013.

2. Commission européenne, OAV, « Audit spécifique effectué en France du 20 au 29 septembre 2010 afin d'évaluer le système de contrôle à l'importation/lors du transit et les postes d'inspection frontaliers dans le contexte d'un audit général ».

Le Poste d'inspection frontalier (PIF) de l'aéroport de Roissy-Charles-de-Gaulle – premier PIF français – montre qu'en France seuls 3 % des produits importés sont contrôlés[1]. En revanche, chacun des 20 inspecteurs doit contrôler 24,8 lots par heure, ce qui laisse moins de trois minutes pour une inspection. Du coup, dans la majorité des cas, il s'agit simplement de s'assurer de l'adéquation entre le produit et la déclaration douanière, ainsi que de la présence d'un certificat vétérinaire provenant d'un vétérinaire assermenté. Parfois seulement, ces contrôles s'accompagnent de tests visuels, d'un contrôle de la température du produit pour voir s'il n'y a pas eu de rupture de la chaîne du froid, et éventuellement d'un prélèvement bactérien, parasitaire, stéroïdien ou antibiotique.

Dans les 300 autres PIF européens, les inspecteurs ont entre deux et trois fois plus de temps. Petite remarque en passant, le nombre de PIF européens est très certainement trop important pour qu'on puisse y mener un contrôle efficace. A titre de comparaison il existe en tout et pour tout 20 postes d'entrée de marchandises aux Etats-Unis.

Aux frontières intra-européennes, les contrôles de marchandises n'existent plus depuis les accords de Schengen. Le premier pays européen d'entrée des marchandises ayant seul la responsabilité d'exercer ces inspections, le produit peut ensuite être commercialisé librement, si tant est qu'il remplisse les formalités européennes et qu'il soit donc muni d'un certificat sanitaire. Des affaires de faux certificats vétérinaires défrayent régulièrement la chronique. En cause, notamment, les services vétérinaires roumains et bulgares, dont certains fonctionnaires corrompus délivrent des faux moyennant 50 euros.

1. Commission européenne, OAV, « Audit spécifique effectué en France du 20 au 29 septembre 2010 afin d'évaluer le système de contrôle à l'importation/lors du transit et les postes d'inspection frontaliers dans le contexte d'un audit général ».

Des contrôles peuvent être faits à destination, c'est-à-dire à l'arrivée des produits dans le premier établissement destinataire. Or, quand ils sont faits, les « contrôles à destination » présentent de nombreuses non-conformités[1]. Le bilan 2010-2011 – qui relève qu'il y a eu 20 % de contrôles en moins par rapport à l'année précédente – fait état d'anomalies pour 25 % des produits à base de viande, 17 % des viandes fraîches de boucherie (viandes rouges), 13 % des viandes fraîches de volaille et 21 % du lait cru et des produits à base de lait. En plus d'être peu nombreux, ces contrôles à destination ne sont pas mis en œuvre dans certains départements faute de personnel. C'était le cas dans 26 départements en 2009. En 2011, 35 départements n'étaient plus en mesure d'effectuer ce type de contrôle. Plus ça va...

A Rungis, les vétérinaires courent derrière le temps

Qu'en est-il des contrôles vétérinaires sur les produits ? Au Marché d'intérêt national (MIN) de Rungis – premier marché européen – les inspecteurs vétérinaires ne sont plus que 5 pour contrôler la viande vendue dans 150 établissements, alors qu'ils étaient encore 12 en 2005. A l'époque, ils tournaient en permanence à l'intérieur des pavillons (volailles, viandes rouges, triperies) et ils y contrôlaient aussi bien les ateliers de découpe que les entrepôts. Savez-vous combien de prélèvements sont désormais effectués sur les 300 000 tonnes de viande qui transitent chaque année ? En 2011... aucun. Oui, vous avez bien lu, tout simplement aucun !

Réduction budgétaire oblige, la France ne pratique plus que 20 000 prélèvements (antibiotiques, bactéries, pesticides...) par an pour toute la filière viande (élevage, abat-

1. Selon une note du ministère de l'Agriculture.

tage, transformation). Un chiffre qui correspond aux préconisations minimales de la Communauté européenne, mais qui reste bien inférieur aux prélèvements effectués dans les autres pays européens.

Comme le reconnaît Eric Couriard, un des inspecteurs vétérinaires du marché : « Les seules saisies que nous effectuons sont faites à la demande des professionnels à la suite de la réception de viandes avariées ou de la découverte de problèmes sanitaires au moment de la découpe : carcasse souillée, abcès, hématomes, parasites[1]... » Profondément désolé face à une telle situation, il ajoute : « Dorénavant, nous essayons de contrôler les ateliers de découpe une fois par an et les entrepôts une fois tous les deux ans, mais faute d'effectifs nous avons beaucoup de mal à tenir nos objectifs. »

Autre source d'inquiétude, ces mêmes 5 vétérinaires sont chargés de rédiger les certificats d'export et d'apposer leur signature sur les documents qui accompagnent les produits destinés aux consommateurs étrangers. « En 2010, on en a rédigé 62 000, officiellement on devrait passer entre dix et quinze minutes par certificat vétérinaire, mais par manque de temps et d'effectifs – toujours le même problème – on est obligés de signer des documents sans avoir eu le temps de les étudier de façon adéquate. En pratique, on ne réalise que 1 000 contrôles physiques par an afin de vérifier que les déclarations sont conformes aux produits déclarés. » Une situation totalement irresponsable de la part des autorités françaises, au regard des conséquences dramatiques que cela pourrait avoir sur les exportations françaises de produits carnés, et donc sur toute la filière de production.

1. Entretien avec l'auteur.

Il faut taxer la viande !

Alors que faire pour éviter la catastrophe sanitaire tant redoutée par les vétérinaires ? Aussi bizarre que cela puisse paraître, la réponse est simple. Il faut commencer par taxer la viande du montant nécessaire au financement d'inspections sérieuses et régulières. Cela tombe bien, cette disposition est prévue par la réglementation européenne. Seul problème : elle n'est pas ou peu appliquée en France. La filière viande freine des quatre fers.

En France, les redevances sanitaires, auxquelles les industriels sont normalement assujettis, en particulier dans les établissements d'abattage, sont perçues à un niveau parfois inférieur au tarif plancher défini par la réglementation européenne. Selon la Cour des comptes, c'est même le cas de près de trois quarts des abattoirs de volailles et d'ongulés domestiques – les mieux notés, qui bénéficient d'un abattement conséquent.

De ce fait, le coût des inspections est insuffisamment répercuté sur les professionnels : en 2012, le produit des redevances sanitaires d'abattage et de découpage a été de 48 milliards d'euros, alors que les seules dépenses de personnel d'inspection dans les abattoirs s'élevaient à 71,2 milliards d'euros. Sans vouloir crier au loup, ne serait-il pas temps que les industriels français de la viande prennent la mesure de leur responsabilité dans le financement des contrôles sanitaires, afin d'assurer la pérennité de leur filière ?

6

Abattage rituel : petits arrangements entre industriels

Alex est un boucher comme on les aime. Sa boutique installée au cœur d'un petit village d'Ile-de-France est un paradis pour amoureux de la viande. Dans sa devanture, pâtés et rillettes côtoient saucisses et andouillettes, pieds de veau, rôtis et boudins noirs. Gigots d'agneau, foies de veau et volailles de Challans n'ont rien à envier aux filets et autres morceaux de bœuf qui pendent à des crocs dans sa vitrine réfrigérée. Dans leur plus grande majorité, ses produits sont fabriqués sur place dans les règles de l'art.

La boucherie d'Alex est accueillante, son laboratoire irréprochable et la traçabilité de ses produits très au point, mais il a un problème... Il en a assez de cacher à ses clients que toutes les pièces d'agneau et de bœuf vendues dans sa boucherie traditionnelle proviennent de bêtes abattues de façon rituelle. Conformément au rite traditionnel casher ou halal, elles ont été égorgées sans avoir été préalablement étourdies. Cela dit, « rituel » ne signifie pas forcément « sans étourdissement ». Aujourd'hui, de nombreux musulmans considèrent l'abattage avec étourdissement comme halal si la bête est tournée vers La Mecque, si elle est vivante au moment de l'abattage et si le nom d'Allah est prononcé par le sacrificateur. Il y a du rituel avec ou sans étourdissement. Désormais, certains bovins sont étourdis juste après la coupe rituelle et sont considérés comme halal.

« C'est vrai, nous leur cachons un peu la vérité, mais nous sommes obligés de nous arranger avec la réalité. Nos clients ne s'attendent pas à trouver de la viande abattue de façon rituelle dans une boucherie traditionnelle. Mais la réalité, c'est que nous n'avons pas le choix. Et la plupart des bouchers sont dans mon cas », explique Alex. Une déclaration confirmée par Bernard Merhet, président de la Fédération de la boucherie et des métiers de la viande de Paris et de la région parisienne : « Certains bouchers vendent de la viande abattue selon le rite halal sans le dire à leurs clients. Mais ils ne peuvent pas faire autrement car il n'y a plus d'abattoir traditionnel dans la région. Et si les bouchers décident de se fournir à Rungis, c'est pareil, car on ne sait pas comment les bêtes ont été abattues[1]. »

Même son de cloche du côté de Christian Le Lann, président de la Confédération française de la boucherie, boucherie-charcuterie, traiteurs (CFBCT), qui considère que sa confédération « n'est pas là pour stigmatiser qui que ce soit, mais l'égorgement devrait rester une exception. Nos bouchers sont unanimes, ils ne veulent pas que les animaux souffrent[2] ».

Un tiers des bouchers continuent à choisir leurs bêtes à la ferme

Comme 7 000 des 20 000 artisans bouchers français, Alex continue à acheter ses bêtes vivantes. Tous les quinze jours, il se rend chez Jacques-Pierre, un éleveur de sa région qui possède un troupeau de cinq cents vaches limousines. Comme son père avant lui, Alex vient lui ache-

1. *Le Parisien*, « Elle est moins tendre », 2 mars 2012.
2. Entretien avec l'auteur.

ter deux bovins sur pied. Ces visites à la ferme lui permettent de choisir, avec l'éleveur, des bêtes arrivées à maturité, ni trop grasses ni pas assez. Un moyen de s'assurer que sa viande sera tendre et savoureuse. D'ailleurs, ses clients ne s'y trompent pas. Ils n'hésitent pas à parcourir des dizaines de kilomètres pour s'approvisionner chez lui.

Les deux bovins choisis seront livrés au boucher le lendemain matin. L'éleveur prend donc la direction de l'abattoir de Meaux à une cinquantaine de kilomètres de là. « Emmener mes vaches à l'abattoir est toujours une étape difficile, raconte Jacques-Pierre. Bien sûr, je les élève pour qu'elles aillent nourrir l'homme. Mais en tant qu'éleveur, c'est toujours compliqué parce que ce sont des bêtes qui sont nées sur la ferme, que nous avons élevées, qui nous ont donné de petits veaux. Alors on s'y attache, forcément. »

Jacques-Pierre ressent un pincement au cœur, mais c'est pire depuis 2008, lorsqu'il a appris que son abattoir avait changé de méthode d'abattage. « Je préfère que mes animaux soient étourdis, explique-t-il. Nous respectons une charte de qualité, ainsi que toutes les réglementations, qu'elles concernent l'environnement ou le bien-être des animaux. J'ai donc beaucoup de mal à accepter que la loi ne soit pas respectée dans les abattoirs et que mes animaux souffrent. »

L'étourdissement des bêtes est obligatoire depuis 1974...

Depuis 1964, la réglementation française impose que toutes les bêtes soient étourdies avant d'être saignées, tout comme la réglementation européenne depuis 1974. Le Code rural[1] précise : « L'étourdissement des animaux est obligatoire avant l'abattage ou la mise à mort, à l'exception de trois cas : le gibier, les cas d'abattage d'urgence et si l'étour-

1. Article R214-70.

dissement n'est pas compatible avec la pratique de l'abattage rituel. » Cela afin de diminuer leur stress et leurs souffrances. Mais aussi par souci d'efficacité et pour assurer la sécurité du personnel : une bête assommée ne se débat pas.

Pour que la viande soit consommable et puisse être conservée, il est indispensable que son cœur batte au moment où la bête se vide de son sang. D'où la solution qui consiste à étourdir le bétail avant la mise à mort. Après avoir été assommées à l'aide d'un « matador » – sorte de pistolet à tige perforante qui, on l'a dit, percute leur boîte crânienne – les vaches perdent conscience et sont donc insensibilisées. C'est à ce moment-là qu'elles sont saignées par section des artères carotides et des veines jugulaires ou par section des vaisseaux situés autour du cœur et trouvent la mort.

Les ovins et les volailles sont généralement étourdis par électronarcose, un procédé qui fonctionne à l'électricité. Pour les agneaux et les moutons, les opérateurs les étourdissent en leur posant sur la tête une pince à deux électrodes, avant de les saigner. De leur côté, les volailles sont suspendues à une chaîne, têtes en bas, et plongées à grande vitesse dans un bain d'eau électrifié. Tout comme les cochons, elles peuvent aussi être étourdies au gaz. Dans ce cas, elles sont convoyées vers des caissons, ou des tunnels, saturés en dioxyde de carbone. Ce n'est qu'après ce passage dans cette pièce ou dans ce bain d'eau électrifié que les animaux sont saignés.

... sauf dérogation pour l'abattage rituel

La loi prévoit une dérogation à cette obligation d'étourdissement dans le cas de l'abattage rituel. Dans ce cas, les animaux ne sont pas étourdis. Les bêtes sont égorgées vivantes et en toute conscience, à l'aide d'un couteau qui doit être très affûté, afin de sectionner en un seul geste tous les vaisseaux de la gorge : les veines jugulaires, ainsi que les carotides, la trachée et l'œsophage, afin d'accélérer la mise à mort et de réduire la souffrance animale. Cette dérogation existe pour satisfaire les consommateurs de confessions juive et musulmane, qui représentent environ 7 % de la population hexagonale. Or, ces dernières années, cette dérogation visant la viande casher et halal semble être devenue la règle. De la viande abattue rituellement se retrouve dans le circuit classique, en toute légalité, car la loi n'impose pas l'étiquetage spécifique de la viande issue d'abattage sans étourdissement.

Après la diffusion sur France 2 de *La Viande dans tous ses états* dans l'émission *Envoyé spécial*, le 16 février 2012, et la reprise opportuniste d'une seule partie des informations par la candidate Marine Le Pen, cette question a donné lieu à une vive controverse lors de la campagne présidentielle de 2012. En mélangeant immigration, islam, protection des animaux, salubrité et contrôle vétérinaire, la candidate du Front national a alors transformé la question du halal en fourre-tout anxiogène. Il n'en reste pas moins que le fait que l'abattage rituel se développe au point de devenir la « norme » est un secret de Polichinelle pour tous les professionnels de la filière.

En Ile-de-France, toutes les bêtes sont abattues de façon rituelle

Les chiffres sont là. En Ile-de-France, par exemple, l'abattage rituel est désormais la seule méthode pratiquée pour les bovins et les ovins. Les éleveurs comme Jacques-Pierre et les bouchers comme Alex, qui préféreraient que leurs bêtes soient étourdies avant d'être abattues, n'ont plus le choix. Ce constat est confirmé par Jean-François Hallepee, ancien directeur de la Maison de l'élevage d'Ile-de-France, qui regroupe tous les éleveurs de la région. Alerté par ces derniers, qui n'arrivaient plus à faire abattre leurs bêtes de façon conventionnelle, il a commandité, en

2011, une enquête[1] auprès des abattoirs de bovins de la région : Ezanville, dans le Val-d'Oise, ainsi que Jossigny et Meaux, en Seine-et-Marne. Les autres établissements abattent soit des porcs, soit des volailles. La conclusion du directeur est sans appel : « 100 % de l'abattage de bovins et d'ovins en Ile-de-France est halal. »

La Maison de l'élevage d'Ile-de-France soutient le projet de l'abattoir de Jossigny, qui souhaiterait s'agrandir et pouvoir également pratiquer l'abattage conventionnel sur de gros bovins. A ce jour, la taille réduite de sa structure ne lui permet en effet que d'abattre des animaux de petite taille : veaux et ovins. Jacques-Pierre, comme un certain nombre d'éleveurs de la région parisienne, soutient l'initiative. Mais faute de financement le projet n'avance pas.

L'éleveur de limousines rappelle qu'auparavant, en fonction des commandes de ses clients, il pouvait choisir de faire abattre ses vaches soit de façon rituelle, soit de façon conventionnelle. Mais, depuis cinq ans, l'abattoir de Meaux pratique exclusivement l'abattage rituel consistant à saigner les bêtes sans utiliser de moyen d'étourdissement, qu'il s'agisse d'animaux destinés au marché religieux ou pas. Selon la loi, l'éleveur devrait pourtant pouvoir faire étourdir ceux qui sont destinés au marché conventionnel.

Mais la direction qui a racheté l'ancien abattoir municipal de Meaux a décrété que tous les animaux y seraient systématiquement égorgés. Et c'est effectivement le cas. La polémique préélectorale n'y a rien changé, bien au contraire. La diffusion du reportage d'*Envoyé spécial* a permis au propriétaire de l'abattoir non seulement de renforcer sa légitimité auprès de ses clients musulmans mais également d'élargir sa clientèle. Le tout halal évite les risques de mélange avec de la viande non halal ! Et la direction oblige désormais tous ses clients à signer un

1. Etude de la filière viande en Ile-de-France, 30 avril 2011.

document déclarant qu'ils souhaitent faire abattre leur bête de façon rituelle.

Pour faire étourdir ses bêtes, un éleveur d'Ile-de-France doit parcourir 380 kilomètres de plus

« Aujourd'hui, nous sommes pieds et poings liés par rapport à ce système, précise Jacques-Pierre. Si nous voulons que nos bovins puissent bénéficier d'un abattage conventionnel, nous sommes obligés de sortir du département. » Une solution coûteuse et peu pratique, car cela lui demanderait de rouler en moyenne 380 kilomètres de plus pour faire abattre ses bêtes.

Inutile de vous dire que la question est sensible pour les éleveurs qui aimeraient voir la loi s'appliquer sans pour autant froisser les uns ou les autres. Jean-François Hallepee tient d'ailleurs à préciser que « la Maison de l'élevage n'a aucun problème avec les acheteurs de viande halal ou casher. Ce que nous voudrions, c'est que les consommateurs puissent avoir le choix. Or, aujourd'hui, ils se trouvent pris en otage. Ils sont obligés de consommer de la viande abattue selon un rite confessionnel, qui ne correspond pas forcément à leurs attentes. Il y a donc nécessité que les deux systèmes puissent cohabiter. »

Etait-ce aussi la volonté de Marine Le Pen quand elle affirmait que « toute la viande vendue en Ile-de-France est exclusivement halal », au lieu de dire qu'il s'agissait en fait de la viande issue des animaux abattus en Ile-de-France ? Chacun en jugera. En campagne pour la présidentielle, la candidate du Front national, qui avait déjà lancé une polémique début 2010 au sujet des Quick halal, a déclaré le 23 février 2012 vouloir engager une procédure judiciaire contre X pour « tromperie » sur les conditions de vente de la viande halal en France.

Le plus gros fournisseur de viande halal du Nord-Pas-de-Calais était membre du FN

Mais la candidate du FN avait oublié de préciser qu'elle comptait au sein de son parti le premier fournisseur des boucheries halal de la région Nord-Pas-de-Calais. A l'époque, Paul Lamoitier était également conseiller régional. En 2011, il expliquait : « La viande halal n'a rien à voir avec la montée de l'islamisme, il ne faut pas tout mélanger. Les patrons de boucheries halal ne sont pas des islamistes[1]. » Et de préciser : « Je suis au Front national car je suis patriote et républicain. Je fais partie des modérés, je ne suis pas raciste et j'ai de nombreux amis arabes. » Fin février 2012, las sans doute de faire le grand écart entre ses intérêts économiques et la ligne du parti, Paul Lamoitier, 76 ans, a déchiré sa carte du FN[2], qu'il détenait depuis trente ans !

Le démenti des professionnels au sujet de l'abattage rituel est plus surprenant… Selon eux, les abattoirs d'Ile-de-France produisent de la viande bovine pour répondre à la demande de la communauté musulmane. A les en croire, il n'y a pas de quoi fouetter un chat : seule 2,5 % de la viande consommée dans la région est halal, soit seulement 5 000 tonnes sur les 200 000 consommées chaque année par les 12 millions de Franciliens. La viande issue de ces abattoirs représente à peine 0,2 % des abattages nationaux. Qu'on se le dise, les consommateurs de la région parisienne mangent de la viande qui transite par le marché d'intérêt national de Rungis et provient des grandes régions d'élevage : Bretagne, Normandie, Bourgogne et Pays de la Loire. Tout comme les professionnels

1. *La Voix du Nord*, « Paul Lamoitier, conseiller régional frontiste et plus gros fournisseur de viande halal du Nord-Pas-de-Calais ! », 2 novembre 2011.

2. *La Voix du Nord*, « Paul Lamoitier : “Marine Le Pen m'a sacrifié sur l'autel de sa méconnaissance” », 1er avril 2012.

de la filière oublient de dire que près de 30 % de la viande bovine consommée en France est importée, ils omettent de préciser que l'abattage rituel est très répandu sur le reste du territoire et que cette technique est même devenue la règle.

L'abattage rituel tend à devenir la norme

En 2005, un rapport réalisé par le Comité permanent de coordination des inspections (COPERCI), une mission d'inspection commune aux ministères de l'Intérieur et de l'Agriculture[1], constate qu'en France « 80 % des ovins, 20 % des bovins et 20 % des volailles seraient abattus selon le rite halal ». Une autre étude[2] du ministère de l'Agriculture précise qu'en France 32 % des bêtes sont abattues de façon rituelle. Or, ce chiffre dépasse largement le volume des ventes étiquetées halal et commercialisées dans l'Hexagone. On est bien loin des 2,5 % de viande halal annoncés par la profession comme étant consommés en Ile-de-France. Cette région est pourtant celle qui recense le plus grand nombre de consommateurs de viande halal et casher !

En mars 2012, un rapport confidentiel[3] du Conseil général de l'alimentation, de l'agriculture et des espaces ruraux (CGAAER), dont l'hebdomadaire *Le Point* s'était procuré une copie, traitait de l'abattage rituel tel qu'il est réellement pratiqué en France. Les autorités l'ont trouvé tellement explosif qu'elles l'ont aussi sec enterré !

---

1. COPERCI, « Enquête sur le champ du halal », 2005.
2. Réalisée en 2007 et publiée en 2008.
3. « La protection animale en abattoir : la question particulière de l'abattage rituel », novembre 2011.

Cette pratique dérogatoire s'est généralisée dans l'intérêt des abattoirs

Le rapport, rédigé par dix experts et hauts fonctionnaires du ministère de l'Agriculture, révèle qu'« alors que la demande en viande halal ou casher devrait correspondre à environ 10 % des abattages totaux, on estime que le volume d'abattage rituel atteint 40 % des abattages totaux pour les bovins et près de 60 % pour les ovins ». Il affirme que cette méthode d'abattage « pourrait devenir la norme au lieu de rester une pratique dérogatoire. [...] Ce qui ne devait être qu'une dérogation s'est généralisé ». Ce qui signifie clairement que les Français ont, progressivement, et sans le savoir, été mis au régime halal ou casher.

Un constat d'autant plus alarmant que ces chiffres, basés sur une enquête menée auprès d'une quinzaine d'abattoirs français, sont probablement fortement sous-estimés. C'est même la conviction d'un grand nombre des professionnels de la filière qui, sous couvert d'anonymat, s'accordent à dire que l'abattage rituel concernerait en fait 8 à 9 ovins sur 10 et au moins 5 bovins sur 10. Frédéric Freund, directeur de l'OABA, confirme ces estimations, au vu des observations effectuées par ses inspecteurs. Pour lui, « si la proportion de bêtes abattues rituellement a augmenté de façon spectaculaire, ce n'est pas pour répondre à une demande confessionnelle, mais pour faciliter la tâche des abattoirs ».

Pourtant, au moment de la controverse, le SNIV-SNCP, le syndicat représentant les entreprises françaises des viandes, n'hésitait pas à déclarer : « Cette production est ultra minoritaire (en volume). Quand un animal est abattu rituellement, c'est qu'il y a une commande. On ne va pas faire plus de "rituel" que de besoin puisque ça coûte plus cher. » Ce qui est faux : une note de service[1] du ministère

1. En date du 23 juillet 2003.

de l'Agriculture précisait déjà que seule 20 % de la production halal était réellement commercialisée en circuit halal. Les 80 % restants étant vendus sur le marché conventionnel, sans mention ni étiquetage spécifique pour informer l'acheteur.

La profession aurait-elle la mémoire si courte ? En février 2011, bien avant la polémique électoraliste, Yves Berger, délégué général d'Interbev, l'Interprofession bétail et viande, qui rassemble treize organisations nationales de la filière viande, déclarait pourtant au cours d'une interview[1] : « Oui, c'est vrai, la pratique de l'abattage rituel est en pleine augmentation en France. » A l'époque, il répondait aux critiques formulées par Brigitte Bardot, qui avançait des chiffres issus d'une enquête réalisée par l'OABA, finalement assez proches de ceux publiés neuf mois plus tard par le CGAAER. La présidente de la Fondation Brigitte Bardot avait ainsi annoncé que 43 % des veaux et 60 % des moutons étaient abattus de façon rituelle. Ennuyé par ces propos, Yves Berger répondait tout de même qu'Interbev « n'avait aucune donnée suffisamment fiable pour contrer les chiffres avancés par Brigitte Bardot ». Dommage...

Les ventes à l'exportation ne justifient pas non plus un tel développement. En 2005, dans le rapport du COPERCI, les inspecteurs indiquaient déjà que « les exportations de viande bovine halal représentent 3,6 % des exportations totales de viande bovine. [...] Les exportations de viande de volaille halal pèsent davantage, puisqu'elles représentent 27 % des exportations de volailles. Quant aux exportations de viande ovine, elles sont résiduelles ».

Des chiffres qui ont visiblement évolué, si l'on en croit Dominique Langlois, le président d'Interbev. En mars 2014, il déclarait[2] que 10 % de la production de viande bovine

1. RMC, 22 février 2011.

2. *L'Expansion*, « 50 % des exportations de viande bovine sont halal ou casher », 17 mars 2014.

française (soit 143 000 tec[1]) était abattue de façon rituelle (halal ou casher) et que cela représentait désormais plus de 50 % des exportations (soit plus de 113 500 tec[2]). Cherchez l'erreur ! Ces calculs se révèlent – une fois de plus – hasardeux, puisque cela signifierait qu'il ne resterait quasiment aucune viande halal ou casher dans l'Hexagone pour les personnes de confession juive ou musulmane qui en font la demande !

Toutefois, l'abattage rituel, tel qu'il est réalisé aujourd'hui en France, n'a rien à voir ni avec celui autrefois pratiqué dans les campagnes françaises, ni avec celui somme toute assez similaire encore d'usage dans plusieurs pays étrangers au sein du cercle familial. Tuer une bête que vous avez élevée et vue grandir, dans le but de la manger, n'a rien à voir avec un abattage industrialisé et à haute cadence : jusqu'à 600 bovins et 4 000 moutons en une seule journée, pour une chaîne standard !

Les spécificités de l'abattage casher

Dans le cadre du rite judaïque, appelé aussi *chéhita,* le sacrificateur (*chokhet*), habilité par un des consistoires, saigne les animaux avec un couteau fin et extrêmement tranchant. Selon l'examen anatomopathologique nommé *bédika*, le sacrificateur peut refuser le statut casher à une carcasse. Sa mission consiste, tout d'abord, à examiner et à souffler dans les poumons de la bête abattue pour s'assurer que la plèvre ne reste pas collée. Si la membrane adhère au reste de la carcasse quand les poumons sont gonflés, la bête est refusée car considérée comme non saine – notamment parce qu'elle aurait pu recevoir trop d'antibiotiques.

1. FranceAgriMer, « Les filières de l'élevage français », août 2014.
2. *Id.*

Or, selon le professeur Philippe Robert-Demontrond, chercheur au CNRS et auteur du rapport *Le Label casher : perspectives sur la dynamique commerciale d'un système de traçabilité de produits sain(t)s*, « les animaux issus de l'élevage intensif présentent très souvent (jusqu'à 50 % d'entre eux) des lésions pulmonaires et pleurales ».

Il vérifie ensuite que la carcasse ne présente aucune anomalie. En moyenne, le *chokhet* déclasse environ 70 % des animaux qu'il abat. Son travail est supervisé par un contrôleur, le *bodek*, également mandaté par l'autorité religieuse.

Mais ce n'est pas tout. Selon le rite juif, les parties arrière des bovins, qui contiennent le nerf sciatique, sont considérées comme impures, et ce à partir de la huitième côte. Après les contrôles vétérinaires – moins contraignants que ceux des rabbins –, ces parties, tout comme les carcasses déclassées, sont réorientées soit vers le circuit halal – aucun interdit religieux n'empêche les musulmans de manger de la viande casher, soit vers le circuit conventionnel.

Les parties avant de la carcasse sont ensuite acheminées vers les boucheries autorisées, où sera pratiquée l'opération de « cashérisation » de la viande. Les carcasses y sont désossées et lavées trois fois. Les produits casher arborent une garantie rabbinique correspondant à un type d'abattage et à un contrôle religieux effectué sous la supervision du rabbin mentionné.

Les spécificités de l'abattage halal

Dans le cas du halal, le sacrificateur doit normalement invoquer le nom de Dieu au cours de la *dhakât* en prononçant la phrase rituelle : « *Bismi-Llâh Wa Allâhu Akbar* », qui signifie : « Au nom de Dieu, Dieu est grand », et tourner la tête de l'animal en direction de La Mecque, avant de l'égorger d'un seul coup de lame. Après la diffusion du reportage, de nombreux téléspectateurs musulmans se sont émus de ce qui leur était présenté comme de l'abattage halal. Et pourtant...

Comme l'écrivent le professeur d'économie Mostafa Brahami et Fethallah Otmani, porte-parole de l'association de certification halal A votre service (AVS), dans leur ouvrage *Le Marché du halal, entre références religieuses et contraintes industrielles* : « Si certains musulmans se souviennent de leurs parents abattant eux-mêmes poulets ou agneaux, force est de constater que les conditions actuelles de l'abattage moderne sont bien différentes. [...] La société de consommation a accéléré les cadences d'abattage, et avec elle, s'est posé le problème de la souffrance animale et de la rentabilité des produits. »

L'industrialisation de l'abattage entraîne de grandes souffrances chez les animaux

Ces deux spécialistes de la question prennent soin de préciser que « tous ces éléments interfèrent directement dans la détermination du caractère halal des viandes », et ils ne mâchent pas leurs mots : « Au nom de nos valeurs, nous devons nous interroger sur les conséquences de la production industrielle de la viande et ses répercussions : son aspect productiviste, en particulier, qui impose des cadences folles et des comportements barbares et immondes vis-à-vis des animaux. Derrière le rayon boucherie de nos grands supermarchés se cache en fait la plus grande cruauté que l'espèce humaine ait jamais fait subir à l'espèce animale. Refuser de poser la question des modèles de production et de consommation, c'est trahir notre éthique en préservant notre confort. »

Mostafa Brahami et Fethallah Otmani soulèvent avant tout des considérations de productivité et de rentabilité qu'ils jugent incompatibles avec le respect du bien-être animal, abattage rituel ou pas. « Quand il est correctement réalisé, l'abattage rituel ne pose pas de problème, écrivent les deux spécialistes. Néanmoins, il est important de dénoncer les pratiques qui peuvent exister en milieu industriel concernant le bien-être animal et ce, quelle que soit la méthode d'abattage, rituelle ou traditionnelle. Les dérives existent et elles sont nombreuses. »

Du reste, ils concluent leur ouvrage par ces remarques : « La question du halal dérange car elle interroge nos sociétés productivistes, elle pose la question des cadences industrielles d'abattage qui sont inhumaines, incompatibles avec la notion de Dieu, de justice, de respect du droit des animaux. L'intérêt économique ne peut pas continuer à primer sur toute autre considération. » Ils insistent : « La question du halal dérange, car elle interpelle en permanence nos consciences. Et c'est tant mieux. »

Les cadences des abattoirs sont incompatibles avec un abattage rituel en bonne et due forme

Le rapport confidentiel susmentionné rédigé fin 2011 par les dix experts et hauts fonctionnaires du ministère de l'Agriculture confirme leurs dires : « Les cadences les plus rapides se révèlent incompatibles avec un abattage rituel conduit selon les conditions prescrites par la réglementation. Ainsi, pour un gros bovin, la perte de conscience intervient en moyenne deux minutes après égorgement ; ce délai doit être respecté avant de lever le dispositif d'immobilisation mécanique de l'animal. Un délai d'environ trois minutes est donc nécessaire entre l'entrée et la sortie du piège de l'animal, ce qui correspond à une cadence maximale de 20 bovins à l'heure, dans des conditions de fonctionnement optimales du poste d'immobilisation et de saignée[1]. »

1. La réglementation prévoit que l'animal ait perdu conscience avant d'être libéré du système de contention, soit entre 30 secondes et 2 minutes, mais il ne doit plus présenter de signe de vie avant d'être hissé sur la chaîne, ce qui peut prendre jusqu'à 14 minutes !

La réglementation prévoit que lorsque les vaches ne sont pas étourdies elles doivent être placées dans un box de contention rotatif, sorte d'énorme tambour de machine à laver, dans lequel les bêtes sont retournées pattes en l'air, et gorge en avant, avant d'être saignées.

Toutefois, dans une industrie où le travail s'effectue à la chaîne, le temps c'est de l'argent. Toujours selon les mêmes experts, « les données de production indiquent clairement que le principe de préserver l'animal des souffrances évitables n'est pas respecté dans les abattoirs à forte cadence ». Cette préoccupation est pourtant à l'origine de la pratique des rites casher et halal. En outre, le délai de trois minutes est une moyenne, certaines races de bovins sont plus résistantes et se débattent plus longtemps avant de mourir. Les auteurs précisent : « L'activité cérébrale disparaît au bout d'un temps très variable : de vingt secondes à six minutes selon les individus, ce qui paraît suffisant pour que l'animal ressente anxiété, détresse et douleur. Chez les veaux, les délais avant la mort (électroencéphalogramme plat) varient de trente-cinq secondes à plus de onze minutes après égorgement. » De son côté, concernant les veaux, l'ANSES préconise, si l'on peut dire, une cote mal taillée, puisqu'elle recommande un abattage toutes les 4 minutes 30 secondes.

L'affaire Charal et la liberté d'expression

Une vidéo[1] réalisée clandestinement par l'association de protection des animaux L214 dans l'abattoir Charal de Metz montre que certains bovins s'agitent encore, suspendus par une patte à la chaîne d'abattage, pendant de très longues minutes avant de s'immobiliser définitivement. Or, cet abattoir abattait rituellement de 50 à 60 bovins en

1. Tournée en septembre 2008 et visible sur le site Internet de l'association : www.l214.com.

moyenne par heure, d'autres abattoirs allant jusqu'à 70 bovins par heure. Une cadence contraire à la réglementation, car elle ne permet pas d'attendre la saignée complète dans le tonneau de contention. L'association a porté plainte contre Charal devant le tribunal de grande instance de Metz pour « cruauté envers des animaux ». Au bout de deux ans, l'affaire est classée sans suite.

Les images tournées ont ensuite été diffusées en mars 2012 sur Arte dans le documentaire *L'Adieu au steak*, dans lequel Sébastien Arsac, porte-parole de l'association, commentait l'application des mesures de protection des animaux au moment de leur mise à mort. Charal avait alors attaqué en justice L214 et son porte-parole ainsi qu'Arte[1] pour atteinte à la présomption d'innocence, atteinte à son image de marque et à sa réputation auprès du public. Pour ces motifs, l'entreprise réclamait des condamnations pour un montant total supérieur à 100 000 euros, mais le tribunal de grande instance de Paris a déclaré la plainte irrecevable et a condamné Charal au paiement de 1 500 euros à chacune des parties, soit une somme totale de 6 000 euros. Il n'y a pas eu d'appel de la part de Charal. La liberté d'expression a encore gagné.

Les dix experts soulignent qu'il existe de nombreuses dérives lors des abattages rituels. « Pour ne pas "casser la cadence d'abattage", les opérateurs n'attendent pas l'inconscience effective de l'animal pour ouvrir le tonneau de contention et l'animal encore conscient est laissé au sol en train de perdre son sang avec des mouvements de pédalage, voire suspendu sur le rail. Dans certains abattoirs, pour diminuer le temps d'immobilisation de l'animal égorgé tout en assurant la protection des personnes chargées de le suspendre, et alors que la saignée est incomplète, les abatteurs effectuent une stimulation électrique[2]

1. Arte France et la société de production GEIE.

2. La stimulation électrique peut parfois être utilisée pour attendrir la viande mais, dans ce cas-là, il y a un temps d'attente à respecter.

en post-jugulation, destinée à raidir les pattes de l'animal, ce qui est interdit. »

Mais ce n'est pas tout ! « Toujours pour ne pas "casser la cadence", quel que soit le mode d'abattage, parfois on n'attend pas le constat effectif de la mort de l'animal pour commencer les opérations d'habillage, coupe des pattes avant notamment » ! D'autre part, « l'égorgement rituel halal peut se faire avec un couteau mal aiguisé et inadapté, d'où des mouvements aller et retour de sciage de la plaie du cou de l'animal, dont on peut penser qu'ils génèrent une forte douleur ». Un point de vue confirmé par l'EFSA en 2004[1] et l'INRA en 2009[2] : ce type d'abattage provoque une douleur intense.

Des pratiques très disparates chez les sacrificateurs

Lors des nombreuses visites d'abattoirs réalisées au cours de mon enquête, je dois dire que j'ai pu constater une grande disparité dans les pratiques des sacrificateurs. Deux cas m'ont particulièrement marquée.

Dans le premier, dans un petit abattoir, l'opération était conduite par un sacrificateur très expérimenté et particulièrement habile. Une fois la vache placée dans le tonneau de contention, il lui parlait tout en lui caressant la joue, elle s'immobilisait, et à cet instant il lui tranchait la gorge d'un coup net avec son couteau, qu'il venait consciencieusement d'aiguiser.

Dans le second, j'ai assisté à une scène d'une atrocité sans nom. Le sacrificateur, qui n'avait reçu aucune forma-

1. Avis du Groupe scientifique sur la santé et le bien-être des animaux, émis à la demande de la Commission concernant les aspects bien-être des principaux systèmes d'étourdissement et de mise à mort appliqués aux espèces commercialisées, 15 juin 2004.

2. Rapport d'expertise : « Douleurs animales, les identifier, les comprendre, les limiter chez les animaux d'élevage », décembre 2009.

tion, était particulièrement maladroit. Son couteau était mal aiguisé et il tranchait le cou des pauvres bêtes comme s'il coupait du pain. Les vaches ahanaient sous les allers et retours de son couteau, elles se débattaient de toutes leurs forces, se cabraient et s'étouffaient dans leur propre sang, en poussant des mugissements de terreur et de douleur.

Pourtant, le sacrificateur musulman, tout comme le *chokhet* juif, a pour obligation d'alléger au maximum la souffrance de la bête. D'où la nécessité d'utiliser un couteau très aiguisé afin d'entraîner une saignée profuse et de permettre à l'animal de perdre conscience le plus rapidement possible.

Des sacrificateurs habilités par le Consistoire ou par trois grandes mosquées

En France, des arrêtés précisent les noms des organismes religieux compétents pour habiliter les sacrificateurs. En ce qui concerne l'abattage judaïque, ou *chéhita*, cette charge incombe à la commission rabbinique intercommunautaire de l'abattage rituel.

Concernant l'abattage halal, seules trois mosquées sont habilitées par le gouvernement français à délivrer des cartes de sacrificateurs : la Grande Mosquée de Paris depuis le décret « Pasqua » du 15 décembre 1994, ainsi que les mosquées de Lyon et d'Evry-Courcouronnes. A la demande de l'abattoir, le candidat est reçu par une commission, qui lui délivre une carte d'habilitation monnayée 153 euros par personne et par an, après s'être assurée qu'il est un musulman observant. Petite anecdote, en passant, le mot « sacrificateur » pour désigner un opérateur musulman chargé de l'égorgement sur la chaîne est une invention du législateur. Ils n'ont, pour la plupart, aucune formation. Néanmoins, depuis janvier 2013, un règlement européen oblige tous les opérateurs à suivre une formation obligatoire et ce, quel que soit le type d'abattage pratiqué.

Faute de sacrificateurs français, on importe des sacrificateurs de l'étranger

D'ailleurs, avec la multiplication des abattoirs pratiquant l'abattage rituel, les sacrificateurs sont aujourd'hui très recherchés. Faute de candidats de confession musulmane désireux de pratiquer ce métier extrêmement difficile, des agences d'intérim se sont spécialisées dans l'« importation » de sacrificateurs. Elles les recrutent en Guinée, au Mali, en Turquie, ou encore dans les pays du Maghreb. Non seulement le halal ne crée pas d'emplois en France, contrairement à ce qu'on essaie de nous faire croire[1], mais, de surcroît, le fait que nombre de ces « sacrificateurs importés » ne parlent pas toujours très bien le français peut poser des problèmes de transmission d'information en ce qui concerne l'application des règles d'hygiène.

Toutefois, selon l'Association de sensibilisation, d'information et de défense de consommateurs musulmans (ASIDCOM), qui a conduit, en 2009, une enquête sur les organismes de contrôle de la viande halal, « la possession de cette carte de sacrificateur ne donne aucune certitude sur la licéité du produit final, étant donné qu'il ne s'accompagne pas forcément, lors du sacrifice, de la présence d'un contrôleur indépendant ». La difficulté réside dans le fait de savoir qui contrôle les contrôleurs. Aux Etats-Unis, ce sont les services de l'Etat qui s'en chargent. En France… personne.

« Enfin, ajoutaient les dix experts du ministère de l'Agriculture, comme pour les petits ruminants, des bovins sont abattus rituellement au prétexte que l'on ne sait pas si la viande va se trouver dans le circuit normal ou dans le circuit halal. » Alors à quand le respect de la réglementation ? Car le problème se pose aussi bien pour les bovins

1. Que le tueur abatte de façon rituelle ou non, son poste représente un emploi seulement.

que pour les ovins et les volailles. En ce qui concerne les agneaux et les moutons, les experts notent : « Les dérives peuvent ponctuellement être très nombreuses. [...] Ainsi, pour "gagner du temps", on suspend les animaux encore vivants et on les égorge sans immobilisation et/ou insensibilisation. » Pourtant, si l'insensibilisation n'est obligatoire que dans le cadre de l'abattage conventionnel, l'immobilisation l'est quel que soit le mode d'abattage.

Les vaches et les moutons sont souvent découpés encore vivants

Tout comme chez les bovins, « on peut ne pas attendre que l'animal soit bien mort avant de commencer son habillage », alors que c'est pourtant, là aussi, une obligation réglementaire[1]. En clair, dans certains cas, les opérateurs découpent les pieds des moutons, les tronçonnent et leur arrachent le cuir, alors qu'ils sont encore vivants. Pour avoir assisté à plusieurs reprises à ce genre de pratique, je peux confirmer que la scène est une véritable ignominie.

Pour preuve des dérives, les fonctionnaires précisent : « Souvent la pince à électronarcose [qui sert à étourdir l'animal] n'est pas utilisée au prétexte que l'on ne sait pas si la viande va se trouver dans le circuit normal ou dans le circuit halal. » De fait, entre 60 % et 90 % des ovins sont abattus de la sorte.

En août 2011, l'OABA a porté plainte contre la SODEM, un des plus gros abattoirs de moutons – environ 1 800 ovins abattus chaque jour –, sis dans la Vienne. 90 % des animaux y étaient égorgés sans étourdissement et suspendus au bout de huit secondes. La cadence était de 320 moutons à l'heure, soit plus de 5 à la minute, alors que la réglementation en vigueur à l'époque, lorsqu'elle était

1. Réglementation 1099/2009.

correctement appliquée, ne permettait pas d'en égorger plus de 3 par minute.

Même les agneaux sous Label Rouge « Le Diamandin » subissaient ce traitement. Pourtant, le cahier des charges du Label Rouge prévoit que les animaux doivent être abattus avec étourdissement... Visiblement, ni le directeur, ni l'inspecteur vétérinaire n'avaient lu le cahier des charges. Quant à l'organisme certificateur, avait-il seulement envoyé une fois quelqu'un assister aux abattages ? Probablement pas, car cela aurait sans doute marqué la personne en question. Les conditions de travail de l'employé chargé d'accrocher par une patte les agneaux égorgés étaient inacceptables : les animaux étaient encore conscients, ils se débattaient et l'employé était totalement recouvert de sang. Depuis, une pince électrique a été installée au poste d'abattage.

Des machines équipées de couteaux automatiques pour l'abattage rituel des volailles

En ce qui concerne les volailles, les dix experts du ministère de l'Agriculture sont peu prolixes. Ils recommandent simplement de « vérifier systématiquement que le dispositif électrique d'insensibilisation fonctionne bien, car il arrive que la perte de conscience ne soit pas effective ». Ils préconisent aussi de vérifier « l'affûtage du couteau automatique ». Ils soulignent par ailleurs que les autorités religieuses musulmanes tolèrent, dans leur grande majorité, l'électronarcose par bain d'eau électrifié, qu'elles qualifient de « léger étourdissement ». Elles reconnaissent que cette technique est réversible (l'animal redevient conscient après quelques secondes), preuve que l'animal est bien vivant lors de son abattage, comme l'exigent les textes religieux.

Certains encouragent l'abattage manuel pour les poulets et les dindes, mais de nombreux pays musulmans ont d'ores et déjà accepté que les volatiles soient abattus par des machines. Disques mécaniques et assommage ont en effet une très forte incidence sur la rentabilité. Comme l'expliquent Mostafa Brahami et Fethallah Otmani : « La cadence d'abattage des volailles sans électronarcose, par un ou plusieurs abatteurs humains (sans disque mécanique), n'excède pas 6 000 poulets à l'heure alors que des abattoirs traditionnels peuvent abattre près de 30 000 poulets à l'heure dans des sites multi-chaînes, en étourdissant et en utilisant un disque mécanique pour sacrifier. » Ils ajoutent qu'il « est triste de constater qu'en toile de fond, c'est toujours l'enjeu économique qui domine toutes ces discussions et que jamais, lors des débats sur l'utilisation du disque, le bien-être animal n'est considéré ».

L'abattage rituel permet aux abatteurs de faire des économies d'échelle

Non, les mosquées ne rachètent pas tous les abattoirs ! La surenchère dans le domaine de l'abattage rituel est due surtout à des raisons économiques. Que les choses soient claires : ce ne sont pas les musulmans qui mènent la danse, mais bien les industriels. L'anthropologue Florence Bergeaud-Blackler, chercheuse associée à l'Institut d'étude et de recherche sur le monde arabe et musulman, coauteure de l'ouvrage *Comprendre le halal,* le confirme : « Le problème n'est pas la ritualisation de l'abattage mais l'industrialisation du rituel. Cette situation ne résulte pas d'une supposée islamisation de la France, mais d'une logique de rentabilité dans un contexte de compétition intense[1]. »

Contrairement à ce qu'a affirmé le SNIV-SNCP, le halal coûte moins cher. La chercheuse est formelle : « Il est plus

1. http://culturevisuelle.org, « Le problème n'est pas "l'abattage rituel" mais l'industrialisation du rituel », 7 mars 2011.

simple pour l'abatteur de faire du tout halal au lieu de procéder à un abattage conventionnel, de l'interrompre, de nettoyer les chaînes puis de passer à un abattage rituel. Cela lui évite les changements de chaîne et de process. Cela lui permet de réaliser des économies d'échelle, de supprimer le poste d'étourdissement et également de rentabiliser les carcasses en orientant certaines parties d'un même animal vers les boucheries rituelles et d'autres vers les boucheries traditionnelles ou les grandes et moyennes surfaces. »

Pour des raisons religieuses, les consommateurs juifs ne mangent que les parties avant de la bête, jusqu'à la huitième côte des carcasses déclarées casher, soit un tiers seulement des bêtes abattues rituellement. Comme il est impensable d'envoyer à l'équarrissage des morceaux de choix – les quartiers arrière, soit près des trois quarts de la bête, sont notamment ceux qui contiennent filets et faux-filets –, cette viande restante est réorientée. Il en va de même pour les nombreuses carcasses, deux sur trois en moyenne, qui sont jugées impropres pour le marché casher.

Quant aux musulmans, leur consommation porte essentiellement sur les morceaux les moins chers, quartiers antérieurs et abats, que l'on fait traditionnellement mijoter pour préparer tajines et couscous, ou qui sont hachés pour élaborer des boulettes ou keftas.

Mais le SNIV-SNCP n'en est pas à sa première approximation. Si le syndicat représente bien 80 % des abattoirs de viande bovine, il défend principalement les intérêts de son président, Jean-Paul Bigard, dirigeant du numéro un de la viande en France et leader européen du bœuf avec les marques Bigard, Arcadie Sud-Est, Défial, Charal et Socopa. Et le syndicat oublie de préciser que son président est propriétaire d'abattoirs modernes, qui se trouvent être aussi ceux qui pratiquent le plus d'abattage rituel, et qu'il a refusé de répondre au questionnaire du ministère de l'Agriculture sur la répartition des abattages : rituel ou conventionnel.

Les principaux abatteurs refusent de communiquer leur répartition rituel/conventionnel

Plus étonnant encore, le ministère semble s'être accommodé de cette attitude. Serait-il donc vrai, comme le rapporte la rumeur, que Jean-Paul Bigard est un de ceux qui y font la pluie et le beau temps ? Par ailleurs, le manque d'agents et de vétérinaires sur le terrain interdit aux autorités de contrôler les dires des industriels. Avec la nouvelle réglementation française entrée en application le 1er juillet 2012, qui prévoit de limiter les abattages sans étourdissement aux commandes religieuses, l'administration devrait enfin pouvoir comptabiliser la répartition rituel/non rituel. Les abattoirs appartenant à de grands groupes sont-ils devenus plus coopératifs ? Encore faudrait-il pour cela qu'il y ait suffisamment de personnels vétérinaires sur site pour vérifier les déclarations des abatteurs...

L'abattage halal se développe en France suite à l'affaire de la vache folle

Un petit retour en arrière s'impose, pour comprendre tout l'enjeu de l'abattage rituel, et plus précisément halal, chez les abatteurs français. Avant les années 1990, l'étourdissement faisait consensus. Seule la production relativement limitée de viande casher était effectuée sans étourdissement. Le « recyclage » des quartiers arrière était donc marginal, puisque le marché de la viande rituelle restait limité. Mais à la fin des années 1990 la donne change en raison de la succession des crises sanitaires : vache folle, fièvre aphteuse du mouton et dioxine du poulet mettent à mal les filières bovine, ovine et volailles. En raison des embargos à l'exportation, les industriels se retrouvent avec des tonnes de viande sur les bras. Pour écouler leur marchandise, ils cassent les prix. Le consommateur musulman, réputé pour être grand amateur de produits carnés mais aussi très vigilant sur les prix, devient une cible particulièrement intéressante.

Comment, dès lors, ne pas voir dans les interdits alimentaires de la religion musulmane une splendide opportunité commerciale qui tombe à pic ? La peur d'une nouvelle crise sanitaire pousse les « nouveaux clients musulmans » à rechercher des garanties halal, en raison du lien positif qu'ils établissent entre qualité religieuse et sécurité sanitaire. Pour finir de les convaincre, chaque industriel crée à ce moment son propre standard halal, sans coordination et sans avis religieux autorisé.

N'importe qui peut s'autodéclarer certificateur halal

La méthode d'abattage peut être contrôlée par des organismes de certification halal, la viande peut être suivie et marquée en bout de chaîne, mais ces opérations ne sont pas systématiques. Tous ces organismes sont strictement privés, et n'importe qui peut s'autodéclarer certificateur halal. Si au cours d'une enquête[1] réalisée en 2009 l'ASIDCOM a recensé une cinquantaine d'organismes de contrôle de viande halal en circulation dans l'Hexagone, elle a aussi constaté des pratiques très diverses, chacun de ces organismes fonctionnant avec ses propres règles.

D'un côté, l'ASIDCOM recommande les « produits certifiés », sur lesquels on retrouve, à côté de la mention halal, le logo d'un organisme tiers qui s'engage et certifie que le produit est bien halal. Car, si la mission du sacrificateur consiste bien à effectuer la saignée rituelle, celle du certi-

1. ASIDCOM, « Enquête sur les organismes de contrôle de viande halal », 2009.

ficateur consiste à s'assurer que cet acte est conforme au cahier des charges préalablement établi. Au demeurant, l'association considère qu'il est important de veiller à ce qu'il existe une réelle indépendance entre ces deux fonctions. Pour elle, les organismes les plus sérieux sont ceux qui veillent à la présence permanente de contrôleurs indépendants. Les contrôleurs se doivent d'être salariés par l'organisme de contrôle, et non pas par l'abattoir ou par une autre société, ce qui poserait la question de leur efficacité, en cas de produits non conformes.

De l'autre côté, l'association met en garde les consommateurs musulmans contre les « produits autocertifiés ». Dans ce cas de figure, l'industriel se certifie lui-même halal ou « selon le rite musulman », au stade de l'abattage, et ce sans le contrôle d'un organisme tiers. En outre, la forte compétition sur le marché de la certification permet aux opérateurs économiques de se rabattre sur les organismes les plus conciliants et les moins chers. Le tarif pour obtenir le fameux tampon halal varie, selon les estimations, entre 2 et 15 centimes par kilo de viande certifiée. Pour le casher, il fluctue entre 1,50 euro et 2 euros par kilo de viande certifiée.

Les taxes religieuses financent une grande partie du fonctionnement des consistoires...

Les taxes religieuses prélevées à l'occasion de l'abattage représentent des sommes très importantes. Celles qui découlent du respect de la *cacherout*, c'est-à-dire l'ensemble des règles alimentaires juives, notamment l'interdiction de consommer le sang, le nerf sciatique et certaines graisses, tout comme l'interdiction de mélanger le lait et la viande, assurent un revenu aux consistoires. Les produits casher arborent une garantie rabbinique, qui signale que le produit a été contrôlé par tel ou tel rabbin. Le professeur Philippe Robert-Demontrond, responsable marketing et management à l'université de Rennes et auteur, on l'a dit, du rapport *Le Label casher : perspectives sur la dynamique commerciale d'un système de traçabilité de produits sain(t)s*, affirme qu'en 2007 le marché des produits labellisés casher était estimé à 6 milliards d'euros en Europe, avec un prévisionnel de croissance de 15 % par an. D'ailleurs, les dix premiers producteurs français de produits casher exportent dans toute l'Europe.

Dans les consistoires, les fonds récoltés grâce aux recettes de la *cacherout* servent à former et à rémunérer la plupart des participants salariés qui interviennent aux différentes étapes de l'abattage, du contrôle sanitaire et de la distribution de la viande casher. Ils financent également les actions sociales, cultuelles et culturelles de la communauté. Comme l'explique Florence Bergeaud-Blackler : « Dans le judaïsme, la *cacherout* est une manifestation de l'autorité religieuse. Son organisation apporte une légitimité religieuse et communautaire : elle est donc symbole de pouvoir. Elle est devenue également une source de pouvoir puisque la rémunération du service de contrôle apporte des revenus, crée des emplois et permet de financer les activités communautaires. »

Le consistoire de Marseille annonce, sur son site Internet, que cette taxe représente 40 % de son budget annuel d'un montant de 3 millions d'euros, soit près de 1,2 million d'euros. Le consistoire de Paris communique moins aisément ses chiffres, mais les experts estiment que ce montant se rapproche de 60 % du budget annuel, qui tourne autour de 25 millions d'euros.

... et des trois grandes mosquées

Du côté des organismes musulmans, pas plus de transparence. Les taxes sont moins élevées que lors de la certification casher, mais les volumes sont plus importants. La seule mosquée qui ait accepté de communiquer sur le montant récolté est celle de Lyon. En 2010, Kamel Kabtane, recteur et responsable de l'Association rituelle de la Grande Mosquée de Lyon (ARGML), l'organisme de certification halal qui y est rattaché, annonçait un gain de 800 000 euros à 900 000 euros par an[1].

Une des questions régulièrement posées concerne l'application ou non de la surtaxe, casher ou halal, aux kilos de viande abattue rituellement mais écoulée dans le circuit conventionnel. Les opérateurs assurent que non. Les religieux aussi. Même son de cloche au ministère de l'Agriculture : « La taxe perçue pour une prestation de service du sacrificateur et/ou du contrôleur l'est seulement sur la viande étiquetée casher et halal. L'opérateur qui revend la viande n'a aucun intérêt à payer une redevance à l'organisme de certification sur des volumes qui n'iront pas sur le marché rituel. On est dans une pratique et une logique commerciales[2]. » Cette position n'en est pas moins contestée par certains experts.

En réalité, les organismes de certification sont bien peu transparents. L'enquête de Feurat Alani et Florent Chavolleau intitulée *Halal : les dessous du business*[3] a démontré que l'entreprise Doux, qui exporte près des deux tiers de ses poulets en Afrique et dans le Maghreb, payait une redevance de 5 000 euros par an à l'Association finistérienne pour la culture arabo-islamique (Afcai) pour avoir le droit d'apposer le label halal. Pourtant, à en croire la déclaration de cette association, telle que publiée au *Journal officiel*, elle est spécialisée dans la traduction !

En août 2011, après la diffusion de ce reportage, Kamel Hamza, conseiller municipal de La Courneuve, appuyé par

1. *Le Point*, « Halal, un business croissant », 12 août 2010.

2. *Le Monde*, « Le halal à la cantine, un fantasme loin de la réalité », 11 mars 2012.

3. Diffusée en version courte dans l'émission *Spécial Investigation* sur Canal +, 2010.

un groupe de sept élus locaux d'origine musulmane[1], a demandé « la création d'une commission d'enquête parlementaire pour faire toute la lumière sur le marché halal, dont certaines pratiques commerciales peuvent s'apparenter à de l'escroquerie publique, faute d'une législation claire et précise ».

Les enjeux financiers conduisent à une guerre entre organismes certificateurs halal

Cette certification représente d'énormes enjeux financiers, tant pour les marques que pour les organismes certificateurs. En mai 2011, Casino retirait tous les produits halal de marques Wassila et Socopa contrôlés par l'Association culturelle des musulmans d'Ile-de-France – mosquée d'Evry – et par la Société française de contrôle de viande halal – mosquée de Paris. L'enseigne reprochait à Socopa un non-respect du cahier des charges halal. En août 2011, c'est Quick qui s'interrogeait sur le même fournisseur. En novembre 2012, la marque Isla Délice, partenaire historique de l'organisme de certification A votre service (AVS), changeait de partenaire certificateur et optait pour les services de l'ARGML-mosquée de Lyon.

Les opérateurs économiques sont très peu nombreux à se soumettre au contrôle permanent d'organismes de certification. Pourtant, 63 % des personnes originaires du Maghreb se déclarent favorables à un label halal délivré par un organisme de certification unique[2].

Tout comme l'Association rituelle de la Grande Mosquée de Lyon, l'association A votre service, qui non seulement

1. Association nationale des élus locaux de la diversité, 24 août 2011.

2. Institut d'études Solis (spécialisé dans le marketing ethnique), « Une majorité des acheteurs de produits halal se déclare favorable à un organisme de certification unique », 3 mai 2011.

contrôle la chaîne d'abattage mais délivre aussi son label aux boucheries, aux restaurants et autres fast-foods, est aujourd'hui considérée comme l'une des plus sérieuses, mais ses prestations ont un coût. AVS annonce sur son site Internet employer plus de 150 personnes, dont une centaine de contrôleurs pour une quarantaine de sites d'abattage. Elle déclare facturer généralement sa prestation en abattoir 10,4 centimes d'euros le kilo de viande estampillée, et contrôler à titre gracieux les boucheries agréées AVS, afin de donner une finalité à ses certifications sur les sites de production. « Quel intérêt y aurait-il à marquer des viandes halal en amont en abattoir si, en aval, ces viandes sont introuvables ? » s'interroge-t-elle. En ce qui concerne les restaurants, AVS précise que les contrôles sont effectués quotidiennement, jusqu'à deux fois par jour, pour un montant forfaitaire de 500 euros par mois, correspondant aux charges directes d'un contrôleur et à ses frais de déplacement.

Définition halal des religieux contre définition halal des industriels

Pour gagner en légitimité, les opérateurs économiques demandent dorénavant aux autorités religieuses musulmanes de produire des avis juridiques (*fatwas*) et de valider a posteriori les méthodes de fabrication du halal telles qu'ils les conçoivent en fonction de leur contrainte industrielle. Cela explique pourquoi il existe un hiatus entre ce que les religieux définissent aujourd'hui comme étant halal et ce que les acteurs du marché désignent par ce terme.

Pour les religieux, le terme halal désigne ce qui est « licite » au regard de l'islam. Est licite tout ce qui n'est pas *haram*, c'est-à-dire ce qui est formellement interdit à un musulman. Dans le domaine de l'alimentation, le halal exclut le porc, la gélatine de porc, qui sert par exemple à fabriquer des bonbons ou des crèmes dessert, ainsi que l'alcool et ses dérivés. Il est d'ailleurs intéressant de noter que cette dénomination halal n'est quasiment pas utilisée dans les pays musulmans, parce que la méthode d'abattage des animaux – par égorgement à vif – y est la même pour tout le monde. En revanche, aujourd'hui, en Europe, le commerce halal offre aux consommateurs une quantité incroyable de produits et propose un assortiment qui n'existe dans aucun pays du Maghreb ou du Moyen-Orient : boissons festives, bières, yaourts, bonbons, pots pour bébés, mais aussi cosmétiques, shampoings, dentifrices, médicaments et même chambres d'hôtel halal !

Pour les industriels, le halal est un signe de qualité qui crée de la valeur marchande

Pour les opérateurs économiques, le halal est un signe de « qualité » qui marque un produit de consommation comparable aux autres, et qui a en plus la particularité d'être « islamo-compatible ». Comme le souligne l'anthropologue Florence Bergeaud-Blackler dans son ouvrage *Comprendre le halal* : « Le service additionnel est vendu par les acteurs économiques à un prix qui dépasse son coût ; c'est ainsi qu'une qualité religieuse produit de la valeur marchande. » Le halal est donc devenu une très bonne affaire pour les industriels qui ont mandaté quelques agences de communication afin de cibler au mieux leur « nouvelle clientèle ».

En 1997, la commission internationale du Codex Alimentarius[1], dans laquelle siègent les représentants de deux cents pays, a défini des directives générales pour l'utilisation du terme « halal ». Elles sont jugées insuffisantes par certains religieux.

1. Organisme conjoint de l'OMS et de la FAO.

Entre 2006 et 2010, les experts qui ont travaillé sur le projet Dialrel, financé par l'Union européenne, ont fait un état des lieux de l'« abattage religieux ». Ce projet avait pour but d'« améliorer la connaissance et l'expertise par le dialogue et les débats sur le bien-être animal, les enjeux législatifs et socio-économiques ». Selon eux, en Europe, deux visions se côtoient concernant l'abattage halal : l'une avec étourdissement, l'autre sans.

De nombreux pays européens ont interdit l'abattage halal

Certains pays comme la Belgique, les Pays-Bas et la France abattent la quasi-totalité de leurs bêtes en mode halal sans étourdissement, alors qu'en Espagne une partie seulement de l'abattage halal est réalisé sans étourdissement. En Allemagne et au Royaume-Uni, la quasi-totalité des animaux est abattue en mode halal avec étourdissement, ces deux pays n'ayant pas accordé de dérogation pour la viande casher ou halal, puisque aucune autorité religieuse de ces deux pays ne l'avait demandé. La Suède, la Norvège, le Danemark, la Lettonie, l'Islande, le Liechtenstein, l'Autriche et la Suisse exigent, eux, l'étourdissement préalable. La Pologne, qui avait interdit l'abattage rituel en 2013, a fait marche arrière le 10 décembre 2014. Les juges de la Cour constitutionnelle qui avaient été saisis par les communautés juive et musulmane ont confirmé que l'interdiction des abattages rituels allait à l'encontre de la Constitution polonaise.

En dehors des frontières européennes, l'Australie et la Nouvelle-Zélande étourdissent leurs bêtes au préalable. La Turquie – pays laïque dont la population est majoritairement musulmane – a accepté que les animaux soient étourdis juste après la saignée. Ils réfléchissent même à ce qu'ils le soient avant. En Afrique du Sud, les animaux abattus selon le rite casher sont également étourdis juste après la saignée.

Adopter une définition halal réveille une lutte de pouvoir entre obédiences musulmanes

En France, plusieurs projets de normalisation du halal ont vu le jour, mais aucun n'a abouti. En 2003, par exemple, le CFCM – l'instance créée et soutenue par Nicolas Sarkozy, alors ministre de l'Intérieur et des Cultes, pour représenter les musulmans de France – a réuni les différents acteurs de certification halal afin de définir une norme commune. Mais l'élaboration de ce texte a buté sur la diversité des conceptions, liées à des lectures plus ou moins strictes des avis islamiques rendus à travers le monde. Certains exigent que la tête de l'animal soit tournée vers La Mecque par un sacrificateur musulman qui prononce à haute voix une bénédiction. D'autres jugent cela superflu. Certains acceptent l'étourdissement avant ou après la saignée. D'autres pas. Certains admettent l'abattage mécanique. D'autres non.

La question est épineuse car la France abrite la communauté musulmane la plus importante d'Europe. On dénombre plus de 120 nationalités différentes chez les musulmans de France, mais à plus de 80 % ils sont originaires du Maghreb, principalement d'Algérie et du Maroc, puis de Tunisie. Comme le rappelle Fateh Kimouche, journaliste et bloggeur d'Al-Kantz – un site Internet qui fait aujourd'hui autorité sur la question du halal –, aucune des communautés majoritaires n'a envie de « perdre son bout de gras halal ».

Et Fateh Kimouche de poursuivre : « Avant même d'être une question de sous, le halal, au sein du CFCM, au sein de l'islam consulaire dont il est le principal avatar, est une question politique, une question d'influence politique. Derrière l'organisme de certification ACMIF-mosquée d'Evry, il y a le Rassemblement des musulmans de France (RMF), qui dépend du Maroc. Derrière la SFCVH-mosquée de Paris, il y a la Fédération de la Grande Mosquée de Paris, c'est-à-dire l'Algérie. Et entre les deux il y a l'Union des organisations islamiques de France (UOIF) qui, bien que relativement indépendante de toute influence étrangère, prêche pour sa propre paroisse et se soucie des musulmans en fonction de son propre agenda. Tous se détestent cordialement, mais aucun ne veut céder le moindre centimètre carré à l'autre, sauf s'il y a une contrepartie. On ne le répétera jamais assez : ni le CFCM ni ses composantes ne portent la cause des musulmans de France[1]. »

Les faits sont là. Dix ans après, les différents acteurs réunis au sein du CFCM n'ont toujours pas réussi à définir un cahier des charges commun, comme celui qui existe pour la viande casher. Leur seule avancée a été de s'accorder sur l'orthographe du mot halal – qui ne prend désormais plus qu'un seul « l »...

L'Association française de normalisation (Afnor) a tenté, elle aussi, en 2011, d'intervenir dans le dossier sous l'impulsion des autorités françaises, mais en accompagnant ce projet les acteurs de la certification halal et les institutions musulmanes craignent de devoir céder leurs places et leurs fonctions à des organismes non religieux. Donc, pas de norme et retour à la case départ ! Enfin l'Afnor n'a pas dit son dernier mot puisqu'elle anime depuis janvier 2014, en tant que membre du Comité européen de normalisation, une nouvelle commission, ouverte à tous, sur les denrées alimentaires halal. Objectif : créer à l'horizon 2017 un document de référence – applicable de façon volontaire – dans le cadre de la législation européenne en vigueur. La norme devrait être publiée une fois le consensus atteint au niveau européen. Feuilleton à suivre...

1. *Al Kanz*, « Scandale de la viande de cheval : Jan Fasen incarcéré, le trader dévoile l'incurie du CFCM », 30 avril 2014.

L'absence de définition de la norme halal fait le bonheur des industriels

Cette situation arrange bien les industriels, lesquels ne se gênent pas pour accentuer les différences de points de vue : « diviser pour mieux régner » prend ici tout son sens. Pourtant, si l'on veut satisfaire les consommateurs désirant manger vraiment halal, il est urgent que les différents acteurs s'assoient enfin autour d'une table pour mettre au point cette définition, sans en remettre l'élaboration aux calendes grecques. Aujourd'hui, s'il est possible d'attaquer un producteur en justice sur l'authenticité du casher, qui est reconnu comme un label de qualité, ce n'est pas le cas pour le halal, faute de définition. Un tel vide juridique ne peut que favoriser les surenchères et les abus.

En 2006, par exemple, les agents de la DGCCRF ont découvert que des merguez fabriquées par une usine en Bretagne et présentées comme halal « pur mouton » contenaient du bœuf, absolument pas de mouton... et surtout du porc. En l'absence d'une définition précise du halal, une telle pratique ne constitue pas une fraude d'un point de vue légal. En revanche, selon le code des usages de la charcuterie, l'utilisation de la dénomination « véritable merguez » interdit l'utilisation de porc et stipule que les merguez doivent être exclusivement fabriquées à partir de bœuf et/ou de mouton. C'est donc pour « tromperie sur la qualité substantielle de la marchandise » que les agents ont poursuivi l'entrepreneur indélicat. Mais la question est cruciale. Avis aux amateurs : en 2008, 53 % des merguez contrôlées par la DGCCRF chez des industriels et des artisans contenaient du porc.

Les fraudes sont nombreuses. Dans le scandale du « chevalgate », si les analyses réalisées en Irlande, à la mi-janvier 2013, sur 27 marques de hamburgers au bœuf vendues dans les supermarchés Tesco, Iceland et Lidl ont permis de révéler au grand public la présence d'ADN de cheval dans 10 d'entre elles, les inspecteurs ont également trouvé de l'ADN de porc dans 23 d'entre elles. Bizarrement, cet aspect a très vite été occulté. Phénomène encore plus étrange, aucun test ADN de porc n'a été recommandé par la Commission européenne !

Les viandes halal vendues en Europe contiennent parfois du porc

Seuls certains pays s'y sont risqués. En avril 2013, l'Agence suédoise de l'alimentation a détecté de l'ADN de porc dans 9 des 99 produits testés, alors qu'ils étaient pourtant étiquetés halal[1]. Si sur ces 9 produits 7 contenaient moins de 0,1 % d'ADN de porc et 1 moins de 1 %, le neuvième – un salami halal – en contenait plus de 10 % !

Un mois plus tôt, les autorités danoises et norvégiennes ont également retrouvé des traces de porc dans de la viande dite « halal » commercialisée par des vendeurs de kebabs[2]. Les journalistes de la chaîne de télévision allemande RTL en ont aussi détecté dans de la viande de kebab[3]. Le Conseil central islamique suisse en a trouvé dans 7 des 20 plats halal qu'elle avait fait analyser. En Grande-Bretagne, de l'ADN de porc a aussi été décelé, en mars 2013, dans des saucisses halal au poulet inscrites au menu de dix-neuf écoles et crèches londoniennes[4]. Sans jeter l'opprobre sur toute une filière, cela démontre que certains industriels sont bien peu scrupuleux et encore moins respectueux de leur clientèle.

1. *L'Express*, « Suède : de la viande de porc dans du saucisson halal », 10 avril 2013.

2. *20 Minutes*, « Danemark : des traces de porc dans du bœuf pour kebab », 26 mars 2013.

3. *20 Minutes Suisse*, « Des résidus de porc dans les kebabs halal », 25 février 2013.

4. France 24, « Du porc décelé dans des produits halal en Norvège et en Grande-Bretagne », 15 mars 2013.

En France, aucun contrôle de ce type n'a été entrepris, ni par le gouvernement ni par les associations de consommateurs. Absence de budget ? Manque de volonté ? Ou peur des conséquences ? On est en droit de s'interroger quand on sait que l'industrie agroalimentaire est le premier secteur industriel national, et que ce genre de découverte peut constituer un réel frein à son développement. Les polémiques suscitées par la viande halal servie dans les fast-foods de la chaîne Quick, dont la Caisse des dépôts et consignations (et donc l'Etat français) est un des principaux actionnaires, y sont-elles pour quelque chose ? A moins que ce ne soient celles concernant les Knacki de volaille halal Herta suspectées de contenir de l'ADN de porc ? Suite au boycott des consommateurs, l'entreprise a quelque temps plus tard décidé de se retirer de ce marché pourtant si prometteur.

L'abattage rituel : une question difficile à appréhender

Pourtant, quelques journalistes ont enquêté sur le sujet et décidé d'informer les consommateurs, ce qui aurait dû susciter des investigations de la part des services de l'Etat. Le 25 février 2010, déjà, Cécilia Gabizon publiait dans *Le Figaro* un article dont le titre était on ne peut plus clair : « Le marché du halal s'étend, entre convoitise et suspicion », et les intertitres encore plus : « Nous mangeons de la viande rituellement abattue sans le savoir », ou encore : « Sur trois animaux tués sans étourdissement préalable, presque deux seront en fait consommés par l'ensemble des consommateurs »...

Début février 2012, quinze jours avant le début de la polémique lancée par la candidate FN, rebelote avec une enquête de Florence Humbert, de l'UFC-Que Choisir. Là encore, absence de réaction de la part de l'Etat ou de la filière. Il faut reconnaître que son article, paru dans le numéro 500 du magazine, et très modestement titré « Vers la fin des dérives ? », est passé quasiment inaperçu. Il contenait de nombreuses révélations, mais ces éléments étaient bien cachés au cœur de l'article, lequel n'était annoncé ni en une du magazine ni sur Internet. L'enquête ne fit l'objet d'aucune communication de la part du magazine. Autre bizarrerie : malgré les demandes répétées de lecteurs, il n'y avait pas de forum de discussion sur le site de l'UFC pour cet article, alors que c'est généralement le cas pour ce type de sujet d'actualité.

Cela a de quoi surprendre, s'agissant du magazine de la plus ancienne association de consommateurs... D'autant que les bouchers ne cessent de réclamer une plus grande traçabilité par la voix de Christian Le Lann, président de la Confédération de la boucherie et des charcutiers-traiteurs. De son côté, l'OABA demande depuis plusieurs années un étiquetage reprenant, en plus du lieu de naissance, du lieu d'engraissement et du lieu d'abattage – mentions obligatoires depuis la crise de la vache folle –, l'indication du mode d'abattage. Les consommateurs de viande issue du circuit halal ou conventionnel demandent aussi cette traçabilité ! Nombreux sont ceux qui souhaitent pouvoir faire leurs achats en accord avec leur conscience et leurs convictions et en pleine connaissance de cause.

Interrogé le 23 février 2012 par la journaliste Laure Daussy, du magazine *Arrêt sur images*, désormais diffusé sur le Net, Jean-Paul Geai, rédacteur en chef du magazine *Que Choisir*, justifiait ce choix : « En conférence de rédaction, on s'est dit qu'il fallait faire attention avec ce type d'article, on savait qu'on marchait sur des œufs[1]. » Et d'ajouter : « Nous ne militons pas pour l'étiquetage des viandes, pour ne pas stigmatiser des populations, ce n'est pas le moment de souffler sur les braises. »

---

1. « Abattage rituel : l'enquête très (trop ?) discrète de *Que Choisir ?* Fraudes à Rungis ; viande casher dans le circuit classique : aucune reprise ».

Les musulmans demandent un étiquetage de la viande halal

De quelles populations parle le rédacteur en chef du magazine *Que Choisir* ? Si la communauté juive de France – qui est la plus importante d'Europe – s'est exprimée dans sa grande majorité pour refuser l'étiquetage, la communauté musulmane, pour sa part, réclame cette traçabilité depuis de nombreuses années ! Si la communauté musulmane n'est pas favorable à un étiquetage stigmatisant le halal, elle est globalement d'accord avec une mention précisant s'il y a eu étourdissement ou non. Le journaliste et bloggeur Fateh Kimouche ne cesse de le répéter : « Les musulmans veulent être considérés comme des citoyens ordinaires, et pouvoir bénéficier d'une vraie traçabilité. C'est le manque de transparence qui alimente l'islamophobie[1]. »

Afin de ne pas « stigmatiser », le vétérinaire Michel Courat, membre de l'association de lobbying Eurogroup for Animals, apporte une idée qui permettrait de mettre tout le monde d'accord : apposer un code précisant le mode d'abattage sur les carcasses suivant le principe du tampon appliqué depuis 2004 sur les coquilles d'œuf : 0 pour le bio, 1 pour le plein air, 2 pour les poules élevées au sol et 3 pour celles élevées en cage. Mais cette proposition n'a pas été reprise... Selon *Arrêt sur images*, l'article du mensuel *Que Choisir* aurait été quelque peu coupé.

Dans son article[2] de février 2012, la journaliste Florence Humbert écrivait tout de même : « Cette absence de traçabilité, *Que Choisir* a pu la constater lors d'une visite sur le marché de gros de Rungis. Selon les desiderata du client, la viande est halal ou pas. "Avec l'informatique, c'est

---

1. *Le Monde*, « La volte-face du candidat sur le halal et le casher inquiète les autorités religieuses », 6 mars 2012.
2. « Vers la fin des dérives ? »

facile. On a un code spécial halal sur les carcasses issues de l'abattage rituel. Si le boucher demande de la viande halal, je mets le code sur la facture. Et si au contraire le client n'en veut pas, c'est tout simple, j'enlève le code", nous a ainsi déclaré un grossiste. » Ni vu, ni connu !

La surenchère à la source de tous les problèmes

Mai Lam Nguyen-Conan, consultante en marketing et auteure du livre *Le Marché de l'ethnique : un modèle d'intégration ? Halal, casher, beauté noire...*, s'est penchée sur la question du halal et sur ce que cela suscite chez les consommateurs. Elle explique que, contrairement à une idée reçue, « le marketeur ne va pas chercher à vendre tout et n'importe quoi, mais plutôt à rendre évidente et nécessaire une offre de produit ou de service qui ne l'était pas nécessairement ». Dans le cadre du marketing ethnique, et plus précisément du marketing halal, son but consiste à « réconcilier les inconciliables, donner de la valeur à ce qui nous est cher et vendre plus cher tout ce qui touche à nos valeurs : sans être un frein, la religion guide la consommation, ce qui représente du "pain bénit" pour les cerveaux créatifs des marketeurs ». Pour vendre du halal, ils n'hésitent pas à en rajouter sur l'étiquette.

« Tout le problème avec le halal, c'est la surenchère : plus halal que moi tu meurs ! » estime Tareq Oubrou, recteur de la mosquée de Bordeaux, membre de l'UOIF, proche des Frères musulmans et auteur d'*Intégration, Laïcité, Violences – un imam en colère*. D'autant que les polémiques se succèdent à un rythme effréné. En septembre 2010, la question des 14 fast-foods Quick 100 % halal fait débat et provoque l'indignation d'une partie de la population. Pourtant, le lancement de cette offre remonte à juillet 2009, à Toulouse. La polémique sera d'ailleurs bénéfique à Quick, puisque lesdits fast-foods ont vu leur fréquentation augmenter de 30 %[1]. Le FN devrait donc y penser à deux fois avant de remettre la question du halal sur le devant de la scène.

Quand les associations de protection animale s'insurgent contre l'abattage sans étourdissement...

En janvier 2011, une campagne nationale d'affichage présentait, sur 2 266 panneaux de 4 mètres sur 3, la photo d'une tête de vache accompagnée du slogan suivant : « Cet animal va être égorgé à vif sans étourdissement et dans de grandes souffrances. C'est ça, un abattage rituel »... Dans un bandeau rouge, sous la tête de la vache, une citation de la Fédération des vétérinaires d'Europe indiquait : « Du point de vue de la protection des animaux et par respect pour l'animal en tant qu'être sensible, la pratique consistant à abattre les animaux sans étourdissement préalable est inacceptable, quelles que soient les circonstances. »

En dessous, la signature de huit associations de protection animale, soit l'Œuvre d'assistance aux bêtes d'abattoir, la Fondation Brigitte Bardot, la Confédération nationale des SPA de France, le Conseil national de la protection animale, la Fondation Assistance aux animaux, la Protection mondiale des animaux de ferme, la Société nationale pour la défense des animaux et l'Association Stéphane Lamart. Et la mention d'un site Internet dédié qui, s'il présente les deux modes d'abattage, s'intitule www.abattagerituel.com.

... et que la publicité s'en mêle...

Cette campagne a connu quelques déboires. L'Autorité de régulation professionnelle de la publicité (ARPP) a

1. *Néorestauration*, « Casher et halal, une niche au fort potentiel », 1er juin 2014.

retoqué la première campagne que lesdites associations désiraient lancer, le 11 novembre 2010. L'affiche était en partie semblable, mais le message inscrit sur le bandeau rouge était différent, puisqu'il indiquait : « Les abattages halal et casher pourraient être réalisés en insensibilisant les animaux, tout en respectant les convictions de chacun. Alors pourquoi continuer à les faire souffrir ? »

L'ARPP a considéré « que la dénonciation, en ces termes, de rituels et coutumes religieux encadrés apparaissait d'une part particulièrement difficile à justifier et d'autre part choquante pour une partie du public, et que de ce fait les projets transmis contrevenaient à la recommandation "Races, religions, ethnies", adoptée par l'interprofession publicitaire[1] ». L'ARPP a donc conseillé aux professionnels concernés de modifier la campagne en conséquence (mais n'a aucunement déconseillé de mentionner les termes "halal" ou "casher") ».

Ce revers n'a nullement refroidi l'ardeur des huit associations de protection animale. Elles souhaitaient porter leur message haut et fort, et voir le président Nicolas Sarkozy appliquer enfin les promesses faites en 2006, alors qu'il était candidat. A l'époque, il avait assuré qu'il prônerait la généralisation de l'étourdissement préalable à l'abattage.

... cela provoque un sentiment de malaise chez les musulmans

Toutes ces polémiques, auxquelles il faut ajouter les provocations répétées de la candidate du Front national, ont créé un sentiment de ras-le-bol chez de nombreux musulmans. De ce fait, la question du halal a pris un tournant revendicatif et identitaire. Tout comme le port du foulard,

1. ARPP, « Campagne "abattagerituel.com" : rappel des faits », 4 janvier 2011.

le halal est devenu un marqueur. Ce qui est vécu comme de la provocation ou comme un refus de s'intégrer pour les uns n'est qu'une sorte de « résistance » pour les autres.

Comme l'explique très bien Florence Bergeaud-Blackler : « Les consommateurs de viande halal qui se sentent stigmatisés par ces campagnes se radicalisent. Ils sont tentés de se défendre de ces accusations en les rejetant en bloc. Ils expliquent par exemple avec force détails que les animaux étourdis meurent électrocutés dans de terribles souffrances. Ils affirment de façon tout aussi péremptoire la supériorité d'un abattage dont ils ignorent à peu près tout, comme s'il en allait de la défense de leur identité religieuse. Et certains de ressortir une étude scientifique obsolète[1] (toujours la même, qui tourne en boucle) sur les avantages de l'abattage sans étourdissement, quand les scientifiques et vétérinaires affirment, à la quasi-unanimité, qu'un abattage avec étourdissement réduit la douleur de la saignée[2]. » Pour preuve, les trois quarts des vétérinaires de la Fédération des vétérinaires d'Europe ont signé la pétition pour l'étourdissement des bêtes sur la chaîne d'abattage.

L'accélération de la cadence d'abattage, le manque de formation du personnel, la baisse qualitative des contrôles mettent en évidence la dérégulation du système et l'incurie des pouvoirs publics. Pour ne pas faire le jeu de certains extrémistes, les services vétérinaires reconnaissent, sous couvert d'anonymat, qu'ils hésitent souvent à pointer les dysfonctionnements relevés dans le cadre de l'abattage rituel, de peur d'être accusés de stigmatiser la communauté musulmane.

---

1. Thèse de Stéphanie Marie-Thérèse Bardon Pouillaude, de l'Ecole nationale vétérinaire de Toulouse, sur l'abattage rituel en France (1992).

2. http://culturevisuelle.com, « Une campagne qui en cache une autre : le problème n'est pas la ritualisation de l'abattage mais l'industrialisation du rituel », 7 mars 2011.

Dans un pays où les statistiques ethniques sont interdites, le marketing ethnique porte ses fruits

Le laisser-faire de bon nombre de consommateurs, qui pourrait s'apparenter à du fatalisme, est un autre aspect important. Manger est certes une nécessité vitale, mais choisir ce que l'on mange est loin d'être anodin. Aujourd'hui, alors que la majorité des consommateurs est convaincue que son pouvoir d'achat va de pair avec sa liberté d'exister, la dernière campagne de publicité de la marque Isla Délice, leader français de la charcuterie halal, tape dans le mille : « Strictement halal. Fièrement halal. » C'est même un excellent exemple de ce marketing ethnique.

Les différentes actions publi-promotionnelles conduites par certains acteurs du marché, notamment au moment du ramadan, portent leurs fruits. Selon une enquête de l'Ifop[1], une famille musulmane sur deux reconnaît qu'elle consomme plus de produits halal qu'il y a quelques années.

Ces chiffres doivent néanmoins être maniés avec les plus grandes précautions pour éviter de mettre tout le monde dans le même panier. Si une personne sur deux, issue de familles musulmanes – selon le terme « consacré » par l'Ifop –, reconnaît acheter plus de halal, cela ne veut pas dire qu'une personne sur deux achète exclusivement des produits halal. D'ailleurs, selon une autre étude de l'Ifop[2], seuls 39 % des musulmans de France se déclarent pratiquants et 25 % d'entre eux seulement déclarent aller à la mosquée le vendredi. Les autres – la majorité silencieuse – ne se déclarent pas pratiquants.

1. IFOP, « Pratiques et jugements de la population d'origine musulmane sur les produits halal », janvier 2010. Enquête menée auprès de 536 personnes issues de familles musulmanes, en décembre 2009.

2. IFOP pour *La Croix*, « Analyse : 1989-2011. Enquête sur l'implantation et l'évolution de l'islam de France », juillet 2011.

Dans son ouvrage, la consultante en marketing Mai Lam Nguyen-Conan enfonce le clou et se prend à rêver : « Si tous les marketeurs de France comprenaient que la majorité des musulmans de France sont français, modernes et intégrés, on imagine la formidable machine à brasser les cultures qui se mettrait en place… On ferait des pique-niques géants pour faire de l'Aïd[1] un jour de fête, des apéros Facebook sans alcool au moment de la rupture du jeûne, de manière presque aussi anodine et profane que lorsqu'on mange des lapins en chocolat à Pâques. Le jour où l'Iftar[2] ne se fêtera pas qu'entre le ministre de l'Intérieur français et le représentant du culte musulman, mais entre tous les Français et dans les rayons du supermarché, alors on pourra peut-être dire que la France a réussi là où tous les autres pays européens auront sans doute échoué. »

Les marques agroalimentaires à l'assaut du consommateur de produits halal

A l'échelle de la planète, le marché du halal était évalué en 2009[3] à 480 milliards d'euros, soit près de 16 % de l'agroalimentaire mondial. En France, il était estimé à 5,5 milliards d'euros en 2010[4], soit, à titre de comparaison, un peu plus que le marché du bio, qui pèse, d'après l'Agence Bio, près de 4,1 milliards d'euros en 2012. Si cette estimation est parfois contestée, il semblerait que les

1. L'Aïd est la plus grande fête de l'islam. Célébrée le 10 du dernier mois du calendrier musulman, elle marque chaque année la fin du pèlerinage à La Mecque.

2. L'Iftar est le repas de rupture du jeûne, qui a lieu chaque soir au coucher de soleil pendant le ramadan.

3. World Halal Forum, 2009.

4. Institut d'études Solis, « Le marché du halal réalisera un chiffre d'affaires de 5,5 milliards d'euros en 2010 », 21 janvier 2010.

ventes progressent de 10 % par an. Face à une telle croissance, de nombreuses marques nationales et marques distributeurs (c'est-à-dire des marques d'enseignes) se sont lancées dans le halal.

Mais, malgré leurs efforts, les produits halal vendus en grandes et en moyennes surfaces ne représentent que 20 % du marché halal. Isla Délice possède près de 45 % de parts de marché avec un chiffre d'affaires de 60 millions d'euros par an. Viennent ensuite des marques distributeurs, comme Carrefour halal, Wassila pour Casino, ou Réghalal, marque du numéro un de la volaille LDC, et d'autres plus connues qui surfent sur la tendance halal, à l'instar de Fleury Michon et Labeyrie. 80 % des produits halal, viande en tête, puis charcuterie, sont achetés dans les commerces traditionnels de type boucheries musulmanes, supérettes orientales ou marchés.

La question du halal questionne la place de la religion dans l'espace public...

Pour autant, la question du halal cristallise une incompréhension persistante entre musulmans et non-musulmans. Un sondage de l'institut Harris Interactive[1] le prouve. Si deux Français sur trois reconnaissent avoir une connaissance limitée de l'islam, un sur deux seulement admet que la consommation de viande halal, associée à la religion musulmane, est compatible avec la vie en société, tant qu'elle se déroule dans l'espace privé. Comme l'explique l'imam Tareq Oubrou, la religion, chassée de l'espace public par un degré de sécularisation élevé, est aujourd'hui invitée à se cantonner à la sphère privée. « Les catholiques ont globalement fini par accepter cette situation. Avec le halal, les musulmans sont venus reposer une

1. Sondage réalisé pour l'émission *Place aux idées,* diffusée le 16 avril 2013 sur la chaîne parlementaire LCP-AN.

question que la société française croyait définitivement réglée : la place de la religion dans l'espace public. »

... et indispose les politiques

Au plus fort du débat de la campagne présidentielle de 2012, Bruno Le Maire, alors ministre de l'Agriculture, déclarait au cours d'une conférence de presse : « Nous n'avons pas attendu Marine Le Pen pour nous apercevoir qu'il y avait des difficultés sur l'abattage rituel en France. Mme Le Pen soulève un sujet sur lequel nous travaillons sereinement depuis maintenant plusieurs mois. » Pourtant quelques mois plus tôt, alors que je l'interrogeais sur le sujet au cours d'une conférence de presse pendant laquelle il présentait le budget 2012 du ministère de l'Agriculture, il quittait purement et simplement la pièce en claquant la porte après avoir brièvement expliqué au parterre de journalistes présents qu'il n'était pas venu pour répondre à des questions sur l'abattage rituel !

Belote et rebelote, quelques mois plus tard... Alors que l'hebdomadaire *Le Point* révélait, dans son édition du 7 mars 2012, l'existence d'un rapport des services du ministère, de novembre 2011, qui faisait état de dérives dans l'abattage rituel qui avait tendance à devenir la norme, l'ancien ministre n'avait pas hésité à le désavouer publiquement. Interrogé par l'AFP, Bruno Le Maire avait réagi en déclarant s'appuyer sur des études réalisées en 2009 et 2010 sur l'ensemble des abattoirs français. Je cite : « Ces chiffres sont faux et je les démens formellement. C'est 14 % des viandes abattues en France qui sont abattues rituellement. »

Ce que le ministre oubliait de préciser, c'était qu'il parlait de tonnage et non de têtes de bétail ! Interrogé de nouveau par l'AFP sur cet aspect, il précisait : « En nombre de têtes, 14 % des bovins sont abattus de manière rituelle et près de 50 % des ovins. » Ce faisant, Bruno Le Maire citait, mot pour mot, le communiqué de presse du 8 mars 2012 de l'Interprofession bétail et viande, si, si, ceux-là mêmes qui déclaraient, un an plus tôt, lors d'une interview sur RMC, qu'ils ne disposaient pas de chiffres… Eh bien, ce fameux 8 mars 2012, comme par magie, Interbev et le ministère dégainent, de concert, des données datant de 2010…

Cette proximité – pardon, cette interaction constructive – entre Interbev et le ministère de l'Agriculture ne saurait surprendre, puisque le président d'Interbev, Dominique Langlois, semble, tout comme Jean-Paul Bigard, faire un lobbying tenace auprès du ministère. D'ailleurs, Dominique Langlois est non seulement PDG de SVA-Jean Rozé, filiale du Groupement des Mousquetaires, mais il préside aussi Interbev ainsi que la FNICGV.

A court d'arguments face aux interrogations de l'AFP, Bruno Le Maire abattait alors sa dernière carte et expliquait que ledit rapport émanant de ses services n'avait porté que sur une quinzaine d'abattoirs, « les plus problématiques de France », ce qui en expliquait le « ton très négatif ». Ben voyons !

Désormais, des bons de commande sont requis pour prouver la destination de la viande rituelle

Face à l'émotion suscitée par cette question dans l'opinion publique, le ministre de l'Agriculture se devait tout de même de réagir. En accord avec l'interprofession, il a donc décidé d'avancer de six mois la date d'entrée en vigueur d'une des dispositions du décret sur les conditions de production de la viande rituelle, publié le 29 décembre 2011 au *Journal officiel*. Ainsi, dès le 8 mars 2012, jour de sa conférence de presse, les abattoirs doivent justifier via un système de « bons de commande » que cette production « rituelle » répond bien à une demande commerciale. A partir du 1er juillet 2012, date d'entrée en vigueur du décret, les abattoirs peuvent procéder aux abattages rituels s'ils ont reçu une autorisation préalable de l'Etat, en démontrant qu'ils disposent « d'un matériel adapté et d'un personnel formé, de procédures garantissant des cadences et un niveau d'hygiène adaptés à cette technique d'abattage ».

Au 15 janvier 2013, 129 des 231 abattoirs de ruminants de métropole, soit 56 % d'entre eux, avaient obtenu cette autorisation. Cette liste a permis, par opposition, aux organisations de protection animale de publier[1] le nom des abattoirs qui n'avaient pas demandé d'autorisation et qui, par conséquent, étourdissaient systématiquement les animaux.

Mais ce texte est surtout un compromis entre le ministère de l'Agriculture et les industriels, afin d'éviter un étiquetage et une véritable traçabilité de l'abattage à la boucherie qui pourraient être imposés par la Commission européenne. Le nombre des agents des services vétérinaires en poste dans les abattoirs ayant encore baissé depuis, ils n'ont pas les moyens d'être présents au niveau des postes d'abattage. L'insuffisance criante des effectifs les conduit à se concentrer sur l'inspection des animaux à leur arrivée – quand c'est possible –, et surtout au contrôle des carcasses après l'abattage. Dans ces conditions, difficile d'imaginer que ces agents pourront contrôler la bonne application de ce décret dans les abattoirs !

Trois mois plus tard, retour à la case départ : les bons de commande à nouveau superflus

D'autant que ce texte repose sur des déclarations de commandes et non pas sur des commandes ferme. Rien n'empêche le commanditaire, par conséquent, de changer d'avis. Et de toute manière, les industriels n'ont aucun

1. www.abattagerituel.com

souci à se faire… La note de service du 26 septembre 2012 émanant de la DGAL, et donc du ministère de l'Agriculture, a fini de vider ce décret de son sens : « A partir du moment où l'abattage rituel de l'animal peut être justifié par la commande ou la vente d'une partie de la carcasse (quartier ou abats), l'utilisation du reste de la carcasse est autorisée dans le circuit conventionnel. De même, les carcasses d'animaux abattus sans étourdissement mais non acceptées lors de l'examen rituel peuvent être destinées au marché conventionnel. »

En clair, pour un abattoir, il suffit de justifier d'une commande de rognons, ou encore de queues de bœuf halal, pour saigner toutes ses bêtes sans étourdissement. De fait, grâce à cette note de service, la pratique est devenue totalement légale. Coup de maître pour les industriels, échec et mat pour les consommateurs.

Pire encore, en cas de non-respect de l'obligation d'étourdissement et de non-présentation de bons de commande pour attester de la pratique de l'abattage rituel, les abattoirs ne risquent pas grand-chose : 1 500 euros d'amende au maximum[1]. Encore faut-il qu'un inspecteur vétérinaire dresse procès-verbal… Il faut dire que le décret qui précise les sanctions relatives aux abattoirs depuis l'application en 2006 des règles européennes dites du « paquet hygiène » est toujours en cours de rédaction au sein du ministère de l'Agriculture…

Trois propositions de loi sur l'étiquetage de la viande rituelle retirées avant discussion

Par ailleurs, l'assertion de Bruno Le Maire selon laquelle il travaillait « sereinement sur la question de l'abattage rituel depuis plusieurs mois » n'est certainement pas la plus appropriée, quand on sait que trois propositions de

1. Selon l'article R 215-8 du Code rural.

loi, soutenues par une centaine de parlementaires, UMP pour la plupart, ont été retirées sans avoir pu être discutées au sein de l'Assemblée nationale.

Première démarche, le 15 septembre 2010 : le sénateur président du groupe Union centriste Nicolas About, médecin, dépose une proposition de loi « visant à limiter la production de viande provenant d'animaux abattus sans étourdissement aux strictes nécessités prévues par la réglementation européenne ». Il propose que les bêtes abattues de façon rituelle soient soumises à un quota annuel, il suggère également que la viande soit étiquetée et qu'elle porte soit la mention « viande provenant d'animaux abattus après étourdissement », soit la mention « viande provenant d'animaux abattus sans étourdissement ». Spécificité française qui mérite d'être signalée : si le dépositaire d'une proposition de loi quitte sa fonction, sa proposition de loi est abandonnée ! Or Nicolas About est nommé au Conseil supérieur de l'audiovisuel, le 21 janvier 2011...

Deuxième tentative, le 18 novembre 2010 : le député UMP de l'Aube Nicolas Dhuicq dépose, avec une cinquantaine de parlementaires, tous UMP, une proposition de loi « visant à améliorer l'information du consommateur quant au mode d'abattage des animaux et à exiger l'introduction de l'étiquetage sur le mode d'abattage ». Quinze jours plus tard, le 1er décembre 2010, il est contraint par Matignon de retirer sa proposition de loi. « De peur d'être taxés de racisme ou de colonialisme, nous sommes idéologiquement paralysés, avouait-il. L'amendement a été retiré après discussions avec les autorités religieuses, mais je suis prêt à le redéposer à la prochaine législature[1]. »

Troisième tentative, le 21 février 2012 : la députée UMP du Nord Françoise Hospitalier dépose, avec trente-huit autres parlementaires, une proposition de loi « visant au

1. *Le Monde*, « Abattage rituel : pas de débat à l'Assemblée sur la traçabilité », 3 mars 2012.

respect de la réglementation européenne pour la production de viande provenant d'animaux abattus sans étourdissement et demandant l'étiquetage obligatoire de la viande abattue rituellement ». Au nom de la « souffrance animale, de la traçabilité et de l'hygiène », elle souhaite que soit précisé sur les emballages si l'animal a été tué « après étourdissement » ou « sans étourdissement ». Mais, alors qu'elle y travaille depuis plusieurs mois, Françoise Hospitalier fait les frais, elle aussi, des réticences du gouvernement. Sa proposition est concomitante avec la polémique lancée par le Front national et, selon ses déclarations, l'UMP lui fait comprendre qu'il ne faut pas donner « l'impression d'embrayer sur le discours du FN[1] ». Elle retire donc son texte le 1er mars, soit dix jours à peine après l'avoir déposé.

Le président Sarkozy se prononce finalement pour l'étiquetage

Ironie de l'histoire, deux jours après, le 3 mars 2012 très précisément, le candidat UMP et président sortant Nicolas Sarkozy, en meeting à Bordeaux, finit par déclarer, sous la pression populaire : « Ceux de nos concitoyens que leurs convictions religieuses conduisent à ne consommer que de la viande abattue selon un rituel particulier ont le droit de pouvoir le faire. Mais ceux qui n'ont pas les mêmes convictions ont le droit aussi qu'on les respecte... Reconnaissons à chacun le droit de savoir ce qu'il mange, halal ou non. Je souhaite donc l'étiquetage des viandes en fonction de la méthode d'abattage. Quant aux cantines scolaires, elles sont aussi tenues au principe de la laïcité. Je m'opposerai à toute évolution qui irait dans le sens contraire. » Baroud d'honneur ? En opposition totale avec le ministère de l'Agriculture de son gouvernement, il prône alors l'étiquetage.

1. *Le Monde*, « Abattage rituel : pas de débat à l'Assemblée sur la traçabilité », 3 mars 2012.

Les parlementaires victimes de pression

Le fait que les parlementaires aient tous retiré leur proposition de loi mérite tout de même une explication. Plusieurs députés et sénateurs, sous couvert d'anonymat, évoquent les pressions multiples exercées par les religieux et principalement par la communauté juive, bien plus virulente que la communauté musulmane, qui bien que très divisée sur la question de l'étourdissement est globalement favorable à une traçabilité. Ils décrivent aussi des pressions de la part des industriels de la viande, qui pour des raisons économiques ne veulent de cette traçabilité sous aucun prétexte et n'hésitent pas à le faire savoir.

Bruno Fiszon, le conseiller du grand rabbin de France, dont la légitimité est acquise puisqu'il est à la fois vétérinaire et rabbin, reconnaît qu'il s'efforce d'entretenir un « dialogue constructif » avec les députés[1]. Tout en contestant la dénonciation de la « souffrance animale » accolée à l'abattage rituel, il ne cache pas son opposition à un étiquetage qu'il juge « stigmatisant, restrictif et susceptible d'avoir des conséquences sur l'approvisionnement et le coût de la viande ». Un argumentaire qu'on a déjà l'impression d'avoir entendu à de multiples reprises !

Le CSA est saisi

D'ailleurs ce n'est pas la seule preuve de proximité avec l'argumentation des industriels... Le 10 août 2012, la FNICGV publiait, dans son bulletin hebdomadaire d'informations *Le Flash*, un article intitulé « Emission *Envoyé spécial : La Viande dans tous ses états :* le CSA donne raison à la filière ». Dans le texte, on pouvait lire : « Le Conseil supé-

1. *Le Monde*, « Abattage rituel : pas de débat à l'Assemblée sur la traçabilité », 4 mars 2012.

rieur de l'audiovisuel est intervenu auprès de France 2 à la suite de la diffusion, le 16 février 2012, de l'émission *Envoyé spécial* intitulée *La Viande dans tous ses états*. Consacrée aux abattoirs français, elle comportait plusieurs séquences sur l'abattage rituel pratiqué par certaines communautés. Saisi par une plainte d'Interbev, le CSA a publié le 25 juillet dernier un rappel à l'ordre auprès de France 2 sur sa déontologie de l'information et des programmes [...]. »

L'article citait ensuite la décision du CSA puis rappelait que « diffusé en pleine campagne électorale, et peu de temps avant la tenue du Salon de l'agriculture, on se souvient que ce reportage avait créé une vive polémique autour de l'abattage rituel ». Il mettait ensuite en avant les efforts de la filière pour valoriser « l'effort de concertation et de transparence », puis concluait ainsi : « La filière avait regretté le traitement partiel de l'information par le reportage d'*Envoyé spécial*. Le CSA le lui a confirmé... mais le mal est fait. »

Le CSA a bien déclaré : « Dans la mesure où ce sujet pouvait prêter à controverse, il aurait été souhaitable que des efforts supplémentaires aient été mis en œuvre par la chaîne afin de mieux assurer l'expression de la diversité des points de vue, conformément à l'article 35 du cahier des charges de France Télévisions », mais, contrairement à ce qu'annonçait la FNICGV, ce n'est pas Interbev qui a déposé une plainte, mais Moché Lewin, alors conseiller du grand rabbin de France ! Ce dernier déplorait dans son courrier au CSA l'absence de diversité des points de vue sur ce sujet et estimait que ce reportage se faisait « militant d'une cause reprise comme thème de campagne par l'extrême droite ».

Bruno Fiszon s'inquiétait, car il considérait que l'étiquetage pourrait donner lieu à des « campagnes de boycott ». Argument qui a fait mouche auprès des industriels, lesquels, de leur côté, n'hésitent pas à réagir à la moindre « attaque » et à évoquer tantôt la laïcité – ce qui engendre des discussions interminables car il n'existe pas de définition juridique de la laïcité –, tantôt la liberté de culte pour pouvoir continuer à abattre comme bon leur semble.

Pourtant, comme l'expliquait Marc Pagès, directeur adjoint d'Interbev : « Du point de vue technique, rajouter une mention sur l'étiquette n'est pas compliqué et ne coûte rien, toutes nos viandes sont déjà tracées[1]. » Pour les bovins, les industriels sont en effet obligés d'indiquer les lieux de naissance, d'élevage et d'abattage de la bête. Le rajout d'un code spécifiant le mode d'abattage, par exemple 1 pour étourdi et 2 pour non étourdi, serait sans doute la solution.

De nombreux rabbins refusent tout étiquetage...

Mais la communauté juive est très fortement mobilisée contre tout étiquetage. « Quel serait le prix d'un kilo de viande casher d'une bête dont on n'aura pas vendu à des non-juifs les parties impropres religieusement ? Le double... Certainement ! » s'insurge le rabbin de Strasbourg Mendel Samama sur son blog. « Combien de consommateurs seraient prêts à acheter de la viande tuée selon la méthode casher ? Pas beaucoup ! Mécaniquement les prix du casher risqueraient de s'envoler[2]. »

Joël Mergui, président du Consistoire central, déclarait qu'il ne comprenait pas cet acharnement à vouloir demander un étiquetage, car la viande issue de l'abattage rituel casher et non étiquetée comme telle n'est pas casher : « Toute la viande que nous ne prenons pas : la partie arrière de la bête, c'est une partie qui n'est pas casher puisque nous ne la prenons pas. Donc nous ne faisons pas manger à des consommateurs de la viande casher. Par contre, nous faisons manger de la viande qui est effectivement abattue selon une technique dont rien ne prouve que c'est une technique qui fait plus souffrir l'animal que les autres techniques. [...] Il y

1. *Libération*, « La filière d'abattage est otage d'un débat à peine caché sur l'immigration », 6 mars 2012.

2. Mendelsamama.blogspot.fr, 4 mars 2012.

a deux techniques différentes : l'une qui assomme la bête avant de la saigner, l'autre qui la saigne du premier coup en considérant qu'en la saignant du premier coup on ne la fait pas souffrir. [...] Je voudrais vous redire que l'abattage qui est fait par les juifs depuis deux mille ans est un abattage qui ne fait pas souffrir l'animal. [...] Si on veut dire au consommateur que cette viande a été abattue rituellement, et que toute la campagne qui est autour dit abattue rituellement égale barbare, eh ben non, on s'y oppose, ça renvoie à une image qui ne correspond pas à la réalité que nous vivons[1]. »

Et Joël Mergui de poursuivre : « Je ne suis pas d'accord pour marquer tant que dans le débat de société marquer, ça veut dire marquer, marquer ça voudrait dire marquer que les juifs, ou que les musulmans, sont plus barbares que les autres. » Un parlementaire lui demande alors : « On pourrait marquer étourdi ou non étourdi ? » A quoi il répond : « Non, c'est la même chose, assommé ou non assommé. »

... et évoquent un déni d'existence

D'ailleurs, prévient le président du Consistoire central : « Si jamais on continue à nous mettre des bâtons dans les roues, on continue à nous obliger à nous justifier en permanence sur une méthode d'abattage, qu'est-ce qui va se passer ? Il va se passer que tout un système économique risque de tomber, c'est-à-dire qu'on va continuer à affoler tout le monde dans la façon dont on abat, donc on va affoler les abattoirs qui ne vont peut-être plus vouloir avoir des abattages rituels juifs, donc les juifs qui vont être en Europe ne vont plus pouvoir manger casher et vont partir d'Europe. » Et de conclure, à propos de la *chéhita :* « C'est un geste technique qui est aussi un geste religieux.

1. Audition de Joël Mergui par la mission commune d'information sur la filière viande du Sénat, 26 juin 2013. Vidéo disponible sur le site du Sénat, http://videos.senat.fr/video/videos/2013/video19040.html.

L'Europe s'honorerait, je dis bien s'honorerait, de ce que ce ne soit plus une dérogation, mais que ce soit une méthode reconnue. Nous en avons marre d'être une dérogation. »

Bruno Fiszon n'hésite pas à dégainer un autre argument : « Si on étiquette pour le rituel, il faut le faire pour tout : préciser comment les bêtes ont été étourdies, rappeler que 6 % à 16 % des étourdissements sont inefficaces chez les bovins[1]. » Si un tel constat devrait effectivement susciter un renforcement de la formation des opérateurs, chacun jugera de la pertinence d'une telle réponse.

De nombreux parlementaires confirment qu'il est plus que délicat de tenter d'aborder la question de l'étiquetage avec les représentants de la communauté juive. Si la question est aussi sensible, souligne Florence Bergeaud-Blackler, c'est très certainement parce que « les rabbins rappellent à raison que les attaques contre la *chéhita* ont été les premières mesures prises par les antisémites dans les périodes sombres de l'histoire européenne[2] ». La remise en cause de l'abattage casher est vécue par les juifs comme un déni d'existence, identique à celui enduré lorsque les nazis interdirent cette pratique, en 1933.

Des sénateurs insistent et demandent un étiquetage au nom de la liberté de conscience

Mais comme le reconnaissent certains parlementaires, si dans leur très grande majorité ils n'entendent pas remettre en cause le régime dérogatoire, leur mission consiste à défendre les intérêts de tous les consommateurs, sans exception. Ils mettent en avant le respect de la liberté de conscience de ceux qui demandent un étique-

1. *Le Monde*, « Pour limiter les “abus”, l'abattage rituel sera mieux encadré », 10 janvier 2012.

2. *Le Monde*, « Sous la question de la viande halal, celle de la traçabilité », 28 février 2012.

tage. Bizarrement, ils oublient souvent d'insister sur le respect de la réglementation. La loi ne précise-t-elle pas que toutes les bêtes doivent être étourdies, sauf dérogation ? Une industrie peut-elle – pour des raisons économiques et sous couvert de défendre des intérêts religieux – décider de se placer au-dessus des lois françaises et européennes ? Ce qui est sûr, c'est qu'à ce jour le gouvernement français se montre incapable de faire respecter la loi.

Pourtant, certains parlementaires n'ont pas dit leur dernier mot. Le 17 janvier 2013, la sénatrice du groupe Union des démocrates et indépendants Sylvie Goy-Chavent et vingt-quatre de ses collègues ont déposé une nouvelle proposition de loi « visant à informer le consommateur quant à l'origine des viandes issues des filières d'abattage rituel ». Cette demande a donné lieu à la création d'une mission commune d'information sur la filière viande, dont elle a été nommée rapporteur, sous la présidence de la sénatrice Bernadette Bourzai.

Cette mission composée de vingt-sept parlementaires a auditionné soixante-dix professionnels de la viande, des services sanitaires, des associations de protection des animaux, ainsi que les représentants des communautés juive et musulmane. Elle s'est attachée aussi bien à la problématique de l'élevage et des éleveurs qu'à celle de l'abattage et de la transformation. Le 17 juillet 2013, à l'issue de plusieurs mois de travail, cette mission a formulé à l'unanimité quarante propositions. La 38e consiste à « instaurer un étiquetage obligatoire du mode d'abattage, selon des modalités non stigmatisantes », et la 39e souhaite « imposer des contrôles physiques de vétérinaires au poste d'abattage, pour toutes les espèces, et suivre les incidents d'étourdissement ou d'égorgement ».

La 38e proposition a suscité de fortes polémiques, Sylvie Goy-Chavent étant même victime d'un déferlement d'injures et d'accusations d'« antisémitisme » sur Internet, jusqu'à des menaces de mort de la part d'internautes sur le blog israélien JSSNews[1], l'obligeant à porter plainte. Certains internautes lui reprochaient sa « partialité dans le dossier », car elle avait déposé, le 12 novembre 2012, avec un de ses collègues sénateurs, une autre proposition visant « à rendre obligatoire l'étourdissement des animaux avant tout abattage ».

L'abattage rituel en question aux Pays-Bas

Toutefois, en 2011, une initiative similaire à celle de ces deux sénateurs français a été entreprise aux Pays-Bas. Une proposition d'amendement visant à supprimer l'abattage sans étourdissement – pourtant autorisé de façon dérogatoire, jusque-là, pour l'abattage halal et casher – a été adoptée en juin 2011 par les députés néerlandais. Six mois après, les sénateurs ont voté contre cet amendement, au motif qu'ils souhaitaient qu'un compromis soit trouvé avec les instances religieuses du pays.

C'est maintenant chose faite... Le 5 juin 2012, un accord, immédiatement applicable, a été signé par le secrétaire d'Etat néerlandais aux Affaires économiques et à l'Agriculture, des représentants des abattoirs et des représentants des communautés religieuses. Il prévoit l'étourdissement des bovins quarante secondes après leur égorgement rituel. Le compromis trouvé avec les instances religieuses ne contrevient pas au rituel, tout en donnant partiellement satisfaction aux associations de protection animale.

En France, une circulaire propose l'étourdissement après abattage rituel mais ne l'impose pas !

En France, une circulaire de la DGAL publiée le 13 mars 2012 recommande elle aussi un soulagement des animaux

1. www.jssnews.com

après leur égorgement. Mouton et chèvre doivent être étourdis au bout de trente secondes et un bovin au bout de quatre-vingt-dix secondes. L'OABA s'insurge, car la circulaire précise également que la carcasse peut alors être « déclassée » de la qualification rituelle et entrer en toute légalité dans le circuit classique. Par ailleurs, ce n'est qu'une recommandation. Cette circulaire n'a donc aucune portée normative. En d'autres termes, c'est encore un coup d'épée dans l'eau.

D'ailleurs, depuis la diffusion du reportage sur *Envoyé spécial*, l'OABA n'a plus accès à certains abattoirs, qu'elle inspectait pourtant auparavant du point de vue de la protection animale. « Nos délégués se voient désormais refuser l'accès d'environ un tiers des abattoirs ! explique Frédéric Freund, directeur de l'association. Les directeurs des sites concernés les informent qu'ils ont reçu des consignes... » Ces abattoirs auraient-ils des choses à cacher ?

En attendant, Alex le boucher, tout comme un certain nombre d'autres artisans, continue à informer ses clients du fait que les viandes bovines et ovines qu'il leur vend ont été abattues de façon rituelle. S'il est largement soutenu par sa clientèle, on ne peut pas dire que sa prise de position plaise en haut lieu. Depuis la diffusion du reportage, le boucher a été contrôlé cinq fois en trois mois par les services de l'Etat. Trois fois par les services vétérinaires – qui lui ont confirmé que son établissement était un des plus propres du département mais qu'ils avaient reçu des instructions –, une fois par les impôts et une autre par l'Urssaf ! Pourtant, au cours des dix-sept années précédentes, Alex n'avait été contrôlé en tout et pour tout que deux fois !

Si certains bouchers informent leur clientèle, la grande distribution fait toujours la sourde oreille

Si Alex avertit ses clients, ce n'est pas le cas des bouchers de la grande distribution, qui font l'autruche alors qu'ils vendent pourtant près de 80 % des viandes dans l'Hexagone. Sans obligation d'étiquetage spécifique, ils sont toujours dans leur droit. Ils continuent à vendre la viande issue d'animaux abattus de façon rituelle sans le mentionner.

L'étiquetage représenterait trop de contraintes pour la filière viande et serait incompatible avec la gestion de son carnet de commandes. C'est à se demander comment font les industriels des secteurs aéronautique ou automobile, qui doivent gérer une multitude de pièces détachées…

Florence Bergeaud-Blackler résume bien la situation : selon elle, la filière « craint qu'une partie des consommateurs ne se détourne de ses produits, que ce soit pour des raisons de défense du bien-être animal ou suivant des arguments identitaires. Un rejet des consommateurs pourrait inciter les abattoirs à augmenter le prix des carcasses casher, ou bien même à ne plus produire du tout. Les politiques de droite ou de gauche sont très sensibles et attentifs à ces sujets. Mais ce dont ils ne se rendent pas compte, c'est que le laisser-faire conduit à l'opacité, ce qui n'est pas un bon calcul à long terme. L'Etat doit prendre ses responsabilités et clarifier les choses[1] ».

La situation de quasi-monopole sous la férule des trois industriels français majoritaires du secteur n'arrange rien. Ils ont du reste mené une politique active de pression sur le gouvernement pour que soient retirées les propositions de loi européennes visant à encadrer l'étiquetage, et ils ont obtenu gain de cause… En juin 2010, le Parlement européen a adopté un amendement à la loi européenne sur l'éti-

1. *L'Express*, « Halal : la logique du profit entame notre capacité à vivre ensemble », 25 février 2012.

quetage des produits alimentaires, qui proposait d'apposer sur ces produits la mention « viande provenant d'animaux abattus sans étourdissement ». Un certain nombre de pays européens y étaient favorables. Mais c'était compter sans le pouvoir de lobbying de la filière viande française... et le poids du gouvernement français, qui n'en voulait pas non plus. Il se justifiait par la peur « de stigmatiser des pratiques d'abattage ayant des fondements relatifs à la liberté religieuse » et par celle de « déstabiliser les marchés de la viande ». L'amendement adopté par le Parlement a finalement été retoqué par le Conseil de l'Union européenne.

En attendant, le Parlement européen a décidé de... lancer une commission d'enquête sur la souffrance des animaux abattus rituellement. C'est à se demander à quoi lui a servi de financer le projet Dialrel, un groupe de recherche qui a travaillé pendant quatre ans sur le sujet et qui a rendu son rapport en 2010. De son côté, la Commission européenne a lancé fin 2013 une étude sur « l'opportunité d'informer les consommateurs sur le mode d'abattage des animaux ».

Quoi de mieux, lorsqu'un problème surgit, que de créer une énième commission d'enquête justifiant encore quelques années d'immobilisme ?

7

Halte aux *E. coli* dans les steaks hachés !

86 000 tonnes de steaks hachés frais et 156 000 tonnes de steaks hachés surgelés : voilà ce que les Français consomment en moyenne chaque année. Cela représente environ 42 steaks hachés par personne et par an. Populaire, pratique, abordable, ce produit phare des rayons boucherie des supermarchés remporte aujourd'hui l'adhésion de toute la famille, du plus jeune au plus âgé. Quatre Français sur dix en consomment au moins une fois par semaine et près d'un Français sur dix plus de deux fois !

Selon un sondage de l'Ifop[1], « le steak haché est aujourd'hui plébiscité par 83 % des Français », mais il n'en a pas toujours été ainsi, et le commanditaire de l'étude, le SNIV-SNCP – qui revendique 80 % de la production nationale de viande hachée –, se garde bien de le dire ! Il aura en effet fallu du temps et quelques révolutions industrielles pour que les Français acceptent de manger du steak haché sans se méfier.

1. « Les Français et le steak haché », sondage réalisé pour le Syndicat des entreprises françaises des viandes (SNIV-SNCP), juin 2010.

Une viande hachée longtemps boudée par les consommateurs

Au Moyen Age, la viande hachée est travaillée par les pâtissiers, qui l'utilisent sous forme de farce. Mais, comme le rappelle l'historienne Madeleine Ferrières dans son ouvrage *L'Histoire des peurs alimentaires*, la suspicion et la crainte de l'empoisonnement règnent sur ces préparations. Rien de tel, en effet, qu'une bonne croûte pour dissimuler un chat ou un rat coupé menu... Cette méfiance perdurera pendant des siècles. Il faudra attendre 1910 pour voir apparaître des hachoirs à moulinette chez les bouchers qui commercialisent du bœuf. Toutefois, des problèmes sanitaires liés à l'utilisation du haché font très vite leur apparition. Si les bactéries présentes à la surface du steak sont détruites après un aller-retour dans une poêle chaude, les professionnels constatent déjà à l'époque que le hachage de la viande entraîne une dissémination des bactéries dans le produit. Le haché constitue alors un véritable bouillon de culture et se transforme très vite en bombe à retardement. Bactéries et parasites y prolifèrent. Ce qui a pour conséquence de refroidir sérieusement l'appétit et la confiance des consommateurs.

Au XXe siècle, les guerres vont indirectement promouvoir l'utilisation de la viande hachée. Pendant la Première Guerre mondiale, l'armée développe la congélation de la viande pour faire des réserves et approvisionner le front. Pendant la Seconde, puis lors des guerres d'Indochine et d'Algérie, les cuisiniers de l'armée inventent le rôti-steak, un boudin de 8 kilos et de 8 centimètres de diamètre de viande hachée, à cuire entier, puis à découper.

Le steak haché connaît ses premières heures de gloire dans les années 1960, au moment de l'émancipation des femmes. Les cuisinières consacrent de moins en moins de temps à mitonner des petits plats pour leurs enfants et maris. Elles réclament, par conséquent, des entrecôtes, des pavés, des bavettes ou des faux-filets. Ces morceaux tendres, situés à l'arrière du bœuf, sont rapides à cuire à la poêle ou au gril. C'est la fin des morceaux avant du bœuf : colliers, palerons, et des pot-au-feu et ragoûts mijotés pendant des heures afin d'obtenir une viande tendre et savoureuse. Les abattoirs se retrouvent alors avec des demi-carcasses de bovins sur les bras, véritable catastrophe financière pour la filière. Le hachage de ces parties avant apparaît dès lors comme la solution idéale, car il permet de casser les fibres de la viande et de la rendre plus tendre. Grâce à cette solution, les industriels réussissent le tour de force de transformer des viandes à bouillir en viande à griller. Aujourd'hui, en France, un tiers de la viande bovine est consommé sous forme de steaks hachés.

Des ventes qui décollent grâce aux glaces Miko

Mais les débuts du steak haché sont difficiles. « La première étude de marché que j'ai réalisée était franchement négative, explique Claude Chiron, 68 ans, ancien propriétaire des abattoirs des Herbiers en Vendée et pionnier de la technologie du steak haché français. Les gens pensaient que c'étaient des déchets de viande, et le congelé leur rappelait l'Indochine[1] ! » Les dirigeants ont alors l'idée de faire distribuer leurs steaks hachés par l'entreprise Miko. En plus de ses crèmes glacées, l'entreprise livre des steaks hachés emballés dans des étuis individuels façon esquimau. Les ventes décollent.

Cinquante ans plus tard, la recette n'a pas changé. Le grammage des steaks hachés varie de 80 grammes pour les consommateurs les plus jeunes à 180 grammes pour les plus gourmands, et les surgelés sont toujours vendus sous emballage individuel. En 2010, il s'en est même vendu 7 % de plus que l'année précédente. Mais nombreux sont les médecins spécialisés en hygiène alimentaire qui, comme le

1. *Terra Eco*, « Le steak haché passe à la moulinette de l'histoire », 30 mai 2013.

docteur Frédéric Saldmann, considèrent toujours que « le steak haché est un aéroport à microbes[1] », ou les vétérinaires qui comme Michel Courat, de l'organisation Eurogroup for Animals, s'accordent pour dire, aujourd'hui encore : « Manger du steak haché saignant, notamment pour les enfants, c'est un peu comme jouer à la roulette russe. Le manque de prévention est criminel[2]. »

Pour tous ces professionnels de la santé, « la seule solution, c'est la cuisson à point ! ». D'ailleurs, rappellent-ils : « Les fast-foods le savent bien. Vous pouvez taper du pied dans un McDonald's pour demander un steak haché saignant dans votre hamburger, personne ne vous le fera ! »

La maladie du hamburger fait son apparition

Et pour cause. La « maladie du hamburger » est connue des professionnels depuis plus de trente ans. En 1982, aux Etats-Unis, 47 personnes ayant déjeuné dans deux fast-foods de la chaîne McDonald's, dans l'Oregon et le Michigan, se retrouvent clouées au lit par des crampes abdominales suivies de diarrhées sanglantes. Les analyses effectuées sur les selles des malades conduisent les scientifiques à isoler une bactérie appelée *Escherichia coli*, ou *E. coli*, de sérotype[3] O157:H7. Ils retrouvent la même bactérie dans les hamburgers surgelés qui avaient été livrés à ces fast-foods. Parmi les 47 malades, 35 sont hospitalisés, mais aucun décès n'est rapporté. En 1993, toujours aux Etats-Unis, les chercheurs identifient la même bactérie lors d'une épidémie qui provoque la mort de 35 personnes ayant mangé dans la chaîne concurrente Jack-in-the-Box !

1. Entretien avec l'auteur.
2. *Id.*
3. Ensemble des caractéristiques antigéniques de certains micro-organismes (bactéries, virus, champignons), permettant de différencier des souches appartenant à une même espèce.

Halte aux E. coli *dans les steaks hachés !*

Plus proche de nous en Europe, en 1996, une épidémie d'infections est détectée en Ecosse, dans le Lanarkshire. Elle constituera une des plus importantes intoxications alimentaires du Royaume-Uni. 512 personnes sont contaminées, 49 d'entre elles sont hospitalisées et 17 décèdent des suites de l'infection. Là encore, les enquêtes épidémiologiques permettent d'identifier la même souche d'*E. coli* O157:H7 dans les selles des malades et dans de la viande de bœuf, ainsi que dans d'autres produits à base de viande provenant d'une même boucherie. Les mesures de retrait des denrées contaminées et la fermeture de l'établissement permettront aux autorités sanitaires britanniques d'enrayer l'épidémie.

Définition de cuisson à cœur : la très mauvaise plaisanterie des professionnels...

L'*Escherichia coli* devient alors l'ennemi numéro un des fabricants de steaks hachés. D'une part parce que c'est dans ce type de morceau que la bactérie a le plus de chances de se développer, car le hachage multiplie les surfaces potentiellement porteuses de bactéries et les introduit au cœur du steak. D'autre part parce que, facteur aggravant, les Français sont de grands amateurs de viande hachée saignante. Or une cuisson insuffisante ne permet pas d'éliminer la bactérie.

Après une période d'incubation moyenne de trois à huit jours, cette bactérie entraîne généralement des crampes abdominales et des diarrhées pouvant évoluer en diarrhées sanglantes. Dans la plupart des cas, la guérison se produit dans les dix jours. Toutefois, dans les cas les plus graves et notamment chez les jeunes enfants, les femmes enceintes, les personnes âgées ou immunodéprimées, la contamination par cette bactérie particulièrement virulente peut provoquer un syndrome hémolytique et urémique (SHU), qui entraîne une atteinte rénale et parfois la mort. Selon une étude américaine[1] parue récemment, les *Escherichia coli* sont responsables chaque année dans le monde d'au moins 2,8 millions d'intoxications alimentaires (estimation basse), qui conduisent à 3 980 cas de SHU, 270 cas d'insuffisance rénale terminale et 230 décès.

L'industrie et les pouvoirs publics ont-ils choisi d'en informer le consommateur ? Eh bien oui ! Depuis le 1er janvier 2006, la mention « cuisson à cœur » est obligatoire sur les emballages de ces produits alimentaires. Vous ne vous en êtes jamais aperçus ? Pourtant, le SNIV-SNCP indique : « Pour être facilement visible par les consommateurs, cette mention figure dans le même champ visuel que la quantité nette de produit ou les conditions de conservation[2]. » Les Français seraient-ils atteints de cécité collective ou serait-ce qu'en la matière l'industrie n'est pas soumise à obligation de résultats ?

Car ce n'est pas le seul problème. Si, par chance, vous avez réussi à déchiffrer cette mention, encore faut-il savoir ce qu'elle veut dire... Comment savoir si votre steak haché est « cuit à cœur » ? Pour le SNIV-SNCP : « A l'œil, le cœur du steak haché ne doit être ni rouge, ni rosé. La cuisson à cœur est supérieure à 65 °C, température suffisante mais nécessaire pour détruire les bactéries comme l'*E. coli*, pouvant toucher les personnes les plus fragiles[3]. » Le site www.la-viande.fr, émanation d'Interbev, explique, quant à lui : « Obtenir le degré de cuisson "bien cuit à cœur" pour le steak haché signifie atteindre à cœur une température au moins supérieure à + 70 °C : après cuisson, l'intérieur doit être brun-gris et en aucun cas encore rouge-rosé. Cette couleur brun-gris

1. *Foodborne Pathogens and Disease*, « Global incidence of human shiga toxin producing Escherichia coli infections and deaths : a systematic review and knowledge synthesis », juin 2014.

2. *Zoom*, numéro spécial entièrement consacré au steak haché, avril 2011.

3. *Id.*

indique que les protéines ont été cuites[1], ce qui permet aussi de détruire les bactéries éventuellement présentes comme l'*Escherichia coli* ou les salmonelles[2]. »

Albert Amgar, spécialiste en hygiène alimentaire et auteur d'un blog hébergé par le magazine de l'industrie agroalimentaire *Process alimentaire*, ironise régulièrement sur le manque de communication claire et facilement digeste pour le consommateur. « Le site Internet www.la-viande.fr parle de température mais pas de durée de cuisson, écrit-il. Une couleur est citée... mais attention tout de même, selon certains, la couleur peut être un indicateur trompeur. » La couleur de la viande varie en effet en fonction de la race et de l'âge de la bête consommée, et cela, l'interprofession bovine n'est pourtant pas censée l'ignorer ! Elle semble pourtant frappée d'amnésie...

... à l'encontre des consommateurs

Comme l'explique Christophe Bottier, le père de Mathilde, une jeune fille longuement hospitalisée à la suite d'une intoxication aux *E. coli*, le Centre d'information des viandes – autre émanation d'Interbev – a lancé en 2008 une campagne de publicité destinée à promouvoir la consommation de steak haché. Une mère s'adressait alors à son fils, déguisé en Superman, pendant qu'il était en train d'engloutir un steak haché. « Mon chéri, tu sens comme c'est bon, je t'ai toujours donné du steak haché 100 % pur muscle, c'est moelleux et toi tu grandis, tu passes en sixième, tu as ton bac, tu vas en fac d'éco, une licence, et hop, un master dans la foulée, tu préfères un master ou un doctorat ? Qui mange du bœuf, mange du bœuf. » Seul problème : le cœur du steak haché était rouge vif, saignant, et l'enfant avait très nettement moins de 10 ans...

1. En fait, les protéines ont été dénaturées par la cuisson.
2. « Consommer le steak haché ».

« Inutile de vous dire qu'après ce qu'on avait vécu avec Mathilde, et les recommandations de cuisson à cœur notamment pour les jeunes enfants, cette publicité nous a fait bondir, m'a confié Christophe Bottier. J'ai donc pris l'initiative de contacter le ministère de l'Agriculture et l'Institut national de veille sanitaire, et je leur ai mis la pression en les menaçant d'alerter la presse… La campagne s'est arrêtée, elle a ensuite été rediffusée avec des steaks recolorisés en brun qui n'étaient donc plus saignants. » Pas si difficile, après tout. Merci à lui !

De son côté, l'ANSES indique, en juin 2011 : « Les STEC (Shiga Toxine *Escherichia coli*, soit *Escherichia coli* producteurs de shigatoxines) sont sensibles à la température. La cuisson est donc susceptible de détruire partiellement ou totalement les STEC contenus dans un aliment. Différentes instances de sécurité sanitaire recommandent de maintenir une température à cœur de 70 °C, pendant deux minutes, pour la cuisson des steaks et steaks hachés de bœuf. » Au Canada, les autorités sanitaires préconisent une température interne d'au moins 71 °C. En Irlande, de 75 °C. Qui croire ? « Et à quand l'usage répandu du thermomètre dans le cercle familial ? » s'interroge Albert Amgar.

La viande reconstituée et ses dangers

La question se pose aussi pour les morceaux de viande collés. Si, si, vous avez bien lu : « morceaux de viande collés »… grâce à une préparation à base de thrombine ou de transglutaminases, des additifs qui permettent d'agglomérer des morceaux de viande de basse qualité, pour reconstituer de jolis produits carnés et en faire des steaks ou des filets mignons. Il s'agit d'enzymes qui se présentent sous forme de poudre et qui collent littéralement deux morceaux de chair, dès lors qu'on les presse l'un contre l'autre. La « viande » est ensuite mise sous vide. Quelques heures plus tard, elle ressemble à s'y méprendre à un morceau de bœuf de qualité ! Ça donne envie, non ?

En 2010, la Commission européenne voulait harmoniser les législations des pays membres, puisque la thrombine était autorisée dans certains pays comme la France, l'Allemagne, la Belgique et les Pays-Bas, mais pas partout. Les députés européens y ont mis leur veto. Si la thrombine est autorisée aux Etats-Unis et en Chine, elle ne fait plus partie de la liste des additifs autorisés en Europe.

Mais les députés ne se sont pas encore penchés sur la transglutaminase... Par conséquent, son utilisation n'est pas interdite ! Les industriels comme le Japonais Ajinomoto – principal fournisseur d'additifs à travers le monde – l'ont bien compris et n'hésitent pas à faire du prosélytisme pour la transglutaminase auprès des industriels de l'agroalimentaire. Sur son site www.transglutaminase.com, Ajinomoto écrit : « Tant que la liste positive [des enzymes autorisés pour une utilisation alimentaire] n'a pas été établie [par l'Union européenne], les enzymes alimentaires et les aliments utilisant des enzymes alimentaires pourront être mis sur le marché et utilisés en conformité avec les règles nationales en vigueur dans les Etats membres. »

Autre problème : l'étiquetage n'est pas harmonisé non plus et le consommateur ne sait pas en général que son steak est fabriqué à partir de viande reconstituée. S'il décide de le manger saignant, les bactéries ne seront pas détruites à la cuisson. Il risque donc de se contaminer et de mettre en danger les personnes fragiles.

Un étiquetage précisant que ces morceaux de viande reconstituée ne doivent absolument pas être consommés crus ou saignants est donc indispensable. Les dossiers des producteurs d'enzymes, leur permettant de figurer sur la liste officielle des additifs autorisés, sont actuellement en cours d'évaluation auprès de la Commission européenne et de l'Autorité européenne de sécurité des aliments (EFSA), l'organisme européen en charge de l'évaluation des risques en matière de denrées alimentaires. Affaire à suivre, donc !

En attendant, Ajinomoto et consorts s'en donnent à cœur joie... Sur son site[1], par exemple, l'entreprise japonaise répond aux interrogations des industriels : « Un étiquetage spécifique est inutile du point de vue réglementaire. [...] La transglutaminase n'est pas un allergène dans le champ d'application de la directive 2000/13EC. [...] C'est un produit non-OGM selon la législation communautaire »...

Une maladie très grave, voire mortelle

Pourtant, une infection causée par des *Escherichia coli* de différents sérotypes[2] n'a rien d'une plaisanterie. Cette bactérie est responsable d'une grande partie des intoxications alimentaires qui défrayent régulièrement la chronique. Les titres des journaux sont pour le moins explicites : « Steaks contaminés : une quarantaine de malades[3] », « Rappel de steaks hachés surgelés avariés[4] », « Cinq enfants hospitalisés à cause d'une bactérie[5] », « *E. coli :* un des huit enfants dans le coma[6] », « *E. coli :* un décès à Bordeaux[7] », « Le célèbre *E. coli* provoque un décès "isolé" en Alsace[8] », « *E. coli :* des steaks hachés Dia contaminés retirés de la vente[9] », et ainsi de suite...

Chaque année, aux Etats-Unis, l'*Escherichia coli* O157:H7 est considéré par le Centre pour le contrôle et la prévention des maladies (CDC), principale agence gouvernementale américaine de protection de la santé publique et de la sécu-

1. Visité le 1er novembre 2014.
2. Sérotypes O157:H7, O26:H11, O103:H2, O104:H4, O111:H8 ou encore O145:H8.
3. *Le Figaro*, 26 mars 2008.
4. *Le Nouvel Observateur*, 21 février 2009.
5. *France-Soir*, 16 juin 2011.
6. *Le JDD*, 19 juin 2011.
7. *Le JDD*, 3 juillet 2011.
8. *Le Journal de la Haute-Marne*, 30 septembre 2011.
9. LCI, 24 octobre 2013.

rité publique, comme étant responsable de 96 000 infections, 3 200 hospitalisations et 31 morts[1]. Cette bactérie coûterait 405 millions de dollars par an aux Américains (soit près de 340 millions d'euros) : 370 millions de dollars pour les morts précoces engendrées par la bactérie, 30 millions de dollars pour les soins médicaux et 5 millions de dollars pour la perte de productivité. Un gouffre pour une si petite bactérie, invisible à l'œil nu.

En Europe, selon l'EFSA, cette bactérie provoquerait 4 000 syndromes hémolytiques et urémiques (SHU) chaque année. En France, le Centre national de référence des *E. coli* et *Shigella* en recense entre 100 et 150 cas par an chez les enfants de moins de 15 ans. Selon l'Institut national de veille sanitaire, ces syndromes entraînent la mort dans 5 % des cas et des séquelles rénales à long terme pour près d'un tiers des malades. C'est dire si cette maladie est grave... Une des dernières affaires qui aient bouleversé l'opinion concerne Aicha, une enfant de neuf ans, qui a succombé, le 13 juillet 2013, des suites d'une contamination à la bactérie *E. coli*, à l'hôpital universitaire de Louvain, en Belgique. Trois jours plus tôt, elle avait, selon un proche de la famille, « mangé de la viande pour barbecue mal cuite ».

Les souffrances de Mathilde, 4 ans, et de vingt-quatre autres enfants

C'est aussi ce syndrome qui a touché Mathilde Bottier, en 2005. La fillette, alors âgée de 4 ans, est prise de violentes douleurs à l'estomac, cinq jours après avoir mangé un steak haché surgelé contaminé aux *E. coli*. Sa mère, Stéphanie, se souvient : « Mathilde n'a jamais été une enfant qui se plaint, mais là, elle était vraiment très mal. Elle était recroquevillée dans son lit et elle ne pouvait pas bouger. Juste avant de

1. *Food Safety News*, « CDC shares data on E. coli and Salmonella in Beef », 29 octobre 2014.

partir chez le médecin, je me suis rendu compte qu'elle avait du sang dans les selles. » Mathilde est transportée en urgence à l'hôpital. Elle est dans un état grave.

Elle y est rejointe par vingt-quatre autres enfants, victimes du même syndrome. Ils seront tous accueillis en urgence dans les différents hôpitaux d'Aquitaine et de Midi-Pyrénées. Leur point commun ? Avoir mangé des steaks hachés de la marque Chantegrill, vendus dans les supermarchés Leclerc des deux régions. En tout, trois cents personnes seront contaminées par cette bactérie *Escherichia coli* de sérotype O157:H7.

La petite Mathilde a dû subir dix-neuf dialyses et cinq transfusions sanguines sur une période de deux mois. Elle n'a pu reprendre sa scolarité que cinq mois après cet épisode douloureux. Aujourd'hui, ses deux reins sont nécrosés. La fillette souffre régulièrement de maux de tête dus à ses problèmes d'hypertension, conséquence de l'infection. Elle doit prendre des médicaments à vie, risque de devoir subir ultérieurement une greffe de rein et aura des difficultés à enfanter. Ses parents sont révoltés : « Nous avions pris l'habitude de faire des hamburgers pour faire plaisir aux enfants. Nous sommes là pour les nourrir, pas pour les empoisonner. »

L'intoxication de la fillette aurait-elle pu être évitée ? Existe-t-il des garde-fous pour éviter ce genre de conséquences ? C'est en tout cas la conviction de maître Dominique Remy, l'avocat de la famille de Mathilde. Il s'appuie sur des rapports d'expertises qui mettent en évidence d'importants problèmes d'hygiène dans la préparation des viandes de l'abattoir Soviba, situé au Lion-d'Angers, dans le Maine-et-Loire, qui a produit les steaks hachés responsables de l'infection.

Les vaches étaient sales à leur arrivée à l'abattoir

Selon maître Remy : «Les vaches arrivaient sales et pleines de bouses, elles n'étaient pas nettoyées de façon adéquate. Qui plus est, le personnel avait des souillures sur ses propres vêtements, ce qui fait qu'au bout du compte la viande était mélangée avec des bouses et des saletés. » Il ajoute : « On ne peut pas imaginer qu'il y ait des défauts d'hygiène manifestes, dans un atelier qui fabrique de la viande, qui puissent conduire à des invalidités définitives de 15 à 20 %. Il y a forcément une chaîne de responsabilité. » L'avocat a donc entamé deux procédures. Une première devant le tribunal civil, pour que Mathilde et ses parents puissent recevoir des dommages et intérêts, afin de payer les soins nécessaires à la petite fille. Une deuxième devant le tribunal pénal, afin de faire condamner les responsables.

En août 2005, la société Soviba (groupe Terrena), gestionnaire de l'abattoir du Lion-d'Angers, est mise en examen suite à la découverte de lots de steaks hachés contaminés. Le 6 mai 2009, Marie-Odile Bertella-Geffroy, alors juge d'instruction du pôle Santé de Paris, retient les qualifications de « blessure involontaire et tromperie sur la marchandise et l'origine et la composition des viandes ». A ce jour, l'affaire n'a toujours pas été jugée.

Pourtant, à l'époque, cet abattoir était classé II et faisait donc partie des bons élèves. Faut-il en déduire que le classement n'est pas une garantie suffisante de bonnes pratiques ?

L'impact de la saleté des bêtes dans la transmission de cette bactérie est pourtant très bien documenté. Le risque est avéré et connu des professionnels de l'abattage. L'*Escherichia coli* est naturellement présente dans l'estomac des bêtes[1] sans pour autant les rendre malades. Elles sont considérées comme porteuses saines. Elle se retrouve, par conséquent, dans leurs bouses et sur leur cuir, quand la bête n'est pas propre. D'ailleurs, depuis l'intoxication de Mathilde et des vingt-quatre autres enfants, un accord

1. Comme dans celui des humains.

interprofessionnel sur l'achat et sur l'enlèvement de bovins a été signé, le 5 avril 2007, et renforcé par un autre, le 4 décembre 2009. Il prévoit une pénalité financière de 100 euros par bête livrée « très sale », c'est-à-dire avec des « zones de salissures qui forment une croûte épaisse, s'étendant de la fesse (hanche) jusqu'à la pointe de l'épaule, et remontent sur le côté jusqu'en haut du flanc ». Une pénalisation qui, d'après l'Institut de l'élevage, porte ses fruits. Selon lui, « 3 % des bovins étaient classés très sales en 2006, ils sont moins de 1 % en 2013 ».

Difficile à croire quand on sait que, suite à la fermeture de nombreux petits abattoirs, les bêtes font des trajets de plus en plus longs avant d'atteindre le lieu où elles passeront de vie à trépas. Or, le transport est toujours synonyme de stress, et les bêtes stressées sont souvent atteintes de coliques...

L'effort des autorités sanitaires et de l'interprofession bovine est louable, mais l'accord s'avère difficilement applicable dans les faits. Plusieurs directeurs d'abattoir responsables de la collecte de la pénalité auprès des éleveurs ou des transporteurs m'ont confié, sous couvert d'anonymat, qu'ils hésitent à appliquer ladite pénalité, car les éleveurs les menacent de conduire leurs bêtes dans d'autres abattoirs. De peur de perdre des marchés, ils ferment les yeux. Comment s'étonner, dans ces conditions, que les statistiques de bêtes en infraction baissent ?

Eviter à tout prix que les matières fécales entrent en contact avec la viande

D'autres mesures d'hygiène existent depuis les années 1960. Pour éviter les risques de contamination lors de l'abattage, les opérateurs présents sur la chaîne doivent s'efforcer d'empêcher à tout prix le moindre contact entre les matières fécales et les morceaux consommables. Tout au long de la phase de dépouille, le cuir de la bête ne doit absolument pas toucher la viande. Pour ce faire, les opérateurs replient la peau de sorte que le côté sale se retrouve toujours sur le côté sale.

Ensuite, pour éviter tout reflux de bactéries, le tube digestif est ligaturé en ses deux extrémités : au niveau de l'œsophage et au niveau du rectum, avant d'être enlevé. L'éviscération est une étape cruciale et délicate. Si la poche des intestins est percée par un geste malencontreux de l'opérateur sur la chaîne, le contenu des intestins, et ses *E. coli*, se déverse sur le reste de la viande. Aucun coup de couteau ne doit perforer les viscères, qui contiennent les *E. coli* pathogènes. En cas d'incident d'éviscération, l'opérateur doit prévenir son responsable. Mais encore faut-il que la cadence infernale qui lui est imposée le lui permette ! Les gros abattoirs de bovins abattent plus de 50 bovins à l'heure ! Les carcasses contaminées doivent ensuite être détournées de la filière viande hachée, et orientées vers des filières industrielles sécurisées, où elles devront être cuites avant d'atteindre le consommateur. La moindre erreur de manipulation, la moindre distraction, lors du suivi des carcasses contaminées, peut avoir des conséquences dramatiques.

Des responsables qualité qui ont bien du mal à faire respecter les consignes

Si la présence d'un responsable qualité est obligatoire dans les abattoirs depuis 1999, encore faut-il qu'il soit formé aux risques liés aux bactéries. Dans l'abattoir aveyronnais de Saint-Affrique que j'ai visité au cours de mon enquête, c'était « la femme du patron » qui faisait office de responsable qualité, alors qu'elle n'avait aucune formation pour le faire. Et il faudrait également que les opérateurs sur la chaîne soient formés comme le stipule depuis le 1er janvier 2013 la réglementation…

Dans un autre abattoir, le responsable qualité, malgré toute sa bonne volonté, avait bien du mal à convaincre les opérateurs de ne pas doucher une bête extrêmement sale, alors qu'elle avait déjà été abattue et qu'elle pendait, accrochée par les pattes arrière, sur la chaîne d'abattage. L'opération est en effet strictement interdite. A ce stade, la douche ne fait que répandre la matière fécale et étaler les bactéries sur la totalité de la carcasse. Des bactéries qui risquent ensuite de se retrouver sur la chair, en cas de mauvaises manipulations pendant l'« habillage », c'est-à-dire l'opération qui consiste à arracher la peau.

Autre difficulté, pour ce même responsable qualité : expliquer aux opérateurs qu'il ne fallait absolument pas déposer un couteau ou un fusil – l'objet qui sert à aiguiser – sur un bac à déchets, forcément porteurs de bactéries, avant de s'en resservir. Des stérilisateurs sont prévus, tout au long de la chaîne, pour les désinfecter entre chaque bête.

Des pics de contamination plus importants en été

Dans le cas de l'épidémie de 2005, dont la petite Mathilde a été victime, le taux d'*Escherichia coli* O157:H7 détecté par le Laboratoire national de référence dans le lot de steaks hachés infectés était extrêmement élevé. Chez les professionnels, cet événement a suscité une prise de conscience de la dangerosité de cette bactérie. Depuis 2007, à l'initiative de Claude Guillaumot, directeur hygiène et qualité de l'abattoir incriminé, lequel est passé depuis sous la coupe du groupe Terrena Viande, ils organisent un séminaire d'information intitulé « Steakexpert », dont l'objectif est d'offrir à l'ensemble de la filière une plate-forme d'information sur la viande hachée, afin d'apprendre à mieux maîtriser les risques liés à cette bactérie. Malgré leurs efforts, le nombre de syndromes hémolytiques et urémiques reste stable en France. Selon Lisa King, chargée de projets scientifiques au sein de l'Institut national de veille sanitaire (INVS), il y aurait même « une petite tendance à la hausse, mais nous sommes très prudents[1] ». Et de préciser : « En tout cas, nous observons un pic très net en été. Les mois de juillet à septembre sont plus propices aux contaminations. »

*La recherche d'*E. coli *O157:H7* *n'est toujours pas obligatoire en France et en Europe !*

Si, depuis cette affaire, l'abattoir du Lion-d'Angers a effectivement mis en place des contrôles renforcés, le vrai problème, c'est qu'en France aussi bien qu'en Europe aucune loi n'impose aux abattoirs ou aux ateliers de fabrication de steaks hachés des prélèvements pour rechercher les *E. coli* O157:H7. Mais cette situation va peut-être enfin changer... Le 4 juin 2013, le gouvernement français a transmis à la Commission européenne un projet d'arrêté fixant des obligations de recherche d'*E. coli* O157:H7 dans la filière viande hachée bovine. Les Etats membres avaient jusqu'au 5 septembre 2013 pour émettre leurs commentaires ou leurs avis sur ce texte. Ce projet est certes une bonne nouvelle, mais il est aussi révélateur de la lenteur des administrations françaises et européennes : fin 2014, il était toujours dans les cartons de la Commission. Pourtant, l'ANSES recommandait déjà cette mesure dans un avis rendu le 11 janvier 2011...

De l'autre côté de l'Atlantique, aux Etats-Unis, cette recherche est pourtant obligatoire depuis vingt ans (1994), c'est-à-dire un an à peine après les 35 décès dus à une contamination massive aux *E. coli* O157:H7, dans les hamburgers de la chaîne Jack-in-the-Box. D'ailleurs, cette détection systématique a porté ses fruits. En 2011, le CDC le confirmait : le nombre d'intoxications aux *E. coli* O157:H7, aux Etats-Unis, a baissé de 44 % entre 1996 et 2010, ainsi que le nombre de syndromes hémolytiques et urémiques[2].

1. Entretien avec l'auteur.
2. CDC, « Trends in foodborne illness, 1996-2010 », juillet 2011.

Pour l'organisme américain : « Il est tout à fait possible d'éviter les intoxications alimentaires. » Plusieurs mesures y ont contribué. « Une meilleure détection de la bactérie et des enquêtes poussées lors de la découverte d'épidémies dues aux *E. coli* O157:H7 ont permis non seulement d'organiser des rappels de lots afin d'éviter que d'autres personnes tombent malades, mais aussi d'améliorer la connaissance globale sur le sujet et d'éviter ainsi d'autres contaminations. » D'autres mesures ont consisté à « améliorer l'hygiène des techniques d'abattage, à réaliser des tests microbiens et à effectuer de meilleures inspections des abattoirs et des usines de transformation des viandes bovines ».

Mais ce même rapport soulignait également qu'en 2010 64 % des 265 000 infections par *Escherichia coli*, aux Etats-Unis, étaient dues à des souches non O157, situation similaire à celle de la France. Les analyses effectuées sur la viande hachée par les services sanitaires entre 2006 et 2011 ont permis de détecter plusieurs souches hautement pathogènes. La désormais célèbre O157:H7 n'arrive plus qu'en deuxième position, les analystes retrouvant plus souvent la souche O26:H11 chez les personnes contaminées. D'autres souches[1] ont également été détectées sur notre territoire.

Les Américains recherchent six autres souches d'E. coli

Alors que les Français et les Européens réfléchissent encore à la mise en place d'une recherche systématique de la souche O157:H7, le Département de l'Agriculture des Etats-Unis (USDA) est déjà passé à la vitesse supérieure. Depuis mars 2012, il impose, en plus, aux industriels la recherche de six autres souches d'*Escherichia coli* dans la viande de bœuf[2]. Pour Elisabeth Hagen, une des dirigeantes de

1. O103:H2, O145:H28 et O111:H8.
2. O26, O45, O103, O111, O121 et O145.

l'USDA, cette décision était une évidence : « Nous faisons cela pour prévenir des maladies et sauver des vies. Dans la protection contre la contamination par le bœuf, c'est l'un des plus grands pas franchis depuis longtemps[1]. »

Les associations de consommateurs américains, qui réclamaient cette mesure depuis de nombreuses années, sont ravies, mais ce n'est pas le cas de l'American Meat Institute, qui regroupe les producteurs américains de viande. Selon James Hodges, son vice-président : « L'USDA va dépenser des millions de dollars à tester ces souches plutôt que de les affecter à des stratégies préventives beaucoup plus efficaces[2]. »

Cette déclaration est pour le moins étrange quand on sait qu'aux Etats-Unis chaque décès dû à une contamination à l'*E. coli* O157:H7 coûte près de 7 millions de dollars à la société américaine (soit près de 5,9 millions d'euros), mais elle n'est pas sans rappeler les prises de position de son homologue français. Pour mémoire, le plus important syndicat de la viande, qui regroupe 80 % des producteurs de viande hachée, souhaitait, lui aussi, échapper à une réglementation contraignante sur le sujet. Quoi de mieux, en effet, que de créer sa propre charte, ou son propre code de bonne conduite, pour tenter de rassurer institutions et consommateurs ? Le « chevalgate » offre une parfaite démonstration de l'inefficacité de l'autorégulation et de l'autocontrôle. Et lorsqu'on sait que chaque recherche d'*E. coli* O157:H7 coûte près de 75 euros…

Fin 2005, à la suite de la contamination de Mathilde et des autres enfants, le SNIV-SNCP a concocté en urgence « un plan de maîtrise des *E. coli* pathogènes en filière steak haché », couvrant les secteurs de l'abattage, de la découpe et du hachage. Il prévoit notamment un plan d'analyses portant sur la recherche d'*E. coli* O157:H7 sur chaque « mêlée »

1. *Journal de l'environnement*, « E. coli : la surveillance américaine étendue à des souches non- », 14 septembre 2011.

2. *Id.*

de viande hachée surgelée, sachant qu'une « mêlée » équivaut à un hachoir, soit entre 700 kilos et 1,2 tonne de viande hachée. Il suffit, par conséquent, qu'une seule carcasse de vache soit infectée pour que cela contamine des milliers de steaks hachés, d'où l'importance d'effectuer des tests. Qu'à cela ne tienne, il aura quand même fallu attendre six années encore et une nouvelle affaire d'intoxication alimentaire massive, en juin 2011, dans le nord de la France, pour que, le 7 juillet 2011, le SNIV-SNCP généralise à l'ensemble des sites de ses adhérents un plan d'audit de l'application du cahier des charges ! Il faut reconnaître que du fait de la faible durée de vie des steaks hachés réfrigérés (6 jours) et de la durée des cultures microbiennes, les résultats des analyses ne revenaient au producteur qu'une fois la viande vendue et consommée. Désormais des tests permettent d'obtenir les résultats en vingt-quatre heures.

Quatre établissements français sur dix ne sont toujours pas conformes

Au vu des résultats, il était grand temps ! 37 % de l'ensemble des sites audités en 2012 – abattoirs, ateliers de découpe, ateliers de haché et laboratoires internes – ont obtenu une note inférieure à 65 sur 100, sachant que « les notes entre 70 et 75 expriment une bonne conformité au référentiel, et au-dessus l'excellence ». Même si le syndicat considère, à juste titre, que « les différents constats lors de ces audits vont permettre des axes de progrès », cela signifie tout de même que près de quatre établissements sur dix ne répondaient toujours pas aux critères définis par la profession pour maîtriser les risques liés à cette bactérie. Un constat effrayant, au regard des conséquences sur la santé et de l'impact négatif sur la filière.

Les affaires se suivent...

En juin 2011, les steaks hachés surgelés contaminés aux *E. coli* de la marque Steaks Country (vendus dans les magasins Lidl) et de la marque Cergel (vendus dans les magasins Auchan) auront envoyé à leur tour une douzaine d'enfants à l'hôpital avec un syndrome hémolytique urémique. Les analyses ont établi que la souche virulente de la bactérie *Escherichia coli* isolée chez ces personnes était la même que celle retrouvée dans les échantillons de ces steaks, tous fabriqués par l'entreprise Seb-Cerf, installée en Haute-Marne.

L'entreprise incriminée n'était peut-être pas membre du SNIV-SNCP, mais elle occupait une place de premier plan parmi les producteurs français de viande hachée. Avec 2 millions de steaks hachés par semaine, Seb-Cerf était même le troisième fabricant français ! Basée à Saint-Dizier, elle employait 140 personnes et a, depuis, été l'objet d'une liquidation par le tribunal de commerce de Chaumont. Rares sont, en effet, les entreprises qui se relèvent de pareilles affaires...

Au début de l'affaire, le PDG, Guy Lamorlette, affichait néanmoins une belle assurance. A l'en croire : « L'entreprise était irréprochable et effectuait des analyses systématiques. On a prouvé aux autorités que nos analyses n'ont pas révélé d'*E. coli*. Il faut chercher du côté des consommateurs, qui ont peut-être laissé le steak à la chaleur[1]. » S'il est vrai que le non-respect de la chaîne du froid, lors du transport ou de la préparation, peut être favorable à une intoxication – car à température ambiante le nombre d'*E. coli* se multiplie de façon exponentielle –, la première défense du PDG de l'entreprise a donc consisté à accuser les consommateurs. L'enquête établira pourtant que, même si l'entreprise réalisait effectivement des contrôles, elle n'en pratiquait aucun

1. *Le Parisien*, « La sécurité alimentaire de nouveau mise en cause », 17 juin 2011.

pour détecter la présence d'*Escherichia coli*. Pas étonnant, dans ces conditions, qu'on n'en ait pas trouvé...

Le communiqué de presse publié par l'entreprise, le 15 juin 2011, était cependant assez révélateur. Après avoir informé les consommateurs que les autorités sanitaires avaient demandé un rappel de certains lots et donné les références nécessaires, celui-ci se terminait par l'affirmation suivante : « Selon le principe de précaution, soucieuse d'assumer toutes ses responsabilités et ne s'autorisant aucune concession en ce qui concerne la sécurité des consommateurs, la société Seb rappelle des produits ayant respecté les critères microbiologiques réglementaires en vigueur. » Eh oui, vous vous souvenez ? Ces analyses ne sont pas obligatoires en France sur les viandes hachées[1]. Elles sont laissées au bon vouloir de l'entreprise. Par conséquent, le fait de ne pas les rechercher ne tombe pas sous le coup de la loi. Et toc !

... et se ressemblent terriblement !

L'entreprise avait déjà dû rappeler des lots, en février 2009, à la suite de l'hospitalisation pour un syndrome hémolytique urémique d'un enfant qui avait consommé un steak haché de la marque Cergel, acheté chez Leclerc. De toute évidence, la direction n'avait pas considéré cet événement comme un avertissement, puisque la recherche d'*E. coli* n'était toujours pas pratiquée en 2011, ce qui est bien dommage. Un mois à peine avant les faits, un contrôle effectué par l'enseigne Auchan, et non pas par Seb-Cerf, sur des cheeseburgers surgelés de la marque Cergel avait également conduit au rappel du lot.

« Un contrôle a mis en évidence, dans les matières premières utilisées avant cuisson dans ces produits, la

1. Même s'il existe des obligations de tests aléatoires sur les carcasses.

présence d'*Escherichia coli* O157:H7 potentiellement pathogène », annonçait le communiqué de presse du 20 mai 2011. Au vu de la conclusion, on serait en droit de s'interroger sur la considération dont témoignait cette entreprise envers les consommateurs. Sans donner la moindre précision sur la température nécessaire pour atteindre une cuisson « à cœur » et anéantir ainsi la bactérie, elle déclarait : « La société Cerf rappelle des produits ayant subi plusieurs contrôles négatifs après cuisson, mais issus d'une matière première potentiellement dangereuse avant cuisson. » Bref, le consommateur n'a qu'à se débrouiller, mais encore eût-il fallu qu'on l'ait informé de cette alerte...

Car si ce type d'alerte est effectivement relayé par les médias, il suffit de ne pas être assis devant son poste au bon moment pour que l'information vous échappe. Petite question : savez-vous où se trouvent les affichettes concernant les rappels de produits dans vos supermarchés ?

Trouver l'information concernant les produits rappelés : un parcours du combattant !

Si vous habitiez la Belgique ou le Royaume-Uni, vous auriez accès quotidiennement à une information transparente et directe. Si vous résidiez en Chine, vous pourriez vous abonner à un service qui vous enverrait les alertes, par SMS, sur votre téléphone portable. Mais, habitant en France, vous devrez vous contenter de suivre un véritable parcours du combattant. Une partie des rappels est disponible sur le site de la direction générale de l'Alimentation (DGAL)[1], une autre sur le site de la direction générale de la Concurrence, de la Consommation et de la Répression des fraudes (DGCCRF)[2].

1. www.alimentation.gouv.fr/alerte-produit1
2. www.economie.gouv.fr/dgccrf/securite/alertes/rappels-de-produits

Les informations recueillies proviennent soit des industriels, soit des autorités françaises ou européennes. Le portail du RASFF[1], créé en 1979, permet à chaque pays de signaler tout problème sur un aliment. Il recense, chaque année, près de 9 000 alertes.

Depuis 2009, le site www.rappelsproduits.fr tente de répertorier les différentes alertes, glanées auprès des administrations et des associations, et de les mettre à la disposition des consommateurs via des alertes une fois leur adresse mail enregistrée. Le blog[2] d'Albert Amgar, hébergé par le magazine *Process alimentaire*, inventorie chaque semaine des notifications de rappels. Ce spécialiste de l'hygiène s'insurge contre le manque d'efficacité et de célérité du gouvernement sur la question : « Si on diffuse une information sur un rappel, autant que cela soit utile au consommateur… et dans les temps[3] ! » Sauf catastrophe majeure, les sites des ministères ne travaillent pas le week-end. Il n'est donc pas rare d'observer un décalage de plusieurs jours dans le signalement d'un rappel sur le site du RASFF et sur ceux des ministères. Une situation incompréhensible et inacceptable, quand on sait que la rapidité de circulation de l'information est une des clés de la protection des consommateurs.

L'entreprise qui a fabriqué les steaks hachés contaminés était pourtant certifiée

Autre fait troublant : Seb-Cerf possédait, depuis trois ans, une certification de l'International Featured Standard (IFS), l'une des normes les plus exigeantes au niveau international. Elle permet normalement de garantir la sécurité

1. Rapid Alert System for food and feed : www.ec.europa.eu/rasff
2. http://amgar.blog.processalimentaire.com
3. « Rappels d'aliments : tout arrive pour qui sait attendre… surtout de la part de la DGCCRF ».

et la qualité de la production des aliments. C'est un point de passage indispensable pour toute entreprise qui souhaite produire pour des marques distributeurs. Seb-Cerf avait obtenu « le niveau supérieur », soit la meilleure note possible, le 6 mai 2011, quelques jours avant les faits. Que faut-il donc penser de la valeur réelle d'une telle certification ? Pour bon nombre de spécialistes de l'hygiène alimentaire, ces audits ne sont pas réellement capables de protéger la santé publique, car ils sont plus axés sur la limitation de la responsabilité juridique de l'acheteur que sur la sécurité des aliments. CQFD !

En outre, l'entreprise venait également d'être inspectée, sans doute un peu trop hâtivement – faute de temps –, par le seul et unique inspecteur vétérinaire d'Etat encore en poste dans le département de la Haute-Marne, réduction d'effectifs oblige ! Il venait juste de renouveler l'agrément de l'entreprise, pour la « fabrication et mise sur le marché » de « viandes hachées » de bœuf surgelées et de « préparations de viande hachée » de bœuf surgelées. Quelques semaines plus tard, le 7 juillet 2011 précisément, un arrêté préfectoral ordonnait la fermeture temporaire de l'atelier viandes hachées, jusqu'à ce que « le plan de maîtrise sanitaire soit rénové et qu'il intègre le danger constitué par les *E. coli* ». L'entreprise déposera finalement son bilan en octobre 2011, faute de repreneur.

Des normes d'hygiène pas souvent respectées

Plusieurs anciens employés de l'usine m'avoueront leur incompréhension, face à une telle suite de catastrophes. Si une grande partie d'entre eux ont effectivement reçu une formation, elle n'a duré en tout et pour tout qu'une demi-journée. Une période suffisante pour permettre aux formateurs d'insister sur l'importance de se laver les mains, de porter un masque et des bottes, et d'enlever ses vêtements de travail au moment des pauses, mais sûrement pas pour aborder la question des bactéries ! Dommage ! D'autant plus que, selon certains, ils se retrouvaient « régulièrement pris entre deux feux » : « D'un côté, l'équipe de production qui insistait en permanence pour nous faire augmenter la cadence. De l'autre, l'équipe du contrôle qualité qui nous demandait d'être plus vigilants et plus rigoureux et par conséquent de ralentir la cadence. Nous avions affaire à deux clans opposés. Tout allait très vite et c'était très difficile pour nous d'être hygiéniques. »

Et tous de reconnaître, sous couvert d'anonymat : « Certains d'entre eux ne respectaient pas toujours les normes d'hygiène. Lorsque la viande tombait par terre, certains la remettaient sur la chaîne. Ils ne voyaient pas où était le problème car le sol était lavé tous les jours. Pourtant, lorsque le service qualité était présent sur la chaîne, ce type d'attitude ne passait pas. » Or, le fait que la viande touche le sol est, bien entendu, une source potentielle de contaminations aux *E. coli* et, plus généralement, aux bactéries.

Des viandes de diverses origines, contrairement aux recommandations

Par ailleurs, Guy Lamorlette, le PDG de Seb-Cerf, révélera au moment de l'affaire que « sur la totalité du lot de 10 tonnes, la viande provenait d'Allemagne, de Belgique, d'Italie, de Pologne et peut-être même de France[1] ». Vive la traçabilité ! Or, dans le cas où les viandes proviennent d'établissements d'abattage et de découpe différents de celui de l'élaboration finale des viandes hachées, la réglementation européenne stipule que les viandes doivent provenir d'animaux abattus dans un seul et même pays – mais pas nécessairement dans le même abattoir…

1. Reuters, 16 juin 2011.

Certains opérateurs admettront même que « les pains de viande fraîche et congelée de 15 kilos ou 25 kilos étaient parfois mis dans la mêlée sans être notés, et qu'il arrivait parfois qu'un pain d'une origine soit mélangé avec d'autres », ajoutant : « Les steaks hachés mal formés de la mêlée précédente étaient également récupérés pour être réincorporés dans la chaîne de fabrication et être ainsi remoulés. » Ce qui explique peut-être pourquoi, selon les analyses, les lots des 26 et 27 avril 2011 étaient contaminés, tout comme ceux des 6, 9, 10, 11 et 12 mai 2011...

Des contaminations amplifiées par des accidents d'éviscération

Les analyses sont indispensables pour détecter les *E. coli* au moment de la transformation, mais l'abattage et plus précisément l'éviscération sont les périodes les plus délicates. La bonne maîtrise du risque passe par l'identification des carcasses ayant connu des problèmes d'éviscération ou de contamination fécale, qu'ils soient visibles ou invisibles. Dans un abattoir, c'est le rôle des responsables qualité de faire la chasse à ce type d'incidents. Mais là encore, des inspecteurs vétérinaires sont indispensables pour s'assurer, lorsque les intestins ont été malencontreusement percés, que la zone est délimitée, raclée, et qu'une fine surface de viande est effectivement enlevée.

Des carcasses désormais nettoyées à l'acide lactique...

De nombreuses techniques se développent, afin de limiter au maximum les risques de contamination microbiologique. Aux Etats-Unis, l'utilisation d'acide lactique, cette substance sécrétée par le muscle quand il manque d'oxygène, est autorisée dans sa version synthétique, à 2 % ou

5 %, sur les peaux et les carcasses de bovins. L'Union européenne, par la voix de la France et de la Belgique, s'y est longtemps opposée, car elle y voyait un risque pour la sécurité des aliments. La DGAL s'inquiétait de voir « certains privilégier la décontamination au détriment de la prévention des contaminations[1] ».

La France n'en voulait peut-être pas, mais les professionnels de la viande hexagonaux attendaient, eux, avec impatience l'arrivée de cette nouvelle méthode. Ils souhaitaient l'utiliser « en complément » et non pas « en remplacement » – ce qu'ils reprochent aux abattoirs américains – de la stratégie actuelle de prévention des risques microbiologiques. En décembre 2010, lorsque l'USDA a déposé une demande d'autorisation, estimant que l'interdiction de ce traitement constituait une mesure protectionniste à l'encontre des Etats-Unis, il a ainsi obtenu le soutien de la filière française.

Depuis le 25 février 2013, un règlement européen autorise l'utilisation d'acide lactique dans les abattoirs « à la surface des carcasses entières, demi-carcasses ou quartiers de viande provenant de bovins domestiques ». Ironie de l'histoire, en soutenant l'autorisation européenne de l'acide lactique, la filière bovine s'est par ailleurs tiré une balle dans le pied, car plus rien n'interdit l'importation en Europe de la viande américaine nettoyée à l'acide lactique[2], et le marché français pourrait se voir submergé par une viande nord-américaine moins chère. Pourtant, comme le souligne James Marsden, professeur en sécurité des aliments à l'université du Kansas et conseiller scientifique senior de l'Association des abatteurs d'Amérique du Nord, malgré ces mesures, les rappels et les cas associés à *E. coli* continuent de se produire aux Etats-Unis.

---

1. Bureau des établissements d'abattage et de découpe, « Point d'actualité réglementaire : gestion des ESST-Acide lactique », 6 juin 2013.

2. A part la réglementation sur les hormones, cf. chapitre 13.

... et bientôt irradiées

L'irradiation de la viande bovine est une autre proposition de l'industrie. Elle consiste à soumettre les morceaux à un rayonnement gamma, généralement issu du cobalt 60 ou du césium 137, ou à un faisceau d'électrons de très haute énergie. Déjà autorisée en Europe, pour un certain nombre de légumes, de céréales et de condiments, tout comme pour les crevettes, les cuisses de grenouille, les blancs d'œuf, les saucissons, le sang séché et le plasma, cette technique n'est toujours pas officiellement autorisée pour la viande de bœuf. Ce qui ne l'empêche pas d'être déjà pratiquée...

Plusieurs procédures sont actuellement en cours devant les tribunaux français pour utilisation frauduleuse de l'irradiation sur de la viande bovine. Il faut dire que cette technique présente l'avantage de prolonger la date limite de péremption du produit. Mais, selon le Collectif français contre l'irradiation des aliments, de nombreuses études scientifiques montrent que les méfaits de l'irradiation sont bien pires que ses bénéfices. « Si l'irradiation ne rend pas les produits alimentaires radioactifs, elle provoque une perte de vitamines (jusqu'à 80 % de la vitamine A des œufs et 48 % du bêta-carotène du jus d'orange) et présente des risques de développement de cancer chez le rat. [...] Elle n'est pas non plus sans danger pour les travailleurs du secteur. De nombreuses contaminations radioactives ont déjà eu lieu aux Etats-Unis, en Italie, en Norvège et en Australie. »

L'utilisation du cuivre mériterait de se développer, du fait de ses propriétés bactéricides

Une autre technique, beaucoup plus inoffensive, mériterait d'être développée dans le secteur de l'agroalimentaire. Dans les hôpitaux, on en fait déjà usage. Le cuivre est le nouvel atout majeur permettant de lutter efficacement contre les infections nosocomiales contractées au sein des établissements de santé. Ce métal, déjà utilisé par les Romains pour fabriquer des instruments chirurgicaux, est en effet un excellent bactéricide, algicide et fongicide. Des chercheurs de l'université britannique de Southampton ont démontré, en 2012, par le biais d'une expérience réalisée en direct, que le cuivre avait la capacité de tuer 99,9 % des bactéries. Recouvrir les parties des machines industrielles en contact avec les aliments d'une fine couche de cuivre permettrait ainsi d'en éliminer un certain nombre.

La ligature de l'œsophage et du rectum est indispensable pour éviter la contamination

La bonne maîtrise du risque passe aussi, on l'a vu, par l'ablation du tube digestif, après ligature de l'œsophage et du rectum de la bête. C'est même une obligation prévue par la règlementation européenne[1], depuis le 1er janvier 2006, afin de limiter la propagation des bactéries contenues dans l'intestin des vaches. Dans le cadre d'un abattage conventionnel, la vache est d'abord étourdie, ses artères carotides et ses veines jugulaires sont ensuite tranchées afin de la tuer et de la vider de son sang. Une autre technique consiste à sectionner les vaisseaux sortant du cœur. Une fois morte, un opérateur ligature l'œsophage de l'animal, à l'aide d'un gros élastique, et ensache le rectum, avant d'enlever les viscères.

Le problème, c'est que l'abattage rituel prévu, par dérogation, afin de satisfaire les consommateurs de viande casher et halal – qui représentent près de 7 % des consommateurs –, ne permet pas le respect total de cette recommandation. Par conséquent, cela augmente le risque de contamination. Lors de la mise en œuvre de cette technique d'abattage, il

1. Règlement 853/2004.

est impossible de ligaturer l'œsophage de la bête. La vache n'est pas étourdie. Elle est abattue alors qu'elle est consciente par un représentant de la *cacherout*, ou par un sacrificateur musulman, qui l'égorge « au mieux » d'un seul coup de couteau, dont la longueur doit être adaptée à la largeur du cou. Les carotides, la trachée et l'œsophage sont tranchés en même temps et se retrouvent ouverts par une plaie béante au niveau de la gorge. Or, dans 15 à 20 % des cas, on assiste à un déversement par l'œsophage du contenu de l'estomac, ou rumen – potentiellement porteur de bactéries pathogènes comme les *E. coli* –, sur les parties avant de l'animal. La viande située près de la plaie du cou se trouve ainsi contaminée.

Les parties avant les plus à risques sont utilisées dans la fabrication des steaks hachés

L'autre problème, c'est que ces parties avant, autrefois destinées à la fabrication de ragouts, tajines et autres spécialités longtemps mijotées – ce qui avait pour conséquence de détruire ces bactéries –, sont désormais destinées à la fabrication de steaks hachés. Le fait que les consommateurs de viande casher ou halal soient devenus, comme le reste de la population, de grands amateurs de viandes saignantes les met désormais en danger.

Aujourd'hui, bon nombre d'industriels détournent allègrement cette dérogation qui autorise l'abattage rituel. Il semble même que cette méthode soit devenue la règle. Le nombre de bêtes abattues de façon rituelle, et donc égorgées alors qu'elles sont conscientes, augmente de façon exponentielle et ne reflète plus la demande, légitime, des consommateurs de viande casher ou halal. Du coup, une grande partie de la viande abattue rituellement se retrouve dans le circuit classique. Elle est ensuite consommée sous forme de steaks hachés, sans que le consommateur soit informé du fait qu'il faut la cuire plus longtemps. Un silence que certains considèrent comme criminel de la part de l'interprofession, qui refuse de se saisir de ce dossier brûlant. A la suite de la diffusion sur France 2 du reportage *La Viande dans tous ses états*, dans l'émission *Envoyé spécial* du 16 février 2012, cette question a effectivement beaucoup occupé les médias lors de la dernière campagne présidentielle.

Le tranchage de la trachée et de l'œsophage lors de l'abattage rituel augmente les risques

Le fait que le recours à ce mode d'abattage augmente les risques de contamination est un phénomène bien connu des vétérinaires spécialistes de l'hygiène alimentaire. En 2008, Pascale Gilly-Dunoyer, ancienne chef du bureau des établissements d'abattoirs de la DGAL, écrivait que cela représentait un risque sanitaire supplémentaire[1].

« Des pratiques liées à la mise en œuvre du rituel d'abattage peuvent avoir des conséquences en termes de salubrité et de sécurité des carcasses, explique-t-elle. Nous pouvons citer à ce titre le tranchage de la trachée et de l'œsophage, qui peut provoquer le déversement du contenu gastrique (voire pulmonaire) sur les viandes de tête, de gorge et de poitrine. La pratique de la *betiqua* (inspection dans le rituel casher) peut avoir deux inconvénients majeurs : lorsque la *betiqua* est réalisée sur des carcasses au sol, la peau de l'animal peut être souillée. Ensuite, on note que la boutonnière réalisée en vue de l'inspection des viscères peut provoquer une fragilisation des attaches des viscères et un risque accru d'éviscération ratée avec souillure de la carcasse. »

1. « La réglementation applicable dans le domaine de l'abattage rituel », texte présenté le 12 juin 2008 et publié dans le *Bulletin de l'Académie vétérinaire de France* (n° 4, tome 161, 2008).

Le parage insuffisant des plaies de saignée augmente aussi les risques

Si la viande de cou est souillée, elle doit être parée, c'est-à-dire que les souillures doivent être enlevées. Toujours selon Pascale Gilly-Dunoyer, « les plaies de saignée lors de l'abattage rituel sont très importantes et leur parage, pour des raisons sanitaires, couvre une masse importante (jusqu'à 5 kilos pour des gros bovins) ». Mais, afin de ne pas pénaliser les éleveurs, un arrêté du 26 décembre 2000 limite ce parage à 500 grammes par demi-carcasse avant la pesée fiscale, qui permet de déterminer le poids de la bête et donc son prix. On est loin du compte. Si les opérateurs enlevaient plus de viande, l'éleveur perdrait de l'argent : 1 kilo de viande enlevée, c'est 1 kilo de manque à gagner. Or, l'éleveur ne sait généralement pas que son bovin a été abattu de façon rituelle. Il s'y opposerait, dans la grande majorité des cas, s'il savait que ce mode d'abattage lui faisait perdre de l'argent. Afin de pallier ce problème, les opérateurs pourraient parer une deuxième fois, après la pesée fiscale, mais, dans ce cas-là, c'est l'abattoir qui perdrait de l'argent.

Du coup, de nombreuses carcasses arrivent encore souillées dans les ateliers de découpe et de transformation, comme le démontre une enquête sur la filière viande hachée, réalisée en 2007 par la BNEVP. Dans leur rapport, les enquêteurs écrivent : « Dans les abattoirs, le parage des plaies de saignée est un problème récurrent. Le problème est accru dans les abattoirs pratiquant des abattages rituels. On retrouve ces colliers avec des infiltrations séro-hémorragiques dans les ateliers de découpe. » Afin de minimiser les risques, ils recommandent « d'améliorer le parage des plaies de saignée et de vérifier la destination de ce parage particulièrement lors d'abattages rituels ».

Le 17 mai 2013, la DGAL a validé un guide conçu par l'interprofession en ce qui concerne la gestion du parage de la plaie de saignée des bovins. Ce guide précise la quantité de tissus devant être parée autour de cette plaie. Il convient néanmoins de noter que, toujours selon le guide, la réalisation ou non d'un étourdissement préalable n'impacte pas, en soi, le poids de la plaie de saignée. De plus, les services vétérinaires peuvent être amenés à réaliser un parage supplémentaire avant la pesée fiscale. En gros, rien n'a changé... De toute façon, pour s'assurer que les plaies de saignée sont bien parées, il faudrait qu'il y ait suffisamment de personnels des services vétérinaires dans les abattoirs. Or, je n'en ai rencontré aucun à ce poste dans tous ceux que j'ai visités.

Le docteur Joseph Denoel, un représentant des praticiens vétérinaires belges et grand spécialiste de l'hygiène alimentaire, reconnaît que, dans son pays aussi, « une bonne part de la viande des bovins sacrifiés rituellement se retrouve dans la filière conventionnelle[1] ». Il préconise, par conséquent, d'« interdire la fabrication de viandes hachées et de préparations de viandes destinées à être consommées crues à partir de quartiers avant de bovins égorgés ».

Pour faire baisser le taux d'E. coli, il faudrait juste remettre les vaches au pré !

L'autre technique, pour les éradiquer, consiste à mieux comprendre d'où proviennent ces bactéries *Escherichia coli* et comment elles se développent dans l'intestin des bovins. N'en déplaise aux chercheurs[2] qui, là encore, travaillent main dans la main avec les industriels pour tenter de développer des vaccins et des probiotiques (micro-organismes vivants – bactéries ou levures – qui auraient un effet béné-

1. Echange avec l'auteur.

2. D'après une étude de Lina Sheng et Meijun Zhu, de l'Ecole en science des aliments de la Washington State University, l'huile essentielle de cannelle *(Cinnamomum cassia)* est efficace à faibles concentrations sur six souches d'*E. coli* non O157 : 10 gouttes diluées dans un litre d'eau ont détruit les bactéries en vingt-quatre heures.

fique sur la santé de leur hôte) susceptibles de devenir rapidement générateurs de profits, la réponse existe, et elle est plutôt simple à mettre en œuvre. Le chercheur Todd R. Callaway, qui travaille pour le compte du Département de l'Agriculture américain, est formel.

Tenez-vous bien : il suffirait simplement de remettre les vaches aux champs cinq jours avant leur abattage. Les *E. coli* connaissent une croissance mondiale exponentielle en raison de l'élevage intensif, qui s'accompagne d'un changement dans l'alimentation des bovins. Les tourteaux de maïs provoquent une superacidité dans l'estomac des bêtes, propice au développement bactérien en général et aux *E. coli* en particulier. De quoi renforcer les convictions des membres de l'association Novissen[1] et de la Confédération paysanne[2], syndicat pour une agriculture paysanne et la défense de ses travailleurs, qui s'oppose par des actions de démontage et divers recours juridiques à la ferme des 1 000 vaches construite à Drucat dans la Somme.

En cinq jours d'alimentation à l'herbe, le taux d'*E. coli* dans l'estomac des bovins est divisé par 1 000. Il redevient normal et ne présente quasiment plus de risques. Le problème, c'est que ces fameux cinq jours sont justement des périodes dites de « finissage », où les éleveurs mettent tout en œuvre pour faire prendre du poids et du gras à leurs bêtes. Une alimentation à base de tourteaux de maïs les fait grossir deux fois plus vite qu'une alimentation à l'herbe : jusqu'à 2,5 kilos par jour au lieu de 1 kilo. Quelques kilos de viande et quelques euros de plus justifient-ils que l'on mette en danger la santé de nos enfants et que l'on fragilise toute une filière ? A ce jour, il semblerait bien que oui…

---

1. Nos villages se soucient de leur environnement, http://www.novissen.com

2. www.confederationpaysanne.fr/gen_article.php?id=2872

8

L'art des nuggets sans poulet

Vos enfants adorent les nuggets ? Rien d'étonnant ! Ces beignets de poulet enrobés d'une panure croustillante ont tout pour être irrésistibles. Lancés en France dans les années 1980, les nuggets, dont le nom signifie « pépites » en anglais, font partie des plus belles réussites de l'industrie agroalimentaire. Leur succès ne se dément pas.

Proposées à l'origine dans les fast-foods, ces pépites sont désormais servies dans les cantines scolaires et de plus en plus présentes dans les rayons des supermarchés. Il s'en vend chaque année en France plus de 1,2 milliard.

Le prix des nuggets varie de 3 euros à 30 euros le kilo. Mais savez-vous ce qu'ils contiennent vraiment ? Eh bien, si certains de ces beignets sont fabriqués avec du filet de poulet nourri aux grains pendant cinquante-six jours, d'autres sont confectionnés à partir de poulets de basse qualité, élevés en trente-neuf jours. Et la plupart sont fabriqués à partir de minerai de viande, c'est-à-dire des petits morceaux de viande et de peau… Si, si, ce terme existe aussi pour la volaille ! Ce minerai représente pour les industriels une réelle opportunité de rentabiliser ces sous-produits autrefois destinés à l'alimentation animale, et donc beaucoup moins bien valorisés.

Un savant mélange d'additifs

Cette viande, à laquelle les industriels ajoutent ensuite de la peau et du gras pour le goût et surtout pour le coût, est tout sauf glamour. Les industriels allongent la pâte rosâtre obtenue avec de l'eau et des amidons modifiés, avant de rajouter leur petite touche : un savant dosage d'épices, de sucre, d'exhausteurs de goût, d'arômes, d'émulsifiants et de conservateurs. Les fameux E « quelque chose » régulièrement mis en cause par certains spécialistes des additifs.

Dans 4 des 13 boîtes de nuggets comparées en 2009 par l'association Consommation, logement et cadre de vie (CLCV) – une des plus importantes associations nationales de consommateurs et d'usagers – les enquêteurs[1] ont trouvé des phosphates. Plus précisément, ils ont recensé des di, tri ou polyphosphates : E450, E451 et E452, largement utilisés par l'industrie car permettant d'augmenter la teneur en eau du produit. Petite info en passant, ce même type de pâte rosâtre – et donc avec les mêmes additifs – sert à fabriquer les cordons-bleus, hot dogs, paupiettes de volaille, cervelas et autres saucisses de volaille de qualité supérieure...

Dans son livre *Danger additifs alimentaires – le guide indispensable pour ne plus vous empoisonner*, la lanceuse d'alerte Corinne Gouget explique que ces phosphates « doivent être consommés avec modération car, à fortes doses, ils présentent des risques d'hyperactivité, d'une mauvaise assimilation des minéraux et de troubles digestifs ». Elle ajoute : « Des expériences sur des rats en Allemagne, dès 1957, ont montré des diminutions de croissance, une baisse de fertilité et une durée de vie diminuée ! Vu que les rats sont beaucoup moins sensibles que les humains, ces additifs alimentaires sont classés rouge et doivent être évités. » D'autant que « les enfants sont au moins cinq fois plus sensibles aux additifs que les adultes ».

1. « Produits à prix cassés : quelle qualité ? », mai 2009.

Du poulet saturé d'eau saumurée

Les industriels de l'agroalimentaire ont plus d'un tour dans leur sac. Ils ne se contentent plus d'augmenter la teneur en eau de certains produits préparés. Désormais, grâce à des injecteurs et des malaxeurs très performants, ils sont en mesure d'introduire l'eau directement au cœur des produits bruts, poulets entiers et filets de volaille compris. Ils peuvent ainsi augmenter le volume du produit jusqu'à 40 % !

Le 6 mai 2014, l'association Foodwatch organisait une conférence de presse pour dénoncer les pratiques abusives de cinq grandes marques d'agroalimentaire. En cause : plusieurs produits, dont le blanc de dinde Tradilège Marque Repère de Leclerc. L'emballage promettait en grosses lettres une dinde de « qualité supérieure » ainsi qu'une composition « 100 % filet », de quoi rassurer n'importe quel consommateur attentif à son alimentation. Sauf qu'en analysant la composition les enquêteurs de Foodwatch ont constaté qu'il n'y avait en fait que 84 % de viande de dinde. Les 16 % restants étaient de l'eau mélangée à du gélifiant à base d'algue (E407), des additifs, de l'arôme... En gros, l'équivalent d'une tranche sur six était... de l'eau !

Car, comme l'explique un spécialiste de la filière : « L'eau coûte moins cher que le poulet. Plus on ajoute de l'eau, plus le prix du poulet devient intéressant. » Comment n'y a-t-on pas pensé plus tôt ?!

L'entreprise française Lutetia, leader du marché, s'en est même fait une spécialité. Sur son site Internet[1], le propos est clair : « Depuis plus de trente ans, Lutetia est à vos côtés pour vous proposer des équipements et des procédés qui répondent à toutes vos exigences. Choisissez la technologie qui vous permettra d'optimiser votre productivité, d'augmenter vos rendements et d'améliorer la qualité sensorielle de vos produits. »

1. Visité en juillet 2013.

Et plus précisément : « L'injection consiste à faire pénétrer de la saumure et des aromates directement au cœur du produit à traiter, à l'aide de micro-aiguilles. Les aiguilles sont montées sur une tête à mouvement vertical sous laquelle défile le produit à injecter. A chaque descente, une certaine quantité de saumure est introduite dans le produit en fonction de la pression du liquide et des caractéristiques des aiguilles (diamètre, nombre d'orifices). Le pourcentage de saumure injecté dépend de la pression de la saumure et de la vitesse de défilement. »

De son côté, le malaxeur, qui ressemble à un énorme tambour de machine à laver, dans lequel les filets de poulet sont placés, « permet d'injecter de la vapeur d'eau basse pression directement dans les produits congelés ». Toujours selon le site Internet de l'entreprise : « L'effet mécanique consiste à répartir de façon homogène la saumure ou les additifs sur l'ensemble des produits à malaxer. L'effet du vide créé par la basse pression consiste à augmenter les espaces inter-fibrillaires des produits malaxés. Il facilite la diffusion de la saumure ou des additifs au cœur des tissus. » Grâce à ces équipements, ces opérations plutôt pointues sont devenues un jeu d'enfant. Et la pratique est largement répandue chez les industriels puisque, toujours selon le site de l'entreprise Lutetia, plus de 5 000 malaxeurs ont déjà été vendus à travers le monde.

La viande de poulet peut aussi contenir des protéines d'autres espèces animales

Dès 2003, la journaliste Betsan Powys, de l'émission *Panorama* sur BBC One, avait mené une grande enquête sur le sujet, et fait analyser des filets de poulet congelés. A l'époque, les filets des marques hollandaises Kappers et Slegtenhorst, vendues au Royaume-Uni, contenaient respectivement 40 % et 49 % d'eau. Pis encore : dans certains morceaux de poulet, les analyses avaient montré la présence de protéines issues d'espèces animales autres que le poulet. Ces protéines provenaient des additifs utilisés par les industriels. Le laboratoire IdentiGen, basé à Dublin, avait ainsi trouvé de l'ADN de bœuf dans la moitié des douze échantillons de poulet congelé hollandais analysés, notamment ceux des marques Slegtenhorst et T. Lelie. De l'ADN de porc avait également été découvert dans le poulet halal de la société hollandaise Jozef Hassan.

L'enquête avait permis de déterminer que les entreprises concernées rajoutaient des protéines de bœuf et de porc tout simplement parce qu'elles coûtaient moins cher que les protéines de poulet. Afin de contourner « cet ennuyeux problème inter-espèces », les entreprises utilisent désormais des protéines indétectables (RCP négatives) et toujours moins chères que les protéines de poulet ! Les analyses effectuées à l'époque sur ces additifs avaient permis au laboratoire de détecter de l'ADN, mais pas de dire de quel animal il provenait !

Pour les industriels, pas d'inquiétude... La pratique est autorisée, à condition toutefois d'indiquer sur l'étiquette que le produit contient des « protéines hydrolysées ». Encore une information que le consommateur sera incapable de déchiffrer. L'industriel n'a pas à préciser de quel animal elles proviennent. Dans le cas où ce même industriel serait peu scrupuleux, il n'a aucune crainte à avoir. La DGAL n'a jamais demandé d'analyse ADN sur des produits à base de volaille ! Impossible, par conséquent, de savoir quels types d'additifs se trouvent dans votre filet de poulet ou vos nuggets.

Basse qualité pour produits à prix cassés

En outre, toujours selon l'enquête de 2009 de la CLCV, les indications présentes sur les étiquettes des treize boîtes de nuggets comparées étaient très disparates. La boîte la plus mal notée par l'association : les nuggets de la marque Ducanoy, vendus dans les supermarchés Netto, dont la teneur annoncée en viande était de 35 % seulement et dont le premier ingrédient était l'eau ! La mieux notée : les nuggets vendus dans les supermarchés Lidl, qui se distinguaient par des teneurs en viande de 72 % et de 16 % de protéines.

A l'époque où j'enquêtais pour l'émission *Envoyé spécial*, j'avais demandé à la plupart des abattoirs et ateliers de transformation appartenant aux grands groupes français l'autorisation de filmer dans leurs locaux. Un seul avait accepté, l'établissement Mairet. Il s'agissait d'un des fleurons des abattoirs dc volaillcs français. Sis à Simard, cn Saônc-ct-Loire, et spécialisé dans les produits de luxe et notamment dans les poulets de Bresse, il privilégiait des cadences faibles : 500 volailles étaient abattues à l'heure, au lieu des 20 000 à l'heure pour une chaîne d'un abattoir moyen ! L'abattoir était propre et bien tenu. Classé dans la catégorie I par les agents de la DGAL, c'est-à-dire dans le haut du classement, il faisait, à juste titre, la fierté de son directeur.

Pour les autres, la réponse avait été, chaque fois, identique : pas question. Les industriels ne souhaitaient pas ouvrir leurs portes. Mais ce type de réaction suscite des interrogations et provoque forcément, chez un journaliste d'investigation, un regain de curiosité... Leurs cuisines et arrière-cuisines seraient-elles peu ragoûtantes au point de justifier ce non catégorique ? Comme je ne pouvais pas entrer par la porte, je me suis introduite par la fenêtre...

Convaincue que je n'obtiendrais rien de plus en tant que journaliste, je me suis fait passer pour un acheteur potentiel et me suis rendue en 2011 à Amsterdam au PLMA, le plus grand salon de marques distributeurs au monde, ces marques développées par les grandes chaînes européennes de supermarchés comme Auchan, Carrefour, Casino, Tesco ou Lidl. Des marques qui peuvent représenter jusqu'à 40 % des produits vendus dans certains pays européens[1].

1. Selon l'institut Nielsen, 53 % en Suisse, 49 % en Espagne, 47 % en Grande-Bretagne, 43 % au Portugal, 41 % en Allemagne, 40 % en Belgique et 36 % en France.

Cet événement exclusivement réservé aux professionnels accueille chaque année près de 10 000 visiteurs triés sur le volet, dont beaucoup de représentants des plus grands distributeurs et grossistes du monde. L'occasion idéale pour sonder les professionnels de la viande, et l'expérience s'est révélée plus riche en enseignements que je n'aurais pu l'imaginer !

Les fournisseurs allemands et hollandais rencontrés sur place m'ont confirmé qu'ils vendaient à la France de plus en plus de viande de volaille brésilienne et thaïlandaise. En 2013, par exemple, l'Europe a importé 604 000 tonnes de poulets du Brésil – premier pays exportateur au monde –, 372 000 tonnes de poulets de Thaïlande – quatrième au classement mondial – et quelques centaines de tonnes de poulets chinois.

Le virus de la grippe aviaire H5N1

Le poulet brésilien, très surveillé par les services vétérinaires locaux, a rarement fait l'objet d'alertes sanitaires mondiales, contrairement au poulet asiatique. Ce dernier est considéré comme étant à l'origine de la grippe aviaire, communément appelée « grippe du poulet », maladie qui continue de susciter de vives inquiétudes, notamment au sein de la Communauté européenne. Un petit retour en arrière s'impose...

Le virus, hautement pathogène, de sous-type H5N1 a infecté pour la première fois des êtres humains en 1997, lors d'une épizootie – c'est-à-dire une épidémie – touchant la volaille à Hong-Kong.

En 2003, ce virus aviaire a réémergé à grande échelle en Asie, avant de se propager à l'Europe et à l'Afrique. Le H5N1 s'enracine durablement dans les populations de volailles de certains pays et provoque des millions d'infections chez ces volatiles, qui décèdent en moyenne dans un délai de quarante-huit heures. Très vite, les scientifiques, les vétérinaires et les médecins ont constaté que cette souche était capable de franchir la barrière inter-espèces. Dès l'hiver 2003, de nombreuses personnes sont tombées malades et pas moins de vingt-quatre décès ont été recensés en Asie.

La viande de volaille asiatique est placée sous embargo

La nouvelle a créé un vent de panique. Craignant de se trouver face à une pandémie émergente, la Commission européenne a réagi au quart de tour. Début 2004, elle a placé la viande fraîche en provenance d'Asie sous embargo. Selon l'OMS : « La majorité des cas humains d'infections à H5N1 recensés étaient associés à des contacts directs ou indirects avec des volailles contaminées, vivantes ou mortes. Aucune donnée ne tend à prouver que la maladie peut être transmise à l'homme par des aliments convenablement cuits[1]. » De fait, une cuisson à plus de 70 °C inactive le virus de la grippe aviaire. Par conséquent, les importations de volailles asiatiques en Europe ont été limitées au poulet cuit qui entre habituellement dans la composition de plats préparés.

Le 14 mai 2004, la Thaïlande a fait savoir que le pays était exempt de la maladie, après que 40 millions d'oiseaux avaient été détruits. Mais, le 7 juillet 2004, le ministère de l'Agriculture informait ses homologues de la réapparition de la maladie dans deux fermes proches de Bangkok, et qu'il avait demandé l'abattage de 8 000 oiseaux. A la même période, les hauts responsables chinois ont annoncé que la province orientale de l'Anhui, au nord-est de la Chine, était également victime d'une poussée de grippe aviaire. En dix ans, plus de 150 millions d'oiseaux asiatiques sont morts ou

1. Grippe aviaire, aide-mémoire, avril 2011.

ont été abattus à cause de la souche H5N1. Les conséquences financières de cet embargo ont été catastrophiques pour l'ensemble de la filière asiatique.

L'OAV, l'organisme vétérinaire mis en place par la Commission européenne, a envoyé plusieurs inspecteurs vétérinaires en mission sur place. C'est seulement sept ans après le début de la crise que les inspecteurs européens estimeront, à la suite d'une mission effectuée en mars 2011, que la Thaïlande « peut fournir suffisamment de garanties quant aux exigences européennes en matière d'importation de volailles[1] ». Le Comité permanent de la chaîne alimentaire et de la santé animale européen considère alors que « la Thaïlande a mis en place une politique rigoureuse, incluant une surveillance intensive et une élimination rapide des animaux infectés, ce qui a conduit à l'éradication du H5N1 de son territoire[2] ». Le 3 avril 2012, les 27 Etats membres de l'Union européenne lèvent définitivement l'embargo sur la viande fraîche de poulet thaïlandais.

Selon un bilan de l'OMS publié le 2 mai 2014, la grippe aviaire de type H5N1 a causé, entre 2003 et le 1er janvier 2015, la contamination de 676 personnes à travers le monde et la mort de 398 d'entre elles, principalement en Indonésie, ainsi qu'en Egypte, au Vietnam, au Cambodge, en Thaïlande et en Chine. Le dernier décès thaïlandais remonte à 2006, alors qu'en 2013 le Cambodge en recensait encore 14, la Chine 2 et le Vietnam 1. Au 27 juillet 2014, le Cambodge compte 9 contaminations dont 4 décès, le Vietnam 2 décès, l'Egypte 3 malades et la Chine 2. C'est la raison pour laquelle les restrictions sont maintenues sur la viande fraîche de poulet chinois.

En 2012, par exemple, la France a importé 37 000 tec de volailles en provenance de pays tiers, c'est-à-dire ne faisant

1. *Journal de l'environnement*, « L'Europe rouvre ses portes à la volaille thaïlandaise », 11 avril 2012.

2. *Id.*

pas partie de l'Union européenne, dont 465 de poulets et préparations provenaient de poulets chinois congelés.

Après le H5N1, le H7N9

D'ailleurs, la volaille chinoise continue de susciter une forte inquiétude au sein de la filière avicole française, notamment à cause de la nouvelle attaque de grippe aviaire qui touche la Chine depuis le printemps 2013. Le virus de sous-type H7N9 est beaucoup plus virulent que son prédécesseur. Selon les déclarations de Keiji Fukuda, sous-directeur général de l'OMS, en avril 2013 : « Dans la catégorie des virus de la grippe, le H7N9 est inhabituellement dangereux pour les humains. C'est vraiment l'un des plus mortels que nous ayons subis jusqu'ici. Il est plus facilement transmissible de la volaille à l'homme que le H5N1[1]. »

Les chiffres lui donnent malheureusement raison. Début octobre 2014, soit un an et demi après sa première détection, le H7N9 est accusé d'avoir déjà contaminé 453 personnes principalement en Chine, et d'être responsable de la mort de 175 d'entre elles, alors qu'en dix ans le H5N1, son prédécesseur, en avait contaminé 668 et tué 393[2]. De quoi susciter l'inquiétude. La majorité des personnes infectées l'ont été par contact direct avec des volailles d'élevage atteintes de la même souche de la grippe aviaire. La détection de la maladie est rendue difficile par son côté asymptomatique chez les volailles. L'épizootie n'est pas encore circonscrite, puisque, le 19 octobre 2014, les autorités chinoises confirmaient que deux personnes supplémentaires avaient été contaminées par le virus de la grippe aviaire H7N9 et que l'une d'entre elles était décédée. Le 27 décembre 2014, les autorités de Hong Kong annonçaient un cas supplémentaire.

1. *Le Point*, « H7N9, un virus de la grippe aviaire redoutable, selon l'OMS », 24 avril 2013.

2. OMS, 2 octobre 2014.

Bien cuits, les nuggets ne présentent pas de risque bactériologique

Selon Christian Marinov, directeur de la Confédération française de l'aviculture (CFA), émanation de la FNSEA, le consommateur n'aurait rien à craindre à partir du moment où il cuit correctement sa viande, ce qui est généralement le cas s'agissant des nuggets. Mais ce nouvel épisode anxiogène tombe bien mal, la confiance du consommateur ayant déjà été sérieusement ébranlée par le scandale de la viande de cheval. La CFA a réitéré, par conséquent, sa demande d'indication géographique de l'origine de la viande, notamment sur les plats transformés, même si la volaille y est forcément cuite.

Pour Christian Marinov, « le risque existe surtout pour la santé des élevages[1] ». Afin de limiter au maximum la propagation du virus, sa confédération demande aux autorités européennes de s'assurer que toutes les mesures requises, et notamment le respect d'un périmètre de sécurité de 30 kilomètres autour des élevages contaminés, soient respectées par les autorités chinoises.

95 % des produits transformés de type nuggets sont fabriqués à partir de poulets importés

Revenons à nos nuggets... En 2013, la France a importé 1,1 million de tonnes équivalent carcasse (tec) de volailles dont la moitié en provenance du Brésil (604 000 tec) et un quart de Thaïlande (372 000 tec). Mais ce n'est pas tout : 414 000 tec proviennent d'autres pays européens : la Hollande en tête (119 000 tec), suivie de la Belgique (113 000) et de l'Allemagne (52 000), qui a multiplié sa production de poulet par trois en vingt ans. Le reste du marché est

1. *Le Républicain Lorrain*, « Le poulet chinois inquiète l'Europe », 6 avril 2013.

approvisionné par des pays comme la Pologne, le Royaume-Uni et l'Espagne. Ces chiffres sont ceux d'Eurostat, le site de l'Office statistique des Communautés européennes, qui se base sur les rapports de chaque Etat. Il faut, selon ses propres dires, les « utiliser avec beaucoup de précautions », car « de fortes incohérences sont constatées entre les volumes déclarés exportés par un Etat et ceux déclarés importés par le pays destinataire ». Ce qui a de quoi surprendre, lorsqu'on sait que l'Europe prétend avoir « le meilleur système de traçabilité au monde »...

Qu'à cela ne tienne, une fois entrée sur le territoire européen et transformée, c'est-à-dire découpée par exemple sous forme de pilons ou d'escalopes, cette viande de volaille devient légalement de la viande étiquetée européenne. Pour que vous compreniez bien, cela veut dire que lorsque vous achetez des pilons de poulet présentés comme étant d'origine belge ou française ils peuvent tout aussi bien être brésiliens ou chinois...

Christian Marinov résumait ainsi la situation : « 95 % des produits transformés à base de volaille, du type nuggets, consommés en France, sont fabriqués à partir de poulets importés[1]. » Autre chiffre marquant : 87 % de la viande de volaille servie dans les restaurants collectifs et cantines est importée. Il serait peut-être temps que les transformateurs jouent la carte de la préférence nationale si notre pays ne veut pas à terme se retrouver sans éleveurs de poulets, canards et dindes.

Une compétition du prix bas au détriment des consommateurs

Les fournisseurs rencontrés au salon PLMA d'Amsterdam m'ont fait part de leur grand étonnement quant aux

1. *Le Républicain Lorrain*, « Le poulet chinois inquiète l'Europe », 6 avril 2013.

demandes des groupes agroalimentaires français. Un producteur hollandais s'avouait surpris : « Comment le royaume de la gastronomie peut-il me demander de produire 500 grammes de nuggets pour moins de 0,99 euro ? A ce prix-là, forcément, la qualité laisse à désirer et on a donc dit non. Nous avons préféré perdre un marché avec un des plus gros groupes français, qui s'est tourné vers un autre producteur moins regardant. Les acheteurs anglais semblent plus attentifs à la qualité, la règlementation britannique interdit les additifs dans les nuggets destinés aux cantines scolaires. Même les acheteurs allemands ne nous demandent pas de leur fournir un produit d'aussi mauvaise qualité alors même que leur population est réputée pour être particulièrement regardante sur les prix des produits alimentaires. »

D'ailleurs, comme le rappellent, indignés, les journalistes Christophe Labbé, Jean-Luc Porquet et Olivia Recasens, auteurs, en 2013, du livre *Vive la malbouffe, à bas le bio !* : « En France, la viande servie aux enfants dans les cantines scolaires est souvent de bien moins bonne qualité que celle destinée aux chiens et aux chats. »

Un producteur allemand confirmait le témoignage de son homologue hollandais, en précisant que sa société « travaillait du poulet produit dans le monde entier et majoritairement au Brésil afin de bénéficier des tarifs les plus bas possible ». Tout en m'expliquant qu'il était capable de « produire des nuggets quel que soit le tarif demandé », il me faisait part, lui aussi, de son profond dégout : « Les acheteurs nous demandent en permanence de baisser la qualité de nos beignets de volaille afin de faire baisser au maximum leur prix de revient. En l'absence de lois destinées à protéger le consommateur, tous ces acheteurs peu scrupuleux devraient être considérés comme des serial killers. A croire qu'ils n'ont aucune conscience ! Et les Français ne valent pas mieux que les autres. » Les commerciaux chargés de vendre les produits fabriqués par leur entreprise trouvent que les demandes de certains acheteurs de la grande distribution vont désormais beaucoup trop loin…

En France, les enquêteurs de la BNEVP se sont penchés sur la question en 2011, avec des résultats sidérants. Selon leur rapport, qui n'a pas été rendu public, près de 70 % des produits analysés ne contiennent presque pas de filet de poulet. Pire ! On trouve en moyenne 20 % de peau hachée dans la composition des nuggets vendus en France…

La chute du groupe Doux, ex-leader mondial à l'exportation

Parmi les industriels peu scrupuleux, l'usine quimpéroise Doux Père Dodu. Le groupe Doux, premier producteur européen et leader mondial à l'exportation de viande et de produits élaborés à base de volaille, a fait la une des journaux au printemps 2012, à la suite de difficultés financières. Malgré un chiffre d'affaires de 1,4 milliard d'euros – dont près des deux tiers réalisés en France –, le groupe a été placé en redressement judiciaire par le tribunal de commerce de Quimper, le 1er juin 2012, pour une période de six mois. Il a ensuite obtenu deux délais supplémentaires de six mois en vue de son redressement.

Le 10 septembre 2012, le tribunal prononce la liquidation du pôle frais le moins rentable. Près d'un millier de salariés des établissements situés à la Vraie-Croix dans le Morbihan, à Graincourt dans le Nord et au Pontet dans le Vaucluse se retrouvent au chômage. La moitié des 174 salariés du site de Sérent dans le Morbihan sont repris par l'entreprise concurrente LDC, qui rachète également l'abattoir de Laval.

Doux table sur les « poulets export » et les produits élaborés pour se relancer. L'abattoir de Châteaulin dans le Finistère tourne à plein régime, abattant 500 000 poulets par jour pour l'export, ce qui n'empêche pas l'entreprise d'annoncer, le 9 octobre 2012, le licenciement de 90 personnes. L'abattoir de Pleucadeuc, également dans le Morbihan, est mis en liquidation le 14 mai 2013, ses 147 salariés abandonnés sur le carreau.

Deux ans après son dépôt de bilan, le groupe Doux annonce dans un communiqué de presse[1] que le groupe saoudien Al-Munajem – premier client de Doux depuis quarante ans – va entrer dans son capital avec un quart des parts. Le financier Didier Calmels et sa holding Développement et Partenariat possédera de son côté 75 % des parts. Le poulet Doux affiche désormais un plan de vol ambitieux : 180 000 tonnes de viande en 2014 et 220 000 tonnes en 2016.

Le groupe parvient à se stabiliser grâce aux poulets Doux destinés à l'exportation vers le Moyen-Orient, à l'ouverture de nouveaux marchés comme l'Egypte, et aux poulets élaborés vendus en France sous la marque Père Dodu, mais les anciens salariés ont payé un lourd tribut. En juillet 2014, par exemple, seuls 17 % des 618 salariés licenciés de sa branche frais avaient retrouvé un emploi dans l'agroalimentaire, la logistique ou les services.

Un succès dû à la mise en place d'un « contrat d'intégration » avec les éleveurs

Le groupe Doux a fait fortune en inventant le concept de « contrat d'intégration » pour la volaille. L'éleveur, désormais appelé « intégrateur », se trouve en fait transformé en ouvrier spécialisé. Le groupe lui fournit des poussins à croissance rapide, déjà vaccinés, lui livre les granulés fabriqués dans ses propres usines pour les engraisser pendant trente-neuf jours, en suivant un « plan d'élevage », puis il vient les chercher lorsqu'ils ont atteint 1,5 kilo, avant de les envoyer dans ses propres abattoirs puis dans ses usines de transformation.

1. 20 octobre 2014.

Pour son travail, l'éleveur, pardon, « l'intégrateur », est payé environ 17 centimes d'euro le kilo de poulet livré[1]. Un salaire de misère au regard des frais qui restent à sa charge : chauffage, eau, soins vétérinaires, médicaments et assurances. Sans compter que l'éleveur-intégrateur se retrouve pieds et poings liés par l'emprunt qu'il a dû contracter pour construire son ou ses poulaillers. Non seulement il peine à boucler ses fins de mois mais, en plus, il se retrouve à la merci des moindres desiderata du groupe.

Un empire construit grâce aux aides de la PAC

Mais cela ne s'arrête pas là, car Doux avait également bâti sa stratégie sur les aides européennes. De fait, il était le premier bénéficiaire européen de la PAC. Il avait obtenu 59 millions d'euros de subventions, entre octobre 2010 et octobre 2011, pour lui permettre d'écouler du poulet congelé à prix cassé en Afrique et au Moyen-Orient et, de ce fait, ruiner les productions locales. Selon Charles Doux, l'ancien propriétaire du groupe – Jean-Charles, son fils, ayant succédé à son père le 19 avril 2013 –, « les poulets Doux y sont aussi connus que le Coca-Cola » ! Pour preuve, Doux vendait davantage de poulets aux Emirats arabes unis qu'en France.

En une quinzaine d'années, le groupe avait raflé près de 65 % des aides européennes à l'exportation sur la viande de volaille. Il avait également touché des « subventions aux aliments du bétail », pour nourrir ses futurs poulets congelés avec des céréales européennes. « Au total, ce sont près de 2 milliards d'euros de subventions dont les contribuables européens ont fait cadeau à Doux ! » explique l'agroéconomiste Jacques Berthelot[2].

1. *Le Canard enchaîné,* « Les poulets Doux et les dindons de la farce », 1er août 2012.

2. *Id.*

Une aventure brésilienne coûteuse

Ces subventions avaient notamment permis au groupe d'acheter, en 1998, le volailler brésilien Frangosul, troisième producteur d'Amérique du Sud. Doux a ainsi pu délocaliser une partie de sa production de volailles au Brésil. En important en France ses poulets brésiliens – 33 % moins chers que ses poulets français – avant de les exporter, par cargos entiers, vers l'Afrique, le groupe a ainsi créé une concurrence avec ses propres éleveurs. Résultat en 2012 : 16 sites de production français fermés en dix ans et près de 600 salariés licenciés.

Au Brésil, la situation est pourtant loin d'être rose. La filiale Frangosul accumule les difficultés financières depuis 2009 : fournisseurs impayés, livraisons suspendues, fermetures d'usines, licenciements abusifs, poursuites judiciaires... Depuis le printemps 2012, le groupe Doux s'est retrouvé contraint de confier ses actifs à JBS, un énorme groupe brésilien, numéro un mondial de la viande bovine. Doux n'a cependant pas réussi à lui faire assumer ses dettes, estimées entre 300 et 400 millions d'euros. Grâce à un savant montage financier, JBS se contente de « louer » les installations de Doux, ce qui n'empêche pas le groupe breton de continuer à importer ses poulets congelés en France, et à toucher des subventions européennes.

Fin des aides européennes aux poulets export

Pour les syndicats, la situation était inacceptable, l'Europe ne devait pas continuer à subventionner une entreprise qui licenciait. « Il y a un effet pervers. Quand une entreprise touche des subventions, elle devrait avoir l'obligation de ne pas licencier[1] », plaidait Jean-Luc

1. www.francetvinfo.fr, « Dopé aux subventions, le volailler Doux est menacé de régime par l'UE », 18 janvier 2013.

Guillart, délégué CFDT du groupe et salarié de l'usine Père Dodu de Quimper. Pour les pays africains, la fin du dumping était nécessaire afin de donner une chance à la filière locale mise à mal par ses longues années de subventions. Ils semblent avoir été entendus...

Le 18 juillet 2013, malgré la résistance de la France, qui avait réussi à former une minorité de blocage, la Commission européenne a tranché. Elle a décidé de supprimer ces aides à l'exportation qui permettaient officiellement aux deux leaders français Doux et Tilly-Sabco de toucher, pour la période allant de juillet 2012 à juin 2013, 93,7 % du budget européen dédié, soit 55 millions d'euros pour 264 754 tonnes à raison de 10,85 euros de subvention pour 100 kilos.

La pilule est amère pour les deux groupes français, qui sont immédiatement montés au créneau auprès des autorités françaises pour demander des aides compensatoires. Selon eux, 4 000 emplois sont directement menacés par cette décision. Là encore, ils ont été entendus. Le ministère de l'Agriculture a annoncé, le 5 décembre 2013, le détail des mesures d'aide à la filière poulet export. Tout d'abord un plan d'aides d'urgence doté de 4 millions d'euros, ensuite un dispositif de subvention aux investissements dans les abattoirs de 7,5 millions d'euros et enfin une aide exceptionnelle de la Commission européenne de 15 millions d'euros, qui ne sera pas versée aux deux opérateurs Doux et Tilly-Sabco mais aux éleveurs et groupements de producteurs qui travaillent pour eux, ce qui permettra tout de même de primer 60 000 tonnes de volailles à hauteur de 250 euros la tonne. Au total, les deux opérateurs ont réussi en quelques mois à récupérer 26,5 millions d'euros d'aide... Qui dit mieux ?

Des salaires dérisoires et des accidents du travail à répétition

Charles Doux, propriétaire du groupe, 151e fortune française en 2010, selon le classement du magazine *Challenges*, ne serait plus que la 321e fortune depuis 2012, avec 100 millions d'euros d'actifs. Il ne se contente pourtant pas de verser des salaires dérisoires à ses ouvriers. La journaliste Agnès Rousseaux rappelle qu'« en 2008, année où le groupe a réalisé 52,3 millions d'euros de bénéfices, chaque employé a touché au titre de sa participation 83 centimes en tout et pour tout[1] ». Une gratification qui se passe de commentaire !

Le groupe Doux impose aussi à ses 230 salariés de l'usine de Quimper des conditions de travail particulièrement difficiles, comme l'explique Raymond Gouiffès, délégué CGT du site. « Ici, le taux de fréquence des accidents de travail est de 98,88 % ! Cela signifie que l'ensemble des salariés du site ont été victimes d'un accident du travail dans l'année, ou que certains ont été plusieurs fois en arrêt de travail suite à un accident : chutes, heurts, coupures[2]... » Pire ! En 2009, selon la Caisse nationale d'assurance maladie, les accidents du travail y ont été trois fois plus graves que dans les autres sites français de « production de viande de volaille ».

Des pratiques commerciales trompeuses...

Doux ne s'arrête pas là. Pour augmenter ses marges, il semblerait que Père Dodu Quimper s'arrange aussi avec la règlementation ! Le 2 février 2012, la direction de l'usine quimpéroise comparaissait devant le tribunal correctionnel de la ville, pour tromperie sur la nature de 1 282 lots de saucisses de poulet vendus, entre le 1er janvier 2009 et le

1. www.bastamag.net, « Les forçats de la viande », 12 mai 2010.
2. *Id.*

1er avril 2011, à des cantines scolaires et à des maisons de retraite. L'autre partie de cette production était destinée à l'exportation sous l'appellation « viande halal ».

Les enquêteurs de la DGCCRF reprochent à la direction de Père Dodu Quimper d'avoir commercialisé, sous l'appellation « viande », de la viande séparée mécaniquement (VSM) obtenue « par enlèvement de la viande sur les os couverts de chair ou les carcasses de volaille, à l'aide de moyens mécaniques entraînant les destructions ou la modification de la structure fibreuse des muscles », alors que cela est spécifiquement interdit. Dans une directive de 2001, la Commission européenne a estimé que la VSM « ne correspond pas à la perception de viande par le consommateur et ne permet pas de l'informer de la nature réelle du produit désigné par le terme "viande" ». Elle a donc imposé que ces produits soient dûment étiquetés comme « poulet ou dinde séparés mécaniquement », afin de ne pas tromper le consommateur.

Or, les lots vendus aux cantines et aux maisons de retraite indiquaient « viande en salaison » au lieu de VSM. Comme le précisait à l'époque Bérengère Prud'homme, procureure adjointe au parquet de Quimper : « La VSM est une substance d'une qualité très inférieure sur le plan protéinique et nutritif[1]. » Les avocats de Doux Père Dodu ont demandé à transformer cette convocation devant le tribunal correctionnel en comparution sur « reconnaissance préalable de culpabilité », ce qui leur a permis d'éviter un procès public et la médiatisation qui aurait suivi. Une procédure alternative non publique donc, dans laquelle le procureur propose une peine au prévenu dès lors que celui-ci reconnaît les faits et plaide coupable. L'entreprise a été condamnée à une amende de près de 18 000 euros.

1. *Ouest-France*, « Quimper. De la "fausse" viande vendue comme de la vraie ? », 1er février 2012.

... des cordons-bleus fabriqués à partir de VSM alors que c'est interdit...

Le groupe Doux ne serait pas le seul à prendre ses aises avec la réglementation. Le 6 juin 2013, une entreprise du groupe Duc devait, elle aussi, répondre de tromperie sur la nature et la qualité d'une marchandise devant le tribunal correctionnel de Quimper. Lors de contrôles menés en 2009 et 2012 sur le site de Riec-sur-Bélon où elle élabore des produits à base de dinde, des inspecteurs vétérinaires ont constaté que ses cordons-bleus étaient fabriqués à partir de VSM, alors que ce n'était pas précisé sur les emballages. La procureure en charge de l'affaire a considéré que cela constituait une tromperie et a, par conséquent, requis une amende de 40 000 euros. A la barre, le directeur de l'usine a soutenu se conformer au code des usages de la profession, en intégrant de la « viande gros grain » et non pas de la VSM dans la composition de ses « cordons-bleus ». Un point de vue que ne partage pas l'administration. Le tribunal a pourtant relaxé la société sur ce point.

L'entreprise du groupe Duc a toutefois été condamnée à 10 000 euros d'amende pour la mise sur le marché de denrées alimentaires contenant un additif dont l'emploi n'est pas conforme. Les inspecteurs avaient découvert que des carcasses de volailles contaminées, avec des morceaux de poumons et des traces de lésions, étaient utilisées pour la fabrication de VSM – qui entrait ensuite dans la composition des cordons-bleus. Miam ! Selon la direction de l'usine, des mesures ont été prises depuis pour y remédier.

Une autre infraction concernait la composition des saucissons de dinde, trop riches en viandes séparées mécaniquement. « On n'interdit pas ces viandes, explique la procureure Le Neven, mais la réglementation impose que le consommateur en soit informé[1] » et que ce soit spécifié sur

1. *Le Télégramme*, « De la viande modifiée dans les cordons-bleus », 7 juin 2013.

l'emballage. La société a plaidé la « bonne foi », précisant qu'elle avait chaque fois corrigé le tir. « Nous sommes surpris de nous retrouver au tribunal alors que nous pensons avoir fait preuve de la plus grande loyauté envers les consommateurs[1] », a plaidé le directeur industriel du site. Il semble avoir été entendu, puisque le parquet, constatant la régularisation des fautes relevées, a demandé la relaxe sur cette infraction.

... et des condamnations pour avoir confectionné de faux rapports d'analyse

Autre affaire dévoilée encore une fois, fin mai 2013, par le tribunal de Quimper (il faut dire que la Bretagne produit près de 40 % de la volaille française). La Société de fabrication de viande (SFV), basée à Trégunc et spécialisée dans la production et la commercialisation de minerai de volailles, est accusée d'avoir, régulièrement et sur une période de deux ans et demi, confectionné de faux rapports d'analyse microbiologique, ce qui lui a permis d'exporter 6 000 tonnes de viande de volaille, d'une valeur marchande de 3 millions d'euros, vers la Russie et l'Afrique du Sud. La viande servait à fabriquer des saucisses cocktail, des nuggets et des cordons-bleus.

« Ces deux pays ont des seuils sanitaires un peu plus drastiques qu'en France sur les produits en question, en raison d'habitudes alimentaires différentes. Les Russes, par exemple, consomment les petites saucisses cocktail crues, précise Eric Tuffery, le procureur de la République de Quimper. Il y a eu tromperie envers l'administration et les clients[2]. » Afin de se conformer aux demandes de ses

1. *Le Télégramme*, « De la viande modifiée dans les cordons-bleus », 7 juin 2013.

2. *Le Télégramme*, « Fraude sur la viande. Vers la Russie et l'Afrique du Sud », 1er juin 2013.

clients, l'entreprise aurait traité les échantillons d'analyse avec des produits désinfectants ou par irradiation.

Une « nécessité » pour l'entreprise, au vu de la technique utilisée pour « extraire » le minerai de viande. Selon un avis de l'EFSA rendu en mars 2013 : « Si le risque bactériologique de la viande hachée et des préparations à base de viande de volaille est identique à celui de la viande fraîche, la technique dite de "haute pression" pour obtenir les viandes séparées mécaniquement pourrait accroître le risque microbiologique. » Raison de plus pour se détourner de ce type d'aliment ? Chacun en jugera… En tout cas, pour un négociant qui s'exprimait sous couvert d'anonymat, « il s'agit de gros volumes et si les analyses ne sont pas bonnes, on perd le marché » !

Quinze jours plus tôt, onze personnes, dont trois dirigeants de l'entreprise, étaient entendues à la gendarmerie de Quimperlé pour des accusations d'escroquerie en bande organisée, faux, usage de faux et tromperies. Des saisies ont été effectuées sur les comptes bancaires des sociétés et des personnes concernées, pour un montant de 460 000 euros. Les trois dirigeants ont été condamnés à des peines de trois mois à un an de prison avec sursis ainsi qu'à des amendes de 2 000 à 20 000 euros pour « faux » et « usage de faux ». Ils ont été relaxés des faits de tromperie et d'escroquerie en bande organisée.

Cette entreprise, la SFV, n'en est pourtant pas à sa première affaire. En juillet 2012, l'entreprise avait déjà été condamnée pour des faits remontant à juillet 2010. A l'époque, les services vétérinaires avaient constaté la présence d'abats interdits dans les carcasses destinées à la transformation pour la consommation humaine : trachées, morceaux de poumons, caillots de sang… Ces éléments sont prohibés par la règlementation européenne pour les chairs destinées à être transformées en plats cuisinés ou en raviolis.

La procureure Elsa Servand, en charge de l'enquête, n'a pas eu de mots assez durs pour fustiger les pratiques de la

SFV : « Ce dossier donne envie de vomir et presque de devenir végétarien. Il s'agit de professionnels. La négligence et le défaut de contrôle suffisent à caractériser les faits[1]. » Pour l'entreprise, en revanche, cette découverte aurait relevé d'un malheureux concours de circonstances. A l'époque, son avocat avait plaidé la relaxe, estimant que c'était au tribunal de « démontrer la volonté de nuire ». Le tribunal avait alors condamné l'entreprise pour « tromperie sur la nature et la qualité d'un produit » à une amende de 7 000 euros, dont 5 000 euros avec sursis. Une pénalité bien légère, qui n'a visiblement pas servi de leçon aux dirigeants de l'entreprise.

Cette succession d'affaires est inquiétante pour l'économie française, premier pays producteur européen de volaille. Les pratiques honteuses de certains industriels et l'absence de contrôles réguliers de la part des services sanitaires font non seulement courir des risques aux consommateurs mais mettent en danger toute une filière.

Les nuggets de McDonald's contiennent moins de 50 % de chair de poulet

Après avoir lu ces pages, vous vous demandez peut-être pour quelle raison on apprécie tant ces fameux cordons-bleus ou nuggets vendus dans les fast-foods. Un tiers des clients qui pénètrent dans un des 1 285 restaurants McDonald's français commandent des McNuggets. Ces pépites sont même la deuxième plus grosse vente de l'enseigne après son traditionnel Big Mac. Vous remarquerez, au passage, que la chaîne indique qu'il s'agit de nuggets de poulet pour les McNuggets, ce qui n'est pas le cas pour les morceaux de poulets croustillants contenus dans les sandwichs « McWrap », dont il est précisé, afin de respecter la régle-

1. *Le Télégramme*, « Volaille contaminée : la société condamnée », 6 juillet 2012.

mentation, qu'il s'agit d'une « spécialité à base de viande de poulet ». Autant de nuances indéchiffrables pour le consommateur non initié.

En France, 80 % de ces beignets sont fabriqués au sein de l'usine Cargill, située à Saint-Cyr-en-Val, près d'Orléans. Les 20 % restants sont produits sur les sites du groupe Moy Park à Marquise et à Hénin-Beaumont dans le Pas-de-Calais. Cargill, un des plus gros producteurs alimentaires au monde, emploie 142 000 personnes dans 65 pays. Les 250 employés de l'usine de Saint-Cyr-en-Val y fabriquent 200 000 nuggets à l'heure à partir de poulets français, mais aussi à partir de volailles surgelées importées du Brésil, d'Allemagne, des Pays-Bas, du Royaume-Uni et de Pologne. Selon les informations communiquées par l'enseigne en 2009, les pépites McNuggets françaises sont composées de 45 % de blancs de poulet, de 5 % de peau, et de 50 % d'enrobage. Tout cela restant à vérifier...

Le 8 janvier 2014, le groupe américain a été condamné par l'Autorité de la concurrence hongroise à une amende de 50 000 euros pour avoir délivré de fausses informations dans ses publicités sur la teneur en viande et la préparation de son poulet et pour avoir omis de préciser que sa « viande de poulet » contenait également de la peau.

Selon une étude de 2013[1], le contenu des nuggets de deux chaînes américaines était peu ragoûtant. Dans le premier nugget analysé, seuls 50 % de muscles ont été relevés, le reste étant un mélange de graisse, de vaisseaux sanguins et de nerfs. Une analyse plus détaillée a révélé la présence de cellules de peau et d'organes internes de poulet. L'ensemble étant mêlé au muscle, broyé et blanchi par des colorants pour prendre l'aspect du blanc de poulet. Dans le second nugget, la teneur en muscle ne dépasse pas 40 %. Les 60 %

1. « The autopsy of chicken nuggets reads "chicken little" », Richard D. de Shazo, Steven Bigler et Leigh Baldwin Skipworth, *American Journal of Medecine,* novembre 2013, vol. 126, issue 11, p. 1018-1019.

restants sont un amas de graisse, de cartilage et de morceaux d'os. Miam, miam, un vrai délice !

En juillet 2014, nouveau scandale, après la diffusion sur Dragon TV, une chaîne de télévision locale chinoise, d'un reportage tourné en caméra cachée au sein d'une usine de Shanghai qui fabrique des nuggets pour McDonald's, KFC et Burger King, et d'autres produits à base de volaille pour Starbucks, Subway ou encore Pizza Hut. Les journalistes suivaient une équipe réalisant une inspection surprise, enfin presque – l'entreprise avait été prévenue vingt-quatre heures à l'avance –, pour le compte de McDonald's.

Sur place, dans l'usine de Husi Food, filiale du producteur alimentaire américain Osi, ils filment des employés ramassant des morceaux de viande tombés au sol et les remettant sur la chaîne de production, alors que d'autres mélangent de la viande périmée à de la viande fraîche. Certains salariés admettent mélanger de la peau de poulet avec de la chair et expliquent que la direction « incite ouvertement à mélanger des morceaux de poulet de qualité inférieure avec les meilleures parties ». « Il y a même un manuel qui explique les proportions à respecter », reconnaît un autre salarié, filmé à son insu par la chaîne locale. Un ancien employé explique en outre que les services de contrôle de la qualité de l'usine « gardent deux registres » : l'un pour les autorités sanitaires, l'autre « pour ce qui se passe vraiment ». La police de Shanghai a immédiatement réagi, elle a fait fermer l'usine et a placé en détention 5 de ses employés. De son côté, McDonald's accuse le coup. Dans le continent asiatique, les ventes ont baissé de 7,3 % en juillet et de 14,7 % au mois d'août[1]. Au niveau mondial, la chaîne américaine a vu ses ventes chuter de 3,7 % au mois d'août 2014.

1. AFP, 9 septembre 2014.

L'art des nuggets sans poulet

Pour vous faire oublier le caractère industriel de ces pépites, la compagnie a pensé à tout. Elle n'a surtout pas oublié que de nombreuses études ont démontré un rapport significatif entre la forme de la nourriture et son goût. Non, les McNuggets ne doivent pas leur forme, qui leur donne ce petit caractère artisanal, au destin mais à des moules équipés de quatre formes différentes : une botte, une balle, une cloche et un os.

Un mélange d'additifs plus addictifs que la cocaïne

L'autre caractéristique qui les rend si attractifs, c'est leur composition : un savant mélange de sel, de sucre et de gras. Tenez-vous bien : selon une autre étude[1], cette combinaison commune à la majorité de la junk food aurait le même effet sur le cerveau que des drogues dures !

L'idée que la « malbouffe » crée une dépendance est de plus en plus acceptée aujourd'hui chez les chercheurs. Des études récentes en ont fait la démonstration sur les rats. Gavés de bacon, saucisses, glaces et chocolats, les rongeurs présentent des attitudes physiologiques et comportementales en tous points semblables à leurs congénères rendus accros à la morphine. Pire ! Une fois l'addiction établie – et elle est excessivement rapide –, même des décharges électriques n'arrivent pas à détourner les rats de leur pitance !

En outre, le cerveau humain sécrète une grande quantité de dopamine lorsqu'on présente à son propriétaire des photos de ses aliments préférés. Une réaction quasi identique à celle qui se produit dans le cerveau de cocaïnomanes mis en présence d'une photo de poudre blanche. Pour les scientifiques, il n'y a aucun doute : « Il existe désormais des preuves convaincantes que les aliments riches en sucre, en graisses et en sel peuvent modifier la chimie de votre cer-

1. *New Scientist*, « Junkie food : Tastes your brain can't resist », Bijal Trivedi, *New Scientist*, 8 septembre 2010, n° 2776, p. 38-41.

veau d'une manière proche de celles de drogues hautement actives comme la cocaïne et l'héroïne[1]. »

La malbouffe à l'origine de dépressions

Mais ce n'est pas tout ! Des chercheurs[2] des universités de Las Palmas de Gran Canaria et de Grenade, en Espagne, ont découvert en 2012 que « les plus gros consommateurs de junk food avaient un risque accru de 51 % de tomber en dépression par rapport aux autres consommateurs ». Pour obtenir de tels résultats, les chercheurs ont étudié à la loupe, pendant six mois, l'impact de la « malbouffe » – hot-dogs, pizzas, hamburgers et autres pâtisseries industrielles bourrées de sucre et de graisse (les pires étant les gras trans) – sur le moral de près de 9 000 personnes qui n'avaient jamais souffert de dépression et n'avaient jamais pris d'antidépresseurs.

La conclusion de l'étude est alarmante : « Même consommée en petites quantités, la *junk-food* présente un risque significativement plus élevé de développer une dépression. En outre, plus on consomme de *junk-food*, plus le risque de dépression est élevé. » Nous voilà prévenus.

La vraie recette des nuggets

Que faire, alors, si vous êtes fans des beignets de poulet ? Deux solutions se dégagent. D'abord, toujours étudier attentivement leur composition sans jamais oublier que les

1. *New Scientist*, « Junkie food : Tastes your brain can't resist », Bijal Trivedi, *New Scientist*, 8 septembre 2010, n° 2776, p. 38-41.

2. « Fast-food and commercial baked goods consumption and the risk of depression », Almudena Sánchez-Villegas, E. Toledo, J. de Irala, M. Ruiz-Canela, J. Pla-Vidal et M.A. Martínez-González, *Public Health Nutrition*, mars 2012, 15(3), p. 424-432.

authentiques nuggets contiennent au plus cinq ingrédients : du blanc de poulet, de la panure (c'est-à-dire de la farine), du lait, du sel et du poivre. Tout le reste, ce sont des produits ajoutés par les industriels pour faire baisser le coût de la matière première et pour conserver le produit. Si le produit contient de l'eau ou des protéines non spécifiées, et que sa composition recèle une liste interminable de « E quelque chose », passez votre chemin !

La deuxième astuce consiste à les préparer soi-même ! Quoi de plus sympathique que de fabriquer ses propres nuggets maison avec ses enfants, quitte à en congeler une partie pour plus tard ? Bon appétit !

9

Sus aux *Campylobacter* et aux contaminations croisées

Campylobacter, ça vous dit quelque chose ? Sans doute pas. Et si l'on vous disait qu'il s'agit de la bactérie responsable du plus grand nombre d'infections d'origine alimentaire chez les Européens ? Pas davantage ? Rien de surprenant à cela, surtout si vous habitez en France ! Si vous étiez ressortissants d'un autre pays européen, comme le Royaume-Uni, les Pays-Bas, l'Allemagne, la Suisse ou la Belgique, vous seriez certainement informé. Tout comme vous le seriez en Australie, en Nouvelle-Zélande ou aux Etats-Unis. En juin 2013, de l'autre côté de l'Atlantique, la bactérie a été mise en cause dans l'infection d'une trentaine de personnes lors du festival culinaire de Kensico Dam, dans la banlieue de New York.

Les campylobactérioses, c'est-à-dire les infections causées par la bactérie en question, touchent plus particulièrement les enfants de moins de 10 ans et les personnes âgées. La bactérie est transmise par l'intermédiaire d'aliments insuffisamment cuits, principalement la volaille, mais aussi le porc et le bœuf. Mais l'essentiel des cas provient de contaminations croisées au niveau de la cuisine, quand par exemple on ne lave pas sa planche à découper entre la préparation d'un poulet et celle de crudités.

Si la campylobactériose guérit spontanément dans la plupart des cas, elle entraîne des symptômes qui apparaissent entre deux et cinq jours après l'exposition initiale, voire au cours du mois suivant. Au programme : douleurs abdominales, nausées, vomissements, malaises et fièvre. Le tout accompagné de diarrhée dans 90 % des cas. Un grand moment de plaisir…

Chaque année, les campylobactérioses touchent près de 220 000 Européens. A titre de comparaison, les infections à *Escherichia coli*, bactérie plus connue et plus dangereuse, que l'on retrouve aussi dans l'alimentation, notamment dans les steaks hachés, ne touchent en moyenne que 4 000 Européens par an.

Un Européen sur cinquante est contaminé chaque année

En fait, à en croire les experts de l'EFSA, le nombre de cas avoisinerait les 9 millions par an en Europe. Si, si, vous avez bien lu ! 9 millions d'infections d'origine alimentaire chaque année, rien que par cette bactérie. En gros, un Européen sur cinquante. Toujours selon les mêmes experts, le coût des campylobactérioses pour les systèmes de santé publique européens et la perte de productivité qu'elles induisent au sein de l'Union européenne représentent environ 2,4 milliards d'euros par an. C'est simple, c'est LA maladie qui coûte le plus cher !

De l'autre côté de la Manche, les autorités sanitaires tirent la sonnette d'alarme depuis des années. Selon des estimations de la Food Standard Agency (FSA), l'équivalent britannique de l'ANSES, les *Campylobacter* seraient responsables chaque année de 460 000 gastro-entérites, de 22 000 hospitalisations et de 110 décès. Ce qui coûte chaque année au National Health Service (NHS) près de 540 millions de livres sterling, soit 667 millions d'euros. De plus, selon d'autres analyses effectuées au Royaume-Uni, deux tiers des poulets vendus en supermarché en sont porteurs. A la suite de ce constat accablant, Catherine Brown, directrice générale de la FSA, a invité l'industrie avicole anglaise à « prendre ses responsabilités et à régler ce problème[1] ».

La lutte contre les *Campylobacter* fait désormais partie des principales priorités du gouvernement britannique. Andrew Wadge, directeur de la sécurité alimentaire de l'agence, incite « les producteurs, tout comme les distributeurs, à poursuivre leurs efforts pour faire baisser les taux de contamination ». Selon lui : « D'autres pays, comme le Danemark et la Nouvelle-Zélande, y sont arrivés. Nous devons continuer à faire des progrès dans notre pays. » Par ailleurs, des campagnes de sensibilisation sont régulièrement subventionnées par le ministère de la Santé britannique[2], afin d'alerter les consommateurs. L'Allemagne a lancé en octobre 2014 une première campagne intitulée « Que faire avec le poulet dans la cuisine ? Un manque d'hygiène en cuisine peut vous rendre malade[3] ». Et que fait-on en France ? Rien…

En 2011, l'Allemagne comptabilisait 70 560 cas. La même année, l'INVS ne recensait que 5 538 cas sur tout notre territoire. Les Français, premiers producteurs d'Europe et très gros consommateurs de volailles – 25 kilos par personne et par an – sont sans doute naturellement immunisés… Ben voyons.

80 % des poulets européens sont infectés

80 % de la volaille élevée en Europe, poulets bio et Label Rouge compris, serait infectée, au Royaume-Uni comme

1. BBC 4, émission *Face the facts*, « Poultry industry "must act" over food poisoning bug », 16 janvier 2013.
2. https ://www.youtube.com/watch?v=V3QS_EgEYlk&feature=youtu.be
3. http://www.bfr.bund.de/de/was_tun_mit_dem_huhn_-191706.html

en France[1]. Selon les analyses effectuées par l'ANSES, 90 % des poulets entiers sont contaminés par des *Campylobacter jejuni*. Il en va de même pour 85 % des produits de découpe avec peau, de type cuisses ou ailes, et pour 53 % des produits de découpe sans peau comme les escalopes.

Comment expliquer une telle différence dans le nombre de victimes que déclare chaque pays ? La réponse tient peut-être aux modes de fonctionnement de leurs systèmes de santé respectifs. De l'autre côté de la Manche, en cas d'infection d'origine alimentaire, on pratique systématiquement une analyse des selles, ce qui permet de détecter les bactéries. En France, il n'en est rien. En cas de diarrhée aiguë, votre médecin traitant vous prescrit un traitement et vous conseille de vous réhydrater et éventuellement de consommer du riz !

Une personne atteinte de campylobactériose est contagieuse tout au long de la maladie, qui peut durer de quelques jours à plusieurs semaines. Les autorités sanitaires américaines recommandent, par exemple, aux personnes qui en sont atteintes « de consulter un médecin et de ne pas se rendre dans leur établissement scolaire ou sur leur lieu de travail tant qu'elles ne sont pas complètement guéries ». La durée de la période contagieuse chez l'humain serait en moyenne de trente-huit jours[2].

Un problème de santé publique… inconnu du public…

D'après le professeur Francis Mégraud, qui dirige le Centre national de référence des *Campylobacter* depuis 1993[3] : « 5 538 analyses effectuées en 2011 ont révélé la

1. Rapport européen, 2009.

2. ANSES, « *Campylobacter jejuni, Campylobacter coli*, fiche de description de danger biologique transmissible par les aliments », mai 2011.

3. Le CNR est situé au sein du Centre hospitalier universitaire Pellegrin, à Bordeaux.

présence de campylobactériose chez des patients français. Parmi ceux-ci, 30 % ont été hospitalisés sur des périodes allant de deux jours à une semaine ou plus. » Il ajoute : « Ce n'est que la partie visible de l'iceberg car ce chiffre ne recense que les cas déclarés. Il y en a sûrement entre 10 et 40 % de plus. » Beaucoup plus en tout cas que les 5 538 cas annoncés par l'INVS ! Toutefois, lorsqu'on les interroge, ses experts avouent aisément qu'au sein de l'INVS ils considèrent que c'est un problème de santé publique. Et si on en informait le reste de la population ? Une nécessité si l'on en croit la dernière étude[1] de l'INVS présentée en novembre 2014 au cours d'une conférence scientifique européenne d'épidémiologie. Selon les chercheurs, il y aurait en fait 661 627 cas de campylobactérioses par an dans l'Hexagone.

... qui provoque parfois de graves complications, comme le syndrome de Guillain-Barré

Des études récentes ont révélé qu'une proportion importante de syndromes de l'intestin irritable surviennent après une infection intestinale au *Campylobacter jejuni*. Quant au *Campylobacter fetus*, une autre espèce, il est soupçonné de provoquer des septicémies.

Dans certains cas, l'infection entraîne des complications comme le syndrome de Reiter, sorte d'arthrite réactionnelle. Et dans les cas les plus graves, elle peut se transformer en syndrome de Guillain-Barré, une maladie inflammatoire du système nerveux périphérique qui se manifeste par une paralysie temporaire. Selon l'Agence française de sécurité sanitaire des produits de santé (AFSSAPS), ce syndrome

1. « Community incidence of non typhoid Salmonella and *Campylobacter*, France, 2008-2012 », Deter Van Cauteren, European Scientific Conference on applied infections diseases epidemiology, Stockholm, 5-7 novembre 2014.

entraîne chaque année près de 1 700 hospitalisations dans l'Hexagone dont au moins un tiers sont la conséquence de cette infection.

C'est la mésaventure qu'a connue, en 2009, Rachid Douidi, ancien pilote d'essai. Cet homme, aujourd'hui décédé, venait tout juste de prendre sa retraite et s'apprêtait à en profiter en voyageant. Ses projets ont été stoppés net par la maladie. Du jour au lendemain, son corps s'est totalement bloqué. « J'ai ressenti des fourmillements au niveau des pieds et des mains, m'a-t-il expliqué. Je me suis couché en me disant que cela irait mieux après une bonne nuit. Mais, le lendemain, impossible de me mouvoir. La seule chose que je pouvais encore bouger, c'était la tête. »

L'atteinte est sévère. Rachid est hospitalisé d'urgence au service de réanimation intensive de l'hôpital Raymond-Poincaré de Garches. Il y passera neuf mois, période qui sera suivie de deux années de rééducation pendant lesquelles il aura besoin d'une assistance permanente car il ne se déplace plus qu'en fauteuil roulant. Il mettra dès lors toute son énergie, avec l'aide de kinésithérapeutes, de balnéothérapeutes et d'ergothérapeutes, à réapprendre les gestes de base de la vie quotidienne : boire seul, manger seul, se déplacer, etc.

Une vingtaine de Français en meurent chaque année

« Cette maladie a des conséquences très graves, explique le professeur David Orlikowski, chef du service de réanimation de l'hôpital Raymond-Poincaré de Garches. Le syndrome de Guillain-Barré est lié à l'inflammation de la gaine des nerfs. Il entraîne un certain nombre de dysfonctionnements qui aboutissent à des paralysies et à une atteinte respiratoire dans 30 % des cas. 5 à 10 % des patients en mourront[1]. » Selon le directeur du Centre

1. Entretien avec l'auteur.

national de référence, Francis Mégraud : « Ce syndrome provoque, chaque année, la mort d'une vingtaine de personnes en France[1]. » Un constat effarant.

Chez Rachid, les prises de sang ont révélé une quantité massive d'anticorps dirigés contre les *Campylobacter jejuni*, ces bactéries présentes en très grand nombre sur la peau des volailles. Pour le médecin, il n'y a aucun doute sur l'origine de son syndrome de Guillain-Barré. Il se déclare, en général, une dizaine de jours après avoir consommé du poulet contaminé. Rachid en était un gros consommateur. D'ailleurs, 20 à 30 % des cas de syndrome de Guillain-Barré les plus graves seraient dus à une infection par cette bactérie[2]. Pour la petite histoire, toujours selon l'ex-AFSSAPS[3], qui se base sur une étude conduite en 1976, lors de la première campagne de vaccination contre le virus A/New Jersey/H1N1, les vaccinations contre le virus H1N1, qui ont fait l'objet de tant de polémiques en 2009 et 2010, ne seraient en fait responsables que de 0,001 % des cas de Guillain-Barré.

Les volailles sont porteuses saines de ces bactéries

Ces bactéries sont hébergées dans le tube digestif et les intestins des volailles, qui en sont porteuses saines. Elles peuvent se retrouver sur la peau de la volaille, mais jamais dans les muscles. Seule bonne nouvelle, contrairement aux salmonelles, les *Campylobacter* ne se multiplient pas à

1. Entretien avec l'auteur.
2. ANSES.
3. L'Agence française de sécurité sanitaire des produits de santé (AFSSAPS) éclaboussée par l'affaire du Mediator, un médicament coupe-faim destiné aux diabétiques en surpoids, accusé d'être responsable de la mort de 1 000 à 2 000 personnes, est devenue Agence nationale de sécurité du médicament et des produits de santé (ANSM) suite à un décret du 27 avril 2012.

température ambiante, ils résistent mal au froid et à la chaleur.

D'après Gilles Salvat, directeur de la santé animale et du bien-être à l'ANSES : « Les poussins ne sont pas porteurs de ces bactéries à l'éclosion, mais ils sont rapidement infectés après une exposition dans leur environnement. L'été est la saison la plus propice, la mauvaise ventilation des élevages, le nombre de poulaillers sur le site (plus de trois), le nombre de personnes s'occupant du poulailler (plus de deux) et la présence de ténébrions – sorte d'insectes de l'ordre des coléoptères – sont autant de facteurs de risque supplémentaires. »

L'élevage intensif est un facteur aggravant

En France, 82 % des poulets sont issus d'élevages intensifs. Sur place, la densité d'oiseaux varie : 22 oiseaux au mètre carré pour des poulets standard élevés dans des poulaillers géants pouvant contenir plusieurs centaines de milliers de volailles – jusqu'à 40 000 par bâtiment –, 18 pour des poulets sous certification de conformité (comme le Label Rouge) et 11 maxi pour des poulets bio. Des pratiques d'élevage qui ont conduit à une dégradation constante de la santé des poulets. Selon l'INRA, « entre 75 et 90 % des animaux ont une démarche altérée (animaux boiteux) et près d'un tiers ont une démarche sévèrement altérée ». Leurs squelettes sont déformés et présentent des défauts d'aplomb ainsi que des pattes tordues.

La surpopulation qui leur est imposée les rend extrêmement agressifs. Dans de telles conditions, les éleveurs-intégrateurs sont contraints de les ébecquer et de leur poser des lunettes, sorte de petits rectangles en matière plastique fixés sur le bec, afin de les empêcher d'attaquer leurs congénères. L'air, saturé de poussière et d'ammoniac, leur brûle les bronches et les yeux.

Sus aux Campylobacter *et aux contaminations croisées*

En raison des vitamines et autres additifs contenus dans leur alimentation, leur corps se développe beaucoup plus vite que leur cœur. Beaucoup de volailles souffrent ou meurent d'insuffisance cardiaque due au manque d'exercice physique. Le taux de mortalité désormais considéré comme acceptable par les services vétérinaires dans ce type d'élevage est extrêmement révélateur : 8 %. Tout va bien dans le meilleur des mondes, tant que l'éleveur ne perd pas plus d'une volaille sur douze ! Que dire, sinon qu'il n'est pas étonnant, dans ces conditions de promiscuité extrême, que des bactéries comme les *Campylobacter* se répandent dans les élevages comme une traînée de poudre.

Les *Campylobacter* sont présents à l'état naturel chez les oiseaux domestiques aussi bien que sauvages, mais la promiscuité et la chaleur sont particulièrement propices à leur prolifération. Cela explique que les spécialistes observent, chaque année, un pic saisonnier pendant la période estivale, de juin à septembre. Dans les pays nordiques comme la Suède, où la température moyenne est plus basse, et où les autorités ont pris des mesures draconiennes de prévention, il n'y a pratiquement pas de *Campylobacter*. En France, ces bactéries seraient en dormance en hiver. Seulement 40 % des animaux seraient contaminés alors qu'en été les contaminations peuvent atteindre 100 % dans certains élevages.

Le stress ne fait qu'aggraver les choses...

Mais selon Michel Courat, vétérinaire membre de l'organisation de lobbying Eurogroup for Animals, ce ne serait pas la seule raison de la prolifération de ces bactéries : « Les *Campylobacter* et les salmonelles se développent plus chez les animaux stressés[1]. » Certains abattoirs se sont

1. Entretien avec l'auteur.

donc équipés de lumière bleue, ainsi que de bandeaux métalliques sur les chaînes d'abattage, afin de maintenir le ventre des poulets et d'éviter qu'ils ne se balancent. Lorsqu'ils sont accrochés pattes en l'air, tête en bas, les articulations des pattes sont soumises à une souffrance intense compte tenu du système d'accrochage très douloureux et du poids qu'elles ont à soutenir. Plus calmes, ils sont moins stressés et censés développer moins de bactéries.

... tout comme les techniques actuelles d'abattage

Mais il y a plus grave. Pour Pierre-Alexandre Beloeil, épidémiologiste à l'EFSA : « Cette bactérie arrive à contaminer la viande lors de l'abattage. La Commission européenne réfléchit à la mise en place d'une réglementation pour rendre obligatoires des mesures de maîtrise de ce risque[1]. » Il est plus que temps ! Selon une étude menée à l'échelle européenne en 2010, par la même autorité, « les carcasses contaminées peuvent provenir de lots de poulets non infectés » et dans les abattoirs « la fin de journée est plus propice à la contamination ». Il faut dire que pour les déplumer les oiseaux sont plongés dans un bain tiède qui, en fin de journée, se transforme en bain de contamination fécale. L'échaudage, la plumaison et l'éviscération sont donc des facteurs de risques supplémentaires. Les faits parlent d'eux-mêmes : les volailles sont plus contaminées après abattage qu'avant.

Non aux poulets à l'eau de Javel !

Pour autant, nous pouvons nous estimer heureux... Aux Etats-Unis, les poulets sont plongés dans des solutions au

1. *Le Parisien*, « Attention à la bactérie du poulet », 2 avril 2012.

chlore, afin de les débarrasser de leurs bactéries. Ce qui permet, par ailleurs, aux Américains de faire passer la date limite de consommation des carcasses de volailles de sept à douze jours. Cette pratique est interdite en Europe... mais pour encore combien de temps ?

Régulièrement, les lobbies industriels américains reviennent à la charge auprès de l'Union européenne pour obtenir la levée de l'embargo instauré depuis 1997 sur l'importation de volailles traitées par des solutions chlorées. Le traitement des carcasses au chlore aiderait certes les industriels européens à désinfecter leurs poulets – et donc, a priori, à moins se préoccuper d'hygiène de l'élevage à l'abattage –, il ouvrirait aussi la porte en grand à l'importation de poulets américains, qui représentent un marché de 200 millions de dollars (soit 169 millions d'euros) par an. Cette pratique soulève, par ailleurs, de nombreuses questions concernant l'écologie microbienne, notamment s'agissant du développement potentiel des *Listeria*. Ces bactéries provoquent la listériose, une maladie extrêmement grave qui touche chaque année près de 1 500 personnes en Europe. Le taux de mortalité de cette maladie avoisine les 20 % et touche plus particulièrement les personnes âgées. Pour le moment, le message des Européens reste clair : « Non aux poulets lavés à l'eau de Javel ! »

Mais les Américains n'ont pas dit leur dernier mot, et ils ont bien failli gagner la partie en 2008. C'était compter sans l'intervention de 20 des 27 ministres européens, dont Bruno Le Maire, alors ministre français de l'Agriculture. Au bout de cette dernière bataille, les ministres ont rejeté une nouvelle fois, le 18 décembre 2008, la proposition de la Commission européenne de lever l'embargo. Pour ce faire, ils se sont fondés sur deux avis.

Tout d'abord, celui de l'EFSA, adopté le 6 mars 2008, dans lequel les experts estimaient ne pas disposer d'assez d'études scientifiques pour déterminer si l'utilisation du dioxyde de chlore, de chlorure de sodium acidifié, de phosphate trisodique ou d'acides peroxycarboxyliques pouvait conduire à l'apparition de résistance microbienne chez les poulets. Cet avis soulevait également des questions de sécurité concernant les opérateurs ainsi que les risques environnementaux.

Le second avis émanait du Bureau européen des unions de consommateurs (BEUC). Datant de mai 2008, il estimait que « la politique européenne basée sur le principe du "mieux vaut prévenir que guérir" avait fait ses preuves et s'était révélée plus efficace pour réduire les contaminations, notamment pour les salmonelles ». Et il ajoutait : « La politique américaine basée sur un traitement antimicrobien (à base de chlorite) à la fin de la chaîne est inacceptable, alors qu'une approche de l'étable à la table plus efficace existe. »

Les Américains portent la question du poulet chloré devant l'OMC

Le refus des Européens de lever cet embargo a provoqué une vive colère des Américains, mais n'a pas fait faiblir leur motivation. Le 16 janvier 2009, ils ont porté plainte pour mesure protectionniste contre l'Union européenne, devant l'Organisation mondiale du commerce (OMC), l'organisation internationale qui permet aux gouvernements des 159 pays membres de régler leurs différends commerciaux. Un dépôt de plainte regretté par Bruno Le Maire, le ministre français de l'Agriculture de l'époque, pour qui l'Europe privilégiait « une gestion intégrée de la sécurité sanitaire qui met l'accent sur la prévention et les mesures de maîtrise à tous les maillons de la chaîne alimentaire, plutôt que sur un assainissement en bout de chaîne, qui pallie les défauts de l'amont[1] ». A ce jour, les discussions sont toujours en cours au sein de l'OMC afin

1. *Process alimentaire*, « Poulets chlorés. Les Etats-Unis durcissent le ton contre l'Europe », 12 octobre 2009.

de décider ou non de sanctions financières à l'encontre de l'Union européenne.

Des contrôles insuffisants en abattoir

Selon un avis[1] des experts de l'EFSA : « Les méthodes d'inspection actuelles des viandes de volaille au niveau des abattoirs ne permettent pas de détecter les dangers dus aux *Campylobacter* et aux salmonelles. Plus généralement, ces méthodes ne permettent pas de différencier les problèmes relatifs à la sécurité des aliments des considérations liées à la qualité de la viande, à la prévention des maladies animales ou aux dangers professionnels. » Un constat qui laisse sans voix, d'autant que, depuis le 9 février 2012, un décret « relatif à un projet pilote dans le domaine du contrôle de la production de la viande dans les abattoirs de volailles et de lagomorphes (lapins) » stipule dans son article premier que « le vétérinaire officiel n'est pas présent de façon permanente dans ces abattoirs ».

En clair, depuis cette date, c'en est fini des inspections vétérinaires, pourtant déjà en nombre insuffisant. Rappelons qu'en 2009 l'Europe avait déjà alerté la France sur la faiblesse des inspections vétérinaires dans ses abattoirs de volailles et menacé d'interdire les exportations françaises. Fin novembre 2009, un audit des services d'inspection français réalisé par des vétérinaires russes qui souhaitaient importer de la volaille française avait également établi que les industriels français faisaient bien leur travail mais pas les services vétérinaires… Le ministère, hélas, n'en a eu cure et a continué délibérément sur sa lancée. En France, contrairement aux exigences de la Communauté européenne, les inspecteurs vétérinaires ne sont plus présents à tous les stades de la production.

1. Publié en juin 2012.

En 2013, un rapport[1] des inspecteurs vétérinaires européens de l'OAV, qui se sont rendus dans 4 abattoirs, dans 4 ateliers de découpe ainsi que dans 4 établissements de préparation de viandes et de fabrication de produits à base de viande, tire une nouvelle fois la sonnette d'alarme. Parmi les manquements listés : absence de certains contrôles sanitaires *ante mortem* et *post mortem* sur les animaux, absence de personnel spécifiquement dédié aux inspections, chaînes d'abattage non conformes, insuffisance des analyses microbiologiques... Plus inquiétant, l'OAV précise que si les entreprises sont parfois conscientes de ces carences elles n'agissent pas toujours pour y remédier, ce qui est choquant et préoccupant.

Un sentiment partagé par bon nombre de vétérinaires : « Tous les établissements qui font plus de 15 000 tonnes par an ont droit à des inspections *ante mortem ;* pour les autres, pas d'inspection systématique sur l'ensemble des lots. Les plus gros sites font les 3 × 7 et les vétérinaires ne sont pas présents sur la totalité des plages horaires. Les instructions sont de ne pas abattre les lots à risques en l'absence de vétérinaires. »

Des ouvriers qui se retrouvent juges et parties

Depuis le nouveau décret du 9 février 2012, les contrôleurs sont choisis parmi les ouvriers des entreprises, après formation auprès d'organismes habilités par le ministère. L'Avipole de Ploufragan, qui dépend de l'ANSES, forme ces nouveaux agents de la sécurité sanitaire en... trois jours, quand on sait que le métier de vétérinaire exige sept ans d'études ! Comment croire que cet ouvrier-contrôleur formé à la hâte sera capable de repérer les pathologies et

---

1. Effectué en France, du 11 au 20 juin 2013, en vue d'évaluer les systèmes de contrôle en place régissant la production et la mise sur le marché de viande de volaille et de produits dérivés.

de trouver les arguments pour expliquer à son patron que la rentabilité doit passer après la santé des consommateurs ?

« On ne peut pas être juge et partie, tant qu'il n'y a pas de soucis ça va ; mais ce type de délégation, c'est la porte ouverte à tout et cela risque d'exposer le consommateur, s'insurge un vétérinaire sous couvert d'anonymat. Des poulets déjà morts à leur arrivée dans l'usine, ça donne une indication sur l'état sanitaire de la cargaison. Avant, dès qu'il y avait 0,5 % d'animaux décédés pendant le transport, l'industriel devait nous alerter. Mais maintenant ? »

Normalement le dispositif d'allègement de la surveillance sanitaire en abattoir devait être compensé par une inspection plus approfondie des conditions d'élevage. Seule ombre au tableau, en France, seuls 0,68 % des élevages sont en fait contrôlés chaque année, ce qui équivaut à un contrôle tous les cent quarante-sept ans[1]... C'est bon, vous êtes rassuré ?

A titre d'exemple, en 2011, le groupe Terrena, numéro deux de la volaille destinée au marché français, a abattu 34 millions de poulets, dont 415 000 ont dû être retirés de la vente par les services vétérinaires pour des raisons sanitaires. Aujourd'hui, sans contrôle extérieur, le nombre de carcasses écartées est-il du même ordre ? Une étude commandée par le ministère de l'Agriculture[2] s'interrogeait : « Certains industriels pourraient abuser de la situation en dégradant les exigences de contrôle[3]. » Comme c'est étrange, ce sentiment de déjà-vu... Le « chevalgate » n'en serait-il pas la plus belle illustration ? Pas étonnant, dans ces conditions, que le SNISPV, le Syndicat des inspecteurs

1. Commission européenne, OAV, « Rapport final d'audit effectué en France du 23 janvier au 3 février 2012 afin d'évaluer les critères d'hygiène des procédés », 2012.

2. Publiée le 16 février 2012.

3. *Le Canard enchaîné*, « Le self-contrôle de la volaille », 7 mars 2012.

chargés de la santé publique vétérinaire, ne cesse de tirer la sonnette d'alarme. Pour ses représentants : « La France court à la catastrophe sanitaire, ce n'est plus qu'une question de temps ! » Il semblerait que le ministère de l'Agriculture les ait entendus, puisqu'il a annoncé la création pour 2015 de 60 emplois destinés à renforcer les contrôles sanitaires dans les abattoirs de volaille.

Un manque criant d'analyses bactériologiques

A-t-on prévu, par conséquent, de réaliser des prélèvements systématiques sur chaque lot de volailles pour vérifier le taux de contamination aux *Campylobacter*, comme c'est systématiquement le cas aujourd'hui pour les salmonelles ? Ces mesures ont porté leurs fruits. Lorsque les services vétérinaires détectent des salmonelles dans un élevage, les poulets ne peuvent plus être utilisés que cuits dans des plats préparés. Le coût d'achat de cette viande « à cuire » est inférieur à celui de la viande crue, ce qui représente un manque à gagner pour l'éleveur et le pousse, par conséquent, à effectuer une désinfection réellement efficace des poulaillers entre chaque lot de volailles à élever. Les salmonelles sont en baisse dans toute l'Europe pour la dixième année consécutive. Seulement 3,6 % des poulets vendus en supermarché sont contaminés aux salmonelles – 7,4 % en France – alors qu'ils sont 76 % à être contaminés par des *Campylobacter*[1] !

Le projet de contrôle de la présence de *Campylobacter* dans chaque lot de volailles a failli être adopté par les Etats membres. C'était compter sans le pouvoir de lobbying des Français, qui n'en voulaient pas à l'époque pour des raisons économiques. Pour gagner du temps, ils ont demandé aux instances européennes d'effectuer des études supplémentaires pour déterminer à partir de quelle quantité de *Campylobacter* la viande est dangereuse, alors que des

1. Plan de contrôle européen, 2009.

études existent déjà sur ce sujet. Aux Etats-Unis, pour déterminer la dose infectieuse, les chercheurs n'ont pas hésité à utiliser des prisonniers comme cobayes et leur ont inoculé des *Campylobacter*...

Une campagne pousse les autorités à révéler les noms des chaînes qui vendent les poulets les plus contaminés

Au Royaume-Uni, la campagne « Name and shame[1] » orchestrée pendant l'automne 2014 par les médias a permis aux Britanniques de connaître enfin le nom des distributeurs qui vendaient les poulets les plus contaminés aux *Campylobacter.* Fin novembre 2014, la Food Standards Agency, agence britannique de la sécurité alimentaire, donnait finalement les résultats[2] : 78 % des poulets vendus chez Asda présentaient cette bactérie contre 73 % de ceux vendus chez Cooperative, 69 % de ceux vendus chez Morrisons, Sainsbury's et Waitrose, 67 % de ceux de Marks & Spencer et 64 % de ceux de Tesco. Des chiffres effarants qui méritent d'être portés à la connaissance des consommateurs. A quand une opération similaire dans l'Hexagone ?

Pourtant, les autorités britanniques, sous la pression des industriels, avaient d'abord refusé de dévoiler les noms des distributeurs. Elles s'étaient contentées de publier en août 2014 les résultats de façon anonyme et d'annoncer que 70 % des poulets vendus étaient contaminés par cette bactérie. Collusion quand tu nous tiens... Jeremy Hunt, le ministre de la Santé britannique, a fini par reconnaître qu'il avait été contacté par Tim Smith, ancien directeur de la Food Standards Agency devenu directeur technique chez Tesco et que ce dernier l'avait questionné sur le fait

1. « Nommer et dénoncer ».

2. FSA, « Enquête sur les taux de *Campylobacter* dans les poulets vendus dans la grande distribution », 27 novembre 2014.

de citer des distributeurs individuellement et sur la valeur de la publication des résultats[1].

Prévenir les risques de campylobactériose permettrait d'économiser 7 millions d'euros

En France, Gilles Salvat, directeur du pôle santé animale de l'ANSES, estime que la dose infectante minimale est de 500 *Campylobacter* par gramme de peau. Aux Pays-Bas, un rapport[2] affirme : « Une limite critique de 1 000 *Campylobacter* par gramme permettrait de réduire le nombre de cas humains de maladie des deux tiers. Pour la filière avicole les coûts engendrés pour répondre à ces exigences seraient considérablement plus faibles que ceux encourus par la communauté à cause de la maladie : 2 millions d'euros par an alors que l'infection en coûte 9 millions. » En Islande, les poulets contaminés sont congelés avant d'être cuits et d'atterrir dans les assiettes des consommateurs.

Les Campylobacter *sont de plus en plus résistants aux antibiotiques*

Autre sujet d'inquiétude : ces bactéries seraient de plus en plus résistantes aux antibiotiques[3]. Elles sont devenues de vrais casse-tête pour les médecins, qui peinent désormais à trouver le bon antibiotique pour soigner leurs

1. *Barfblog*, « UK Health Secretary admits call from Tesco boss over chicken *Campylobacter* tests », 12 décembre 2014.

2. RIVM (institut qui travaille pour le compte du ministère de la Santé hollandais), « Microbiological criteria as a decision tool for controlling Campylobacter in the broiler meat chain », 2013.

3. « Bilan de la surveillance des infections à *Campylobacter* chez l'homme en France en 2012 », réalisé conjointement par l'INVS et le Centre national de référence des *Campylobacter* et *Hélicobacter*.

patients atteints. L'utilisation d'antibiotiques comme facteur de croissance est interdite en Europe dans les élevages depuis le 1er janvier 2006. Mais les éleveurs ont plus d'un tour dans leur sac... Certains n'hésitent pas à les utiliser sous couvert de traitements préventifs. C'est le cas par exemple des quinolones, qui sont de moins en moins efficaces chez l'homme.

La progression des antibiorésistances est préoccupante. « Pour les *Campylobacter jejuni*, l'augmentation de la résistance aux quinolones, observée depuis 2004, s'est poursuivie en 2012 pour atteindre 55 % pour l'acide nalidixique (contre 44 % en 2009) et 52 % pour la ciprofloxacine (contre 43 % en 2009). Pour les *Campylobacter coli*, le taux de résistance aux quinolones est désormais proche de 73 %. » Et les experts de conclure, en langage diplomatique : « Si les premiers résultats, observés jusqu'en 2003, suggéraient un impact positif des mesures limitant l'utilisation des quinolones en médecine vétérinaire mises en place par l'UE en 1999, les nouvelles observations depuis 2005 chez l'homme soulèvent des interrogations. Il convient donc d'attirer l'attention de tous les partenaires travaillant sur la résistance des infections à *Campylobacyter* aux antibiotiques chez l'homme et l'animal. » En bref, les experts s'interrogent sur ces chiffres, qui pourraient traduire un usage excessif des antibiotiques dans les élevages.

Il y a quelques décennies à peine, les poulets étaient passés à la flamme pour supprimer les derniers plumeaux. Cela avait également le mérite de supprimer la bactérie *Campylobacter*. Aujourd'hui, les industriels considèrent que les consommateurs bouderaient des poulets légèrement noircis pour des raisons esthétiques. Les laboratoires ont, eux, fait le choix de développer des vaccins pour les volailles et pour les humains, des pré- ou probiotiques, c'est-à-dire des micro-organismes vivants qui auraient un effet bénéfique sur la santé. Ces futurs produits pourraient potentiellement faire l'objet d'une commercialisation rentable.

Il existe une alternative aux médicaments ou au passage des poulets à la flamme : l'utilisation d'ail ou de coriandre lors de la préparation de son poulet. Les *Campylobacter* n'aiment ni l'un ni l'autre ! Selon une étude américaine : « Un composé de l'ail, le sulfure de diallyle, s'est révélé cent fois plus efficace que certains antibiotiques contre les pathogènes alimentaires[1]. »

Attention aux contaminations croisées !

D'autres mesures existent car la contamination est liée à la manipulation de volaille déjà contaminée par la bactérie. Le poulet, la dinde, la pintade ou le canard qui arrivent dans votre cuisine sont un cheval de Troie. « Il suffit de manipuler sa volaille, que ce soit la carcasse ou la peau, avec des aliments qu'on ne fait pas cuire, comme les crudités, pour être infecté, explique Gilles Salvat, de l'ANSES. Un des pièges classiques, c'est de laver son poulet avant cuisson, une pratique qui peut propager la bactérie sur les mains, les surfaces de travail, les vêtements et les ustensiles de cuisine avec la projection de gouttelettes d'eau. Un autre consiste à utiliser la même planche à découper pour la viande et les légumes, ou alors de remettre la viande cuite au barbecue dans le plat où elle a été déposée crue[2]. » Les contaminations peuvent être croisées et indirectes. Pour s'en prémunir, il suffit d'adopter les bonnes règles d'hygiène en cuisine. D'autant que, contrairement à l'*Escherichia coli*, le *Campylobacter* ne prolifère pas dans l'aliment, il est peu résistant au froid et à une cuisson de plus de 65 °C à cœur. Autant de solutions qu'on se désole de ne pas voir clairement expliquées au consommateur.

1. *Journal of Antimicrobial Chemotherapy*, 2012.
2. Entretien avec l'auteur.

10

Des vitamines cancérigènes ?

Thierry Soudant est en colère. Après des années de démarches auprès des administrations sanitaires françaises et de nombreuses demandes d'explications restées lettre morte, cet éleveur de porcs s'est enfin décidé à briser la loi du silence. En janvier 2012, il a porté plainte contre X auprès du pôle judiciaire de santé publique de Paris, avec l'aide de son avocat, maître Emmanuel Ludot, pour « administration de substances nuisibles ». Il dénonce un surdosage de vitamines A et D dans l'alimentation pour le bétail, qui serait à l'origine du décès de plusieurs centaines de ses bêtes.

Pour comprendre le pourquoi de cette procédure courageuse, il faut remonter dans le temps. En 1992, plusieurs porcs de son élevage décèdent brutalement et sans explication apparente. Au total, l'éleveur de Saint-Souplet-sur-Py, dans la Marne, a perdu près de mille cochons sur plusieurs années. Des morts anormales qui l'ont plongé dans un profond désarroi. Thierry Soudant a alors fait procéder à de nombreuses analyses sanitaires pour déterminer la cause de cette hécatombe. Les vétérinaires ont diagnostiqué « une maladie de l'œdème », mais cela le laisse perplexe : « Pour moi, un œdème c'est un symptôme, pas une maladie[1]. »

1. Entretien avec l'auteur.

L'éleveur ne veut pas en rester là et décide de mener sa propre enquête, jusqu'au jour où une discussion avec un médecin de ses amis lui ouvre les yeux : « Il m'a expliqué que les symptômes de mes bêtes pouvaient correspondre à une intoxication à la vitamine D. » Une révélation, car à l'époque Thierry Soudant n'imaginait même pas – et il n'était pas le seul dans ce cas ! – que des vitamines pouvaient être nocives !

Le pôle judiciaire de santé publique de Paris a considéré que la plainte de l'éleveur était irrecevable car les faits étaient prescrits. Qu'à cela ne tienne, Thierry Soudant a entamé, par le biais de son avocat, une nouvelle procédure devant le tribunal administratif de Châlons-en-Champagne. Il demande « une indemnisation pour la perte de ses 1 000 porcs due au non-respect par la France des directives européennes en terme d'élevage de porcs ».

Les leaders de la nutrition animale poussent à la consommation de vitamines

D'ailleurs, comment même y penser, alors que les laboratoires vétérinaires poussent à grand renfort de publicité à utiliser ces produits à tout bout de champ et pas seulement lorsqu'il existe des carences, comme cela devrait être le cas ? « Les Microvit® sont des formulations de vitamines stabilisées et adaptées aux contraintes de la production d'aliments pour animaux où elles sont utilisées en très petites quantités », peut-on lire sur le site d'Adisséo[1], l'un des leaders mondiaux de la nutrition animale et donc de vitamines, aujourd'hui propriété d'investisseurs chinois. Le site précise d'ailleurs qu'il « propose une large gamme de vitamines certifiées, en garantissant leur qualité, leur traçabilité et leur sécurité, tout en continuant à apporter son expertise et ses innovations ».

1. Visité en novembre 2014.

Autre exemple : l'entreprise Provimi, propriété de Cargill, une multinationale présente dans 65 pays et qui a bâti, on l'a dit, une partie de sa renommée française sur la fabrication de nuggets pour McDonald's, s'est aussi spécialisée dans la préparation de « premix » pour nutrition animale sous la marque ProVilys. Sur son site Internet, Provimi indique que ses premix sont « des concentrés de nutriments entrant dans la fabrication d'un grand nombre d'aliments pour bétail » et précise : « Leurs formules riches en vitamines, minéraux, oligo-éléments et protéines en font une base idéale à l'alimentation animale. La composition de ces premix est préparée soigneusement par nos techniciens et spécialistes en nutrition animale pour répondre aux besoins spécifiques de chaque espèce et à chaque type de production. »

Et pour ceux qui seraient encore sceptiques, Provimi précise qu'elle « travaille en collaboration avec plusieurs instituts de recherches reconnus comme l'Institut national de la recherche agronomique (INRA) et l'Institut technique des céréales et des fourrages (ITCF) » et « dispose de 14 centres de recherches dans le monde et de plusieurs plates-formes et élevages pour ses expérimentations ». Efforts qui portent leurs fruits : toujours selon la publicité présentée sur leur site, « ces premix ProVilys sont utilisés par plus de 200 fabricants d'aliments pour bétail en France et dans le monde, soit dans plus de 8 millions de tonnes d'aliments ».

Au vu de ce battage publicitaire, qu'y a-t-il d'étonnant à ce que Thierry Soudant, tout comme la grande majorité de ses collègues éleveurs, administre ces vitamines à ses bêtes « dans l'alimentation en général et sous forme d'injections en complément » ? En 2004, des analyses effectuées sur ses cochons décédés sans raison confirment de manière formelle les soupçons de son ami médecin : « Les animaux sont morts à cause d'un surdosage de vitamines, notamment de vitamine D3. »

Des décès anormaux d'animaux dus à un surdosage en vitamines

Sitôt l'information confirmée, l'éleveur marnais modifie l'apport en vitamines dans l'alimentation de ses porcs et « les décès anormaux de ses cochons cessent ». Il alerte alors les fabricants et les agences sanitaires... mais rien ne se passe. Malgré ses résultats, les fabricants et les vétérinaires qui recommandent les vitamines continuent de soutenir qu'elles apportent « des solutions fiables et efficaces », comme le précise Provimi, alors qu'Adisséo garantit, de son côté, « leur qualité, leur traçabilité et leur sécurité ». Pour preuve, ces produits sont toujours en vente libre.

Pour l'éleveur, cet immobilisme est une autre variante de « l'histoire du pot de terre contre celui du pot de fer », et ce pour deux raisons. Tout d'abord, l'existence d'« un lobby effréné des fabricants et des distributeurs ». Ensuite : « L'administration, à un moment donné, a laissé faire, et cela a pris une telle ampleur que maintenant ils ne savent plus comment revenir en arrière. L'administration a substitué le principe de précaution à un principe commercial, au profit des firmes qui commercialisent ces produits. »

Le plus grave dans cette histoire, et ce qui met le plus en rogne Thierry Soudant, c'est que la consommation des cochons qui ne sont pas morts, mais qui sont tout aussi contaminés, serait bel et bien nocive pour l'homme. Pour l'éleveur, il s'agit même d'un véritable problème de santé publique. Le surplus de vitamines essentiellement A et D est stocké dans le foie de l'animal, et transmis à l'homme lors de la consommation d'aliment à base de foie de porc.

L'INVS connaît pourtant depuis 1991 les risques liés à un surdosage

Le risque est connu des autorités sanitaires. Dès 1991, l'INVS reconnaissait dans un bulletin épidémiologique hebdomadaire[1] avoir été « officiellement » alerté « des risques pour la santé publique », notamment chez les « individus particulièrement sensibles et les femmes en âge de procréer ». Après avoir analysé la teneur en vitamine A des foies des animaux d'élevage livrés à la consommation dans les différents Etats membres de la CEE, dont la France, l'INVS était alarmiste et l'écrivait noir sur blanc : « La Section estime que de telles teneurs (supérieures à 200 000 U.l./100 g) constituent un risque pour la santé publique et que des mesures immédiates doivent être prises en ce qui concerne les méthodes d'élevage (limitation des teneurs des aliments pour animaux, restriction des pratiques d'injection de fortes doses de vitamine A) pour abaisser rapidement et de façon importante la teneur en vitamine A des foies livrés à la consommation. Il convient d'atteindre le niveau de vitamine A hépatique le plus bas possible, compatible avec le bien-être et la santé animale. »

L'INVS préconisait même l'arrêt des injections de fortes doses de vitamines chez les veaux

L'INVS ne s'arrêtait pas là ! Les chercheurs indiquaient que « faute d'atteindre cet objectif, il conviendrait de prendre des mesures discriminatoires à l'égard d'un aliment qui par ailleurs présente des qualités nutritionnelles indiscutables, ce que la Section estimerait regrettable mais cependant nécessaire ». L'Institut précisait que le

1. « Les risques d'hypervitaminose A pour les femmes en âge de procréer », 26 août 1991.

ministère de l'Agriculture avait mené une action d'information des vétérinaires, pour faire cesser les injections de fortes doses de vitamine A couramment pratiquées sur les veaux.

En 2000, l'AFSSA écrivait, dans un rapport du groupe de travail « Alimentation animale et sécurité sanitaire des aliments », que ces vitamines A, D et E sont liposolubles (c'est-à-dire solubles dans les graisses) : « Données en excès, elles sont stockées dans le tissu adipeux et le foie de l'organisme animal et ne s'éliminent que très lentement. L'homme qui consomme ces produits animaux peut donc absorber ces vitamines en excès, dans des cas extrêmes. »

Les hypervitaminoses A et D peuvent avoir de graves conséquences chez les mammifères

Des cas extrêmes, sans doute relativement fréquents... puisque la même agence reconnaissait que cela représentait très clairement un risque pour les femmes enceintes. Une hypervitaminose A peut en effet être à l'origine de malformations lors du développement de l'embryon. Parmi les symptômes de l'hypervitaminose D figurent les maux de tête, des vomissements et un manque d'appétit.

Cela n'est en rien anodin, de toute évidence. Surtout quand la même étude expliquait : « Une vache au pâturage ne nécessite pas d'apport supplémentaire en vitamine D. Toutefois, il est généralement admis que des vaches laitières hautes productrices ont des besoins particulièrement élevés en vitamine A et D au moment de la parturition, c'est-à-dire le moment où elles mettent bas, ou en hiver lorsqu'elles sont à l'étable et alimentées avec des foins de mauvaise qualité. » Vous avez bien lu : c'est parce que ces vaches sont enfermées sans voir la lumière du jour et qu'elles mangent des aliments de mauvaise qualité qu'il faut les supplémenter pour qu'elles puissent produire des litres et des litres de lait chaque jour !

Les cures de vitamine A augmentent la mortalité de 16 %

En juin 2009, l'EFSA publie un avis scientifique qui tire les conclusions de plusieurs études menées dans divers pays européens sur l'exposition des consommateurs à la vitamine A via leur alimentation. Les résultats sont sans appel : « Une faible partie de la population européenne risque de dépasser la limite supérieure de sécurité fixée en 2002 à 3 000 µg par jour. » L'EFSA confirme alors que le plus grand risque de dépasser cette limite provient non seulement « de la prise de compléments contenant de la vitamine A », mais surtout « de la consommation de foie ». Une enquête[1] parue en 2007 indiquait d'ailleurs que les cures de vitamine A « augmentaient la mortalité de 16 % ». Une broutille...

Dans leur avis transmis à la Commission européenne, les experts de l'EFSA recommandaient de réviser le taux maximal de vitamine A dans l'alimentation destinée aux bovins et aux volailles. Pour les porcs d'engraissement, ils proposaient de définir un taux fixé à la moitié du taux actuel autorisé par la législation européenne : « Ces taux permettraient d'éviter toute ingestion inutilement élevée par les consommateurs. » Quant aux éleveurs, ils pouvaient être assurés que cela serait « sans effet négatif sur la santé ou le rendement des animaux ». Depuis... il ne s'est rien passé. Les suppléments vitaminés en question sont toujours en vente libre et pas plus régulés qu'auparavant.

D'autant plus que les indications de l'EFSA peuvent être facilement contournées dans le cadre de l'utilisation des vitamines en tant que compléments alimentaires. Depuis le 1er septembre 2013, la Commission européenne a décidé de clarifier le marché. Les suppléments nutritionnels laissent désormais la place à deux nouvelles appellations :

1. *Journal of the American Medical Association*, 2007.

l'aliment complémentaire diététique et l'aliment minéral diététique. Un progrès ? Que nenni ! Les teneurs en vitamines comme en oligo-éléments des aliments diététiques peuvent être cent fois supérieures à la teneur maximale prévue pour l'aliment complet. Ce sera donc à l'éleveur de s'assurer que ces aliments diététiques ne dépassent pas les apports journaliers maximaux autorisés, encore faut-il pour cela qu'il en connaisse les risques ! C'est à se demander à quoi servent véritablement les vétérinaires d'élevages...

Des vitamines utilisées comme facteur de croissance

Il faut dire que le marché des volailles, bovins et cochons supplémentés à l'aide de ces vitamines connaît une croissance exponentielle, et pour cause. Ces vitamines agissent comme un facteur de croissance. Elles permettent notamment d'obtenir 1 kilo de volaille avec une alimentation de moins de 2 kilos de céréales, et ce sur une durée encore plus courte qu'auparavant. Aujourd'hui, les poulets standard, 1,5 kilo environ, sont élevés en trente-neuf jours là où il en fallait plus de cinquante-sept il y a une trentaine d'années.

Au centre d'expertise et de recherche en nutrition animale de l'usine Adisséo, à Commentry, près de Montluçon, on connaît bien ce phénomène puisque l'impact de la vitamine A et de la méthionine a été étudié sur les animaux de leur ferme expérimentale.

En 1982, cette usine – qui fait partie à l'époque du groupe Rhône-Poulenc – inaugure un nouveau procédé de synthèse de la vitamine A. Le problème, c'est que la nouvelle recette utilise un produit, le chloracétal C5, dont la toxicité est rapidement dénoncée par les salariés et le service médical. A plusieurs reprises, le comité d'hygiène, de sécurité et des conditions de travail de l'entreprise, soutenu par le docteur Gérard Barrat, médecin du travail, demande sans succès à la direction de mener des études toxicologiques sur cette molécule et ses intermédiaires de synthèse. La direction oppose un refus catégorique à toutes leurs demandes, car selon elle « des études de toxicité réalisées à la fin des années 1970 sur le C5 n'ont rien révélé ».

Il faudra attendre un changement de direction en 1989 pour que le nouveau directeur de cette usine classée Seveso II seuil haut, c'est-à-dire reconnue comme fabriquant des substances ou des préparations dangereuses, accepte enfin de réaliser des recherches sur l'aspect mutagène du chloracétal C5. Depuis, Rhône-Poulenc a revendu l'usine à Aventis, qui l'a cédée à son tour à un fonds de pension britannique, qui a lui-même fini par la revendre, en 2006, à la société China National BlueStar, compagnie d'Etat chinoise leader dans l'univers de la chimie, laquelle a accessoirement décidé en 2008 d'investir dans la construction d'une nouvelle unité de production… en Chine, peut-être parce qu'il est plus aisé de produire de la vitamine A à l'aide d'un produit cancérigène loin du regard gênant de salariés auvergnats qui persistent à demander qu'on change de procédé…

Car les ouvriers ont bien des raisons de s'inquiéter… En 1991, le C5 est reconnu pour ses pouvoirs toxiques et mutagènes, en particulier sur les reins. En 1994, l'entreprise, qui compte près de 700 salariés, a recensé son premier cas de cancer du rein. En 2003, 10 ouvriers en sont atteints et le phénomène le plus étrange, c'est qu'ils ont tous travaillé dans l'atelier qui fabriquait la vitamine A en utilisant le chloracétal C5. Depuis, le nombre de cas ne cesse de progresser…

Les salariés d'Adisséo qui fabriquent une vitamine A de synthèse souffrent d'un cancer du rein

En novembre 2014, on dénombrait 39 salariés ou ex-salariés atteints par ce cancer. Et 13 d'entre eux sont malheureusement déjà décédés. Face à une telle hécatombe, difficile de continuer à affirmer que cela est sans rapport avec le processus de fabrication... Pourtant, aujourd'hui encore, l'entreprise continue d'affirmer sur son site, comme si de rien n'était : « Nous améliorons la chaîne alimentaire en préservant l'animal, l'homme et l'environnement » !! Et si la direction a fini par accepter l'installation d'un sas de décontamination en 1999, elle persiste à produire jusqu'à ce jour de la vitamine A selon le procédé dénoncé depuis 1984.

Les salariés, mobilisés par le syndicaliste CGT Christian Micaud et soutenus par le médecin du travail Gérard Barrat aujourd'hui retraité, ont créé l'Association des malades de la chimie (AMC) en 2003 grâce à l'aide du lanceur d'alerte[1], toxicologue et directeur honoraire de recherche au CNRS, Henri Pézerat, aujourd'hui décédé, qui s'était notamment illustré avec sa compagne, Annie Thébaud-Mony, spécialiste de la santé au travail et directrice honoraire de recherches à l'INSERM, lors du combat pour l'interdiction de l'amiante en France.

Les salariés ont cinq cents fois plus de risques de contracter un cancer du rein

L'INVS a été mandaté en 2002 pour mener une étude sur la mortalité des salariés[2]. L'étude portait sur l'ensemble des 2 800 salariés ayant travaillé sur le site depuis 1960 et non pas seulement sur ceux de l'atelier concerné (82 personnes), mais l'INVS a néanmoins

1. Le 16 avril 2013, le législateur a adopté une loi protégeant les lanceurs d'alerte : « Toute personne physique ou morale a le droit de rendre publique ou de diffuser de bonne foi une information concernant un fait, une donnée ou une action, dès lors que la méconnaissance de ce fait, de cette donnée ou de cette action lui paraît dangereuse pour la santé ou pour l'environnement. »

2. « Agrégat de cancers du rein dans la population des salariés de l'usine Adisséo de Commentry (Allier) », état d'avancement en juin 2004.

conclu que les travailleurs de l'usine avaient un risque treize fois supérieur à la normale de développer un cancer du rein[1]. Selon maître Jean-Paul Tessonnière, si l'on rapporte ces chiffres aux seuls salariés ayant travaillé dans le fameux atelier où était fabriquée la vitamine A de synthèse, les risques de développer un cancer du rein sont cinq cents fois supérieurs[2]. Il est également important de noter qu'aucun recensement n'a été fait auprès du personnel des entreprises extérieures ayant travaillé sur le site.

Christian Micaud ne compte pas en rester là. Avec les membres de l'Association des malades de la chimie et l'aide de leur avocat, maître Jean-Paul Tessonnière, lui aussi réputé pour son action en faveur des victimes de l'amiante, il a attaqué l'entreprise pour « faute inexcusable ». Pour lui, comme pour ses collègues, c'est une évidence : « Adisséo avait connaissance du danger. » Evidence confirmée par le tribunal des affaires de sécurité sociale dans un jugement du 20 avril 2007 qui condamnait l'entreprise à verser entre 50 000 et 120 000 euros à chacune des victimes et à doubler leur rente.

Le jugement précisait même qu'« en tout état de cause l'employeur se devait d'être particulièrement vigilant quant à l'utilisation de produits qu'il avait lui-même élaborés », ajoutant « qu'il ne pouvait en sa qualité de leader mondial et de grande entreprise de la chimie, doté de moyens importants, ignorer les dangers inhérents aux manipulations de multiples substances chimiques qu'il effectuait ; que l'objectif de rentabilité qui pouvait être légitimement recherché lors de la mise en œuvre du nouveau procédé de synthèse de la vitamine A ne le dispensait pas d'études approfondies et régulières sur la toxicité à moyen et long terme des produits employés ». Il rappelait

1. Investigations épidémiologiques dans une entreprise de production de vitamines de l'Allier, décembre 2010.

2. *Viva magazine*, « Cancers professionnels à Adisséo : un effrayant constat », 12 février 2007.

également que « la société Adisséo ne dénombrait pas dans ses écritures ou dans les pièces fournies avoir pris en compte de manière rigoureuse les dangers liés au nouveau produit » et que « les études sur la toxicité du chloracétal C5, prétendument effectuées à la fin des années 1970, n'avaient pas été versées aux débats... » On se demande bien pourquoi... Egarées ?

Les salariés se battent pour faire reconnaître leur cancer comme maladie professionnelle

Mais l'AMC ne compte pas s'en tenir à cette première victoire. Elle se bat aux côtés des salariés pour le maintien d'une surveillance par échographie du personnel exposé et pour l'obtention de la reconnaissance de leur cancer du rein comme maladie professionnelle. Depuis 2012, une décision de justice oblige les caisses patronales à prendre en charge les frais de santé des victimes au lieu que cette charge incombe à la CPAM. Par voie de conséquence, les dossiers traînent en longueur, au motif qu'il faut prendre en compte des temps de latence. Par ailleurs, la fréquence des examens obligatoires est passée de deux à cinq ans.

A ce jour, 26 salariés sont reconnus en maladie professionnelle avec un taux d'incapacité permanente partielle (IPP) de 25 à 40 %, 6 sont en cours de reconnaissance et 5 autres ont décidé d'attaquer leur entreprise pour faute inexcusable de l'employeur. Une procédure pénale visant à faire condamner les dirigeants est également en cours. Ces ouvriers ne faisaient pourtant que manipuler ces vitamines A, ils ne les buvaient pas et ne les mangeaient pas non plus. Alors, corrélation ou pas ? Il est à noter que le cancer du rein est en augmentation de 2 à 3 % par an en France et dans les pays dits « du Nord ». C'est une affaire sur laquelle on n'a pas encore apposé le mot « fin ».

11

Non, dans le cochon tout n'est pas bon !

Vous connaissez la comptine ? « Il était une fois un marchand de foie qui vendait du foie dans la ville de Foix, il se dit ma foi, si j'ai mal au foie... » Eh bien, elle pourrait évoluer vers cette version beaucoup moins sympathique : « Si j'ai mal au foie, c'est peut-être bien qu'une fois j'ai mangé du foie... contaminé. »

En effet, des hépatites porcines se transmettent de plus en plus fréquemment aux humains. Des hépatites E, plus précisément, dont le nombre est en constante augmentation. Selon le Centre national de référence de la maladie, le nombre de cas recensés serait passé de 9 en 2002 à 148 en 2008, 184 en 2009 et plus de 300 en 2011. Pourtant, cette pathologie n'entre toujours pas dans la catégorie des maladies à déclaration obligatoire alors que c'est le cas en Allemagne depuis 2001. Certains spécialistes estiment que le nombre de victimes est largement sous-estimé. Au Royaume-Uni, par exemple, le nombre de personnes touchées par l'hépatite E est passé de 124 en 2003 à 691 en 2013[1].

Ces hépatites E provoquent des cirrhoses qui, après une période d'incubation pouvant aller jusqu'à huit

1. Public Health England, Guidance « hepatitis E : symptoms, transmission, treatment and prevention », 1er juin 2014.

semaines, se traduisent dans la plupart des cas par une grande fatigue, une coloration jaune de la peau et des muqueuses, une augmentation du volume du foie et des problèmes digestifs de type nausées et maux de ventre.

La guérison survient généralement entre deux et quatre semaines, mais dans les cas les plus graves – notamment chez les patients les plus fragiles comme les femmes enceintes, les personnes immunodéprimées ou atteintes d'une maladie hépatique – l'inflammation du foie peut donner lieu à une hépatite fulminante potentiellement mortelle dans 1 à 2 % des cas. La seule alternative possible est alors une greffe du foie. Chaque année en France, un ou deux malades d'hépatite E sont ainsi greffés en urgence.

L'hépatite E est désormais considérée comme une maladie émergente

Pour le coup, le gouvernement a pris le taureau par les cornes – ou plutôt le cochon par les oreilles – et a lancé deux alertes : une en 2009 et l'autre en 2011. Car l'affaire est sérieuse : les scientifiques croyaient cette maladie réservée aux pays sous-développés, où elle se propage par le biais d'eau ou de nourriture contaminées par des matières fécales. Or l'hépatite E autochtone, c'est-à-dire non importée par des voyageurs, est bien plus fréquente dans les pays développés qu'on ne le pensait jusqu'alors. Dans notre pays, elle est même désormais qualifiée de maladie émergente.

Malgré les efforts des ministères de l'Agriculture et de la Santé, l'information est encore trop peu connue des consommateurs. Saviez-vous par exemple que la principale source de contamination est la charcuterie crue ou insuffisamment cuite à base de foie de porc ? Comme les saucisses de foie fraîches ou sèches, le foie sec, les quenelles de foie ou les figatelli, ces saucisses corses à base de foie de porc, qui se consomment la plupart du temps crues...

Le premier à avoir tiré la sonnette d'alarme est l'hépato-gastro-entérologue Jean-Marie Péron, du Centre hospitalier universitaire de Toulouse. Dès 2006, ce médecin a constaté que dans son service les hépatites E devenaient plus fréquentes que les hépatites A, et il a donc appelé, dans la revue *Hépato-Gastro*, à prendre toutes les mesures de sécurité utiles.

Ce sont ensuite deux médecins marseillais, le professeur René Gerolami, responsable du service hépato-gastro-entérologie de l'hôpital de la Conception, et le docteur Philippe Colson, du laboratoire de virologie de l'hôpital de la Timone, qui ont signalé la recrudescence de cas au sein de leurs hôpitaux. Et ils ont démontré que la vingtaine de patients diagnostiqués en 2008 à Marseille avaient en commun d'avoir consommé des figatelli crus.

Mise en cause des figatelli

Pour en avoir le cœur net, les deux médecins ont réalisé des tests sur sept figatelli achetés en mars 2009 dans un supermarché marseillais. Résultat : cinq étaient contaminés par le virus de l'hépatite E. Et leur génotype, c'est-à-dire leur signature génétique, était le même que celui des souches détectées chez les malades. Ce génotype, dit de classe 3, ne laissait par ailleurs aucun doute quant à l'origine de la contamination puisqu'il correspondait à celui retrouvé chez le porc. Les génotypes 1 et 2, provenant d'Afrique et d'Asie, correspondent aux virus transmis par l'eau ou l'alimentation souillées.

Selon l'INVS, chargé de recenser ce type de pathologie, les victimes sont inégalement réparties sur notre territoire, et ce sont des habitants du Sud-Est (Corse, PACA) et du Sud-Ouest (Midi-Pyrénées, Languedoc-Roussillon) qui sont principalement atteints, pour la simple raison que dans ces régions on apprécie les spécialités à base de foie cru.

Des saucisses à consommer « cuites à cœur »

Ni le séchage des saucisses ni la congélation ne suffisent à détruire le virus. Les autorités françaises ont donc demandé, dès mai 2009, aux producteurs de saucisses de foie de porc d'indiquer sur l'étiquetage « à consommer cuit à cœur ». Initiative utile, même si la plupart du temps c'est écrit en tout petit, avec des caractères de taille si réduite qu'il faut des lunettes sinon une loupe pour y voir quelque chose.

Ce n'est pas faute pour la Commission européenne d'avoir essayé, à la même époque, d'imposer des caractères de 3 millimètres minimum. Mais c'était compter sans les efforts des lobbies agroalimentaires, qui ont tout fait pour que les Etats membres rétrécissent la taille des caractères à 1,2 millimètre. Il va falloir sortir la loupe. Pour les petits emballages, la taille minimum de la police est ramenée à 0,9 millimètre. A titre de comparaison, dans les journaux et magazines, la norme est de 2 millimètres. Impossible d'imaginer, en effet, qu'un consommateur puisse constater du premier coup d'œil que sa terrine de chevreuil contient en fait 70 % de viande de porc. A l'époque, l'Association nationale des industries alimentaires (ANIA)[1], qui s'est érigée en porte-parole de l'industrie alimentaire française, expliquait dans une de ses lettres d'information que « l'emplacement de l'étiquetage nutritionnel reste au libre choix de l'opérateur ». En revanche, si l'agroalimentaire tient à garder nos étiquettes

1. Cette association, constituée de 10 282 entreprises alimentaires, représente le premier secteur industriel en termes de chiffre d'affaires et le second employeur industriel français, avec près de 500 000 salariés.

illisibles, il se décarcasse aussi pour continuer à afficher, et en très gros, les fameuses « allégations santé ». Si, si, vous savez, les allégations du type « bon pour les os », « riche en fibres »...

Alors, si par chance vous avez de bons yeux et que vous ayez réussi à déchiffrer la mention « à consommer cuit à cœur », il vous reste encore à savoir que cela signifie que votre figatellu doit atteindre à cœur une température supérieure à 71 °C, et ce pendant vingt minutes. Ce manque d'explication est criminel quand on sait que le code des usages de la charcuterie précise que les figatelli et autres saucisses de porc crues doivent contenir au minimum 30 % de foie de porc.

Une saucisse de foie sur trois est contaminée par le virus de l'hépatite E

Une longue cuisson est donc absolument indispensable. D'autant plus que, selon la DGAL[1], 3 % des foies salés séchés et 30 % des figatelli analysés au stade de la production sont porteurs du virus de l'hépatite E. Une saucisse de foie sur trois est donc contaminée ! Le même plan précisait que « les administrations allaient relancer une campagne de communication auprès des professionnels de santé afin de rappeler les recommandations en matière de sécurité des aliments pour les patients à risques » et ajoutait : « Des rappels seront faits également vers les organisations professionnelles sur les obligations d'étiquetage et d'information des consommateurs, accompagnés de contrôles renforcés, en particulier sur les conditions de cuisson des denrées alimentaires. »

Plus qu'une nécessité, une urgence ! D'autant que deux tiers des élevages français seraient contaminés[2]. Ce qui

1. Rapport du plan de surveillance 2011 (publié en septembre 2012).
2. ANSES, septembre 2012.

pose un sérieux problème sanitaire, car il n'existe à ce jour aucun vaccin contre ce virus.

L'élevage intensif de porcs favorise le développement de l'hépatite E

Si les personnes les plus contaminées sont d'origine méridionale, les cochons les plus atteints sont bretons. Comme l'expliquent les auteurs de l'étude : « Les pratiques d'élevage, dans les zones à forte densité porcine, pourraient favoriser la diffusion de l'hépatite E. » Or la Bretagne accueille près de 60 % de l'élevage porcin sur une surface correspondant à 6 % du territoire national, avec une production qui approche des 14 millions de bêtes.

En outre, contrairement à l'image d'Epinal véhiculée par les étiquettes que vous retrouvez sur vos barquettes dans les supermarchés, ces cochons, pour la plupart de races Large White et Landrace, sont loin de gambader en plein air et de passer le plus clair de leur temps à se rouler dans la boue pour se protéger des parasites et du soleil. Ces omnivores plus intelligents que les chiens et les chats, qui sont capables de distinguer une quarantaine de plantes comestibles, de chasser les petits rongeurs cachés au fond de leurs galeries ou de fouiller le sol à la recherche de bulbes, de racines et de vers, mais sont, dans neuf cas sur dix, affaiblis par des conditions d'élevage concentrationnaires. Rendus fous par l'enfermement, ils en viennent à se mordre les oreilles et la queue, comportements que les éleveurs combattent… en leur coupant la queue et en leur limant les dents ! Logique, non ?

L'élevage intensif est propice au développement de maladies en tous genres

Alors que les porcs sont parmi les rares animaux à faire leurs besoins le plus loin possible de l'endroit où ils mangent, ils se retrouvent parqués dans des espaces exigus, privés de la lumière du jour, où la paille a été remplacée par des caillebotis, sortes de lattes en plastique qui laissent passer leurs déjections. Ils vivent confinés dans d'horribles odeurs d'ammoniac et d'excréments propices au développement de maladies en tous genres.

L'air est filtré en permanence à l'aide d'énormes ventilateurs, mais cela ne suffit pas. Pas plus pour les cochons que pour les éleveurs… Plusieurs études épidémiologiques réalisées en 2012 au Danemark et en Pologne viennent de mettre en évidence le lien entre la mauvaise qualité de cet air et les symptômes respiratoires aigus et chroniques qui touchent nombre d'éleveurs. L'étude danoise recommande même la mise en place de mesures de protection supplémentaires afin de limiter l'exposition des travailleurs.

La moitié des maladies qui frappent les cochons sont d'ordre respiratoire. Les animaux rejettent le virus dans leurs excréments. Leur promiscuité fournit par conséquent un cadre idéal pour la transmission du virus de l'hépatite E. Pas étonnant dans ces conditions que les chercheurs de l'ANSES aient conclu que « certains élevages comptent jusqu'à 90 % d'animaux présentant des anticorps anti-VHE, signe d'une infection actuelle ou passée ».

10 % seulement de la charcuterie corse est faite à partir de cochons corses

Une des raisons pour lesquelles les Méridionaux et notamment les Corses sont davantage touchés par cette maladie tient à certaines habitudes alimentaires, mais pas seulement. Selon les services de la Direction générale de la répression des fraudes de Haute-Corse : « Moins de 10 % de la charcuterie insulaire est faite de façon traditionnelle, soit seulement 1 000 tonnes sur les 11 000 produites chaque année[1]. »

Plutôt que de nourrir pendant dix-huit mois avec des glands et des châtaignes des Porcu Nustrale, la race locale aux oreilles tombantes et aux pattes fines, bon nombre de producteurs font venir des porcs industriels bretons par camions entiers. Des porcs roses qui poussent trois fois plus vite que leurs cousins insulaires, en six mois au lieu de dix-huit, et qui du fait de leur promiscuité ont le privilège d'être les plus contaminés de l'Hexagone... Ceux qui sont revendus aux touristes sous les appellations lonzu (filet séché), prisuttu (jambon cru séché) et autre figatellu (saucisse de foie)...

Les deux cents authentiques producteurs corses attendaient leur AOC depuis treize ans, pour défendre la qualité et l'origine de leurs cochonnailles face à leurs concurrents moins regardants. C'est chose faite depuis avril 2012. Sauf que ladite estampille n'est valable que pour le prisuttu, la coppa et le lonzu. Bizarrement, le figatellu, le fameux saucisson de foie cru qui fait la réputation de l'île et qui présente paradoxalement le plus grave danger pour le consommateur, ne fait pas partie de l'AOC. Mais cela est à n'en pas douter sans le moindre rapport avec la nécessité d'écouler les stocks de foies de porcs bretons...

L'indication du lieu d'élevage et d'abattage des porcs est encore sujette à discussion

La Corse n'est certainement pas le seul endroit où les tromperies sur l'origine des porcs sont répandues. Ces fraudes sont d'autant plus aisées que, à l'inverse des bovins,

1. *Corse matin*, « 90 % de la charcuterie n'est pas fabriquée dans les règles de l'art », 7 janvier 2011.

que l'on suit à la trace depuis la crise de la vache folle, les porcs, tout comme les volailles, les chèvres et les moutons, ne devaient être soumis à un étiquetage obligatoire mentionnant le lieu d'élevage et le lieu d'abattage qu'à partir du 1er avril 2015. A la différence des vaches, l'indication du lieu de naissance ne devait pas être obligatoire. Autre subtilité de la réglementation : un lieu d'élevage pouvait être indiqué pour les ovins et caprins après six mois de résidence, après quatre mois pour les porcs et un mois pour la volaille ! Les animaux soumis à des va-et-vient permanents devaient être signalés comme « élevés dans divers pays » de l'Union européenne ou dans des pays tiers[1].

Seul os : ce règlement[2] publié en décembre 2013 par la Commission européenne a été rejeté par le Parlement européen le 6 février 2014 au motif qu'il risquait de tromper le consommateur. Les parlementaires ont demandé à la Commission de proposer un règlement identique à celui en vigueur pour la viande bovine, mentionnant les lieux de naissance, d'élevage et d'abattage. Ils réclament également que les viandes hachées et les chutes de parage, c'est-à-dire les petits morceaux de viande obtenus lors du désossage et de la découpe, soient soumises aux mêmes règles, alors que le règlement publié en décembre les en exemptait. La Commission doit donc revoir sa copie.

Allemagne : dumping social et distorsion de concurrence

Le continent européen est aujourd'hui l'objet de bon nombre d'artifices et de contrevérités de la part des transformateurs et de la grande distribution. Les 23 000 éle-

1. Pays ou territoires hors de l'Union européenne. Par exemple, la Chine, la Suisse ou la principauté de Monaco sont des pays tiers alors que l'Italie ou la Bulgarie n'en sont pas.
2. Règlement d'exécution n° 1337/2013.

veurs français produisent chaque année 25 millions de cochons, mais cela ne suffit pas pour nourrir l'appétit des Français, lesquels consomment environ 35 kilos par personne et par an. Notre pays n'est plus le leader de l'élevage européen, il a été supplanté par l'Allemagne, qui produit 56 millions de cochons par an, et l'Espagne, qui en élève 43 millions.

Si les abattoirs allemands sont les plus compétitifs, c'est en partie parce qu'ils se sont modernisés à temps, mais c'est aussi parce que l'application de la fameuse directive Bolkestein, qui visait à ouvrir les frontières de l'emploi aux travailleurs détachés au sein de l'Union, a été très diversement appliquée dans les pays européens. Pour rappel, ce statut adopté en 1996 et assoupli en 2006 par le commissaire européen Fritz Bolkestein prévoit normalement que les travailleurs d'un pays européen puissent être employés au maximum vingt-quatre mois aux conditions du pays d'accueil – salaire minimum, congés, horaires, standards de sécurité –, avec une contrepartie, et non des moindres : les cotisations sociales appliquées au contrat restent fixées et prélevées par le pays d'origine du travailleur. Or, elles varient considérablement : 40 % du salaire en France, 20 % en Allemagne ou en Pologne, 13 % au Luxembourg, 6 % à Chypre.

L'Allemagne tire aussi son épingle du jeu parce que ses éleveurs et ses abatteurs bénéficient d'avantages fiscaux et environnementaux comme la fabrication à partir des déjections porcines de méthane revendu sous forme de biogaz. De plus, ils n'offrent pas le même niveau de rémunération à leurs salariés d'origine étrangère, qui représentent 80 % à 90 % de la masse salariale de certains établissements et qui ne bénéficient que très exceptionnellement des mêmes conditions de travail que les autochtones.

Au détriment des salariés des pays de l'Europe de l'Est transformés en esclaves modernes…

Cette situation absurde a été dénoncée une première fois le 12 janvier 2011 auprès de la Commission européenne par les acteurs français de la filière porcine réunis au sein du Collectif contre le dumping social en Europe[1]. Deux ans plus tard, Monica De Coninck et Johan Vande Lanotte, alors ministres belges respectivement de l'Emploi et de l'Economie, leur emboîtaient le pas en portant plainte en mars 2013 auprès de la Commission. Pour eux aussi, l'« Allemagne pratique un véritable dumping social ». Certains abattoirs et ateliers de découpe emploient des travailleurs roumains, polonais, ukrainiens, hongrois ou bulgares, qui travaillent souvent douze heures par jour pour 3 ou 4 euros de l'heure, le tout sans assurance maladie, sans congés payés et sans droit à la retraite. N'ayons pas peur des mots : dans certains abattoirs, les conditions d'emploi s'apparentent clairement à de l'esclavage moderne.

Les députés de la commission des affaires européennes de l'Assemblée nationale qui se sont penchés sur la question ne mâchent pas leurs mots quant à la situation de ces travailleurs détachés[2] : « Le travailleur "low cost" devient ainsi le nouvel esclave moderne. Titulaire d'un contrat de travail qui n'est pas respecté, il travaille plus que ce qu'autorise la législation, peut dormir dans des hangars ou sur de simples paillasses, être nourri de boîtes de conserve pendant des semaines, et ne fait l'objet d'aucun contrôle de la part de la médecine du travail. »

Les industriels allemands de la viande exploitent abusivement les failles du dispositif communautaire. Ils emploient cette main-d'œuvre détachée « mise à disposi-

1. www.stop-dumping-social-europe.org
2. Rapport d'information sur la proposition de directive relative à l'exécution de la directive sur le détachement des travailleurs, 29 mai 2013.

tion » par des sociétés étrangères « boîtes aux lettres ». Grâce à ce système de « prestations de services », ils se soustraient aux règles applicables au travail intérimaire : « même travail, même salaire », et ce avec d'autant plus d'aisance que l'Allemagne était un des pays européens où il n'existait pas de salaire minimum jusqu'au 1er juillet 2014.

... et des salariés des pays européens limitrophes

Le chiffre d'affaires de la filière allemande est ainsi passé, entre 2005 et 2011, d'un quart de milliard à 34,6 milliards d'euros. Les industries d'outre-Rhin ont prospéré au point de devenir le troisième exportateur mondial de cochon derrière la Chine et les Etats-Unis, et ce au détriment des pays limitrophes. Le Danemark a par exemple assisté à la fermeture de la plupart de ses abattoirs et au licenciement de 3 000 salariés. Les Pays-Bas et la Belgique ont eux aussi dû fermer un grand nombre de leurs abattoirs. Pour le ministre belge de l'Economie : « Cela ne va pas. Pas seulement parce que c'est mauvais pour nos entreprises mais parce qu'il faut adapter ces conditions de travail, qui sont inhumaines. »

Cela explique que l'abattage et surtout la découpe de la viande sont proposés outre-Rhin à des tarifs beaucoup plus compétitifs que dans le reste de l'Europe. De fait, en Belgique, la découpe d'un porc coûte 4,5 euros, contre 1,66 euro en Allemagne. D'où cette situation absurde où des bêtes abattues en Belgique sont découpées en Allemagne avant de revenir dans le circuit belge... Trop c'est trop ! Les plaintes françaises et belges ont incité la Commission européenne à réagir.

La directive « détachement » est révisée... enfin peut-être bientôt !

La directive Bolkestein a été révisée le 9 décembre 2013. Cet accord prévoit la mise en place de plusieurs outils de contrôles et de sanctions. La notion de « détachement » sera d'abord précisée. Elle imposera aux entreprises détachant des travailleurs d'avoir une activité réelle dans le pays d'origine afin d'éviter la multiplication des sociétés « boîtes aux lettres ». Les Etats se verront imposer des obligations en termes de contrôles.

La France a par ailleurs réussi à négocier le fait que la liste des documents exigibles par chaque Etat auprès des entreprises détachant des travailleurs ne soit pas limitée et reste « ouverte ». Toutefois, les procédures mises en place par chaque Etat membre devront être notifiées à la Commission européenne, qui vérifiera si elles sont « proportionnées ». L'autre victoire du gouvernement français est l'adoption du principe de responsabilité solidaire, qui permettra – seulement dans le secteur du BTP – de faire peser la responsabilité d'une fraude éventuelle sur l'ensemble de la chaîne des contractants, incluant les donneurs d'ordres ayant fait appel à des prestataires véreux. Affaire à suivre, puisque, avant d'être réellement appliqué, cet accord doit encore être validé par le Conseil et le Parlement européens.

Un salaire minimum allemand est acté à partir du 1er juillet 2014

Les syndicats, les démocrates-chrétiens et les médias ont également dénoncé la situation, et un accord a été conclu début janvier 2014 entre les employeurs et les syndicats des abattoirs allemands. Depuis le 1er juillet 2014, les 80 000 employés qui travaillent outre-Rhin doivent être rémunérés au tarif minimum brut de 7,75 euros de l'heure, puis 8 euros de l'heure à partir du 1er décembre

2014, 8,60 euros à compter du 1er octobre 2015 et enfin 8,75 euros le 1er décembre 2016. Là encore, un succès en demi-teinte puisque les industriels d'outre-Rhin s'accordent un délai de deux ans avant que ce salaire minimum s'approche du Smic français, d'un montant de 9,53 euros de l'heure depuis le 1er janvier 2014. De l'autre côté des Pyrénées, en Espagne, le salaire minimum est d'environ 750 euros par mois, soit juste un peu plus que la moitié du Smic français brut.

Cette concurrence fait beaucoup de mal à la filière française. Une étude de l'Institut français du porc (IFIP) révèle qu'en moyenne l'élaboration d'un kilo de porc en Allemagne, découpe et désossage partiel compris, coûte 3 à 4 centimes d'euros de moins que chez nous[1]. Ces chiffres sont extrêmement révélateurs et ouvrent la porte aux importations de viande porcine allemande sur notre territoire.

D'après Eurostat, le site de l'office statistique des Communautés européennes, qui se base sur les rapports de chaque Etat, la France a par exemple importé, en 2013, 99 200 tonnes de « viandes, produits transformés et graisses porcines » allemands, alors que nous en exportions, toujours vers l'Allemagne, près de trois fois moins (39 300 tonnes). Des chiffres révélateurs, qu'il faut cependant « utiliser avec beaucoup de précautions ». Eurostat précise en effet que « de fortes incohérences sont constatées entre les volumes déclarés exportés par un Etat et ceux déclarés importés par le pays destinataire » et que « ces éléments ont été réalisés en recoupant plusieurs sources ». Comment imaginer, dans ces conditions, que la viande puisse être réellement tracée ? Cela dit, et au regard des millions de tonnes de porcs abattus outre-Rhin, la facture est lourde.

1. *Le Parisien*, « Filière porcine française : la crise à tous les étages », 2 mars 2013.

Les abatteurs allemands achètent le porc plus cher à leurs éleveurs que les Français

Entre 2000 et 2013, la production porcine a bondi de 23 % en Allemagne, de 18 % en Espagne et de 14 % au Danemark, alors qu'elle a reculé de 2 % en France. L'Allemagne est ainsi devenue le premier exportateur européen de viande porcine, avec près de 2,5 millions de tonnes équivalent carcasse (tec) exportées par an. D'autant que grâce à ces faibles coûts de main d'œuvre, les abattoirs allemands payent le porc un peu plus cher à leurs éleveurs (1,74 euro le kilo en moyenne en 2013) et soutiennent ainsi leur filière, ce qui est beaucoup moins le cas chez nous (1,63 euro le kilo en moyenne en 2013).

En France, les plus gros abattoirs sont sanctionnés pour entente illégale

En février 2013, l'Autorité de la concurrence a sanctionné, à hauteur de 4,57 millions d'euros, huit abatteurs de porcs et deux organismes professionnels pour des pratiques jugées anticoncurrentielles. Cette autorité administrative indépendante, au service du consommateur, est spécialisée dans l'analyse et la régulation du fonctionnement de la concurrence sur les marchés, pour la sauvegarde de l'ordre public économique. Elle avait été saisie en 2008 par quatre éleveurs bretons révoltés par « une fixation concertée des quantités de porcs achetées par les grands abatteurs dans le but de faire baisser le prix du porc payé aux éleveurs ».

L'amende la plus importante concerne le groupe Bigard-Socopa, qui devra s'acquitter de la somme de 3,102 millions d'euros ! L'Autorité a également sanctionné la French Meat Association, le syndicat des abatteurs, anciennement Syndicat national du commerce de porc (SNCP). Il lui a notamment été reproché d'avoir « diffusé des consignes de prix, ainsi que d'autres pratiques d'entente entre les abatteurs », le tout bien évidemment aux dépens d'éleveurs déjà pris à la gorge.

Et ce n'est pas tout. La viande porcine a encore baissé pour atteindre 1,21 euro le kilo au marché au cadran du porc breton en octobre 2014 – la référence pour le prix du porc français –, alors que son prix de revient est estimé par les éleveurs à 1,55 euro le kilo. La cause officielle : l'embargo total d'un an sur les produits agricoles et agroalimentaires venus de l'Union européenne, des Etats-Unis, d'Australie, du Canada et de la Norvège décrété par la Russie en août 2014. Cette décision, prise en représailles aux positions de ces pays dans le conflit ukrainien, concerne aussi bien le porc que le bœuf, la volaille, le poisson, le fromage, le lait, les fruits et les légumes. Pour la France, cela représente environ 250 millions d'euros de manque à gagner[1], soit à peine 1,5 % du volume total des exportations françaises dans le monde sur ces produits. Pour l'Europe, l'agroalimentaire ne représente que 10 % des exportations européennes vers la Russie, soit à peine 0,01 % du PIB européen, l'Allemagne, les Pays-Bas et la Pologne étant les pays les plus touchés. Par ailleurs, les autres catégories de biens français qui s'exportent le mieux vers la Russie, comme les hélicoptères, les équipements électroniques et informatiques, les médicaments et les produits chimiques, ne sont pas touchées par l'embargo.

Pour justifier la baisse des prix, les industriels de l'agroalimentaire expliquent que 750 000 tonnes de viande de porc européenne se retrouvent sur le marché européen au lieu d'être exportées, et comme l'Allemagne – qui continue à augmenter sa production – ne vend pas non plus aux Russes, elle vient brader son jambon en France ! Cependant, il est important de rappeler que cet embargo

1. UN Comtrade (bases de données des statistiques sur le commerce des produits de base, Nations unies, 2013).

russe sur le porc européen est entré en vigueur en février 2014 et qu'il est lié à des cas de peste porcine décelés en Pologne et en Lituanie, soit six mois avant la deuxième décision, liée, cette fois-ci, au conflit ukrainien. Les producteurs des autres pays européens ont proposé la mise en place d'accords bilatéraux nationaux avec la Russie de façon à exclure les deux zones contaminées sans pour autant bloquer l'ensemble des ventes, mais sans succès. La Commission européenne a porté plainte en avril 2014 auprès de l'OMC pour que la Russie ouvre sa frontière.

Si les industriels français ne jouent pas la carte du patriotisme alimentaire, en Belgique le groupe de distribution Colruyt[1] a indiqué, fin septembre 2014, qu'il ne suivrait plus la dépréciation du cours de la viande de porc et qu'il gelait le prix d'achat à son niveau actuel durant deux mois, afin de soutenir les éleveurs belges.

Pour les éleveurs français, le compte n'y est toujours pas. L'alimentation d'un porc représente 65 % de son prix, et le prix des aliments a été multiplié par deux en quatre ans. Depuis plusieurs années, de nombreux éleveurs ont dû cesser leur activité. Et d'après les représentants de la filière, ce phénomène devrait encore s'accentuer en 2015. Ils estiment qu'entre 10 et 15 % des éleveurs risquent de devoir jeter l'éponge, ce qui ferait baisser la production française de porcs de 1,1 million de têtes.

La grande distribution responsable de la course aux plus bas prix

A cela s'ajoute le fait que les éleveurs ne se sentent pas soutenus par les transformateurs et la grande distribution. Les éleveurs français ont beaucoup de mal à répercuter les

1. Au 31 décembre 2013, le groupe Colruyt possédait 225 magasins en Belgique, 62 en France et 2 au Luxembourg.

hausses du prix de l'alimentation sur leurs clients. « Nous sommes pris en étau, nous nous heurtons à la politique de la distribution de vendre toujours moins cher », indique Paul Roche, directeur délégué du SNIV-SNCP.

En mars 2013, Jean-Marc Lézé, président de la Fédération départementale des syndicats d'exploitants agricoles du Maine-et-Loire, a poussé encore plus loin sa critique du comportement de la grande distribution dans les négociations commerciales et de la course aux prix toujours plus bas pratiquée par les enseignes, à commencer par Michel-Edouard Leclerc, qu'il cite nommément. « Cette pression à la baisse permanente est destructrice, les grandes et moyennes surfaces (GMS) deviennent une usine à chômage ; elles portent une lourde responsabilité dans la disparition des emplois dans les exploitations agricoles et dans les entreprises qui les fournissent[1]. » Une déclaration courageuse, qui résume bien ce que vivent les éleveurs et agriculteurs français mais que, par peur de rétorsion, personne n'ose dénoncer avec autant d'aplomb et de précision.

En 2011, par exemple, alors que le kilo de porc se négociait en moyenne dans l'Hexagone à 1,47 euro, il était en moyenne de 1,31 euro sur le marché du porc breton, pour se retrouver proposé à 2,15 euros à Rungis, le plus grand marché alimentaire au monde, avant d'être revendu au consommateur 6,58 euros le kilo, sous forme de porc frais, et 10,59 euros pour le jambon cuit.

Les éleveurs de porcs ont pourtant essayé de mettre toutes les chances de leur côté. Ils ont réactivé le logo Viande de porc française (VPF), en sommeil depuis 2001, devenu depuis 2013 le Porc français. Cette démarche, qui rassemble 98 % des élevages de porcs français, répond à un cahier des charges précis et garantit notamment que les cochons sont nés, élevés et abattus en France, et ce, grâce à un système d'audit qui prévoit de contrôler

1. *L'Anjou agricole*, « La FDSEA et JA ont rencontré les parlementaires », 14 mars 2013.

annuellement… 5 à 10 % des exploitations. En somme, de contrôler chaque établissement une fois tous les dix ou vingt ans. C'est mieux que rien, n'est-ce pas ?

La charcuterie française fabriquée à partir de cochons importés

Selon Michel Rieu, directeur du pôle économique de l'IFIP, un Français paye ses côtes de porc en supermarché 10 à 15 % plus cher que son voisin outre-Rhin. Un surcoût non négligeable. Du coup, une grande partie de la charcuterie française est fabriquée à partir de cochons importés, ce qui explique pourquoi 60 à 65 % des produits de charcuterie vendus dans l'Hexagone ne portent pas de logo VPF ou Porc français. Malgré cela, la grande distribution et ses agences de marketing ne se privent jamais d'utiliser l'origine des produits comme argument commercial, en prenant leurs aises avec la vérité : « transformé en France » signifie par exemple que le produit a été finalisé en France mais en aucun cas que ses ingrédients sont d'origine locale.

Dans un de ses prospectus, la chaîne Carrefour Market met en avant un jambon avec cette mention : « *Le Foué* origine France (1) », mais en bas à gauche du prospectus, en tout petits caractères, il est précisé : « (1) à partir de viande de porc en provenance de l'UE ». Autre exemple, le « Jambon Cuit de Paris » de la marque Dia est en fait fabriqué en Allemagne, comme l'atteste l'estampille sanitaire : DE EV42 EG, où « DE » veut dire… Deutschland. Quant aux « Rillettes du Mans » élaborées en France, elles sont encore une fois « préparées à partir de viandes de porc importées des pays de l'UE » – mais il faut prendre une loupe tant cela est écrit en tout petit…

Evidemment, c'est le consommateur gaulois qui est le cochon, euh, le dindon de la farce… En 2011, Bruno Le Maire, alors ministre de l'Agriculture, dénonçait déjà les

« marges excessives sur un certain nombre de produits dans la grande distribution[1] » en prenant pour exemple le jambon, dont près de la moitié du prix payé par le consommateur représente les marges de la grande distribution. En 2013, l'Observatoire de la formation des prix et des marges confirmait son analyse. Pour 1 kilo de jambon cuit acheté au tarif moyen de 10,90 euros, 4,16 euros sont dédiés à la marge brute des grandes et moyennes surfaces. Le porc, lui, représente 32 % seulement du prix du jambon (3,52 euros) !

L'affaire des porcs allemands à la dioxine

Ces exemples où le consommateur est pris au piège du manque de traçabilité ne sont malheureusement pas exceptionnels. Fin décembre 2010, les autorités allemandes ferment en catastrophe 4 709 exploitations situées principalement en Basse-Saxe, dans le nord-ouest du pays, et exigent l'abattage d'urgence de milliers de poules, de dindes et de cochons. Pour quelle raison ? L'utilisation dans l'alimentation des bêtes de 150 000 tonnes de fourrage contaminé à la dioxine, substance classée « cancérigène pour l'homme » par le Centre international de recherche sur le cancer.

Son absorption en petite quantité n'est pas immédiatement dangereuse, mais le corps humain l'élimine difficilement, alors qu'elle favorise la survenue de cancers du côlon, du pancréas et du sang. Elle est neurotoxique, mais aussi reprotoxique, c'est-à-dire susceptible de détraquer le système reproductif et de provoquer des fausses couches, et également perturbatrice du système immunitaire.

Vu l'importance des volumes concernés, le ministère de l'Agriculture allemand a rejeté l'hypothèse d'une contamination accidentelle et dénoncé une action frauduleuse de

1. *Ouest-France*, « Grande distribution. Le Maire dénonce des "marges excessives" », 28 juin 2011.

grande échelle de la part de l'entreprise Harles und Jentzsch. Des œufs à la dioxine sont retrouvés dans des produits finis aux Pays-Bas et au Royaume-Uni. Ce scandale lié à la dioxine a fait l'effet d'une bombe dans le monde entier.

Les contaminations à la dioxine ne sont pourtant pas nouvelles...

Depuis le début du siècle, les contaminations majeures à la dioxine se sont succédé au sein de l'Union européenne. Par deux fois en Allemagne, en 2003 et fin 2010, mais aussi en Belgique en 2006 ainsi qu'en Irlande en 2008. Autant d'alertes qui ne semblent pourtant pas avoir porté leurs fruits. Heureusement, cela a permis à l'Organisation mondiale de la santé animale d'affirmer que la crise allemande de la dioxine avait démontré que le RASFF, l'organisme d'alerte européen, « fonctionnait »... Certes, mais une fois que la contamination s'est produite, n'est-il pas déjà trop tard ?

A l'époque, la Corée du Sud, la Chine, la Russie et la Slovaquie avaient aussitôt fermé leurs frontières aux importations de porcs et de volailles allemands. Outre-Rhin, la ministre de l'Agriculture avait tenté de rassurer les consommateurs en affirmant qu'à « aucun moment les produits agricoles allemands n'ont été dangereux ». En France, Pascale Briant, alors directrice générale de la DGAL, avait fait de même en organisant une conférence de presse pour rassurer le consommateur français sur la crise allemande, qui ne présentait pas de « risque sanitaire » car « à ce stade aucune indication démontrant la présence de produits contaminés sur le territoire français n'a été relevée »...

Or, Union européenne oblige, les marchandises produites à l'intérieur des pays membres circulent librement. En ce qui concerne la dioxine, la France n'a effectué en 2010 que 16 analyses sur les 20 prévues... Si, si, vous avez bien lu, 16 analyses, dont une non conforme, en tout et pour tout sur près de 25 millions de porcs, un chiffre dérisoire, ces quelques analyses ayant autant de chances de détecter une substance cancérigène que de trouver une aiguille dans une botte de foin... Raison sans doute pour laquelle la directrice générale de la DGAL appelait « les opérateurs à renforcer leur vigilance sur les autocontrôles menés dans chaque entreprise »...

... surtout quand elles sont découvertes au bout de neuf mois

Les Français adorent la charcuterie et par-dessus tout le jambon. Ils en consomment près de 26 kilos par an. Les Allemands, quant à eux, consomment le porc sous forme de *Würste*, ou saucisses, qui constituent une de leurs plus grandes spécialités culinaires. Les Français échangent donc les échines de leurs porcs, c'est-à-dire la partie dorsale, contre des jambons et des épaules teutons qui en 2010 étaient potentiellement contaminés par la dioxine. Plus grave : tout comme dans le scandale du « chevalgate », l'opinion publique a appris bien plus tard que les premières analyses positives à la dioxine remontaient en fait au mois de mars 2010, soit neuf mois plus tôt ! Mais nous pouvons dormir tranquilles, puisque l'OIE nous assure que le système d'alerte fonctionne bien...

L'enquête des autorités allemandes a démontré que le producteur Harles und Jentzsch avait récupéré entre 2 500 et 3 000 tonnes d'huile alimentaire usagée en provenance de fast-foods et s'en serait servi pour l'alimentation des bêtes. Mais ce n'est pas le fait d'utiliser de la vieille graisse qui posait problème, c'est le fait qu'elle était contaminée à la dioxine. Il faut dire qu'en l'absence de toute réglementation spécifique les fabricants allemands sont responsables de la réalisation de tests censés déterminer la concentration de leurs aliments en dioxine. Ces analyses sont onéreuses – 400 euros l'unité –, ce qui tempère sans doute leur zèle...

Des milliers de poulets et de porcs ont certes été abattus, mais combien sont passés entre les mailles du filet, si l'on considère le temps qui s'est écoulé entre les premières analyses positives en mars 2010 et l'alerte européenne en décembre de la même année ? Une viande qui a ensuite été transformée en jambon et consommée par nos enfants... Intéressant, non ?

L'hépatite E est directement transmissible à l'homme

Revenons, pour finir, à l'hépatite E. Les porcs d'élevage ne sont pas seuls concernés. Selon une étude de l'INSERM publiée en 2012, en plus des sangliers et des cerfs, 7 % des lapins d'élevage et 23 % des lapins sauvages seraient également porteurs du virus.

Et ce n'est pas tout ! La contamination directe vers l'homme existe aussi. Dans sa thèse[1], Fleuriane Marine Marulier, aujourd'hui vétérinaire diplômée de l'école de Maisons-Alfort, indique que les personnes en contact direct avec les porcs et la faune sauvage, c'est-à-dire les chasseurs, les éleveurs, les vétérinaires et le personnel d'abattoir, ont une séroprévalence plus élevée que la population générale : cela veut dire qu'ils ont été, à un moment de leur vie, contaminés par ce virus. Un contact direct avec des animaux infectés représente donc un facteur de risque supplémentaire. Une étude[2] de la Mutualité sociale agricole, publiée en 2013, le confirme : 43,8 % des professionnels d'élevage de porcs ont été un jour en contact avec le virus contre 36,6 % des professionnels en milieu forestier et 26 % des professionnels du secteur tertiaire.

1. *L'Hépatite E d'origine zoonotique*, 2009.
2. MSA, étude nationale au cours de l'année 2011-2012 sur le virus de l'hépatite E en milieu professionnel, juin 2013.

4 % des foies de porc sont infectés par le virus

Le problème, c'est que les cochons vivants ne présentent aucun symptôme apparent et que leur foie est l'organe de prédilection du virus, ce qui rend leur détection en abattoir difficile. Plus grave, les auteurs de l'étude de l'ANSES estiment que « 4 % des foies qui entrent dans la chaîne alimentaire sont infectés par le virus[1] ».

Cela n'est pas étonnant lorsqu'on sait que – là encore – le nombre de vétérinaires est insuffisant. Par exemple, dans un abattoir de porcs comme celui de Montfort-sur-Meu, qui appartient à la Cooperl Arc-Atlantique, les opérateurs abattent chaque semaine entre 25 000 et 30 000 animaux. Le lundi, c'est-à-dire la journée la plus chargée de la semaine, entre 7 000 et 8 000 porcs passent de vie à trépas. Les vétérinaires et les techniciens qui les assistent dans cette mission doivent donc contrôler près de 500 porcs à l'heure, soit un peu plus de 8 par minute. On voit mal comment, dans ces conditions, les techniciens vétérinaires auraient le temps d'inciser les foies des cochons pour s'assurer qu'ils ne sont pas porteurs de ce virus…

Pour Patrice Maître, secrétaire général de l'Union des syndicats Force ouvrière du ministère de l'Agriculture : « Avec 500 porcs à l'heure, il faudrait au moins 3 vétérinaires. On ne peut pas descendre plus bas en termes d'effectifs. On a demandé un moratoire[2]. » Pour les techniciens, l'objectif n'est plus de « garantir une sécurité sanitaire optimale devenue irréaliste au regard du nombre de techniciens sur le terrain, mais de recenser le moins de morts possible en intoxication alimentaire ».

1. *Bulletin épidémiologique, santé animale et alimentation* n° 52, « Endémicité du virus de l'hépatite E dans le cheptel porcin français et transmissions zoonotiques probables par l'alimentation ».

2. Entretien avec l'auteur.

Les incisions et palpations des carcasses de porc ne seront bientôt plus obligatoires

Plus inquiétant, le Parlement et la Commission européenne ont avalisé, le 9 octobre 2013, le fait de ne plus recourir systématiquement aux incisions et palpations de la viande de porc, mais seulement dans certains cas où il existe un risque possible pour la santé publique, la santé animale ou le bien-être des animaux. Une appréciation prise en fonction de l'origine de la viande, d'inspections antérieures ou de contrôles visuels. Dans tous les autres cas, le seul examen visuel suffira pour que la marque sanitaire soit apposée, là où les vétérinaires recouraient auparavant à l'incision/palpation.

Pour la Commission européenne, il s'agit d'éviter les contaminations croisées que peut engendrer la technique, un risque pointé en octobre 2011 par l'EFSA. Apparemment, pour éviter les contaminations croisées, il est plus simple de demander aux vétérinaires de ne pas faire d'incision plutôt que de leur demander de désinfecter consciencieusement leur couteau entre deux carcasses dans les stérilisateurs des abattoirs...

D'ailleurs la Commission de l'environnement, de la santé publique et de la sécurité alimentaire du Parlement européen a bien tenté de mettre son veto, mais sans succès. Pourtant, ses arguments étaient on ne peut plus clairs : recourir au seul examen visuel pourrait au contraire engendrer un risque pour la santé humaine, ainsi que pour la qualité des aliments, en laissant passer des animaux atteints de tumeurs ou d'abcès, sans oublier la diminution de la capacité des vétérinaires à détecter une épizootie. Qu'à cela ne tienne, économie oblige, le Parlement a avalisé cette réglementation, qui a pris effet le 1er juin 2014. Et ce, au grand dam des contrôleurs et inspecteurs vétérinaires européens de l'EWFC, qui ont rappelé qu'« en 2013 il y a eu au moins 37 000 têtes de porcs avec des abcès ou des lésions liées à la tuberculose dans les ganglions lymphatiques de la tête », ajoutant : « Il n'y a pas moyen de voir ces petits abcès, ces petites lésions tuberculeuses, sans couper ces ganglions lymphatiques[1]. » Ennuyeux, quand on sait que la viande provenant des têtes de porcs est récupérée dans des ateliers spécialisés de désossage avant de finir dans des tartes, saucisses ou autres aliments transformés... Miam miam !

La France interdit l'importation de porcs américains pour cause de virus

Serait-on réellement en train de faire des économies ou de prendre des risques inutiles avec la santé des élevages et des consommateurs ? Selon un bilan effectué fin août 2014, le virus de la diarrhée épidémique porcine a tué près de 8 millions de porcelets en un peu plus d'un an aux Etats-Unis et fait grimper le prix du porc à des hauteurs inégalées jusque-là. Cette maladie, qui tue principalement les porcelets de moins de dix jours, se propage par contact direct mais aussi via l'alimentation animale. Des restes de porcs adultes infectés, tels que du sang séché incorporé dans l'alimentation animale des porcs, sont accusés d'être à l'origine de la transmission du virus.

Par voie de conséquence, la Chine et le Japon ont imposé des restrictions contre les importations de porcs américains. Le 2 mai 2014, la France a décidé d'aller plus loin et d'interdire les importations de porc vivant et de sperme de porc ainsi que de sous-produits à base de résidus de viande de porc destinés à l'alimentation animale en provenance des Etats-Unis, du Canada, du Mexique et du Japon. Le développement de cette diarrhée épidémique porcine est une réelle catastrophe pour toute la filière.

Alors que faire pour ne pas attraper l'hépatite E ? Comment éviter de faire mentir l'adage selon lequel « dans le cochon tout est bon », en attendant la mise en place d'un

1. Ron Spellmann, directeur général de l'EWFC, 25 juin 2014.

vrai dispositif de prévention ? Le plus simple est de garder en tête que tous les aliments contenant du foie de porc comme les saucisses de foie fraîches ou sèches, le foie sec, les quenelles de foie ou les figatelli ne doivent pas être consommés crus et qu'il faut les faire cuire longuement, car c'est le seul procédé qui permette de se débarrasser du virus responsable de cette maladie.

12

Vous reprendrez bien un petit ver ?

Qui ne connaît le ténia, ce ver solitaire qui parasite parfois le porc et nous interdit de consommer le cochon rosé, au risque de l'attraper ? En France, les enfants apprennent cela dès le collège : le cochon se consomme « bien cuit ».

La bonne nouvelle, c'est que l'information est passée et bien passée. Le *Tænia solium*, ce parasite qui squatte les intestins des consommateurs imprudents ou mal informés, se développe à la cadence d'environ un mètre tous les six mois et peut survivre une quinzaine d'années et atteindre jusqu'à une vingtaine de mètres, a aujourd'hui pratiquement disparu des pays industrialisés. C'est une très bonne nouvelle, quand on sait qu'il est responsable chez l'homme de fatigue, de douleurs abdominales, d'amaigrissement, de nervosité, et peut aller jusqu'à provoquer des pathologies neurologiques graves.

110 000 Français victimes chaque année du ténia du bœuf...

La mauvaise nouvelle – car il y en a une – c'est qu'on a omis de vous préciser que le ténia existe aussi chez les bovins ! Selon les études, entre 1 et 3 % d'entre eux en seraient atteints ! Contrairement au porc, que les Français consomment bien cuit, le bœuf est régulièrement dégusté saignant, bleu, voire cru. Les Français raffolent de carpaccios, de tartares ou de steaks hachés saignants... et en payent lourdement les conséquences. L'INVS dénombre chaque année près de 110 000 victimes du *Tænia saginata,* celui du bœuf, rien que pour l'Hexagone ! Vous ne le saviez pas ? Votre boucher non plus ? Et votre cuisinier encore moins ? C'est normal ! L'industrie, tout comme le gouvernement, se garde bien de communiquer l'information aux consommateurs, de peur de les inquiéter et de voir le chiffre d'affaires de la filière baisser.

Pourtant, le nombre de personnes atteintes par ce parasite pourrait être beaucoup plus important. Comme le rappelle le docteur Frédéric Saldmann, ancien attaché des Hôpitaux de Paris, spécialiste en hygiène alimentaire et cardiologie dans son ouvrage *Les Nouvelles Epidémies : comment s'en protéger ?* : « Il existe une sorte de tabou autour de cette maladie. Il s'agit pour beaucoup d'un sujet délicat que certains n'osent pas aborder même dans le cadre confidentiel d'un cabinet médical. Cela oblige en effet à évoquer les petits anneaux blancs que l'on retrouve de temps en temps dans ses selles ou au fond de ses sous-vêtements et les désordres digestifs qui les accompagnent. Le ver solitaire apparaît comme une maladie honteuse. Du coup, beaucoup se taisent et souffrent en silence, jusqu'au jour où ils se décident enfin à consulter leur médecin traitant. »

Le chiffre de 110 000 cas de ver solitaire repose en effet sur des estimations de vente de Niclosamide (Trédémine), le seul médicament antiparasitaire contre le ténia disponible en France. Selon un rapport[1] conjoint de l'INVS et de l'AFSSA (2004), le laboratoire Aventis – qui fabrique le Niclosamide – a vendu en moyenne 112 768 boîtes par an

1. « Morbidité et mortalité dues aux maladies infectieuses d'origine alimentaire en France ».

entre 1997 et 2000. Une boîte suffit en général à traiter un cas, ce qui permet d'extrapoler le nombre de patients touchés.

Le même rapport reprenait également le nombre de boîtes de Niclosamide remboursées par la Sécurité sociale chaque année : 65 000, soit la moitié des médicaments vendus. Les rapporteurs jugeaient en 2004 que, si cette estimation basse de 65 000 se vérifiait, « elle mettrait en cause l'efficacité des mesures de contrôle, notamment dans la filière bovine ».

... ou peut-être pas loin du double !

Huit ans plus tard, une note de la DGAL estime le taux de prévalence du ténia du bœuf à 0,3 % chez l'homme[1]. La France compte près de 65 millions d'habitants, le nombre de personnes contaminées par le ver solitaire serait donc plus proche de 195 000 que de 110 000.

Mais il y a plus inquiétant : la même note de la DGAL, basée sur la première étude consacrée au sujet en France, en 2010, par Claire Morlot, doctorante vétérinaire de l'université Claude-Bernard de Lyon, confirmait les doutes des rapporteurs de l'INVS : « 83 % des carcasses bovines infestées par les larves de *Cysticercus bovis* susceptibles de se transformer en *Tænia saginata* dans l'intestin humain ne sont pas détectées lors de l'inspection *post mortem* », c'est-à-dire l'inspection réalisée par les vétérinaires après abattage.

Cette révélation ne surprend pas certains vétérinaires qui travaillent en abattoirs, même si elle les désole : « Au niveau des inspections *post mortem*, il y avait des choses qu'on faisait avant et qu'on ne fait plus, faute de temps et de personnel. Quand vous ne passez plus que cinq à dix secondes par carcasse, il n'est pas étonnant de passer à

1. Note de service du 6 décembre 2012.

côté de ce type de parasites. » La baisse du niveau de recrutement des techniciens vétérinaires, qui assistent les vétérinaires dans leur mission, est une autre explication plausible : « Les techniciens sont de moins en moins formés dans les écoles, rappelle un vétérinaire. Ils sont de plus en plus souvent remplacés par du personnel formé sur le tas. Il n'est donc pas étonnant que, par ignorance, ils laissent passer des carcasses infestées. »

Dans son étude[1] menée sur 185 des 227 abattoirs français de bovins, Claire Morlot établissait également qu'« une carcasse porteuse de larves de *Cysticercus bovis* vivantes, non détectées lors de l'inspection sanitaire, contamine 9,6 personnes en moyenne » ! Sachant que chaque carcasse de bœuf représente environ 300 kilos de viande, et bien que cette première reconnaissance officielle du problème sanitaire puisse être considérée comme positive, on ne peut que s'étonner d'un chiffre de contamination aussi faible.

Une maladie parasitaire très contagieuse

D'autant que le ver solitaire est hermaphrodite et fabrique des anneaux qui contiennent chacun entre 50 000 et 80 000 œufs. Un humain contaminé expulse entre 4 et 20 anneaux par jour dans ses selles, soit entre 200 000 et 1,6 million d'œufs. Une fois pondus, ces fameux œufs se retrouvent dans les boues d'épuration, puis sur des terres agricoles. Quelques-uns auront la chance d'être broutés par des bovins, et le cycle recommencera. En broutant, d'autres vaches seront atteintes à leur tour et, selon Claire Morlot, multiplieront à leur tour par dix le nombre de

1. « Etude épidémiologique et statistique de la cysticercose musculaire bovine en France en 2010 – propositions de mesures de contrôle », thèse soutenue le 2 décembre 2011 devant l'université Claude-Bernard – Lyon I.

nouveaux consommateurs qui risquent d'être infectés, eux aussi, en mangeant un steak.

Tout l'Hexagone est touché, à l'exception du Sud car, selon la DGAL, « les œufs résistent mal en milieu chaud et sec » et de la Bretagne, région où domine l'élevage intensif, avec des bovins rarement menés à l'extérieur – et donc n'entrant pas en contact avec les œufs.

En Belgique, des analyses sont pratiquées sur les bovins, en France… rien !

Pourtant, le ténia n'est pas une fatalité. En Belgique, une méthode de diagnostic sérologique permet de détecter efficacement les bêtes contaminées. En Nouvelle-Zélande, un vaccin a fait ses preuves. Mais son coût s'avère apparemment dissuasif chez nous. Une autre technique consiste à effectuer une analyse de sang, à l'aide d'un simple test, qui permet d'écarter les vaches atteintes. Mais rien n'y fait !

La France, comme le reste de l'Europe, reste sourde à toute lutte efficace contre la maladie, sans doute parce que la non-commercialisation d'un animal détecté positif aux larves de *Cysticercus bovis* représente un manque à gagner pour l'éleveur. En effet, selon la législation européenne, toute carcasse présentant une cysticercose généralisée doit être retirée du circuit. Dans le cas où elle est atteinte d'une cysticercose « discrète », c'est-à-dire qu'elle est faiblement contaminée, les parties non porteuses de lésions doivent être congelées jusqu'à trois semaines, afin de tuer les éventuelles larves.

La tuberculose bovine inquiète certains vétérinaires

La recrudescence des cas de tuberculose bovine est un autre souci pour les services sanitaires français. La baisse des moyens dédiés aux contrôles en élevage et en abattoir empêche les vétérinaires de détecter les cas de suspicion de tuberculose. Résultat : la France, considérée « officiellement indemne » de cette maladie par l'Union européenne, risque à terme de perdre son statut. Ce qui peut entraîner de graves conséquences, certains pays importateurs pouvant décider de placer la viande bovine française sous embargo. Ennuyeux, quand on sait qu'en 2013 par exemple la France a échangé plus de 1 million de bovins avec l'Italie et l'Espagne. En 2013, les chiffres officiels faisaient état d'une centaine de foyers infectieux de tuberculose bovine en élevage en France chaque année. Mais pour combien de temps ?

Les vaches sont contaminées par une bactérie appelée *Mycobacterium bovis*, qui est étroitement apparentée à la bactérie responsable de la tuberculose humaine et aviaire. Le mode de transmission de la maladie est le même que pour les humains, par voie orale : éternuements, toussotements, postillons. Si chaque année, en France, la grande majorité des 8 000 nouveaux cas de tuberculose humaine détectés et des 700 décès qui lui sont attribués sont dus à une transmission interhumaine, l'OIE estime que dans certains pays jusqu'à 10 % des cas de tuberculose humaine sont d'origine bovine. Un risque non négligeable.

Du bœuf britannique infecté par la tuberculose est exporté vers la France

Lorsque, le 30 juin 2013, le *Sunday Times* révèle que 28 000 bovins britanniques abattus en raison de la tuberculose bovine ont été exportés vers la Hollande, la Belgique et la France, où ils ont été servis dans des cantines scolaires, militaires, et des hôpitaux, il y a de quoi sortir de ses gonds. Surtout quand on sait que les personnes les plus fragiles sont les personnes immunodéprimées hospitalisées pour une chimiothérapie ou pour des soins liés au

VIH ou au sida[1]. Le quotidien précise d'ailleurs que de grandes enseignes qui opèrent au Royaume-Uni, comme les supermarchés Tesco, Sainsbury's, ou les chaînes McDonald's et Burger King, ont de leur côté refusé d'acheter cette viande à cause des risques éventuels encourus par les consommateurs.

Le plus grave, c'est que cette viande a été revendue en toute connaissance de cause par l'Animal Health and Veterinary Laboratories Agency, une agence vétérinaire publique, à un abattoir du Sommerset, filiale du grossiste en viande irlandais ABD UK, qui l'a exportée sans étiquetage particulier. Une affaire qui a comme un goût de « chevalgate », vous ne trouvez pas ?

Sitôt après cette déclaration fracassante du quotidien britannique, Jean-Luc Angot, directeur général adjoint de la DGAL, s'est empressé de déclarer : « Quand un animal est testé positif, il est soumis à une inspection *post mortem*. A ce moment-là, il y a trois cas de figure : soit on ne trouve pas de lésions tuberculeuses, et la viande ne présente aucun risque ; soit on trouve quelques lésions localisées, auquel cas on les enlève et le reste de la viande peut être envoyé dans le circuit de consommation sans danger ; soit la tuberculose est généralisée, et l'animal est envoyé à l'équarrissage[2]. »

Les élevages français ne sont testés à la tuberculose que tous les trois ans

Pour preuve du bon fonctionnement de ses services, le ministère précise qu'une centaine de bêtes sont ainsi sorties du circuit alimentaire chaque année. Par contre, ce

1. Le VIH, ou virus de l'immunodéficience humaine, est un type de virus qui peut causer une maladie appelée sida, ou syndrome d'immunodéficience acquise.

2. Europe 1, « Du bœuf tuberculeux dans nos assiettes », 8 juillet 2013.

qu'il omet de préciser, c'est que sauf suspicion importante les élevages ne sont testés que tous les trois ans et que la maladie est difficilement détectable du vivant de la bête, sauf lorsqu'elle est déjà à un stade très avancé. D'ailleurs, en cas de confirmation, l'affaire est pourtant prise très au sérieux par les autorités sanitaires, puisque tout le troupeau de bovins est abattu. La lutte par traitements antibiotiques des animaux infectés étant interdite afin de garder les médicaments actifs et disponibles pour les cas humains.

Les contrôles *ante mortem* et *post mortem* en abattoir restent les plus efficaces, si tant est que les services vétérinaires y soient suffisamment représentés... D'ailleurs le 27 juin 2013[1], les experts de l'EFSA recommandent « des améliorations dans l'inspection des viandes » et indiquent : « Une modification des pratiques vers une inspection *post mortem* uniquement visuelle diminuerait la qualité de la surveillance pour certaines maladies animales. Elle aurait notamment un effet négatif sur la surveillance de la tuberculose bovine. » Ça a le mérite d'être clair ! Sauf qu'on a fait le contraire pour le cochon...

La cuisson permet d'éviter d'attraper le ténia

Revenons au ténia du bœuf : que faire pour éviter de l'attraper, en attendant que des méthodes de contrôle efficaces soient mises en place par la filière bovine et les pouvoirs publics ? Première solution : manger de la viande bien cuite, c'est-à-dire cuite à cœur à plus de 70 °C. Seconde solution, si vous êtes un grand amateur de tartare, de carpaccio et de steak haché saignant ou bleu : congeler les viandes à – 12 °C pendant dix jours avant de les consommer. Le froid inactive les larves éventuellement présentes dans le muscle, et vous pourrez ainsi vous régaler sans risque.

1. Communiqué de presse « Inspection des viandes : l'EFSA achève l'examen des pratiques et recommande des améliorations ».

13

Hormones ? Quelles hormones ?

L'affaire commence il y a trente-cinq ans. En 1980, la plus ancienne association de consommateurs d'Europe lance une croisade contre le rôti de veau aux hormones. L'UFC-Que Choisir souhaite obtenir le respect de la loi du 27 novembre 1976, qui interdit l'usage d'œstrogènes dans les élevages et qui est, de fait, peu appliquée, faute de contrôles suffisants. Ces hormones, naturellement produites par l'organisme des vaches, permettent d'augmenter la croissance des animaux, en favorisant la rétention d'eau dans les muscles. Mais elles sont aussi accusées d'avoir des effets délétères sur la fertilité humaine et de favoriser la stérilité chez les hommes. Elles sont également mises en cause dans l'augmentation d'un des cancers les plus mortels, celui du côlon.

L'UFC-Que Choisir lance le boycott du veau aux hormones

Dans *Que Choisir,* son magazine, l'UFC appelle les consommateurs français à boycotter le veau aux hormones. Le mot d'ordre est largement relayé par les médias et fait mouche. Les ventes chutent brutalement, jusqu'à

– 50 %. Au cours de l'année 1980, la consommation recule de près de 10 %. Les cours s'effondrent. A la suite de la mobilisation médiatique, les pouvoirs publics se saisissent de la question : en huit mois, 2,5 millions de veaux sont abattus par les services vétérinaires. Une véritable catastrophe pour les 8 500 éleveurs français, qui produisent à l'époque près de la moitié des veaux européens. Un réel désastre pour les fabricants d'aliments pour bétail qui incorporent ces hormones, lesquelles, tenez-vous bien, sont pour certaines également produites en France !

Vu les intérêts économiques en jeu, la France décide de contre-attaquer, par la voix de son ministre de l'Agriculture de l'époque, Pierre Méhaignerie. Elle demande à Bruxelles d'organiser une réunion afin que ces hormones « naturelles », essentiellement des hormones reproductives comme la progestérone, la testostérone et l'œstradiol, qui permettent d'accélérer la croissance des veaux, soient désormais autorisées dans toute l'Europe. Les consommateurs européens n'ont qu'à bien se tenir. Mais la demande française n'aura pas du tout l'effet escompté. Fait sans précédent dans l'histoire de la consommation, l'affaire prend alors une dimension européenne. Les Italiens, les Belges et les Britanniques s'en mêlent. Le Bureau européen des unions de consommateurs (BEUC), qui rassemble les associations de consommateurs européennes, invite lui aussi les citoyens du Marché commun – qui compte alors neuf pays – à boycotter le veau aux hormones.

Contrairement aux résultats attendus par la France, en octobre 1980 les ministres de l'Agriculture européens confirment non seulement l'interdiction de toutes les hormones, dont ils estiment l'utilisation dangereuse pour la santé humaine, mais ils étendent aussi cette interdiction aux anabolisants non hormonaux, qui à l'époque étaient employés dans pratiquement tous les élevages industriels, du poulet au veau en passant par le porc. Pour les consommateurs, c'est une victoire absolue. Ils ont réussi, pour la première fois, à faire plier l'administration et l'industrie.

Des hormones utilisées comme facteur de croissance

Malgré cela, ces substances, qu'il est toujours facile de se procurer, restent très attractives pour de nombreux éleveurs. Elles permettent non seulement d'accélérer la croissance des jeunes bovins, mais également d'accroître leur masse musculaire, ce qui permet d'obtenir une viande maigre particulièrement lucrative. La fraude se développe, et les consommateurs continuent à en payer le prix. Les résidus d'anabolisants présents dans la viande peuvent en effet avoir de graves effets secondaires : tachycardie, spasmes musculaires, fièvre, vomissements...

En dépit des promesses du gouvernement de faire appliquer la loi, les contrôles sanitaires permettant de s'assurer que les mesures décidées sont bien mises en œuvre restent insuffisants. Le 20 février 1985, *Que Choisir* en appelle une nouvelle fois aux consommateurs et n'y va pas par quatre chemins. Un éditorial intitulé « Hormones dans le veau – boycott » proclame : « Les pouvoirs publics ont pris leurs responsabilités, prenons les nôtres, boycottons la viande de veau. » Un autre article intitulé « Boycott, le veau aux hormones est revenu, n'en mangez plus » enfonce le clou : « La viande de veau n'est pas indispensable. On peut tout aussi bien la remplacer par le poisson, le mouton, le porc ou la volaille. Boycottons le veau. »

L'UFC-Que Choisir est condamnée pour avoir appelé au boycott

Mais la filière est décidée à ne pas se laisser faire. Trois coopératives d'éleveurs de veaux, trois fédérations départementales de syndicats d'exploitants agricoles, une fédération régionale de groupements de producteurs, la Fédération nationale bovine ainsi qu'Interbev portent plainte. En 1986, l'association est condamnée au motif qu'« elle a de manière arbitraire et injuste, à l'égard des quelque 8 500 éleveurs de veaux, lancé un appel, sans nuance ni objectivité, au boycottage de la viande de veau, dans le but affiché de faire pression sur les pouvoirs publics, et a, brutalement et sans discernement, engagé une campagne contre la consommation de la viande de veau, laquelle s'est révélée gravement dommageable pour les éleveurs ». L'UFC-Que Choisir fait appel, perd puis se pourvoit en cassation, mais la justice considérera que l'appel au boycott est abusif car, même s'il est impossible pour le consommateur de distinguer une viande de veau saine d'une autre gonflée aux hormones, tous les éleveurs n'en utilisent pas.

En mars 1988, la Commission européenne ira pourtant encore plus loin. Invoquant des raisons sanitaires, elle décrétera l'interdiction totale des anabolisants stéroïdiens, c'est-à-dire des dopants de synthèse, dans les élevages. Mais le manque d'harmonisation entre les différents pays européens – qui sont désormais douze – crée des distorsions de concurrence.

Aux Pays-Bas, par exemple, l'utilisation de bêta-agonistes, facteurs de croissance de substitution, est autorisée sous couvert d'utilisation thérapeutique. Or ces produits sont employés comme produits dopants, car ils permettent d'augmenter la masse musculaire de certains animaux d'élevage tout en diminuant leur taux de graisse.

Assassinat d'un vétérinaire belge qui enquêtait sur la mafia des hormones

En Belgique, la règlementation est plus restrictive mais une tolérance excessive conduit à l'utilisation de ces produits, distribués par des réseaux de colportage clandestins.

Karel van Noppen, un vétérinaire d'Etat réputé pour son intégrité, chargé depuis 1989, avec quinze autres inspecteurs, du contrôle antihormones, est assassiné en février 1995. Le crime sera attribué à la « mafia des hormones » belge, et suscitera un immense mouvement de protestation, les boucheries du royaume décidant d'arborer un drapeau noir sur leur devanture. Cette histoire, un véritable polar dans le monde sans pitié des trafiquants d'hormones, inspirera le film *Bullhead*.

Aux Etats-Unis, 95 % des bovins sont hormonés

En interdisant l'utilisation d'anabolisants stéroïdiens, l'Europe bannit aussi les importations de viande bovine et de produits de bovins auxquels ont été administrées des hormones de croissance. Aux Etats-Unis et au Canada, près de 95 % du cheptel est traité aux hormones : sont autorisées trois hormones de reproduction naturelles (l'œstradiol, la testostérone et la progestérone), ainsi que deux hormones de synthèse (la trenbolone et le zéranol). De ce fait, la décision européenne est très mal prise, les Nord-Américains estimant que cette interdiction constitue une atteinte au droit commercial et représente une forme de protectionnisme.

La riposte est tardive mais implacable. En 1996, ils portent plainte auprès de l'OMC, contestant la décision européenne dans le cadre du système de règlement des différends. Au vu des analyses fournies de part et d'autre, l'OMC estime que la consommation de viande aux hormones n'est pas dangereuse pour l'homme et se range du côté des Nord-Américains. Elle ordonne, par conséquent, aux Européens d'ouvrir leurs frontières. Un an plus tard, l'Union européenne refuse à nouveau de le faire, ce qui suscite une nouvelle plainte des Etats-Unis et du Canada.

Les Etats-Unis appliquent des mesures de rétorsion commerciale

En représailles, ces deux pays sont autorisés, en 1999, par l'OMC à obtenir une compensation annuelle, en facturant des droits de douane sur une large gamme de produits importés d'Europe. Une rétorsion de 116,8 millions de dollars américains et de 11,3 millions de dollars canadiens est mise en place (soit un total de 108 millions d'euros). Sont ciblés les échalotes, le chocolat, le roquefort, la moutarde et les truffes, mais aussi les pains grillés, les cornichons, les chewing-gums, l'eau minérale, les jus de fruits, les confitures et les soupes. Concrètement, cela signifie que tant que l'Europe refusera l'entrée du bœuf aux hormones américain sur son territoire, elle devra – à l'exception du Royaume-Uni – payer des surtaxes.

En 2001, le Congrès américain change de tactique en décidant d'appliquer une « punition tournante ». Tous les six mois, la nature des produits touchés par les taxations douanières est modifiée. Cela permet d'accentuer la pression sur des pays peu concernés par l'importation de viande bovine mais sensibles à leurs propres exportations, et de perturber ainsi les économies de l'ensemble des pays européens.

L'Europe accepte des quotas de bœuf américain

Le 13 juillet 2009, l'Union européenne accepte d'ouvrir des quotas d'importation de bœuf américain et canadien de « haute qualité » sans droits de douane, en échange d'une levée partielle, puis totale, des sanctions commerciales. L'Italie est la principale bénéficiaire de la levée des sanctions (avec plus de 99 millions de dollars d'échanges), viennent ensuite la Pologne (25 millions), la Grèce et l'Irlande (24 millions chacune), l'Allemagne et le Danemark (19 millions chacun), la France (13 millions) et l'Espagne (9 millions).

La France et l'Europe, tout comme les Etats-Unis, se réjouissent d'être enfin arrivées à cet accord, après vingt ans de conflit. La nouvelle fait la une des journaux : le bœuf américain et canadien autorisé à entrer sur le territoire européen sera de « haute qualité », c'est-à-dire sans hormones. Bref, on a gagné ! La Fédération nationale de l'industrie et du commerce en gros des viandes (FNICGV) évite pourtant de parler d'hormones. Elle écrit : « Le Conseil de l'agriculture [...] a adopté le règlement communautaire portant ouverture d'un contingent de 20 000 tonnes de viande bovine de haute qualité pouvant être importée dans l'Union européenne sans droit de douane et sans prélèvement. Ce règlement a été publié au *Journal officiel* (JOUE) dès le 15 juillet 2009 en même temps que le règlement fixant les modalités de gestion de ce contingent[1]. »

Il faut évidemment lire de près les textes pour comprendre ce que recouvre cette notion de « viande bovine de haute qualité ». On y apprend que les « exigences applicables aux produits relevant du contingent tarifaire » sont moins réjouissantes qu'on ne veut bien le dire. D'ailleurs, aussi bizarre que cela puisse paraître, le mot « hormone » n'y est même pas mentionné ! L'article 1 de l'annexe I précise : « Les découpes de viande bovine proviennent de carcasses de génisses et bœufs âgés de moins de 30 mois qui, au cours des cent derniers jours précédant l'abattage, ont reçu exclusivement des rations alimentaires contenant au moins 62 % de concentrés et de coproduits issus de céréales fourragères (matière sèche), qui atteignent ou dépassent une teneur en énergie métabolisable supérieure à 12,26 mégajoules par kilogramme de matière sèche. »

1. *Le Flash*, bulletin hebdomadaire d'information de la FNICGV, n° 28 (2009).

L'Europe s'engage à ne faire aucun prélèvement sur le bœuf américain

En clair, et partant du principe que les hormones font partie des rations alimentaires, cela signifie que les bovins américains exportés n'en auront pas consommé pendant les cent jours précédant leur départ du continent américain. Comme on le voit, on est bien loin du bœuf « garanti sans hormones », encore plus lorsqu'on sait qu'aux Etats-Unis les hormones de croissance sont administrées sous forme d'implants et non directement dans l'alimentation des veaux. Ainsi, lorsque la FNICGV ajoute que les Européens se sont engagés à n'effectuer aucun prélèvement pour s'assurer de l'absence d'hormones, on a envie de crier à la supercherie. Ce texte est loin d'être la victoire que l'on nous décrit : c'est plutôt un camouflet infligé aux consommateurs européens.

A partir d'août 2009, le premier quota est fixé à 20 000 tonnes par an de viande bovine fraîche, réfrigérée ou congelée. Il est de 1 500 tonnes par an pour le Canada, à partir de l'année 2011. Une très bonne nouvelle pour Guy Drury, le président du conseil de la Fédération des exportateurs de bœuf au Canada : « L'Europe est un marché très lucratif pour nous. Les Européens n'ont plus de surplus de viande. Ils ont de l'argent et ils paient leurs factures. Et, hormis la question des hormones, ils ont des règles d'abattage et d'emballage similaires aux nôtres. » D'après lui, produire un bœuf sans hormones sur son territoire coûte 100 dollars de plus. Mais le prix de vente, en Europe, est de 200 dollars plus élevé qu'au Canada. Le calcul est simple : « Il est plus avantageux de vendre notre bœuf en Europe[1]. »

1. *La Presse*, « L'Europe s'ouvre au bœuf canadien », 24 novembre 2010.

Les sanctions douanières contre les pays européens sont levées

En contrepartie de l'ouverture des quotas, les sanctions douanières contre les pays européens sont progressivement levées à partir de 2009 et disparaissent totalement en 2011. La deuxième phase de cet accord entre en vigueur le 1er août 2012. Le contingent de viande bovine désormais autorisé à pénétrer sur le marché européen passe à 45 000 tonnes pour les Etats-Unis et à 3 200 tonnes pour le Canada. Selon la commission de l'Agriculture et du Développement rural du Parlement européen, cette hausse correspond à « 0,36 % de la totalité du marché de la viande de bœuf et de veau de l'Union[1] ».

Mais la réciproque n'est pas vraie : le bœuf européen reste interdit sur le marché nord-américain depuis l'embargo décidé en 1997, au moment de la crise de la vache folle. En signe d'ouverture, le Département de l'Agriculture américain a déclaré en mars 2012 qu'il allait revoir sa politique de protection contre l'ESB. En novembre 2013, il a annoncé qu'il allait prochainement aligner la législation américaine sur les normes internationales recommandées par l'OIE, ce qui signifie que les exportations de bœuf européen et d'autres produits bovins vont de nouveau pouvoir être utilisées. Fin décembre 2014, il a précisé qu'il allait commencer par réautoriser le bœuf irlandais qui fournissait tout de même près de 70 % des importations des Etats-Unis avant l'interdiction.

Les hormones provoquent des troubles du comportement chez les policiers du New Jersey

Une autre affaire devrait peut-être alerter les Américains sur les conséquences sanitaires de ces prises d'hormones...

1. *Journal de l'environnement*, « Bœuf aux hormones : l'UE et les Etats-Unis mettent fin au litige », 14 mars 2012.

En janvier 2011, un projet de loi de l'Etat du New Jersey vise à interdire la prise de stéroïdes anabolisants et d'hormones de croissance chez les policiers et les pompiers, qui semblent en faire un usage fréquent. John McKeon, l'élu démocrate à l'origine de cette proposition, souligne qu'un des effets secondaires de ces anabolisants est de provoquer des accès de colère. « Quand vous prenez des stéroïdes, vous avez des problèmes pour contrôler vos emportements. Ensuite, on se retrouve avec des poursuites judiciaires mettant en cause des agents qui ne traitent pas les gens comme il faut[1] », expliquait-il. John McKeon demandait, par conséquent, que ces produits soient ajoutés à la liste des drogues illégales pour lesquelles les policiers subissent régulièrement des tests, de manière aléatoire, dans le cadre de leurs fonctions.

Les éleveurs français craignent la concurrence américaine

En juin 2013, suite à l'annonce du début de négociations commerciales globales entre l'Union européenne et les Etats-Unis visant à faire tomber les barrières douanières, la filière bovine française dans son ensemble s'est alarmée. Elle a demandé le maintien de mesures de marché protégeant les viandes françaises et « l'absence d'ouvertures de contingents supplémentaires aux viandes produites aux Etats-Unis, contre d'hypothétiques ouvertures à d'autres produits [comme le fromage, le vin ou les fruits] ou secteurs[2] ».

Pour la filière française, les différences de normes, tant sanitaires qu'environnementales, ou en termes de bien-

1. *La Presse*, « Trop de stéroïdes prescrits chez les policiers du New Jersey », 11 janvier 2011.

2. *La France agricole*, « Viande bovine/Libre-échange UE-USA : "Pas de contingents supplémentaires" (Interbev) », 20 juin 2013.

être, aboutissent à des écarts de compétitivité qui ne permettent pas aux éleveurs de s'aligner sur les prix américains, nettement plus bas, d'autant que la parité euro-dollar ne leur est pas favorable. Leurs exploitations doivent supporter un surcoût de 25 % par rapport à leurs concurrentes américaines. Inquiétude d'autant plus légitime que les éleveurs américains souhaitent multiplier par vingt et jusqu'à quarante le tonnage autorisé vers l'Europe, en vue d'atteindre 300 000 à 600 000 tonnes par an. Les éleveurs européens s'inquiètent de voir arriver de la viande produite « à l'américaine », avec des antibiotiques, des hormones et activateurs de croissance, nourrie à base de maïs et de soja OGM, de farines animales, et dont les carcasses sont nettoyées à l'acide lactique.

Le projet de grand marché transatlantique suscite beaucoup d'inquiétudes

Après un cinquième round de négociations en mai 2014 à Washington, les discussions sont toujours en cours, et ce dans la plus grande opacité, au grand dam des principaux intéressés. Des parlementaires européens, auteurs d'une étude[1] parue en juillet 2014, confirment les craintes de la filière française : « Le secteur agricole de l'Union doit s'attendre à ne tirer que des gains très limités des réductions des droits de douane, à moins de supprimer également les obstacles réglementaires et administratifs. [...] Certains secteurs européens pourraient devoir faire face à une concurrence marquée en cas de libéralisation des échanges avec les Etats-Unis. Cela vaut particulièrement pour le secteur bovin. » Aujourd'hui, les droits de douane

1. Parlement européen, Direction générale des politiques internes, Département thématique politiques structurelles et de cohésion, « Risques et opportunités pour le secteur agroalimentaire européen liés à un possible accord commercial entre l'UE et les Etats-Unis ».

appliqués et mesurés en équivalent *ad valorem* sont globalement plus élevés dans l'Union européenne (12,8 %) qu'aux Etats-Unis (6,6 %). Il existe même des pics tarifaires en Europe, pouvant atteindre 45,1 % sur de la viande bovine désossée et grimper jusqu'à 97 %, voire 146 % sur les abats comestibles, 42 % sur les produits laitiers (21,8 % aux Etats-Unis), 24,3 % sur le sucre et les produits de sucrerie (18,7 % aux Etats-Unis), 18,4 % sur les préparations de légumes (7,6 % aux Etats-Unis). Pas étonnant dans ces conditions que toute baisse des tarifs douaniers représente un risque pour les éleveurs français.

Dans le secteur des produits laitiers et plus précisément des fromages, l'Union européenne pourrait en revanche retirer certains bénéfices de la baisse des droits de douane et du démantèlement des barrières non tarifaires. Cela dit, les productions laitières américaines ont tellement progressé ces dernières années que les Etats-Unis sont aujourd'hui le troisième producteur mondial de fromages, crèmes et ultra-frais. Difficile par conséquent de vendre des laitages à des Américains qui n'en ont pas besoin.

Les parlementaires européens s'inquiètent : « Si la convergence réglementaire devait harmoniser les conditions de la concurrence, il y aurait un risque de nivellement par le bas. Même s'il ne faut pas en surestimer les conséquences en termes de sécurité alimentaire et de protection des consommateurs, cette situation pourrait entraîner des changements majeurs au niveau de la législation européenne, qui pourraient saper la politique européenne traditionnelle de précaution et de gestion des risques, sur laquelle repose le cadre réglementaire actuel. » Pas très réjouissant, n'est-ce pas ?

Mais les Etats-Unis jouent leur va-tout avec cet accord. Ils souhaitent récupérer les parts de marché autrefois perdues sur le marché européen du fait de la Politique agricole commune (PAC). En 1992, 22 % des importations de produits agricoles et alimentaires de l'Union européenne provenaient des Etats-Unis, contre seulement 8 % vingt ans après[1].

Le traité prône une justice qui shunte les Etats

L'arbitrage d'investissement, c'est-à-dire le choix de confier à des tribunaux privés le soin de trancher les différends entre les Etats et les multinationales, est également au cœur des débats du traité transatlantique. Ce concept juridique n'est pas nouveau. Il permet par exemple à une entreprise qui investit dans un pays de se retourner contre celui-ci si elle estime qu'il ne respecte pas les traités internationaux ou qu'il la désavantage par rapport aux firmes nationales. Le différend n'est plus jugé par la justice de l'Etat en cause, mais par un tribunal privé composé de trois arbitres : le premier est choisi par la multinationale, le deuxième par l'Etat, le troisième par les deux premiers ou par le Centre international pour le règlement des différends relatifs aux investissements, créé en 1965 par la convention de Washington dans le cadre de la Banque mondiale.

« La convention de Washington stipule que l'entreprise et l'Etat en conflit doivent tous les deux consentir à l'arbitrage, explique Diego P. Fernandez Arroyo, professeur à l'Ecole de droit de Science Po. C'est avec la prolifération des traités de protection d'investissements dans les années 1980-1990 qu'on a pu considérer qu'un consentement général "a priori" était donné pour tous les arbitrages concernant le traité respectif. Il existe aujourd'hui près de 3 500 traités de protection d'investissements, essentiellement bilatéraux [dont 1 400 signés par les Etats membres de l'Union européenne]. La plupart offrent une option

1. www.diploweb.com, « Grand Marché transatlantique (GMT) : quels risques pour l'agriculture française ? », 2 novembre 2014.

entre l'arbitrage et les voies judiciaires ordinaires de l'Etat hôte. Bien entendu, les investisseurs privilégient la première alternative[1]. » Ainsi, lorsqu'en 1986 la multinationale américaine Disney menace de déménager son parc d'attractions de Marne-la-Vallée vers l'Espagne si la France n'accepte pas le recours à l'arbitrage d'investissement, elle obtient gain de cause.

L'arbitrage d'investissement a ceci de magique qu'il possède, lui aussi, sa propre jurisprudence. Les multinationales peuvent par exemple s'appuyer sur la notion d'« expropriation indirecte ». Désormais, quand un pays s'engage dans une nouvelle politique publique – que ce soit dans des domaines comme le nucléaire, la prévention antitabac, les OGM, le poulet au chlore ou encore l'exploitation du gaz de schiste – qui fait craindre une baisse de profit à une multinationale, celle-ci peut tenter de poursuivre l'Etat pour « expropriation indirecte ». C'est par exemple en s'appuyant sur un accord bilatéral entre Hong Kong et l'Australie que Philip Morris a porté plainte, via sa filiale hongkongaise, contre l'île pour ses campagnes de prévention antitabac jugées trop offensives à son goût. C'est aussi sur la base d'un accord entre la Suisse et l'Uruguay que le même vendeur de cigarettes réclame, pour les mêmes raisons, 25 millions de dollars à l'Uruguay. De son côté, l'Allemagne est en conflit avec une entreprise suédoise qui lui reproche la fermeture d'une centrale dans le cadre de sa politique de sortie du nucléaire.

Selon le professeur à l'Ecole de droit de Science Po – régulièrement désigné comme arbitre dans des litiges commerciaux non liés à l'investissement –, le traité transatlantique pourrait ajouter un peu de transparence sur l'arbitrage d'investissement : publicité des débats, surveillance des conflits d'intérêts chez les arbitres, présence des associa-

1. *Libération*, « Le traité transatlantique crée-t-il une justice qui court-circuite les Etats ? », 16 mai 2014.

tions et des ONG impliquées dans la défense de l'intérêt général. « Il serait également question de noter que, dans des domaines comme l'environnement ou la santé, les Etats ont le droit de réglementer... Même s'il paraît un peu choquant de devoir le rappeler[1] », souligne-t-il.

Reste à convaincre ceux qui ne veulent pas entendre parler d'arbitrage d'investissement et qui considèrent que les pays européens aussi bien que les Etats-Unis possèdent des systèmes judiciaires fiables et transparents. Ils sont nombreux. En juin 2013, le Sénat français a demandé que « la Commission européenne exclue le recours à un arbitrage en matière de règlement des différends entre les investisseurs et les Etats, car cela lui paraît de nature à remettre en cause la capacité des Etats à légiférer[2] ». De son côté, Raoul Marc Jennar, spécialiste de politique internationale et auteur du *Grand Marché transatlantique : la menace sur les peuples d'Europe*, propose de transformer les prochaines élections européennes en référendum « pour ou contre » le traité transatlantique. Certaines ONG prônent son abandon pur et simple, ainsi qu'un retour vers un recours systématique à la justice du pays en cause. La Bolivie, le Venezuela et l'Equateur se sont retirés du Centre international pour le règlement des différends relatifs aux investissements ces dernières années. Mais près de cent cinquante pays reconnaissent encore cette institution et son mode de règlement des litiges.

Un traité transatlantique pour circonscrire la puissance de la Chine

Autre fait notable et pas des moindres : si les négociations américano-européennes aboutissent, les deux entités

1. *Libération*, « Le traité transatlantique crée-t-il une justice qui court-circuite les Etats ? », 16 mai 2014.

2. Résolution du 9 juin 2013.

économiques représenteront 12 % de la population mondiale, un vaste marché de plus de 800 millions de consommateurs, environ 45 % du PIB mondial, 17 % des flux d'investissements directs et plus de 30 % des échanges commerciaux mondiaux. Pour l'économiste Thierry Pouch, responsable du service études, références et prospective à l'Assemblée permanente des chambres d'agriculture : « Ces perspectives permettent d'envisager de faire contrepoids à la montée en puissance de la Chine et à l'affirmation de son leadership économique. L'enjeu dépasse alors le seul périmètre de l'économie. Ainsi posé, il est capital[1]. » Mais l'issue de ces négociations est incertaine, notamment au regard du calendrier politique 2015/2016 : renouvellement du Parlement et de la Commission européenne, élection présidentielle américaine.

L'acide lactique est autorisé en France pour décontaminer les carcasses

La filière française prétend laver plus blanc que blanc, pourtant l'acide lactique est désormais autorisé sur les carcasses de bovins. En outre, d'après l'organisation environnementale WWF, seul un cinquième du soja utilisé pour nourrir les animaux est certifié sans OGM. Enfin, selon l'Agence nationale du médicament vétérinaire, l'exposition des animaux d'élevage aux antibiotiques a augmenté de 12 % entre 1999 et 2009, avant de baisser pour atteindre son niveau le plus bas en 2013 (soit au final une diminution de 5,5 % entre 1999 et 2013). Mais au-delà de la question des hormones, c'est une guerre entre deux modèles de production et de consommation qui s'annonce.

1. www.diploweb.com, « Grand Marché Transatlantique (GMT) : quels risques pour l'agriculture française ? », 2 novembre 2014.

Les usines à steak américaines

La filière française refuse l'importation du modèle des *feed-lots*, ou parcs d'engraissement intensif à l'américaine. Les Etats-Unis, et notamment le Texas, le Kansas et l'Oklahoma, ont en effet choisi de pousser la croissance des bovins à son maximum. Là-bas, l'industrialisation rime avec des terres boueuses et sans herbe, qui s'étendent sur des centaines d'hectares. Les *feed-lots* sont des « usines à steak », dont le seul et unique objectif est la rentabilité. Si, en France, l'élevage moyen de bovins compte une centaine de têtes, de l'autre côté de l'Atlantique les plus petites exploitations en comptent 7 000, et ce chiffre peut atteindre 100 000 pour les plus grandes...

L'objectif des éleveurs américains consiste à faire prendre au bétail un maximum de poids en un minimum de temps. Le menu n'est plus composé d'herbe, mais de résidus de maïs, de soja et de betterave. Les bœufs raffolent de ces céréales, qui les font grossir jusqu'à 2,5 kilos par jour, au lieu d'un kilo par jour en mangeant de l'herbe. Les vaches pèsent 200 kilos en arrivant dans les *feed-lots* et elles en affichent 650 en moyenne lorsqu'elles repartent, au bout de six mois de pension. Mâles ou femelles, ces bovins américains sont prêts à être consommés en tout juste dix-huit mois, alors qu'en France on estime qu'il faut entre vingt-quatre et trente-six mois pour qu'ils arrivent à maturité.

Dès leur arrivée dans les *feed-lots*, on pose un implant aux bêtes qui leur administre une hormone de croissance. Ce stéroïde stimule artificiellement leur appétit, et leur fait prendre 25 % de muscles en plus. Le boucher star Yves-Marie Le Bourdonnec, artisan dont le hamburger a été élu meilleur au monde, fustige ces pratiques. Dans son livre intitulé *L'Effet bœuf – et si les vaches mangeaient de l'herbe ? Ce que l'on vous cache sur la viande*, il part en campagne contre la mauvaise viande et, notamment, le mauvais bœuf américain. « A mon grand désespoir, j'ai vu certains restaurants étoilés et des palaces parisiens s'enorgueillir de proposer de la viande venue des Etats-Unis. De la piètre black angus biberonnée aux céréales et hormonée aux protéines végétales dans les *feed-lots*. Les consommateurs n'étant pas très bien informés de la chose croient manger de la prestigieuse angus originaire d'Ecosse. On les dupe. A la place, dans leur assiette, ils ont cette mauvaise black angus qui n'est pas tendre et goûteuse, mais molle et grasse. Tout sauf de la qualité. C'est regrettable ! »

Des hormones utilisées pour stimuler la production laitière

Une autre hormone, la somatotropine, un combiné de l'hormone de croissance bovine (rBGH) et de somatotropine (rBST), mise au point par Monsanto à la fin des années 1970, est aussi utilisée pour stimuler la production de lait chez les vaches. L'injection deux fois par mois de cette hormone commercialisée sous la marque Posilac permet d'augmenter les rendements de production laitière d'au moins 15 %, soit près de 4 litres supplémentaires par jour.

Une autre conséquence de ces injections est d'augmenter de manière significative les mammites, ces inflammations des pis assez courantes dans les troupeaux à haut rendement, qui entraînent la présence de pus dans le lait. Pour soigner ces inflammations, les éleveurs ont recours à des injections d'antibiotiques, dont les résidus se retrouvent aussi dans le lait et participent au développement de l'antibiorésistance chez les consommateurs. Selon une étude[1], le taux de mammites des vaches recevant du rBGH atteignait 40 %, alors qu'il n'était que de 10 % parmi le groupe témoin composé de vaches non traitées aux hor-

1. http://www.combat-monsanto.org, Etude de l'université du Vermont, Etats-Unis, in « Fiche hormone laitière Posilac ».

mones. En août 2008, Monsanto a annoncé qu'il renonçait à produire du Posilac et qu'il avait revendu le brevet à Elanco, la branche du laboratoire pharmaceutique Eli Lilly, spécialisée dans la santé animale.

Un géant américain décide d'arrêter l'utilisation d'un complément alimentaire dopant

Plus récemment, le 8 août 2013, le géant américain de l'agroalimentaire Tyson Foods, qui abat un quart des bovins américains, a fait savoir qu'il suspendait ses achats de bœuf nourri avec le complément alimentaire Zilmax, un dopant de la famille des bêta-agonistes, aussi connu sous le nom de zilpaterol, et fabriqué par le laboratoire Merck. Cet additif, utilisé dans 60 à 80 % des élevages, permet de faire gagner à chaque carcasse entre 11 et 15 kilos, mais le groupe a constaté plusieurs cas de bêtes arrivant dans ses abattoirs avec « des difficultés à se déplacer ou étant incapables de se mouvoir ». Dans une lettre envoyée à ses fournisseurs, Tyson Foods explique : « Nous ne connaissons pas les causes précises de ces problèmes, mais certains spécialistes en santé animale ont suggéré que l'utilisation du complément alimentaire Zilmax est une cause possible. » Les facteurs de croissance seraient donc moins bénéfiques qu'on le prétend ?

Des éleveurs français sont condamnés pour utilisation d'hormones

Si la plupart des éleveurs français s'inquiètent fortement à l'idée que les Nord-Américains puissent un jour inonder le marché européen de leur viande hormonée et bon marché, d'autres, moins scrupuleux, ont choisi de lutter contre la distorsion de concurrence à leur façon. En janvier 2006, la juge d'instruction Anne-Marie Bellot, du pôle santé publique de

Paris, a décidé l'abattage de 1 828 veaux d'un cheptel du Sud-Ouest, pour cause de dopage au thiouracile – un anabolisant strictement interdit en Europe, qui accélère la prise de poids et fait baisser le taux de graisse dans le sang.

En décembre 2007, la cour d'appel de Grenoble a confirmé la condamnation de plusieurs membres d'un groupe organisé poursuivi pour trafic et usage d'anabolisants sur des veaux d'élevage dans la Région Rhône-Alpes. Les faits remontent à l'année 1999. L'enquête avait révélé qu'une cinquantaine d'éleveurs, placés sous contrat par la société Somotel, administraient des anabolisants et des hormones de croissance à leurs bêtes : 20 000 au total, chaque année.

Les autorités belges tirent la sonnette d'alarme, s'agissant de l'utilisation d'hormones

En 2011, le rapport de la Cellule multidisciplinaire hormones (CMDH), qui regroupe les inspecteurs vétérinaires et les policiers fédéraux belges, tirait une nouvelle fois la sonnette d'alarme. Francis Clarysse, coordinateur principal du réseau d'expertise « Résidus et sécurité alimentaire », écrivait : « Les constatations de non-conformité dans le secteur de l'engraissement connaissent une augmentation frappante et cela appelle une réaction de notre part. [...] Comment se fait-il que nous ayons constaté en 2011 une telle augmentation des petites quantités d'hormone thyroïdienne et d'anti-inflammatoires ? C'est surtout le nombre élevé de cas de prednisolone sur des porcs qui nous amène à nous interroger. [...] Avec ses différentes déclinaisons (aliments, médicaments...), la fraude demeure et demeurera dans les années à venir un domaine d'action privilégié pour la criminalité organisée. [...] Ne rien faire ne fait pas partie des options : il faut bouger et faire bouger les choses[1]. »

1. CMDH, rapport annuel 2011, avant-propos magistrat d'assistance, « Bouger et faire bouger ».

En 2013, le même coordinateur encourageait ses lecteurs à « regarder derrière et devant soi[1] ». Francis Clarysse constatait : « Les contrôles débouchent encore et toujours sur la découverte d'hormones interdites. L'année 2013 a été marquée par la découverte dans des échantillons animaux de traces d'antibiotiques dont l'usage est interdit dans l'élevage. Des engraisseurs véreux tentent par ailleurs d'échapper à la vigilance des contrôles en recourant à différents produits dans de très faibles quantités et en administrant des substances fabriquées de façon naturelle par les animaux. »

Utiliser des hormones naturelles est en effet la dernière trouvaille développée par le crime organisé. Ses enquêteurs ont par exemple découvert de la dexaméthasone, de la prednisolone, de l'alfanortestostérone et du thiouracile dans des échantillons prélevés sur des bœufs. Mais étant donné que ces substances sont également présentes à l'état naturel, aucune poursuite n'a été engagée. En ce qui concerne les porcs, son équipe a contrôlé des exploitations après la découverte de bêta-nortestostérone. Cette substance pouvant être, là encore, fabriquée naturellement par les individus mâles, ses enquêteurs n'ont pas pu procéder à la constatation d'infraction.

Des hormones utilisées sur les porcs chinois

Les bovins n'ont pas l'apanage du traitement aux hormones : dans certains pays, les volailles et les cochons y ont droit aussi. Si l'on en croit les dernières affaires qui ont créé la stupeur chez les consommateurs chinois, le clenbutérol ou la ractopamine, deux bêta-agonistes interdits en Europe, sont fréquemment utilisés comme facteur de croissance sur les porcs chinois alors qu'ils sont officiellement interdits. Certains éleveurs résistent mal à la

1. CMDH, rapport annuel 2013.

tentation, car ces produits permettent de produire un poulet à maturité en quarante-cinq jours seulement, et un cochon en trois ou quatre mois au lieu de six ou sept mois.

Les conséquences de ces arrangements avec la loi sont graves. Selon la Chambre de commerce du porc du Sichuan, entre 1998 et 2010 plus de 1 700 personnes ont été intoxiquées après avoir consommé de la viande de porc élevée avec ces bêta-agonistes. 300 cas supplémentaires ont été recensés début 2011, à Shanghai. A la suite de cette affaire, le plus important transformateur de viande de Chine, le groupe Shanghui, a dû présenter des excuses officielles pour avoir utilisé de la viande de porc contaminée au clenbutérol.

En Chine, de faux certificats vétérinaires s'achètent pour moins de 1 euro

Une enquête, menée par un journaliste chinois du *Peninsula Metropolitan News*[1], a permis de démontrer que les certificats sanitaires s'achetaient très facilement : deux yuans, soit 27 centimes d'euro par cochon, suffisaient pour acheter trois rapports d'inspection ; pour 100 yuans, soit 13,6 euros, on obtenait une attestation permettant à un camion de traverser les frontières entre les différentes régions chinoises ; pour 10 yuans, soit 1,36 euro de plus, on y ajoutait un certificat garantissant la non-présence de ractopamine ou de clenbutérol. Au vu de ces faits, on ne peut que se poser des questions sur la qualité de la viande chinoise importée en Europe, notamment dans les plats préparés…

Où en sommes-nous, à ce jour ? Chez nous, peut-on considérer que ces histoires d'hormones font partie du passé ? Rien n'est moins sûr. Nombreux sont les éleveurs qui avouent, sous couvert d'anonymat, continuer à se pro-

1. *Epoch Times*, « Tainted meat found in pork produced by China's largest packer », 24 mars 2011.

curer clandestinement des produits interdits en Belgique, en Hollande ou encore en Espagne. Les contrôles demandés permettent-ils de limiter ces pratiques frauduleuses ? Si l'on en croit les résultats des 12 273 analyses effectuées par la DGAL en 2013 dans la filière bovine et des 4 924 analyses dans la filière porcine pour rechercher des substances anabolisantes interdites, seuls deux bovins ont été testés positifs aux stéroïdes, un porc aux bêta-agonistes et un autre aux nitroimidazoles. Ce qui permet au ministère de l'Agriculture d'annoncer un taux de conformité de 99,9 %...

Dopage chez les bovins contre dopage chez les sportifs

Evidemment, on ne peut s'empêcher de se demander si les analyses permettent de détecter systématiquement toutes les fraudes. Comme pour le dopage des sportifs, qui utilisent eux aussi des stéroïdes et des hormones de croissance, le problème posé par le dopage dans l'élevage tient au fait que les trafiquants ont toujours un coup d'avance sur les tests. Le système des contrôles, principal fer de lance de l'antidopage, est un échec. Le cas de Lance Armstrong, sept fois vainqueur du Tour de France, fournit un très bon exemple. Au cours de sa carrière, il a subi plus de cinq cents contrôles antidopage, toujours négatifs, alors qu'il était constamment dopé. Mais, comme l'ont expliqué ses anciens coéquipiers à l'USADA, l'agence américaine antidopage, il est facile de déjouer les tests même lorsqu'ils sont « aléatoires ».

Le cycliste espagnol Alberto Contador a lui aussi subi plus de cinq cents contrôles, tous négatifs, avant d'être testé positif au clenbutérol. Il a toujours nié et a même demandé à être soumis au détecteur de mensonges, son explication étant qu'il avait été contaminé en mangeant un steak. Mais il a été reconnu coupable de dopage en février 2012 par le Tribunal arbitral du sport. Quant à l'athlète américaine Marion Jones, elle a subi cent quatre-vingts contrôles négatifs avant de reconnaître, en octobre 2007, qu'elle prenait des stéroïdes depuis 1999.

En mars 2012, le pôle santé du Parquet de Paris a ouvert une information judiciaire après le signalement par un médecin de cas de cancers atypiques chez de jeunes rugbymen du Sud-Ouest. Deux d'entre eux luttent encore aujourd'hui contre la maladie, mais deux autres ont déjà succombé. Pour l'instant, aucun lien entre les cancers des jeunes et la prise de substances (créatine + anabolisants) n'a été formellement démontré, mais ces cas de cancer mettent une nouvelle fois sur le devant de la scène les dangers du dopage aux hormones. Ce que l'on sait moins, c'est que les produits circulant sous le manteau chez les sportifs sont souvent issus de la pharmacie vétérinaire : le clenbutérol et le salbutamol sont des anabolisants des veaux et des taureaux...

Selon John Fahey, président de l'Agence mondiale antidopage (AMA), qui travaille main dans la main avec Interpol pour lutter contre le trafic de substances dopantes et en particulier contre la vente en ligne de produits dopants par des réseaux criminels, « il y a presque autant d'argent, sinon plus, à gagner dans le trafic de substances destinées à augmenter les rendements dans l'élevage que dans les commerces mondiaux des drogues illégales[1] ». Condamnées dans le monde du sport, les hormones utilisées aux Etats-Unis et au Canada sont pourtant désormais autorisées dans les assiettes européennes.

1. *La Presse*, « Le dopage atteint des "proportions colossales" selon l'AMA », 9 mai 2010.

14

Les limites de l'autocontrôle

Depuis janvier 2006, date d'entrée en vigueur de la réglementation sanitaire communautaire dite « paquet hygiène », les industriels sont soumis à une « obligation de résultats ». Ils sont « responsables de ce qu'ils mettent sur le marché et doivent pouvoir fournir les éléments de traçabilité ». C'est donc à eux d'assurer la sécurité des produits agroalimentaires qu'ils mettent sur le marché et, pour ce faire, de mettre en place des autocontrôles.

Les lobbies industriels n'ont eu aucun mal, sous couvert d'économies, à vanter aux pays membres de l'Union les mérites de ce système ultralibéral américain dont les vertus sont simples, disent-ils, à démontrer : aucun d'entre eux n'aurait intérêt à mettre sur le marché des produits non conformes ou avariés, puisque, en cas de fraude, sa responsabilité serait engagée. Dans les faits, la réalité est beaucoup plus complexe car cet autocontrôle repose sur deux postulats. Premièrement : l'industriel doit être suffisamment informé et compétent pour assumer cette responsabilité. Deuxièmement : il doit être honnête.

Un système désormais basé sur la méthode HACCP

La nouvelle approche règlementaire n'est plus fondée sur le contrôle des produits finis mais sur la maîtrise des procédés en amont. Dorénavant, les services vétérinaires français et européens sont uniquement chargés d'un contrôle de deuxième niveau. Ils doivent vérifier que chaque établissement industriel a bien anticipé les risques : formation du personnel, tenue vestimentaire, maintenance des locaux et de l'équipement, nettoyage et désinfection des structures, surveillance des températures, analyse des dangers permettant de maîtriser les points critiques des processus mis en œuvre, procédures de traçabilité et gestion des produits non conformes (retrait et rappel). Ce plan de maîtrise des risques se fonde sur la méthode HACCP[1], issue du Codex Alimentarius.

Vu le nombre de points listés, nous devrions être rassurés... d'autant plus que chaque plan s'accompagne d'un deuxième, dédié à la maîtrise sanitaire, et qui décrit, cette fois-ci, tous les autocontrôles à effectuer afin de s'assurer que ledit système fonctionne de façon efficace. Tout devrait donc aller pour le mieux dans le meilleur des mondes...

Un système atteint de « documentite » aiguë

Le problème, c'est que ces nouvelles exigences servent à garantir la fiabilité d'un système et non plus la sécurité sanitaire de chaque carcasse de viande, ou de chaque produit transformé pris individuellement. Pour couronner le tout, les vétérinaires passent désormais les trois quarts de leur temps à relire des plans de maîtrise et des documents d'autocontrôle, afin de s'assurer que les industriels rem-

1. Pour « Hazard Analysis Critical Control Point », ou analyse des risques et maîtrise des points critiques.

plissent bien leurs engagements. Puis ils doivent rédiger des rapports, au lieu d'aller sur le terrain et de faire ainsi progresser les entreprises en termes de sécurité sanitaire.

De nombreux vétérinaires témoignent qu'ils sont parfois amenés à contrôler des descriptions documentaires extrêmement complètes et bien ficelées, alors qu'une fois sur site la situation se révèle nettement moins rose. D'autres expliquent qu'ils sont tombés à plusieurs reprises sur des fiches d'autocontrôle hebdomadaires pré-remplies dès le lundi matin.

La SFV, basée, on l'a dit, à Trégunc dans le Finistère, et ses deux filiales, ainsi que l'atelier de découpe de volailles Favid, situé à Parthenay dans les Deux-Sèvres, ont récemment été poursuivis pour avoir falsifié des rapports d'analyse microbiologique et entraîné par conséquent un danger pour la santé humaine. Les faits, qui se seraient déroulés entre 2009 et 2012, auraient permis à l'entreprise d'exporter 6 000 tonnes de viande séparée mécaniquement (VSM) non conforme vers la Russie et l'Afrique du Sud, pays aux normes microbiologiques plus drastiques que celles de l'Union européenne.

Trois responsables de l'entreprise[1] ont reconnu les faits mais fait valoir qu'il n'y avait eu aucun « risque sanitaire ». Ils ont été condamnés, en octobre 2013, par le tribunal correctionnel de Quimper, à des peines de trois mois à un an de prison avec sursis et à des amendes de 2 000 à 20 000 euros pour « faux » et « usage de faux ». L'entreprise SFV a également été condamnée en tant que personne morale pour « faux » et « usage de faux » à une amende de 60 000 euros. Une broutille au regard de la valeur de la marchandise écoulée : près de 3 millions d'euros !

Les inspecteurs vétérinaires rappellent régulièrement que ce qui se passe quotidiennement au sein des établisse-

1. Le directeur de l'entreprise, un directeur de site et un responsable qualité.

ments est clairement indissociable de la qualité sanitaire des produits qui se retrouveront *in fine* sur le marché et que leur présence quotidienne est indispensable. Dans leur ouvrage *Qui contrôle ce que nous mangeons ?*, la sociologue Laure Bonnaud et le docteur vétérinaire Jérôme Coppalle citent le témoignage explicite d'une technicienne vétérinaire en abattoir : « Si les abatteurs veulent faire une petite fraude, ils savent bien le faire. Souvent, c'était les ouvriers qui nous disaient : "Tiens, tu devrais aller voir là-bas, tu dis pas que c'est moi." Ça, c'était très courant de dire : "Va voir là, tu verras ça et tu dis pas que c'est moi." Quelquefois, c'était compliqué : comment voir ou dire sans savoir que c'est lui qui l'a dit, pour un peu les protéger parce qu'on voulait pas qu'ils se fassent taper sur les doigts ? Mais on gagne à bien s'entendre avec les ouvriers parce que de toute façon ils savent nos horaires, donc ils savent quand faire les petites fraudes, alors que si on s'entend bien, les ouvriers vont nous le dire. En plus, les ouvriers sont de plus en plus bien informés, ce sont des consommateurs eux-mêmes, ils ont des enfants, donc il ne faut pas croire, ils n'aiment pas ce genre de choses. »

Un système qui a les défauts de ses qualités

Aujourd'hui, la situation est devenue kafkaïenne : les défauts du système HACCP ont pris le dessus sur ses qualités. Comme le soulignent les deux auteurs : « On constate chez nombre d'inspecteurs une tentation de retrait, qu'ils expriment dans la fiction d'un respect scrupuleux et tatillon du cadre imposé par les notes de service. » L'une d'elles stipule ainsi : « L'inspecteur doit contrôler que l'entreprise a prévu de vérifier correctement la mise en place du plan de maîtrise sanitaire. En aucun cas il n'assure la vérification du plan à la place de l'entreprise. C'est un contrôle de second niveau de la vérification.

L'inspecteur vérifie l'existence de(s) la procédure(s) et du support d'enregistrement adapté(s). »

Cette situation, relèvent les auteurs, « rend sans objet l'appréhension directe par l'inspecteur des conditions sanitaires de production et change donc la nature de ses interventions ». Elle incite ce dernier « à s'en tenir aux instructions et à ne surtout pas s'engager dans une interaction qui engagerait une coresponsabilité, interdite par l'assurance qualité ». Pour preuve, les auteurs poursuivent leur démonstration à l'aide d'une saynète : « La réglementation dit qu'il faut un système de type HACCP. L'industriel dit : "Voilà mon système HACCP, c'est marqué dessus. — Merci. Vous respectez un point réglementaire. — On ne peut pas dire le contraire, hein !" Derrière, ça peut être un tissu de bêtises, c'est autre chose, c'est un deuxième problème. »

Les autocontrôles ne réussissent pas à remplacer les contrôles officiels

En France, on l'a vu, les vérifications sont de plus en plus rares, faute de personnel et de moyens, et les contrôles approfondis ne sont bien souvent déclenchés qu'après une alerte sanitaire ou médiatique. En février 2013, le SNISPV souligne[1] que le « chevalgate » est « une nouvelle illustration du fait que les autocontrôles des exploitants ne peuvent pas toujours remplacer les contrôles officiels réalisés par les autorités compétentes indépendantes », ajoutant : « S'il n'est bien entendu pas question de mettre un gendarme dans chaque usine, un juste équilibre doit être rétabli entre autocontrôles et contrôles effectifs. »

Selon Didier Gautier[2], directeur du Service national des enquêtes (SNE) de la DGCCRF, certains professionnels se

1. Communiqué de presse, 11 février 2013.

2. Cité dans le rapport d'information sénatorial de la Mission commune d'information sur la filière viande en France et en Europe, juillet 2013.

montreraient peu diligents dans la mise en œuvre de cette obligation, notamment en ce qui concerne la fréquence des autocontrôles réalisés. L'enquête menée dans le cadre du scandale de la viande de cheval a notamment permis de constater que le dernier autocontrôle réalisé par un grand acteur de la distribution datait de... novembre 2011, soit une période de quinze mois sans autocontrôle !

Au terme d'une enquête longue de quatre mois, les sénateurs de la Mission commune d'information sur la filière viande[1] ont conclu ainsi : « L'ampleur de l'affaire de la viande de cheval a révélé une forme de faillite du système d'autocontrôle. Il est par ailleurs à noter que le renforcement de la certification privée ne saurait remplacer les contrôles officiels. Les opérateurs ont en effet besoin d'une autorité fiable de référence pour évaluer et certifier les procédures mises en œuvre. »

Un avis également partagé par les contrôleurs et inspecteurs vétérinaires européens de l'EWFC, qui appellent les Etats membres de l'Union européenne ainsi que la Commission européenne à « remettre en service une inspection indépendante et quotidienne dans tous les ateliers agréés de découpe et de transformation de viande[2] ». Ils ajoutent : « Nous sommes convaincus que les substitutions frauduleuses de viande de cheval à celle de bœuf auraient pu être détectées plus tôt, voire parfois évitées, dans le cadre règlementaire précédant l'application de la règlementation de 2006. » Auparavant, tous les ateliers qui bénéficiaient d'un agrément communautaire leur permettant d'exporter leur marchandise devaient faire l'objet de contrôles tout au long de leur activité. Depuis 2006, la règlementation prévoit que les établissements de ce type ne sont plus contrôlés par des inspecteurs officiels que

1. Mission commune d'information sur la filière viande en France et en Europe, « Traçabilité, compétitivité, durabilité : trois défis pour redresser la filière viande », juillet 2013.

2. EWFC, communiqué de presse, 9 mars 2013.

tous les trois à douze mois. Et ces audits, tenez-vous bien, doivent être annoncés à l'avance... Comment s'étonner, dans ces conditions, que les problèmes de traçabilité et d'étiquetage n'aient pas été détectés plus tôt ?

Des taux de non-conformités effrayants

Toute la chaîne de l'élevage à la transformation est concernée par la faiblesse de ces autocontrôles. Lors d'inspections relatives à l'utilisation de produits phytosanitaires (pesticides), plus d'un agriculteur français sur deux se retrouve hors des clous[1]. Ce qui n'a pas empêché 60 députés UMP de déposer, le 1er avril 2014 – ça ne s'invente pas –, un projet de loi qui prévoit que les inspecteurs d'Etat n'annoncent plus leur venue quarante-huit heures à l'avance mais... au moins un mois avant ! Un délai sûrement suffisant pour que les éventuels fraudeurs puissent faire le ménage dans les bidons de pesticides non homologués, se débarrasser des médicaments interdits ou stopper les épandages illégaux de lisier...

Dans les établissements agroalimentaires de l'Hexagone, la situation n'est pas meilleure : en 2012, les inspecteurs ont relevé des non-conformités dans près de la moitié d'entre eux : moyennes dans 38 % des cas et majeures dans 7 %[2].

En ce qui concerne les denrées en provenance de l'Union européenne, des contrôles effectués par les services sanitaires français entre le 1er octobre 2010 et le 30 septembre 2011 ont montré qu'un produit à base de viande importée sur quatre était non conforme, tout comme un morceau de viande fraîche de boucherie sur six

1. Cour des comptes, « La sécurité sanitaire de l'alimentation : l'insuffisance des contrôles du ministère de l'Agriculture », rapport annuel 2014, février 2014.

2. *Id.*

(17 %), un morceau de volaille fraîche sur huit (13 %) et 21 % du lait cru ou traité thermiquement et des produits à base de lait. Dans le hit-parade des pays peu scrupuleux, l'Espagne est le pays qui concentre le plus d'anomalies (32 % des importations contrôlées), viennent ensuite la France et la Belgique (22,3 %), et, loin derrière, l'Italie (5,9 %) puis l'Allemagne (4,6 %).

Qu'ils soient français ou européens, les inspecteurs vétérinaires sont unanimes : « Les autocontrôles ne peuvent en aucun cas se substituer aux contrôles officiels de la salubrité des viandes, qui relèvent de la seule responsabilité de l'Etat. » Pour Charles Pernin, alors chargé de mission alimentation à l'association de consommateurs CLCV : « Il ne faut pas réduire l'importance donnée aux autocontrôles, car ils permettent de responsabiliser la profession, mais cela ne veut pas dire pour autant qu'il faut diminuer les contrôles officiels. Par nature, un producteur n'est pas impartial : un autocontrôle revient à le mettre en situation de juge et partie[1]. »

Un système qui laisse la porte grande ouverte au crime organisé

En 2012, le colonel de gendarmerie Thierry Bourret, alors à la tête de l'Office central de lutte contre les atteintes à l'environnement et à la santé publique (OCLAESP), faisait également part de ses craintes au magazine *Que Choisir :* « Avec la crise, j'ai peur que les fraudes alimentaires ne progressent, et spécialement dans le milieu de la viande, secteur où les gains peuvent être importants. » L'officier classait alors les fraudes en trois catégories : « Il y a les infractions d'opportunisme, le chef d'entreprise se rend compte que ses frigos sont

1. *La Croix*, « Les règles sanitaires applicables à la viande sont-elles trop laxistes ? », 18 février 2014.

tombés en panne mais commercialise néanmoins leur contenu : pas vu pas pris ! Ensuite, il y a ceux qui se mettent hors la loi pour accroître leurs profits. S'ils sont pris, ils disent que le manquement était accidentel alors qu'il est récurrent. Enfin, vous avez le crime organisé, qui a compris qu'il pouvait gagner beaucoup sans craindre de lourdes peines. » Afin d'illustrer son propos, Thierry Bourret citait l'action de carabiniers italiens qui venaient de démanteler un réseau qui écoulait de grosses quantités de faux jambons de Parme. Depuis, d'autres affaires ont vu le jour, comme celle d'œufs de poules pondeuses élevées en batterie en Allemagne et aux Pays-Bas, faussement commercialisés en Europe sous l'étiquette bio, ou l'utilisation de graisses contaminées à la dioxine pour la production d'aliments pour animaux en Allemagne...

Une situation d'autant plus inquiétante que le secteur de l'agroalimentaire est devenu le nouvel horizon des mafias européennes, dans la mesure où le rapport bénéfice/risque y est devenu beaucoup plus favorable que dans la drogue ou la prostitution. Selon l'eurodéputée néerlandaise Esther de Lange, rapporteure d'un document sur « la crise alimentaire, la fraude dans la chaîne alimentaire et son contrôle[1] », la fraude alimentaire a représenté un montant de près de 49 milliards d'euros en 2012, et le nombre de cas a augmenté de 60 % rien que cette même année.

1. Parlement européen, Commission de l'environnement, de la santé publique et de la sécurité alimentaire, projet de rapport « sur la crise alimentaire, la fraude dans la chaîne alimentaire et son contrôle », 8 octobre 2013.

Il n'existe toujours pas de définition juridique de la « fraude alimentaire »

Les eurodéputés se sont heurtés à un écueil de taille : à la différence des Etats-Unis, il n'existe pas de définition officielle de la « fraude alimentaire » au sein de l'Union européenne. Jusqu'à présent, seule la « sécurité alimentaire » était prise en compte par les textes européens. Or, pour pouvoir agir puis sanctionner ce type de pratique, il est indispensable de combler ce vide juridique. Les eurodéputés demandent par conséquent à la Commission et aux Etats membres d'élargir leur approche, leurs politiques et leurs contrôles, actuellement centrés sur la santé et la sécurité, pour y inclure la fraude alimentaire.

Le phénomène de fraude est difficile à combattre, à cause de la fragmentation de l'Union européenne. Selon Esther de Lange, quand l'Italie a commencé à renforcer ses contrôles, les bandes organisées se sont déplacées en Slovénie. Depuis, les services de police Interpol et Europol organisent, de temps à autre, des opérations destinées à lutter contre l'activité de ces groupes criminels. Ils ont de quoi faire... L'enquête sur l'affaire de la viande de cheval a par exemple permis de mettre au jour des pratiques effarantes. Un vendeur de chevaux anglais a, par exemple, été arrêté courant 2012 pour avoir exporté des poneys malades d'Irlande du Nord vers l'Angleterre, d'où il revenait avec un chargement de cannabis[1]... D'autres témoignages vont dans le même sens, les éleveurs de porcs bretons qui luttent contre les importations de porc étranger à bas coût organisent régulièrement des opérations de contrôle des chargements de viande, et quelle n'a pas été

1. *The Guardian*, « Horsemeat scandal : where did the 29% horse in your Tesco burger come from? Guardian investigation uncovers complex international supply chain including drug and horse smuggling », 22 octobre 2013.

leur surprise quand ils ont par exemple découvert à l'intérieur d'un camion une valise contenant de la poudre blanche qui ressemblait étrangement à de la cocaïne...

La certification officielle : une ruse marketing et juridique au service des entreprises

Vu les taux impressionnants de non-conformités relevés par les services sanitaires, le citoyen-consommateur serait en droit d'espérer – s'il en croit le législateur européen – que les entreprises responsables de la mise sur le marché de produits non conformes s'autorégulent et mettent tout en œuvre pour que leurs produits soient irréprochables. L'affaire des lasagnes au cheval est, encore une fois, un très bon révélateur. Les sous-traitants impliqués dans la chaîne de production – et ils sont multiples – se renvoient la balle. Chaque maillon de ce circuit mondialisé est en pratique déresponsabilisé et s'abrite derrière des organismes certificateurs privés, afin de prouver sa bonne foi et de démontrer l'efficacité de sa propre traçabilité comme le professionnalisme de son contrôle qualité. N'est-il pas surprenant que chacune des entreprises incriminées ait obtenu des scores impressionnants de conformité avec la réglementation ?

Dans son dernier compte rendu d'activité précédant le « chevalgate », l'entreprise Spanghero se vantait d'avoir « renforcé sa politique de sécurité alimentaire en investissant dans un laboratoire d'analyse interne et obtenu la certification IFS pour l'ensemble de ses activités » ! On applaudit bien fort ! Le référentiel IFS, créé en 2003, a été mis en place conjointement par les fédérations de distributeurs français et allemands, puis italiens. Cela permet non seulement de répondre à toutes les exigences harmonisées internationalement, mais aussi de constituer un référentiel de qualité et de sécurité des aliments reconnu mondialement. La check-list d'audit contient 325 exigences, réparties en 6 chapitres, c'est dire son sérieux... Tous les secteurs qui pourraient se révéler critiques sont contrôlés et analysés : « responsabilités de la direction, système de management de la qualité et de la sécurité des aliments, gestion des ressources, planification et procédé de fabrication, mesures, analyses, améliorations, protection de la chaîne alimentaire contre les actes malveillants, inspections externes »... De quoi être totalement rassuré...

L'entreprise Comigel, qui avait acheté la viande auprès de Spanghero, possédait elle aussi la certification IFS, ainsi que celle du British Retail Consortium (BRC), un référentiel privé britannique destiné essentiellement aux fournisseurs de denrées alimentaires vendues sous marques distributeurs. Il s'obtient, celui-là, après un audit en 284 points liés à la sécurité alimentaire. Comigel était également reconnue ISO 14001:2004 – une norme conçue pour assurer la sécurité des chaînes alimentaires sur le plan mondial. L'entreprise Tavola, chargée par Comigel de cuisiner des lasagnes pour la marque suédoise Findus, détenait, de son côté, la certification ISO 9001:2000, qui atteste la mise en place de systèmes de management de la qualité...

Comme le soulignent les contrôleurs et vétérinaires européens de l'EWFC : « Rien ne peut remplacer un examen officiel minutieux pour s'assurer que la loi est bien respectée. L'affaire du "chevalgate" a démontré que les organismes certificateurs payés par les producteurs et les distributeurs n'apportent rien en termes de protection du consommateur. Ce n'est pas une surprise. Dans la filière viande, les organismes certificateurs sont devenus des prestataires qui avalisent les choix de leurs clients industriels, leur présence constitue des ruses marketing pour essayer de rassurer le consommateur[1]. »

1. EWFC, « Lessons from the horse meat scandal », communiqué de presse, 25 mars 2013.

Mais pas seulement... Si l'on en croit le site Internet vantant les mérites de l'IFS auprès des industriels, une des principales valeurs ajoutées de la certification est la « couverture de responsabilité »... Très efficace en cas de procès ! Dans l'affaire de la viande de cheval, il faudra sans doute des années et une série de longues procédures internationales avant qu'on parvienne à identifier le ou les responsables.

D'ailleurs, les inspecteurs de l'EWFC vont plus loin : « Si la Commission européenne et les services sanitaires des Etats membres persistent à concevoir leur mission comme celle d'agents des relations publiques des principales industries agroalimentaires et des principaux distributeurs, à qui – nous l'avons vu – nous ne pouvons pas faire confiance, nous devons nous attendre à l'avenir à voir surgir de nouveaux scandales[1]. »

Certains pays, dont la France, ne publient pas les résultats des autocontrôles

Autre source d'inquiétude : contrairement à onze pays européens, la France n'a pas rendu publics les résultats de ses autocontrôles effectués par les opérateurs du secteur alimentaire, qu'ils soient producteurs, transformateurs ou distributeurs, alors qu'ils sont censés garantir la sécurité sanitaire des Européens. Dans son rapport[2], la Cour des comptes fait le constat suivant : « L'obligation de transmettre les résultats d'analyse non conformes ne pèse aujourd'hui que sur les professionnels, alors même qu'il n'est pas dans leur intérêt d'informer les services de l'Etat

---

1. EWFC, « Lessons from the horse meat scandal », communiqué de presse, 25 mars 2013.

2. Cour des comptes, « La sécurité sanitaire de l'alimentation : l'insuffisance des contrôles du ministère de l'Agriculture », rapport annuel 2014, février 2014.

des non-conformités. Le Code rural et de la pêche maritime prévoit la possibilité d'obliger les laboratoires d'analyses à transmettre les résultats non conformes, mais les arrêtés d'application n'ont pas été pris et cette possibilité n'est aujourd'hui pas mise en œuvre en ce qui concerne la sécurité sanitaire des aliments. » La Cour recommande par conséquent de prendre ces arrêtés au plus vite !

Face à la faiblesse des autocontrôles… toujours moins de contrôles officiels

Face à la fragilité des autocontrôles, le citoyen-consommateur pourrait aussi s'attendre à ce que l'Etat augmente le nombre de contrôles des denrées importées, afin de s'assurer que la loi soit enfin respectée. Que nenni ! En 2010-2011, le nombre de contrôles dans les 3 422 établissements français susceptibles de recevoir des denrées importées a baissé de 20 % par rapport à l'année précédente. Seulement 1 311 interventions ont été réalisées. Plus grave, en cas de non-conformité, seuls 8,5 % des contrôles ont donné lieu à des suites judiciaires, 2,6 % ont entraîné une saisie et/ou la destruction de produits et seules 5 réexpéditions sur les 9 demandées ont été effectives. Rien de bien incitatif, s'agissant du respect de la sécurité sanitaire !

Dans son rapport de février 2014, Didier Migaud, premier président de la Cour des comptes, pointe de « graves anomalies » dans les établissements français de transformation de denrées animales. Non seulement les contrôles y sont peu nombreux, mais lorsqu'ils font état de non-conformités « moyennes ou majeures », seule une entreprise sur deux est sanctionnée ! Les suites données aux non-conformités sont peu nombreuses et insuffisamment contraignantes : seuls 16 % de ces contrôles ont débouché sur davantage qu'un simple avertissement.

Les édiles locaux face au chantage à l'emploi

L'avertissement est pourtant la première échelle de sanction. Si aucune amélioration n'a été apportée entre le premier constat et le contrôle suivant, et si la gravité des manquements constatés l'impose, l'inspecteur vétérinaire peut rédiger une mise en demeure ou une proposition de fermeture en cas de danger immédiat pour la santé publique. C'est ensuite au maire de la commune sur laquelle se trouve l'établissement ou au préfet du département de prendre la décision définitive. Or, comme le précisent bon nombre de vétérinaires, les maires comme les préfets ont souvent beaucoup de difficultés à résister au chantage à l'emploi.

«Un jour, j'ai été convoqué par le préfet suite à la rédaction d'une proposition de fermeture, m'a raconté un inspecteur vétérinaire. Il m'a rappelé que j'étais fonctionnaire, et m'a dit : "Un fonctionnaire, ça veut dire fonctionner, il est hors de question que cet abattoir cesse de fonctionner !" Et pourtant, les constatations d'infractions étaient régulières et répétées et mettaient clairement en danger la santé des consommateurs. »

Dans le cas des infractions sanitaires les plus graves, l'inspecteur vétérinaire établit un procès-verbal de constatation des infractions. Il le transmet au procureur du tribunal le plus proche, en vue d'amendes et/ou d'éventuelles sanctions pénales. Mais, comme le racontent là encore bon nombre de vétérinaires, le procureur décide souvent de ne pas poursuivre !

Contre la pénalisation à outrance

Pas étonnant quand on sait qu'en septembre 2007 Nicolas Sarkozy, alors président de la République, déclarait, devant le tribunal de commerce de Paris, à l'occasion du bicentenaire du Code de commerce : « La pénalisation à outrance de notre droit des affaires est une grave erreur. Je veux y mettre un terme[1]. » Les affaires « qui ne mettent en cause que des intérêts privés et pécuniaires ne devraient pas relever du droit pénal ». Désormais, les services de la répression des fraudes résolvent une grande partie de leurs affaires par le biais de transactions pénales. Pratique pour l'entreprise contrevenante, ce système présente l'avantage de ne pas rendre la sanction publique.

Là encore, le cas de l'entreprise Spanghero est riche d'enseignements. Lors de son inspection, en 2008, les services sanitaires avaient relevé des non-conformités majeures concernant les dates limites de consommation et la traçabilité, mais ces constatations n'avaient donné lieu qu'à une lettre d'avertissement[2]. Lors d'une deuxième visite, quatre ans après, les inspecteurs n'avaient demandé ni les résultats des autocontrôles, ni le plan de maîtrise sanitaire, alors qu'il s'agit en théorie d'un point de contrôle incontournable. Dans ces conditions, pas étonnant que la situation continue à se dégrader… à marche forcée. Mangez tranquilles, citoyens !

450 euros d'amende pour avoir produit des steaks hachés non conformes

Un rapport de 2012, émanant de la DGCCRF et resté confidentiel, a mis au jour un phénomène inquiétant. Les contrôles effectués dans 35 cantines scolaires, d'hôpitaux et d'universités ont révélé que tous les steaks hachés, sauf un, étaient non conformes à la règlementation. Les biologistes chargés d'effectuer les analyses ont découvert dans

1. *Le Nouvel Observateur*, « Pénalisation du droit des affaires : Sarkozy réitère ses critiques », 6 septembre 2007.

2. Cour des comptes, « Relevé d'observations provisoires, l'exercice par le ministère chargé de l'agriculture de ses missions relatives à la sécurité sanitaire des aliments, exercices 2009-2013 », 17 juillet 2013.

23 échantillons des morceaux d'os, des nerfs, des tendons et du cartilage qui n'auraient pas dû s'y trouver. De plus, le tiers d'entre eux se sont révélés trop riches en matières grasses, c'est-à-dire avec des taux supérieurs à 20 %. Pourtant, seuls 4 fournisseurs ont fait l'objet de procès-verbaux. Et, tenez-vous bien, le montant total des amendes pour chacun des fournisseurs a péniblement atteint les 450 euros !

Une plaisanterie pour les professionnels – la pénalité leur a coûté moins cher que les frais d'avocat engagés – et la procédure n'a pas entaché leur image de marque puisque les services de la répression des fraudes se sont refusé à communiquer les noms des entreprises incriminées. C'est sûr que dans ces conditions le consommateur n'est pas près de faire entendre sa voix et d'utiliser son pouvoir d'achat pour exhorter les entreprises agroalimentaires à être plus respectueuses de sa santé.

Du reste, dans ses conclusions, la Cour des comptes insiste sur le fait qu'« un contrôle de second niveau suppose une politique de suites plus volontariste que par le passé[1] » et ajoute qu'« au-delà, une plus grande transparence sur les non-conformités relevées et les suites qui leur sont données aiderait les services à résister aux pressions locales qui peuvent s'exercer par exemple lorsqu'un établissement est menacé de fermeture ». Ce qui a été le cas de Spanghero... après la découverte d'infractions liées à la présence de viande séparée mécaniquement (VSM) de mouton – laquelle viande était interdite pour des raisons sanitaires liées à la tremblante du mouton – qui devait servir à la fabrication de merguez. Comme l'avouait Benoît Hamon, alors ministre de la Consommation, en février 2014 : « On nous a accusés, on nous a fait du chantage à l'emploi avec les salariés de l'entreprise Spanghero.

1. Cour des comptes, « La sécurité sanitaire de l'alimentation : l'insuffisance des contrôles du ministère de l'Agriculture », rapport annuel 2014, février 2014.

Je ne regrette rien, nous avons eu raison d'agir vite, la fraude, qui portait sur 500 tonnes, avait affecté la confiance des consommateurs, 500 000 emplois [dans l'agroalimentaire] étaient menacés[1]. »

Des sanctions ridicules

L'affaire est révélatrice non seulement de la fragilité et de la vacuité de la traçabilité, mais aussi de l'inadaptation des sanctions, loin d'être dissuasives au regard des conséquences sanitaires et commerciales potentielles de ce genre de pratique… Si une entreprise comme Spanghero – qui employait 300 personnes avant ladite crise et réalisait un chiffre d'affaires de 65 millions d'euros en 2012 – est condamnée, elle risque au maximum 185 000 euros d'amende, et le responsable identifié, 37 500 euros d'amende et deux ans de prison[2]. Or, selon Benoît Hamon, alors ministre délégué chargé de l'Economie sociale et solidaire, chez Spanghero le profit frauduleux dans cette affaire peut être estimé à 550 000 euros.

Jusqu'à présent, ce type d'escroquerie était moins lourdement sanctionné qu'un vol à l'étalage. En France, une personne qui vole une barquette de viande dans un rayon de supermarché encourt jusqu'à 45 000 euros d'amende et trois ans de prison. Les sanctions tombent toujours, et vite. Pour preuve, cette affaire[3] qui remonte à 2011 : Yarid, un SDF de 30 ans, a été présenté en comparution immédiate devant le tribunal correctionnel de Toulouse le 20 octobre 2011. La veille, il avait volé des denrées alimentaires dans un établissement scolaire de Toulouse :

1. *LSA*, « Horsegate, assignations, contrôles : Benoît Hamon sur tous les fronts », 11 février 2014.

2. Les sanctions n'ont pas été modifiées depuis 1978.

3. *La Dépêche du Midi*, « Un SDF condamné pour le vol de 19 tomates », 21 octobre 2011.

19 tomates, deux conserves, un litre d'huile et quelques biscottes. Récidiviste certes mais surtout nécessiteux, Yarid a été condamné à 4 mois de prison ferme. Autre affaire[1] plus récente qui se passe de commentaires : en 2014, un Cherbourgeois de 34 ans a écopé d'un mois de prison ferme pour avoir volé une batterie usagée et dérobé, pour ses chiens, des morceaux de viande dans des poubelles situées dans l'enceinte de l'Intermarché de Valognes en Normandie.

Petite remarque au passage : en cas de fraude, les sanctions ne sont pas identiques dans tous les pays européens. Chaque pays dispose en effet d'une large marge de manœuvre dans sa manière de transcrire le droit communautaire dans ses propres textes législatifs. Par exemple, dans le cas où l'entreprise condamnée est allemande, elle encourt 50 000 euros d'amende et le responsable trois ans de prison pour les mêmes faits.

Mise en place d'une charte anti-fraudes…

« L'ensemble de la filière est victime d'une fraude sans précédent, qui porte sur la nature de la viande. Pour que cela ne se reproduise plus, le secteur agroalimentaire a pris ses responsabilités et s'engage à renforcer les autocontrôles et les audits existants, en mettant en place une charte anti-fraudes[2] », expliquait Jean-René Buisson, président de l'Association nationale des industries alimentaires (ANIA), au lendemain du « chevalgate ».

Une « charte anti-fraudes » est en effet le meilleur moyen pour ces industries de tenter d'échapper à des

1. *Ouest-France*, « Il vole de la viande pour ses chiens : un mois de prison », 22 octobre 2014.

2. ANIA, « Affaire de la viande de cheval : face à la fraude, les entreprises agroalimentaires mettent en place une "charte anti-fraude" », communiqué de presse, 21 février 2013.

règlementations plus contraignantes. Ainsi, dans celle-ci : « [Les entreprises agroalimentaires s'engagent] tout d'abord à rappeler systématiquement les règles applicables à tous les intervenants de la chaîne pour s'assurer que tout un chacun est parfaitement informé des éléments que doit lui transmettre son fournisseur. Ensuite à renforcer le contrôle des certificats remis par le fournisseur et à exercer un contrôle plus approfondi à réception de la matière première. Des mesures complémentaires telles que des analyses sur la nature de la viande et un audit des fournisseurs en amont seront également mises en place en cas de doute sur la nature de la viande bovine. Et enfin, à lister un faisceau d'indices à prendre en considération pour déceler une éventuelle fraude et déclencher des contrôles complémentaires. » Une charte et des déclarations qui laissent sans voix. Faut-il en déduire que ces « nouvelles obligations » vantées par la charte n'étaient pas appliquées jusqu'à présent ? Quoi qu'il en soit, nous voilà rassurés...

... et d'un nouveau code d'usage

En réalité, les professionnels du secteur n'en sont pas à leur coup d'essai. Après la charte, ils ont émis l'idée de créer un « code d'usage » comme deuxième preuve de leur bonne foi. Ils se sont engagés, le 21 mai 2013, lors d'une réunion avec le ministre délégué à l'Agroalimentaire, à améliorer la qualité du minerai de viande. « Il y a des morceaux qui ne seront plus autorisés, a expliqué le ministre. Nous allons mettre au point un code qualité qui dira le muscle qu'il faut et interdira qu'il y ait du rajout de tendon ou de cartilage [dans la composition des minerais]. » Mais ce code-là encore ne relèvera d'aucune obligation, que ce soit au niveau français ou même européen. Mangez en paix, citoyens !

Les sanctions s'alourdissent... enfin, un jour peut-être !

L'Europe a donc décidé de réagir. En avril 2013, Tonio Borg, alors commissaire européen en charge de la Santé et des Consommateurs (DG SANCO), a déclaré qu'il allait proposer aux Etats membres de « nouvelles mesures pour réduire les risques d'abus à l'avenir » et, notamment, des sanctions pécuniaires équivalentes au gain issu de la fraude. Un mois plus tard, ce même commissaire a déclaré, au cours d'une conférence de presse destinée à rassurer les consommateurs européens, qu'il souhaitait proposer une règlementation « moins complexe et plus intelligente », précisant : « Actuellement, la législation relative à la chaîne de production des denrées alimentaires compte près de 70 textes. » Son objectif était donc « de réduire ce corpus à 5 textes, mais aussi d'alléger les formalités entourant les processus et les procédures qu'appliquent les agriculteurs, les éleveurs et les opérateurs du secteur alimentaire (producteurs, transformateurs et distributeurs), afin que ceux-ci puissent exercer plus facilement leur métier ».

Ce n'est pas tout... Selon le commissaire : « L'Europe avait déjà des sanctions dissuasives et appropriées dans les Etats membres de la Communauté européenne. » Cela dit, il souhaitait « accroître la législation en introduisant des amendes d'un montant équivalent aux bénéfices économiques obtenus grâce à la fraude » et promouvoir « des inspections surprises ». Pour faire simple, cela signifie que, dans le cas où l'industriel serait pris la main dans le sac, l'opération frauduleuse serait nulle. Le règlement 882/2004 a donc été modifié le 13 mai 2013, puis le 27 juin 2014. Désormais, « Les Etats membres fixent le régime de sanctions applicables aux infractions à la législation relative aux aliments pour animaux et aux denrées alimentaires, ainsi qu'aux autres dispositions communautaires relatives à la protection de la santé animale et du bien-être des animaux, et prennent toutes les mesures nécessaires pour que ces sanctions soient appliquées. Les sanctions prévues doivent être effectives, proportionnées et dissuasives. » Cela dit, rien n'a vraiment changé puisque chaque pays dispose toujours d'une large marge de manœuvre dans sa manière de transcrire le droit communautaire dans ses propres textes législatifs.

En France, Benoît Hamon a fait adopter le 17 mars 2014 une loi qui prévoit de renforcer les sanctions en cas de fraude : 300 000 euros d'amende pour les personnes physiques (ce montant peut être porté à 10 % du chiffre d'affaires réalisé par l'entreprise, ce qui permettra à la juridiction de tenir compte du bénéfice tiré de la fraude ou de la falsification), et 600 000 euros pour les personnes morales. Affaire à suivre... Ce qui est sûr, c'est que cette loi « Hamon » sera difficile à appliquer, si le nombre de vétérinaires censés réaliser ces contrôles ne cesse de diminuer...

A Taiwan, on fait appel à des chasseurs de primes

A Taiwan, la municipalité a décidé de lutter contre les fraudes alimentaires en faisant appel à des chasseurs de primes ! Désormais les dénonciateurs de non-conformité en matière de sécurité des aliments n'obtiendront plus 10 % mais 60 % du montant des amendes infligées aux entreprises reconnues coupables[1]. Une décision approuvée à l'unanimité par les représentants de tous les partis politiques, à la suite d'un scandale sanitaire dans lequel l'entreprise Cheng I Food Co a vendu pour la consommation humaine de l'huile provenant d'huile de cuisson recyclée. Cheng I Food Co a été condamnée à payer une amende de 1,67 million de dollars (soit 1,4 million d'euros), ce qui signifie que si les nouvelles règles avaient

1. *Taipei Times*, « Koashiung whistle-blowers to get 60% of food safety fines », 27 octobre 2014.

été en vigueur et l'information fournie par un dénonciateur, ce dernier aurait touché près de 1 million de dollars… De quoi susciter des vocations…

D'autant plus que le Parlement taïwanais a renforcé le 18 novembre 2014 la loi sur la sécurité sanitaire des aliments[1]. Désormais, les dirigeants d'une entreprise ayant produit des denrées frelatées ou contenant des ingrédients illégaux seront passibles d'une peine de sept ans de prison et d'une amende de 80 millions de dollars taïwanais (soit 2,11 millions d'euros). Si ces produits sont reconnus par la justice comme ayant entraîné la mort d'un consommateur, une peine de prison à perpétuité pourra être requise et l'amende sera portée à 200 millions de dollars taïwanais (soit 5,28 millions d'euros). L'entreprise ayant fabriqué ces produits s'exposera quant à elle à une amende de 2 milliards de dollars taïwanais (soit 50 millions d'euros). Elle pourra également être contrainte à rembourser les profits réalisés par la vente de ces produits, une décision administrative qui sera cumulée avec les peines découlant de la condamnation pénale. De quoi faire réfléchir…

Et si on demandait leur avis aux consommateurs ?

Une autre piste de réflexion a été développée par l'avocat Jean-Philippe Robé, qui travaille sur l'idée d'une constitutionnalisation des droits et des devoirs des entreprises, et par François Collart-Dutilleul, professeur à l'université de Nantes et membre du Conseil national de l'alimentation[2]. Ces deux auteurs estiment qu'il serait plus efficace d'apprécier les responsabilités des entreprises en partant du point de vue du consommateur.

---

1. *Taiwan Info*, « Le Parlement renforce la loi sur la sécurité sanitaire des aliments », 19 novembre 2014.

2. *Le Nouvel Economiste* « Le gouvernement s'en tient à des lois de circonstance », 7 mai 2013.

Dans l'affaire de la viande de cheval, chaque entreprise impliquée dans la chaîne de fabrication s'est retournée contre son fournisseur, à commencer par la marque Findus. Selon l'idée défendue par ces deux auteurs, Findus aurait dû se porter garante de ce qu'elle vendait au consommateur et par conséquent réduire ses filières d'approvisionnement et/ou mieux les contrôler.

« Dans cette perspective de constitutionnalisation, qui engage beaucoup plus les entreprises, le problème ce n'est pas la faute en elle-même, mais le fait de ne pas avoir mis en œuvre les moyens permettant de la prévenir », résume Jean-Philippe Robé. Et l'avocat de citer l'exemple de la marée noire provoquée par le naufrage de l'*Erik*a. A l'époque, Total avait basé sa défense sur le fait qu'il n'était pas responsable de l'état du navire affrété auprès d'un armateur extérieur à son groupe. Sans succès. Après dix ans de procédure, Total, tout comme la société de classification des bateaux Rina, l'armateur Giuseppe Savarese et le gestionnaire Antonio Pollara, avait été lourdement condamné. La Cour de cassation avait ainsi reconnu que toute personne qui intervient de façon fautive dans le cadre d'un naufrage polluant est susceptible de voir sa responsabilité pénale et civile engagée. Un exemple à suivre...

Aujourd'hui, une chose est sûre : face aux entreprises en général et notamment dans le secteur de l'agroalimentaire, les gouvernements ont le plus grand mal à envisager autre chose que des mesures de circonstance. De ce point de vue, la récente alternance politique n'a pas modifié la donne. Les lobbies agroalimentaires ont-ils su se montrer convaincants malgré la crise du cheval ? En tout cas, les syndicats sont formels : « Le gouvernement préconise essentiellement de s'en remettre une nouvelle fois à la bienveillance des entreprises à travers les autocontrôles, plutôt que de redonner les moyens aux services de contrôle pour assurer les missions régaliennes de l'Etat. » Et si on demandait aux consommateurs ce qu'ils en pensent ?

Remerciements

Merci à toutes celles et tous ceux qui m'ont conseillée et aidée à préparer ce livre : François des Accords, Olivier Aubert, Anne-Laure Aymeric, Lakhdar Benrahal, Michel Courat, Isabelle Dupré, Frédéric Freund, Abel Gerschenfeld, Sophie Lajeunesse, Abd-el-Kader Madi, Grégoire Mercadé, Alma Miranda, Roman Mouturat, Georges Renaud, Pierre Sigler, Catherine Thillier-Gasc, Bruno Vallombreuse, Marie Varéon, Marc-Henri Verly, Typy Zoberman.

Pour en savoir plus

Œuvre d'assistance aux bêtes d'abattoir (OABA)
10 place Léon Blum – 75011 Paris
tél. : 01 43 79 46 46 – fax : 01 43 79 64 15
mail : contact@oaba.fr
www.oaba.fr

L214 éthique & animaux
BP 84 – 13721 Marignane cedex
tél. : 06 20 03 32 66 ou 06 17 42 96 84
www.l214.com

Eurogroup for Animals
6 rue des Patriotes – 1000 Bruxelles/Belgique
tél. : +32 (0) 2 740 08 20
mail : info@eurogroupforanimals.org
www.eurogroupforanimals.org

Animals'Angels
Rossertstaβe 8 – D-60323 Francfort/Allemagne
tél. : +49 (0) 69 707 981 70
http://www.animals-angels.com

Association Stéphane Lamart « Pour la défense des droits des animaux »
BP 200036 – 94268 Fresnes
tél. : 01 46 81 54 64
www.associationstephanelamart.com

Association végétarienne de France (AVF)
BP4 – 77390 Chaumes-en-Brie
www.vegetarisme.fr

Confédération nationale des SPA de France
25 quai Jean-Moulin – 69002 Lyon
tél. : 04 78 38 71 85 – fax : 04 78 38 71 78
www.spa-france.asso.fr

Ecologie sans frontière
22 rue Boulard – 75014 Paris
tél. : 01 43 27 79 08
mail : ecologiesansfrontiere@wanadoo.fr
http://ecologiesansfrontiere.fr

Eyes on Animals
PO Box 59504 – 1040LA Amsterdam/Pays-Bas
mail : info@eyesonanimals
www.eyesonanimals.com

Fondation Assistance aux animaux
23 avenue de la République – 75011 Paris
tél. : 01 39 49 18 18 – fax : 01 39 51 59 23
www.fondationassistanceauxanimaux.com

Fondation Brigitte Bardot
28 rue Vineuse – 75116 Paris
tél. : 01 45 05 14 60 – fax : 01 45 05 14 80
www.fondationbrigittebardot.fr

Fondation Ligue française des droits de l'animal
39 rue Claude-Bernard – 75005 Paris
tél./fax : 01 47 07 98 99
mail : contact@fondation-droit-animal.org
www.fondation-droits-animal.org

Fondation WWF
1 carrefour de Longchamp – 75016 Paris
tél. : 01 55 25 84 84
www.wwf.fr

Fondation 30 millions d'amis
40 cours Albert 1er – 75008 Paris
tél. : 01 56 59 04 44
www.30millionsdamis.fr

Gaia Voice of the Voiceless
Galerie Ravenstein, 27 – 1000 Bruxelles/Belgique
tél. : +32 (0)2 245 29 50 – fax : +32(0)2 215 09 43
mail : info@gaia.be
www.gaia.be/fr

Greenpeace
13 rue d'Enghien – 75010 Paris
tél./fax : 01 80 96 96 96
www.greenpeace.org

MDRGF Générations Futures
935 rue de la Montagne – 60650 Ons-en-Bray
tél. : 01 45 79 07 59
www.generations-futures.fr

One Voice « pour une éthique animale et planétaire »
1A place des Orphelins – 67000 Strasbourg
tél.: 03 88 35 67 30
www.one-voice.fr

PETA « pour une éthique dans le traitement des animaux »
6 place de la Madeleine – 750008 Paris
www.petafrance.com

Royal Society for the Prevention of Cruelty to Animals (RSPCA)
Wilberforce Way – Southwater – Horsham
West Sussex RH13 9RS – Royaume-Uni
www.rspca.org.uk

Société Végane
12 rue Parmentier – 94800 Villejuif
tél. : 06 17 61 90 90
mail : info@societevegane.fr
www.societevegane.fr

Protection mondiale des animaux de ferme (PMAF)
176 avenue André Malraux – 57006 Metz
tél. : 03 87 36 46 05 – fax : 03 87 36 47 82
www.pmaf.org

Société nationale pour la défense des animaux (SNDA)
80 boulevard de Reuilly – 75012 Paris
tél. : 01 44 75 37 65 – 01 44 75 01 52
www.snda.asso.fr

Syndicat national des inspecteurs en santé publique vétérinaire (SNISPV)
251 rue de Vaugirard – 75732 Paris cedex 15
tél. : 01 49 55 81 24
www.snispv.org

Associations de consommateurs

Bureau européen des Unions de consommateurs (BEUC)
Rue d'Arlon – 80 boîte 1 – B-1040 Bruxelles/Belgique
tél. : +32 (0)2 743 15 90 – fax : +32(0)2 740 28 02
mail : consumers@beuc.eu
www.beuc.org

CLCV
29 rue Alphonse-Bertillon – 75015 Paris
tél. : 01 75 43 30 40
mail : accueil@clcvparis.org
www.clcv.org

Foodwatch
3 rue de l'Arrivée – 75749 Paris cedex 15
tél. : 01 43 20 86 49
mail : info@foodwatch.fr
www.foodwatch.org

UFC-Que Choisir
233 boulevard Voltaire – 75011 Paris
tél. : 01 43 48 55 48 – fax : 01 43 48 44 35
www.quechoisir.org

60 Millions de consommateurs
18-24 rue Tiphaine – 75732 Paris cedex 15
tél. : 01 45 66 20 20
mail : redactionweb@inc60.fr
www.60millions-mag.com

Les sigles les plus utilisés

AFSSA : l'Agence française de sécurité sanitaire des aliments

AFSSAPS : l'Agence française de sécurité sanitaire des produits de santé

ANIA : l'Association nationale des industries agroalimentaires

ANSES : l'Agence nationale de la sécurité sanitaire de l'alimentation, de l'environnement et du travail (créée en 2010 par la fusion de l'AFSSA et d'une autre agence, l'AFSSET)

BNEVP : la Brigade nationale d'enquêtes vétérinaires et phytosanitaires

CFBCT : la Confédération de la boucherie et des charcutiers-traiteurs

CIV : le Centre d'information des viandes

DGAL : la direction générale de l'Alimentation, rattachée au ministère de l'Agriculture

DGCCRF : la direction générale de la Concurrence, de la Consommation et de la Répression des fraudes, rattachée au ministère des Finances

EFSA : l'Autorité européenne de sécurité des aliments

ESB : l'encéphalopathie spongiforme bovine, la maladie de la « vache folle »

EWFC : regroupement des associations les plus représentatives des contrôleurs de l'alimentation et inspecteurs des viandes des pays membres de l'Union européenne

FAO : l'Organisation des Nations unies pour l'alimentation et l'agriculture
FNB : la Fédération nationale bovine
FNICGV : la Fédération nationale de l'industrie et du commerce en gros de la viande
FNSEA : la Fédération nationale des syndicats d'exploitants agricoles
GEMRCN : le Groupement d'étude des marchés de la restauration collective et de la nutrition
HACCP (pour *Hazard analysis critical control point*) : méthode d'analyse des risques et de maîtrise des points critiques
INRA : l'Institut national de recherche agronomique
Interbev : l'Interprofession du bétail et des viandes
INVS : l'Institut national de veille sanitaire
L214 : association de protection des animaux
MRS : les matériaux à risques spécifiés
MSA : la Mutualité sociale agricole
OABA : l'Œuvre d'assistance aux bêtes d'abattoirs
OAV : l'Office alimentaire et vétérinaire (mis en place par la Commission européenne)
OIE : l'Organisation mondiale de la santé animale
OMS : l'Organisation mondiale de la santé
PAC : la Politique agricole commune
PAT : protéines animales transformées
RASFF : système européen d'alerte rapide pour les denrées alimentaires et les aliments pour animaux
SNCP : le Syndicat national du commerce du porc
SNIV : le Syndicat national de l'industrie des viandes
SNIV-SNCP (réunion des deux précédents)
SNISPV : le Syndicat national des inspecteurs en santé publique vétérinaire
UFC : l'Union fédérale des consommateurs
UFC-Que Choisir : association de protection des consommateurs
VSM : viande séparée mécaniquement

Bibliographie

Livres

Andremont Antoine & Tibon-Cornillot Michel, *Le Triomphe des bactéries – La fin des antibiotiques ?*, Max Milo, 2006

Baldin Damien, *Histoire des animaux domestiques – XIXe-XXe siècle*, Seuil, 2014

Baralon Philippe & Duneton Philippe & Hirsch Martin & Noiville Florence, *L'Affolante Histoire de la vache folle*, Balland, 1996

Bergeaud-Blackler Florence & Bernard Bruno, *Comprendre le halal*, Edipro, 2010

Bonnaud Laure & Coppalle Jérôme, *Qui contrôle ce que nous mangeons ?*, coll. « La France de demain », Ellipses, 2011

Brahami Mostafa & Otmani Fethallah, *Le Marché du halal – entre références religieuses et contraintes industrielles*, Tawhid-Avs, 2010

Brahami Mostafa, *Le Halal – spiritualité, connaissance et éthique*, Albouraq, 2014

Caron Aymeric, *No steak*, Fayard, 2013

Cohen Jean-Michel & Serog Patrick, *Savoir manger – La vérité sur nos aliments*, Flammarion, 2011

Daub Jean-Luc, *Ces bêtes qu'on abat – journal d'un enquêteur dans les abattoirs français (1993-2008)*, 2009

Desnoyer Hugo avec Simon François, *Un boucher tendre et saignant*, Assouline, 2010

Desrousseaux Marie, *La Solitude du Guillain-Barré*, Yveline Edition, 2007

Dousset Marie-Paule, *Savoir acheter, le guide des étiquettes*, Marabout, 2007

Dufumier Marc, *50 Idées reçues sur l'agroalimentaire et l'alimentation*, Allary Editions, 2014

Fall Khadiyatoulah (ouvrage collaboratif), *Le Halal dans tous ses états*, Hermann, 2014

Ferrières Madeleine, *Nourritures canailles*, Seuil, 2007

Ferrières Madeleine, *Histoire des peurs alimentaires du Moyen Age à l'aube du XXe siècle*, Points, 2002

Foer Safran Jonathan, *Faut-il manger les animaux ?*, Editions de l'Olivier, 2009

Fontenay Elisabeth de, *Sans offenser le genre humain – réflexions sur la cause animale*, Le Livre de Poche, 2008

Fourrier Janine & Jean-Claude, *Djihad aux abattoirs de Marseille*, Edilivre, 2013

Friends of the Earth Europe & Henrich Böll Foundation, *Meat Atlas – Facts and Figures about the Animals we eat*, 2014

Giesbert Franz-Olivier, *L'animal est une personne – pour nos frères et sœurs les bêtes*, Fayard, 2014

Giesbert Franz-Olivier (ouvrage collaboratif), *Manifeste pour les animaux*, Autrement, 2014

Gouget Corinne, *Danger additifs alimentaires – le guide indispensable pour ne plus vous empoisonner*, Editions Chariot d'Or, 2010

Hebel Pascale, *La Révolte des moutons – les consommateurs au pouvoir*, Autrement, 2013

Hinard Pierre, *Omerta sur la viande... un témoin parle*, Grasset, 2014

Iacub Marcela, *Confession d'une mangeuse de viande*, Fayard, 2012

Jennar Raoul-Marc, *Le Grand Marché transatlantique : la menace sur les peuples d'Europe,* CapBear, 2014
Julien Michelle, *La Vache à lait – notre consommation, leur martyre,* Editions du Cygne, 2011
Kepel Gilles, *Quatre-vingt-treize,* Gallimard, 2012
Labbé Christophe, Porquet Jean-Luc, Recasens Olivia & Wozniak, *Vive la malbouffe, à bas le bio !*, Hoëbeke, 2013
Laporte René & Mainsant Pascal, *La viande voit rouge,* Fayard, 2012
Laporte René & Vieille-Blanchard Elodie, *Faut-il arrêter de manger de la viande ?*, Le Muscadier, 2014
Lartigot Gilles, *Eat – chroniques d'un fauve dans la jungle alimentaire,* Winterfieds, 2013
Le Bourdonnec Yves-Marie, *L'Effet bœuf – et si les vaches mangeaient de l'herbe ? Ce que l'on vous cache sur la viande...*, Michel Lafon, 2012
Lestel Dominique, *Apologie du carnivore,* Fayard, 2011
Lymbery Philip, *Farmageddon – The True Cost of Cheap Meat,* Bloomsbury, 2014
Malet Jean-Baptiste, *Derrière les lignes du Front. Immersions et reportages en terre d'extrême droite,* Golias, 2011
Mantoux Aymeric & Rubin Emmanuel, *Le Livre noir de la gastronomie française,* Flammarion, 2011
Muller Séverin, *A l'abattoir,* Editions de la Maison des sciences de l'homme/Quae, 2008
Nguyen-Conan Mai Lam, *Français, je vous ai tant aimés,* Michalon, 2012
Nguyen-Conan Mai Lam, *Le Marché de l'ethnique, un modèle d'intégration ? Halal, casher, beauté noire...*, Michalon, 2011
Nicolino Fabrice, *L'industrie de la viande menace le monde,* Babel, 2009
Nicolino Fabrice, *Bon Appétit ! Le pire de la malbouffe est à venir, Charlie Hebdo* hors-série, avril 2013
Oubrou Tareq, *Intégration, Laïcité, Violences – un imam en colère,* Bayard Culture, 2012

Patou-Mathis Marylène, *Mangeurs de viande, de la Préhistoire à nos jours,* Perrin, 2009

Patterson Charles, *Un éternel Treblinka,* Calmann-Lévy, 2002

Peretti de Alain, *Vérités sur la viande halal,* Godefroy de Bouillon, 2014

Pierson G Nicolaas Foundation (ouvrage collectif), *Meat the Truth – Essays on Livestock Production, Sustainability and Climate Change,* 2010 – traduit en français : *La Vérité sur la viande,* Les Arènes, 2013

Pinault Claude, *Le Syndrome du bocal,* Buchet-Chastel, 2009

Pisani Edgard, *Le Vieil Homme et la Terre,* Seuil, 2004

Pochon André, *Le Scandale de l'agriculture folle – Grenelle de l'environnement,* Editions du Rocher, 2009

Pollet Aurélie, *Beurk, un ténia,* Editions Diantre !, 2008

Porcher Jocelyne, *Cochons d'or : l'industrie porcine au travail en Bretagne et au Québec,* Quae, 2010

Porcher Jocelyne & Despret Vinciane, *Etre bête – l'esprit des étables*, Actes Sud, 2007

Rabhi Pierre, *Manifeste pour la Terre et l'humanisme,* Babel, 2008

Renard Jean-Claude, *Arrière-cuisines – enquête sur les petits secrets de la gastronomie française*, La Découverte, 2014

Reymond William, *Toxic – obésité, malbouffe, maladies... enquête sur les vrais coupables,* J'ai Lu, 2007

Reymond William, *Toxic Food – enquête sur les secrets de la malbouffe,* Flammarion, 2009

Ribière Franck & Frediani Vérane, *Steak révolution*, La Martinière, 2014

Ricard Matthieu, *Plaidoyer pour les animaux – vers une bienveillance pour tous*, Allary Editions, 2014

Robin Marie-Monique, *Notre poison quotidien : comment l'industrie chimique empoisonne notre assiette,* La Découverte, 2010

Rodier Christine, *La Question halal – Sociologie d'une consommation controversée*, PUF, 2014

Rosnay Stella & Joël de, *La Malbouffe*, Olivier Orban, 1979

Rouanet Marie, *Mauvaises Nouvelles de la chair*, Albin Michel, 2008

Saldmann Frédéric, *On s'en lave les mains – tout connaître des nouvelles règles d'hygiène*, Flammarion, 2007

Saldmann Frédéric & Bricaire François, *Les Nouvelles Epidémies : comment s'en protéger ?*, Flammarion, 2009

Saporta Isabelle, *Le Livre noir de l'agriculture – comment on assassine nos paysans, notre santé et l'environnement*, Fayard, 2011

Schaller Tal Christian, *La Viande et le Lait – des aliments dangereux pour notre santé*, Lanore, 2007

Schlienger Jean-Louis & Monnier Louis, *Heurs et Malheurs de l'alimentation – de Lucy à McDonald's*, Armand Colin, 2013

Schlosser Eric, *Fast food nation*, Autrement, 2006

Sinclair Upton, *La Jungle*, Le Livre de Poche, 2011 (réédition de 1906)

Sorente Isabelle, *180 Jours*, J.-C. Lattès, 2013

Sorman Joy, *Comme une bête*, Gallimard, 2012

Thébaud-Mony Annie, Daubas-Letourneux Véronique, Frigul Nathalie & Jobin Paul, *Santé au travail – approches critiques*, la Découverte, 2012

Thillier Jean-Louis & Jaillette Jean-Claude, *Le procès de la vache folle n'aura pas lieu*, Hachette Littérature, 2003

Thillier Jean-Louis & Vieille Paul, *De la vache folle au mouton fou*, Siloë, 2001

Turin Michel, *Halal à tous les étals*, Calmann-Lévy, 2013

Wansink Brian, *Conditionnés pour trop manger – comment l'environnement influence votre appétit*, Thierry Souccar, 2009

Waridel Laure, *L'Envers de l'assiette – et quelques idées pour la remettre à l'endroit*, Ecosociété, 2010

Zemmour Samir, *Le Marché de la viande halal : évolutions, enjeux et perspectives*, L'Harmattan, 2006

Zemmour Samir, *Vers une certification de qualité halal ?*, L'Harmattan, 2007

Ziegler Jean, *Destruction massive : géopolitique de la faim*, Seuil, 2011

Zimmer Carl, *Microcosm – E. coli and the New Science of Life*, Vintage Book, 2008

Documentaires

Alani Feurat & Chevolleau Florent, *Halal, les dessous du business, Spécial Investigation*/Canal +

Alani Feurat & Chevolleau Florent, *Halal, les dérives d'un nouveau business, Spécial Investigation*/Canal +, 2011

Barthélemy Guillaume, *Restauration rapide : alerte en cuisines !, Envoyé spécial*/France 2, 2011

Bazin Jérôme & Degorce Marie-Pierre, *La Route du cochon, Grand Soir 3*/France 3, 2013

Beigneux Christophe & De Malleray Adrienne, *Les Secrets de votre alimentation, ce que cachent les produits que vous mangez*, Direct 8

Beke Emmanuel & Lebrun Séverine, *Des foies gras made in China, Complément d'enquête*/France 2, 2012

Belser Aurore, Martin Nathalie & Tarsissi Rola, *Malbouffe, Droit de savoir*/TF1, 2008

Benarrosh Caroline, Canet Jean-Pierre & Icard Romain, *Les Dessous de notre assiette, Pièces à Conviction*/France3, 2010

Bouchard Hervé & Journiat Olivier, *Restauration française : les pieds dans le plat, Spécial Investigation*/Canal +, 2010

Bourgoin Nicolas, Przychodny Sophie & Thebault Corine, *Enquête sur les dessous des contrôles alimentaires, Envoyé spécial*/France 2, 2014

Brunnquell Frédéric, *Nos vies discount*, France 2, 2013

Butcher Anne, *La Fin des haricots*, 2005

Camus Marie-Pierre, *Roumanie, éleveurs porcins à terre,* Dessous de la mondialisation/Public Sénat, 2013

Candelier Yann & Mesmin Dominique, *Poulet : révélation sur la viande la moins chère, Capital*/M6, 2014

Clément Bruno, *Mangerons-nous tous bientôt halal ?, Questions à la une*/RTBF, 2010

Coeman Manu, *LoveMEATender,* 2011

Delescluse Rémi, *Restauration française, un pavé dans l'assiette,* France 5, 2012

Deleule Sylvie & Burkel Rémy, *De la drogue dans nos assiettes,* RTS, 2012

De Loisy Anne, *La Viande dans tous ses états, Envoyé spécial*/France 2, 2012

Franju Georges, *Le Sang des bêtes,* 1949

Frésil Manuela, *Entrée du personnel, Ad Libitum*, 2013

Geyrhalter Nikolaus, *Notre pain quotidien,* 2005

Goldstein Jacques sur une idée originale de Denamur Xavier, *République de la malbouffe,* 2012

Gueret Eric, *La mort est dans le pré*, France 2, 2012

Gueret Eric & Saporta Isabelle, *Manger peut-il nuire à la santé ?,* France 3, 2011

Heeder Mathias & Hielscher Monika, *SARM, une épidémie sous silence,* Arte, 2010

Horel Stéphane & Rossigneux Brigitte, *Les Alimenteurs,* 2012

Jaude Jean-Paul, *Nos enfants nous accuseront*, 2009

Jaude Jean-Paul, *Tous cobayes ?,* 2012

Jego Mathieu & Toury Pierre, *Emballez c'est pesé, Envoyé spécial*/France2, 2010

Kenner Robert, *Food Inc,* 2008

Kremer Wiltrud, *La Bataille de nos assiettes*, Arte, 2010

Legay Sébastien & Dreujon Mathieu, *Les Guerriers du goût*, *Envoyé spécial*/France 2, 2008

Lellouche Gérard & Spitzer Sébastien, *Nourriture avariée, tromperie sur la qualité, Enquêtes et révélations*/TF1 2010

Lemaire Olivier, *Global Gâchis*, Canal +, 2012

Lesage Laurent & Creutzer Emmanuel, *Alimentation : si vous saviez ce que vous mangez, Capital*/M6, 2013

Levain Mathieu & Porte Olivier, *Herbe,* Blaq out, 2009

Levin Rebecca, *Chips & Grillades : la bataille des géants de l'alimentaire, En quête d'actualité*/D8, 2014

Limare Béatrice, *Adieu, veau, vache, cochon, couvée – ce que l'industrie des viandes nous cache,* France 3, 2012

Limare Béatrice, *Steak !*, France 2

Loach Ken, *It's a Free World !*, 2007

Mergey Frédérique & Haharfi Elsa, *Nourriture low cost, à qui profitent les prix ?, Le Doc du dimanche*/France 5, 2013

Mergey Frédérique, *Elevage intensif, attention danger,* France 5, 2014

Mokiejewski Olivia, *Une vie de cochon,* France 2, 2013

Monson Shawn, *Earthlings*, 2005

Orliande Anthony, *Global Steak – demain, nos enfants mangeront des criquets*, Canal +, 2010

Osmani Marie, *La Nouvelle Guerre de la viande*, Canal +, 2010

Oultaf Sarah & Frenot Dorothée, *Restauration rapide : manger vite, manger mieux,* France 5, 2012

Perrin Debock Kareen, *Vous reprendrez bien du clone ?, Spécial Investigation*/Canal +, 2013

Pinzler Jutta, *L'Adieu au steak : doit-on encore manger des animaux ?*, Arte, 2012

Powys Betsan, *Chicken Run, Panorama*/BBC One, 2003

Quillet Stenka, *Alimentation : intox, Lundi Investigation*/Canal +, Magnéto Presse, 2012

Robin Marie-Monique, *Le Monde selon Monsanto,* Arte, 2008

Salmi Lila, *La Merguez : reine du barbecue, Envoyé spécial*/France2, 2013

Saporito Jean-Louis, *Dans le silence des campagnes,* France 3, 2012

Schlosser Eric, *Fast Food Nation*, 2006

Serreau Coline, *Solutions locales pour un désordre global,* 2010
Seyferth Maartje, *Meat,* 2010
Spurlock Morgan, *Super Size me,* 2004
Thurn Valentin, *Le Danger des maladies nosocomiales – l'enfer de Guillaume Depardieu,* Arte, 2010
Thurn Valentin & Bowinkelmann Frank, *Germes tueurs : le fléau de l'élevage intensif,* Arte, 2014
Tison Coline, *Joyeux Noël, Envoyé spécial*/France2, 2007
Vaque-Marti Marion, *La Vérité si je mange,* France 5, 2012
Wagenhofer Erwin, *We Feed the World,* 2008
Wech Michael, *D'où vient la viande que nous mangeons ?,* 2010

Alimentation : le marché de la peur, Complément d'enquête/France 2, 2014
Enquête dans l'industrie du poulet, les poulets des supermarchés, *Panorama*/BBC One, 2009
Fraude alimentaire et Malbouffe, Droit de savoir/TF1, 2005
Gaspillage alimentaire : révélations sur un immense gâchis, Capital/M6, 2013
Rapide et pas cher : peut-on vraiment manger sain ?, Capital/M6, 2009
Nuggets : enquête sur les secrets d'un aliment mondial, Capital/M6, 2009

IJ02/15

MIXTE
Papier issu de
sources responsables
FSC® C003309

Composé par Nord Compo à Villeneuve-d'Ascq, Nord
Imprimé en Italie La Tipografica Varese Srl
en janvier 2015